사회복지총서

사회복지행정론

SOCIAL WELFARE ADMINISTRATION

이봉주 · 이선우 · 신창환 공저

학지사

머리말

사회복지는 이제 우리 사회의 가장 중요한 의제 중 하나다. 지방선거, 국회의원 선거, 대통령선거 등에서도 복지는 가장 중요한 이슈다. 21세기 들어 본격화된 저출산·고령화 현상과 사회양극화 문제는 국민의 다양한 복지욕구 분출로 이어지고 있으며, 사회복지의 양 또한 급격히 늘고 있다. 최근 가장 빠르게 증가하고 있는 국가예산 분야가 사회복지다. 국가예산의 가장 큰 비중을 차지하는 부분이 사회복지가 된 지도 벌써 꽤 지났다. 이렇게 사회복지의 중요성이 강조되고 공급량도 늘고 있음에도 국민의 복지체감도는 그리 높지 않은 것이 사실이다. 그 이유 중 하나는 아직 사회복지의 절대 공급량이 부족하기 때문이다. 하지만 공급량 부족만이 문제인가? 혹시 질의 문제는 아닌가? 현재 공급되고 있는 사회복지가 국민의 복지욕구에 효과적·효율적으로 대응하지 못하고 있기 때문은 아닌가? 이 책은 이런 문제 제기에서 시작한다.

사회복지의 궁극적인 목적은 사회구성원의 삶의 질 향상이다. 그리고 사회복지는 그런 목적을 가장 효과적·효율적으로 달성할 책임이 있다. 그런 목적을 달성하기 위한 사회복지의 개입은 대부분 조직을 통해 일어난다. 특히 우리나라에서는 사회복지의 개입이 개인 임상가 위주로 발전한 것이 아니라 기관 중심으로 발전했기 때문에 더욱 그렇다. 따라서 사회복지조직은 사회복지 개입을 통해 그 이용자의 삶의 질을 가장 효과적·효율적으로 향상시킬 책임이 있다. 비효과적·비효율적인 조직에서는 아무리 열의가 있고 유능한 사회복지사라도 제 역량을 충분히 발휘할 수 없다. 조직을 효과적·효율적으로 꾸려 나가는 작업이 바로 행정이다. 사회복지행정은 사회복지정책을 구체적인 서비스로 전환하는 과정이다. 사회복지행정은 사회문제의 해결을 통한 사회구성원의 삶의 질 향상이라는 목적을 위하여 조정과 협력을 통해 조직의 목표를 정의하고 성취해 나가는 과정이다. 이 책은 그러한 과정에 관한 내용을 담고 있다.

최근 사회복지행정에 대한 새로운 수요가 늘고 있다. 단순히 사회복지에 대한 국민적 욕구 증가와 함께 사회복지의 공급량이 늘어서만은 아니다. 사회복지환경도 급격히 변하고 있다. 사회복지기관의 사회적 책무성에 대한 요구는 더욱 거세지고 있다. 바우처 제도와 같은 새로운 제도가 사회복지서비스의 공급방식으로 도입되었다. 사회복지기관 간의 경쟁도 심화되고 있다. 새로운 전달체계가 시도되고 있고, 지역사회복지 네트워크의 활용도 강조되고 있다. 사회적기업과 같은 사회복지와 기업경영의 융합도 시도되고 있다. 이러한 사회복지의 환경변화는 사회복지행정의 새로운 역량을 요구한다.

사회복지행정에 대한 이해와 실천이 비단 사회복지행정가에게만 필요한 것은 아니다. 사회복지행정의 영향은 사회복지조직의 모든 구성원과 그 이해관계자에게 미친다. 이 책은 사회복지조직의 모든 이해관계자의 사회복지행정에 대한 이해를 돕고자 한다.

이 책의 기본 시각은 어떻게 하면 사회복지조직이 서비스 이용자와 지역사회 구성원들의 삶의 질 향상이라는 궁극적인 목적을 가장 효과적 · 효율적으로 달성할 수 있는가에 있다. 이 책에서는 사회복지행정의 수요자 중심적인 시각을 강조하며, 수요자 중심적인 시각에 따른 사회구성원의 삶의 질 향상이라는 사회복지의 궁극적인 목적 달성을 위하여 사회복지행정에 필요한 과업을 중심으로 총 13장으로 구성하였다. 각 장의 내용을 간략히 살펴보면 다음과 같다.

먼저, 제1장에서 제3장까지는 사회복지행정에 대한 기본적인 지식을 다룬다. 제1장에서는 사회복지행정의 개념과 특성을 설명한다. 제2장에서는 사회복지행정의 기본적인 배경에 대한 이해를 위해 사회복지행정의 범위와 역사에 대해 알아본다. 제3장에서는 조직이론에 대해 학습한다.

제4장에서는 사회복지조직의 유형과 특성을 알아본다. 제5장에서는 사회복지전달체계와 지역복지 네트워크의 개념에 대해 학습한다. 제6장에서는 의사결정 과

정과 사회복지행정의 기획에 대한 개념과 실천방법을 제공한다.

제7장에서는 프로그램의 개발과 관리에 대해 논리모델의 시각을 활용해 학습한다. 제8장에서는 리더십의 이론과 실천기법에 대해 알아본다. 제9장에서는 조직의 가장 중요한 요소라 할 수 있는 인적자원관리에 대한 사항을 이해한다.

제10장에서는 재정자원의 관리를 예산, 결산, 회계감사 등의 과정을 통해 학습한다. 제11장에서는 정보시스템의 개발과 활용에서 유념할 사항들에 관해 학습하고 빅데이터의 활용에 대해 알아본다. 제12장에서는 사회복지 홍보와 마케팅의 개념을 익히고 그 과정을 학습한다. 마지막 제13장에서는 사회복지조직의 평가와 혁신에 대해 학습한다.

각 장의 처음에는 학습목표를 제시하여 그 장에서 학습할 내용에 대한 간단한 소개를 하였으며, 마지막에는 그 장의 주요 내용을 요점 정리 형식으로 제시했고, 추가 학습을 위한 읽을거리를 제시했다.

이 책의 가장 기본적인 활용 방안은 사회복지 전공 학부과정 교육의 교재로 사용하는 것이다. 전체 13개 장은 통상 15~16주의 한 학기 과정의 강의에서 내용을 소화하도록 구성되어 있다. 또 다른 활용 방안은 사회복지현장의 일선 실무자를 위한 실무지침서로 활용하는 것이다.

이 책의 집필을 시작할 때 저자들이 다짐한 것이 두 가지 있다. 첫째는 쉽게 쓰자는 것이다. 기존의 번역체 문장이나 딱딱한 문체에서 탈피하여 우리의 목소리로 알기 쉽게 풀어 쓰자는 것이 첫 번째 다짐이었다. 둘째는 우리 실천 현장의 경험이나 예를 될 수 있는 대로 많이 소개하자는 것이다. 남의 나라 이야기가 아닌 우리 실천 현장에 도움이 되는 책을 쓴다는 다짐이었다. 막상 책을 내고 보니, 그 두 가지 다짐이 얼마나 지켜졌는지 의문이다. 독자의 따끔한 질책을 기다릴 뿐이다.

끝으로, 이 책의 기획 의도를 이해하시고 흔쾌히 출판을 결정해 주신 학지사의 김진환 사장께 깊은 감사를 드린다. 책이 나오는 과정에서 꼼꼼히 편집을 챙겨 주신 유가현 과장께도 감사를 드린다.

2022년 2월

저자 일동

차례

제1장

사회복지행정의 개념과 특성

학습목표

- 사회복지행정의 기본 개념을 익히고 필요성에 대해 알아본다.
- 사회복지행정의 원칙에 대해 학습한다.
- 사회복지행정의 특성을 알아본다.
- 사회복지행정 과정을 학습한다.
- 사회복지행정가의 역할을 학습한다.
- 행정과 경영의 공통점과 차이점을 알아본다.

급변하는 사회경제적 환경에서 사회복지는 이제 우리 사회의 가장 중요한 의제 중 하나로 자리매김했다. 2000년대 이후 우리 사회가 직면하고 있는 저출산 · 고령화와 사회 양극화 현상은 국민의 다양한 복지 욕구의 분출로 이어지고 있다. 증가하는 복지 욕구에 따라 최근 사회복지는 양적 · 질적으로 빠른 성장세를 보이고 있다.

우리나라 전체 예산에서 가장 큰 비중을 차지하고 있는 부문은 사회복지 · 보건 · 노동 분야의 예산이다. 사회복지 · 보건 · 노동 분야의 예산은 약 200조 원으로

2021년 전체 국가 예산 558조 원의 약 36%를 차지하고 있고, 그 액수는 국방 예산의 약 4배, 교육 예산의 약 3배에 달한다.

사회복지 · 보건 · 노동 분야 예산의 대부분은 다양한 공공 · 민간 기관들에서 제공하는 대국민 서비스에 쓰인다. 그렇다면 몇 가지 매우 기초적인 질문을 해 볼 수 있다. 그러한 기관들과 서비스는 잘 관리되고 있는가? 우리가 사용하는 자원은 효율적으로 집행되고 있는가? 제공되는 서비스는 과연 원래 의도했던 대로 국민의 복지 욕구에 효과적으로 대응하고 있는가? 사회복지행정은 이러한 문제들을 다룬다.

사회복지행정은 사회복지서비스 전달의 핵심 영역이다. 우리 사회가 사회복지에 투자하는 자원이 많아질수록 앞에 제시한 아주 기초적인 질문들에 대한 답변의 중요성이 더 높아진다. 사회복지행정의 중요성은 더 커질 수밖에 없다.

우리는 흔히 행정은 조직의 최상위층에서 하는 것이라 우리와는 별로 관계가 없는 활동이라고 생각한다. 과연 그런가? 이 책을 읽고 있는 여러분은 누구나 아마 적어도 한 개 이상의 조직의 구성원일 것이다. 학교일 수도 있고, 지역사회복지관일 수도 있고, 아니면 동호회일 수도 있다. 여러분이 그런 조직에서 최상위층이 아니라고 해서 과연 그 조직의 행정과 무관한가를 생각해 보라. 조직의 행정은 조직 구성원 모두에게 영향을 미친다. 학교에서 수강 신청 일자가 변경되거나, 지역사회복지관의 프로그램이 변경되거나, 또는 동호회의 회비가 변경되면 여러분은 곧바로 그 영향을 느낄 것이다.

사회복지행정도 마찬가지다. 사회복지행정은 기관의 리더에만 해당하는 사항이 아니라 모든 구성원과 연관된다. 더 나가서 사회복지기관이 제공하는 서비스와 관련 있는 모든 지역사회 주민이 사회복지행정의 영향을 받는다. 잘 관리되고 효율적 · 효과적으로 집행된 사회복지서비스는 지역사회 구성원의 복지 향상에 효과적이다. 그렇지 않은 경우는 귀중한 자원을 낭비하고 지역사회 구성원의 복지 향상에도 도움이 되지 못한다.

이 책은 사회복지행정에 관한 책이다. 여러분은 이제부터 이 책을 통해서 사회복지행정에 대한 기본적인 지식과 이해를 갖추게 된다. 그 첫 순서로 사회복지행정의 개념과 의의, 특성에 대해 알아본다.

1. 사회복지행정의 개념과 필요성

1) 사회복지행정의 개념

사회복지행정이라는 단어는 '사회복지'와 '행정'의 합성어다. 사회복지행정의 개념을 알기 위해서는 각 단어의 개념을 파악하고 조합해 보는 것이 한 방법이다. 사회복지의 궁극적인 목적은 사회문제의 해결을 통한 사회구성원의 삶의 질 향상이다. 이러한 사회복지 목적을 달성하기 위한 하나의 방법이 행정이다.

행정의 개념은 거시적인 차원과 미시적인 차원에서 살펴볼 수 있다. 먼저, 거시적인 차원에서의 행정은 사회복지정책을 구체적인 서비스로 전환하는 과정이다. 이 과정은 양방향으로 정의되는데, 첫째, 정책을 구체적인 사회서비스로 전환하는 것이고, 둘째, 전환 과정에서의 경험을 이용하여 정책의 개선을 요구하는 것이다(Skidmore, 1995). 사회복지행정은 사회복지정책을 조정과 협력을 통해 구체적인 서비스로 전환해서 필요한 시민에게 제공하는 과정이다. 이때 서비스 제공에 필요한 재정적 · 인적 · 물리적 · 프로그램적 자원들을 조정 · 관리해서 효과적이고 효율적으로 서비스를 전달하는 것이 행정의 목표이다.

다음으로, 미시적인 차원에서의 행정은 조직 내에서의 역할이다. 행정은 조정과 협력의 노력을 통해 조직의 목표를 정의하고 성취하는 과정이다(Stein, 1970). 사회복지라는 단어는 목적성을 제시하고, 행정은 과정으로서의 방법을 제시한다. 그렇다면 미시적인 차원에서의 사회복지행정은 '사회문제의 해결을 통한 사회구성원의 삶의 질 향상이라는 목적을 위하여 조정과 협력을 통해 조직의 목표를 정의하고 성취하는 과정'으로 파악할 수 있다.

여러 학자의 사회복지행정에 대한 정의를 종합해 보면 다음과 같은 공통점을 발견할 수 있다(Trecker, 1971).

- 행정은 연속적이고 역동적인 과정이다.

- 행정과정은 조직의 목적을 달성하기 위해 시작된다.
- 조직의 목적을 달성할 수 있도록 인적 · 물적 자원을 활용한다.
- 인적 · 물적 자원은 조정과 협력을 통해 활용한다.
- 사회복지행정의 개념은 계획, 조직화, 리더십의 요소를 포함한다.

사회복지행정의 개념을 조금 더 구체적으로 살펴보면, ① 목적을 달성하기 위해서 기획을 하고, ② 그러한 기획을 실행에 옮기기 위해서 인적 · 물적 자원을 조직화하며, ③ 직원들이 과업을 잘 수행할 수 있도록 지원하고 격려하며, ④ 그 결과를 평가하고, ⑤ 평가 결과에 따라 필요하면 기획을 수정하는 과정으로 정의될 수 있다. 사회복지행정의 기본적인 과정은 기획, 조직화, 인적자원 관리, 지시와 지도, 그리고 통제이다.

사회복지행정의 개념을 살펴보면 누구도 그 필요성을 부인할 수는 없을 것이다. 현대사회에서의 사회복지서비스는 대부분 조직을 통해 이루어지기 때문에 사회복지행정의 중요성은 크다. 이러한 점은 미국과 같은 나라와 비교해서 우리나라가 더욱 그렇다. 미국의 경우는 역사적으로 사회복지의 발전에서 개인 임상 전문가가 차지하는 비중이 높지만, 우리나라의 근대 이후 사회복지는 초창기부터 기관 중심으로 발전해 왔다.

하지만 현실에서는 대부분 사회복지사에게 행정은 멀게 느껴진다. 행정이라는 단어가 '관료' '통제' '법규' '강제' 등의 단어를 연상시키기 때문이다. 사회복지사는 전문가로서 사람들의 문제해결에 도움을 주는 직업이다. 사람에게 도움을 주는 그런 인간적인 일에 '관료' '통제' 등의 단어를 연상시키는 행정은 오히려 전문적인 일을 구속하고 통제하는 도구라는 오해도 있는 것이 사실이다. 그리고 마치 행정가가 되면 실제 도움이 필요한 사람들과는 멀어지는 것으로 생각한다.

대부분의 일선 사회복지사는 자신이 속한 기관 차원의 행정에는 관심이 없을 수도 있다. 그것은 관장이나 부장이 알아서 할 일이라고 치부할 수도 있다. 그런데 프로그램 차원으로 내려가 보자. 어느 사회복지기관이나 일선 사회복지사의 실제 일은 프로그램을 통해 문제를 해결하는 것이 대부분이다. 프로그램을 잘 수행하기 위해서는 어떤 일들을 해야 하는가? 매일 대면하는 서비스 이용자를 대상으로 하는 활동도 중요하지만, 프로그램이 원래 의도했던 도움의 목적을 달성하기 위해서는 프로그램을 기획하고, 자원을 동원해 실행에 옮기고, 같이 일하는 동료들과 협동하며 때로는 격려하고, 프로그램의 결과를 평가하고, 평가 결과에 따라 다음 프로그램의 기획을 수정 · 보완하는 작업을 해야 한다.

프로그램을 잘 수행하기 위한 작업의 목록을 앞서 제시한 사회복지행정의 개념 목록과 비교해 보자. 아마 두 목록이 거의 같다는 것을 발견할 것이다. 사회복지행정은 비단 기관장 차원에서만 필요한 역량과 기술이 아니다. 사회복지행정은 더욱 효과적 · 효율적인 사회복지의 개입을 위해서 직접 서비스를 담당하는 일선 사회복지사를 포함한 기관의 모든 구성원에게 필요한 역량과 기술이다.

2) 사회복지행정의 필요성 확대

사회복지 분야에서 행정의 중요성이 더욱 커진 것은 최근 약 40년 사이의 일이다. 1970년대 복지에 투입되는 자원의 축소를 주창하는 복지국가 위기론의 대두와 함께 신자유주의의 물결은 복지 분야에서 더욱 효율적인 자원의 배분을 요구하게 되었다. 이러한 효율적인 자원배분의 요구는 사회복지조직의 책무성 요구로 구체화하게 되었다(이봉주, 2011).

책무성 요구는 사회복지조직이 투입된 자원을 사용하여 사회문제의 예방과 해결이라는 목적을 과연 얼마나 달성하였는지를 국가나 사회에 입증할 책임이 있고, 자원도 그러한 입증된 결과에 따라 배분한다는 것을 의미한다(Kettner, Moroney, & Martin, 1999). 책무성에 대한 요구가 거세짐에 따라 사회복지조직은 수행하고 있는 사업의 효율성과 효과성을 제대로 입증하지 못하면 생존조차 하기 힘들다는 인식이 생겨났다. 효과적 · 효율적인 조직 운영을 위하여 사회복지기관 행정의 중요성이 더욱 커진 것이다.

미국의 경우, 1993년 연방정부 차원에서 「정부 성과 및 결과에 관한 법률(Government Performance and Results Act)」을 제정하여 모든 정부 조직에서 연방정부 예산 지원을 받는 사업은 성과측정지표를 수립하도록 의무화하였다. 또한 성과측정지표가 기관의 목적을 명확히 하고 목적달성도를 입증하며 투자 대비 효과성을 보이는 기관 운영의 수단으로 사용될 것이 권고되었다(Kettner, Moroney, & Martin, 1999). 연방정부의 이러한 움직임은 사회복지를 지원하는 민간복지재단의 사업 운영방법에도 영향을 미쳐 성과측정지표를 통한 자원의 배분이 강조되고 있다. 이러한 책무성 요구의 경향은 우리나라에서도 예외는 아니다. 우리나라의 대표적인 민간복지재단인 사회복지공동모금회는 예산 지원을 받는 프로그램들의 성과를 구체적으로 측정할 수 있는 500개의 지표를 개발하여 발표하기도 했다.

특히 우리나라의 경우, 최근 대두하고 있는 사회복지전달체계의 개선방안은 사회복지 분야에서의 유능한 행정가의 필요성을 더욱 가속할 전망이다. 현재 우리나라 사회복지서비스 공급을 위한 공공의 재정지원은 대부분 민간부문이 운영하는 사회복지시설에 대한 보조금 지원방식을 채택하고 있다. 지역사회 이용시설을 중심으로 위탁계약 방식이 도입되었으나 단위서비스 비용에 근거하여 사후에 비용을 정산하는 엄밀한 의미의 서비스 구매계약 형식을 취하지는 않고 있다.

사회복지시설에 대한 일괄적인 보조금 지원방식이 갖는 한계점을 극복하기 위하여 사회복지서비스의 표준화를 통해 서비스의 표준비용 또는 표준가격 산정모델을 개발하여 서비스에 기초한 재정지원방식의 도입이 요구되고 있다(이봉주, 김용득, 김문근, 2007). 서비스 표준의 설정과 서비스 비용 산정방식의 개발과 더불어 현행 보조금 지원방식에서 서비스 구매계약에 의한 재정지원방식으로의 전환이 점진적으로 이루어질 것으로 기대한다. 서비스 구매계약제도에서는 지금과 같이 기관에 대한 일괄적인 보조금 지원방식이 아니라 서비스별로 제공되는 서비스의 규격, 양, 품질 등이 계약에 따라 정해지고 서비스 비용은 계약에 따라 지급하는 것이다. 서비스 구매계약에 의한 재정지원방식에서는 서비스 성과의 측정이 중요한 쟁점이 된다. 즉, 이러한 변화는 사회복지기관 운영에서 효과적인 행정 요소의 필요성을 더욱 강조하게 될 것이다.

사회서비스의 바우처 공급방식도 사회복지기관에서 역량 있는 행정가의 필요성을 더욱 가속할 것이다. 바우처는 다원화된 주체들이 서비스 제공에 참여할 기회를 제공하기 위해 시장 기제를 도입하여 서비스의 책임성과 이용자의 선택권을 강조하는 서비스 제공방식이다. 다시 말해, 현재 사회서비스의 제공방식이 공급자 중심에서 수요자 중심으로 전환되고 있음을 뜻한다.

바우처 제도는 사회적 재화를 국가가 직접 공급하는 것이 아니라 이를 경쟁시장에서 구매하게 하려면 수요자에게 공공재정으로 보조금을 지급하는 것이다. 이러한 바우처를 통한 수요자 지원방식으로의 변화는 지역사회 내에서 사회복지기관 간의 경쟁을 유발하게 될 것이다. 기관의 입장에서는 더 효과적 · 효율적인 서비스 제공을 통하여 이용자로부터 선택을 받아야만 생존이 가능한 환경에 진입하게 되는 것이다. 사회복지행정의 역량은 바로 사회복지기관에서의 더 효과적 · 효율적인 서비스 제공을 가능케 하는 중요한 요소이다.

3) 사회복지행정의 원칙

사회복지조직을 효과적 · 효율적으로 운영하는 궁극적인 목적은 서비스 이용자의 삶의 질의 향상이다. 그런 면에서 사회복지행정의 이해에는 과정뿐이 아니라 그 목적성에 대한 인식이 중요하다. 트렉커(Trecker, 1971)는 사회복지행정의 목적성 달성을 위한 행정의 원칙을 다음과 같이 정리하고 있다(Skidmore, 1995에서 재인용).

- 사회복지 가치의 원칙: 서비스의 개발과 제공은 사회복지 가치에 기반해야 한다.
- 지역사회와 서비스 수요자의 욕구 원칙: 지역사회와 서비스 수요자의 욕구는 사회복지기관과 기관이 제공하는 서비스의 존립 근거이다.
- 기관 목적 존중의 원칙: 기관의 사회적 목적을 명확하게 설정하고 제시하고 이해시켜야 하고, 실제로 목적 달성을 위해 기관이 운영되어야 한다.
- 문화 다양성의 원칙: 지역사회 욕구가 표현되고 그에 대한 서비스가 제공되고 이용되는 방식에 영향을 미치는 지역사회의 문화에 대한 이해가 사회복지행정에 필수적이다.
- 목적의식이 있는 관계의 원칙: 행정가와 이사회, 직원, 지역사회 구성원들 간에

는 목적 달성을 위한 효과적인 관계가 형성되어야 한다.

- 기관 전체성 원칙: 기관은 전체로서 그리고 하나로서 이해되어야 한다. 기관은 서로 관련된 부분들로 구성된 생동하는 하나의 총체적인 수단으로 인식되어야 한다.
- 전문적 책임성의 원칙: 행정가는 전문적 서비스의 기준에 부합하는 높은 품질의 전문적 서비스를 제공할 책임이 있다.
- 참여의 원칙: 역동적이고 지속적인 참여의 과정을 통해 이사회, 직원, 지역사회 구성원들이 이바지할 수 있어야 한다.
- 소통의 원칙: 열린 소통은 사람들의 기능을 최대로 가능하게 하는 중요한 요소이다.
- 리더십의 원칙: 행정가는 기관의 목적 성취와 전문적인 서비스의 제공을 위해 리더십을 발휘할 책임이 있다.
- 기획의 원칙: 효과적인 서비스를 위해서는 지속적인 기획이 핵심이다.
- 조직화의 원칙: 조직구성원들의 책임과 관계가 명확히 정의되기 위해서는 직원들의 직무가 체계적으로 정리되고 구조화되어야 한다.
- 위임의 원칙: 사회복지사와 같은 전문직에는 책임과 권위의 위임이 필수적이다.
- 조정의 원칙: 기관이 목적을 달성하고 중요한 과업들을 성공적으로 완수하기 위해서는 조직구성원들에게 맡겨진 직무들이 원활히 조정되어야 한다.
- 자원 활용의 원칙: 사회가 기관에 부여한 신뢰에 부응하기 위해서는 예산, 시설, 인력 등의 자원들을 개발·관리·활용하는 데 투명하도록 최선을 다해야 한다.
- 변화와 혁신의 원칙: 기관과 지역사회 내에서의 변화의 과정은 지속적이어야 한다.
- 평가의 원칙: 기관의 목표 달성을 위해서는 과정과 프로그램에 대한 지속적인 평가가 필수이다.
- 성장의 원칙: 행정가는 도전적인 직무를 부여하고, 사려 깊은 슈퍼비전을 제공하며, 개인과 집단에 학습의 기회를 부여함으로써 모든 조직구성원들의 성장과 발전을 지원해야 한다.

2. 사회복지행정의 특성과 과정

1) 사회복지행정의 특성

사회복지행정은 다른 분야의 행정과 구분 짓는 특성을 가진다. 사회복지행정의 특성을 살펴보면 다음과 같다(Hasenfeld, 2010).

(1) 인간 변화의 목표

모든 조직은 산출물을 생산하기 위해서는 투입에 해당하는 원자재가 있어야 한다. 사회복지조직의 중요한 특성 중 하나는 그 원자재가 바로 인간이라는 것이다. 여기서 원자재라는 것은 인간을 물질로 본다는 의미가 아니다. 사회복지조직이 제공하는 서비스의 특성이 바로 인간을 대상으로 한다는 것이다. 사회복지서비스의 궁극적인 목적은 인간의 변화, 즉 인간의 삶의 질의 변화이다.

사회복지조직은 인간을 다루기 때문에 이용자의 인권과 주체성에 더욱 주의를 기울일 필요가 있다. 이용자는 단순히 수동적인 객체가 아니라 적극적인 주체이기 때문에 조직의 활동에 큰 영향을 미칠 수 있다.

(2) 도덕적 가치의 중요성

인간을 대상으로 하는 사회복지조직의 일에는 도덕적 가치가 중요하다. 사회복지조직이 인간을 대상으로 하는 일은 조직이 지향하는 도덕적 가치에 따라 규정되고 실행된다. 사회복지조직의 일은 가치중립적일 수 없다. 사회복지조직의 존립은 특정한 사회적 · 도덕적 가치에 기반한다.

(3) 제도적 환경의 중요성

사회복지조직의 일은 가치지향적일 수밖에 없으므로 외부의 제도적 환경으로부터 정당성을 부여받는 것이 중요하다. 사회복지조직이 활동하는 제도적 환경의 주요 주체인 국회, 중앙정부, 지방자치단체, 전문가 협회 등이 추구하는 가치체계에 상응하는 것이 조직의 생존을 위해서 중요하다. 사회복지조직은 조직의 정당성을 확보하기 위해서 제도적 환경에 의존하는 경향을 보인다.

(4) 개입 기술의 적합성

사회복지조직의 활동은 일정한 도덕적 가치를 지향하고 제도적 환경에 영향을 많이 받기 때문에 개입 기술도 사회적으로 승인되고 인정되어야 한다. 사회복지조직이 활용하는 일련의 개입 기술은 도덕적 가치, 제도적 수용성, 문화적 가치에 영향을 받는다.

(5) 개입 기술의 불확실성

사회복지조직의 특성 중 하나는 그 개입 기술이 불확실하다는 것이다. 사회복지조직이 활용하는 개입 기술은 확실성과 예측성이 낮은 특성을 가진다. 사회복지조직은 주로 인간을 다루기 때문에 다양하고 복잡한 인간 욕구를 해결하는 기술의 개발은 결코 쉬운 일이 아니다. 그에 더해서 사회복지조직의 일은 도덕적 가치와 제도적 환경에 영향을 많이 받기 때문에 엄밀한 의미에서의 객관적이고 과학적인 기술 개발이 어렵거나 적용을 할 수 없는 경우도 많다.

(6) 이용자와의 관계의 중요성

사회복지조직의 핵심은 이용자와의 관계이다. 사회복지사가 하는 일은 결국 이용자와의 관계에서 이루어진다. 인간을 대상으로 하는 사회복지조직의 일은 일방적일 수 없고, 결국은 서비스 제공자와 이용자 간의 양방향적 관계에 따라 서비스의 성공 여부가 결정된다.

(7) 감정노동

사회복지조직의 일은 감정노동인 경우가 많다. 인간을 대상으로 하는 사회복지조직의 업무는 서비스 제공자와 이용자 모두 의사소통과 상대에 영향을 주는 방법으로 감정을 이용한다. 감정을 매개로 하는 관계는 서비스 이용자에게 스트레스를 줄 수 있다. 감정노동은 서비스 제공자에게도 과도한 스트레스와 소진을 초래할 수 있다. 사회복지행정가는 조직의 일이 감정노동에 해당하는 경우가 많다는 사실을 인식하고 그에 대한 대응책을 마련해야 한다.

(8) 사회복지행정과 젠더

역사적으로 돌봄의 역할은 주로 여성에게 맡겨졌다. 돌봄의 기능이 주축을 이루는 사회복지 노동시장 분야도 여성의 참여도가 높은 것이 사실이다. 사회복지행정가는 조직에서 성평등의 원칙이 지켜지도록 각별한 관심을 기울여야 한다. 사회복지조직은 성평등과 성인지 등의 분야에 대한 민감성을 확대하는 데 노력해야 한다.

2) 사회복지행정 과정

사회복지행정은 목표 달성을 위한 일련의 연속적인 과정으로 파악할 수 있다. 그 과정은 다음과 같다.

(1) 기획

기획은 무엇을 할 것인가를 미리 결정하는 것이다. 기획은 여러 대안 중에서 목표와 정책과정, 프로그램 등을 선택하는 과정이다. 기획은 변화를 가져올 목적을 확인하고 그 목적을 성취하는 데 가장 적합한 행동을 설계하는 것이다. 기획은 조직의 목표를 결정하고, 그 목표 달성을 위한 일련의 과업을 결정하는 과정이다.

(2) 조직화

목표 설정에 따라 정책이 만들어지고 기획을 통하여 무엇을 어떻게 하겠다는 안이 수립되면, 이를 구체화하기 위한 수단으로서 인간의 협동체인 조직 또는 분업체계 및 자원의 동원과 배분이 필요하다. 조직화는 목적 달성을 위해 역할과 책임의 배분을 통해 직원들을 적재적소에 배치하는 것이다. 조직화는 목적 달성을 위해 조직 부서의 정의 · 배치 · 조정을 통해 권한의 공식적인 구조를 만드는 과정이다.

(3) 인적자원 관리

조직은 일할 사람을 필요로 한다. 행정의 주요 요소 중 하나는 직원을 채용하고 교육하며, 동기부여를 통해 역량 있는 전문가로 성장시키는 것이다. 다른 분야 조직의 인적자원 관리와 비교해서 사회복지행정 분야의 인적자원 관리의 특성은 슈퍼비전의 필요성이다. 사회복지조직은 사회복지 전문가(보통은 사회복지사)로 이루어지기 때문에 조직의 상급자는 전문성 차원에서 하급자를 지도 및 육성할 책임이 있다. 그러한 지도와 육성의 과정이 전문가 집단에서의 슈퍼비전이다.

(4) 예산

조직은 작동하기 위해 재정이 필요하다. 직원들의 월급을 주고 프로그램에 필요한 것들을 구매하기 위해서는 재정적 자원, 즉 돈이 필요하다. 예산은 재정적 자원을 관리하고 수입과 지출에 대한 계획을 세우는 과정이다. 예산은 과거의 경험과 현재의 상태를 보여 주고, 미래 일정 기간을 예측하는 재정 계획이다. 예산은 구체적인 수입 항목과 지출 항목을 포함한다.

(5) 통제

통제는 조직의 활동이 계획에 따라 이루어지고 있는지를 관리하는 과정이다. 통제는 과업 및 활동에 대한 합리적인 지시 활동을 통해 계획한 일이 이루어지도록 하는 사회복지행정가의 관리와 감독의 과정을 포함한다. 이때 책임과 권한의 효율적인 위임도 중요하다. 통제는 평가의 기능도 포함한다. 통제는 현재의 성과를 미리 계획에서 정한 기준에 따라 평가하여 의도하는 성과를 달성하도록 한다.

(6) 시정조치(변화와 혁신)

조직이 사회문제 해결에 기여하고 유지 · 발전하기 위해서는 끊임없이 외부 환경의 요구에 반응하고, 행정과정에 대한 평가와 시정조치를 통해서 변화와 혁신을 추구해야 한다. 특히 행정 환경이 급변하는 최근의 상황에서 조직의 변화와 혁신이 중요하게 부각된다.

3) 사회복지행정가의 역할

사회복지행정의 기능을 효과적으로 수행하기 위해서는 사회복지행정가의 역할이 중요하다. 스키드모어(Skidmore, 1995)가 제시한 바람직한 사회복지행정가의 역할에 대해 살펴보면 다음과 같다.

(1) 다양성의 존중

사회복지행정가는 모든 사람을 있는 그대로 받아들이고 다양성을 존중해야 한다. 사회복지행정가는 모든 사람을 권리를 가진 인격체로 존중하는 태도를 보여야 한다.

(2) 관심

사회복지행정가는 조직구성원들에게 소속감을 불러일으켜야 한다. 직원들에게 관심을 가지며, 각 구성원이 발전하고 성취할 수 있도록 돕는 태도를 보여야 한다. 관심을 가지고 배려하는 행동은 모든 것을 용납하는 것이 아니라 차이점을 인정하고 실수를 용인하는 태도이다.

(3) 혁신성

사회복지행정가에게는 창의성이 요구된다. 사회복지행정가는 조직의 활동과 구성원들의 관계를 개선할 수 있는 혁신적인 제도와 방법, 프로그램을 제시할 수 있어야 한다.

(4) 민주적 절차

사회복지행정가는 민주적인 절차의 수호신이어야 한다. 직원과 이해관계자의 참여가 조직의 발전에 도움이 된다는 것을 인식하고 직원과 이해관계자의 의견과 가치를 존중해야 한다. 가능한 한 많은 직원을 여러 차원에서 참여시키려는 노력이 중요하다.

(5) 신뢰

사회복지행정가는 기본적으로 직원을 신뢰해야 한다. 직원의 의견과 시각이 자신과 다르다고 해도 존중하는 태도를 보여야 한다. 신뢰를 통해 직원의 자신감을 키우는 행정가가 효과적인 행정가이다.

(6) 승인

사회복지행정가는 기관의 직원이나 이용자 모두 승인과 인정을 갈구한다는 것을 이해하고 있어야 한다. 칭찬은 고래를 춤추게 한다. 직원의 성과를 칭찬하고 인정함으로써 동기부여를 할 수 있어야 한다.

(7) 균형 있는 일상

사회복지행정가는 일, 휴식, 놀이 등에서 균형 있는 삶을 가져야 한다. 사회복지행정가의 균형 있는 일상은 조직의 안정화에도 도움을 준다.

(8) 기획

사회복지행정가는 기획과정의 활용에 능통해야 한다. '기획하지 못하는 행정가는 생존하기 힘들다.'는 명제를 되새길 필요가 있다. 그만큼 사회복지행정가의 역할에서 기획능력은 필수적이다.

(9) 조직화

유능한 사회복지행정가는 이사회와 직원, 이용자의 협조 아래 기관을 효과적으로 조직할 수 있어야 한다.

(10) 우선순위를 정하기

효과적인 사회복지행정가는 목적과 목표에는 우선순위가 있다는 사실을 인식하고 있어야 한다. 모든 일을 같은 강도로 추진해서 똑같은 결과를 얻을 수는 없다. 더 중요한 목표를 가려내고 일의 우선순위를 정하는 행정가가 유능한 행정가이다.

(11) 위임

효율적인 사회복지행정가는 조직 내의 권한은 공유되어야 한다는 것을 알고 있어야 한다. 다른 직원에게 과제와 권한을 배분할 줄 아는 행정가가 유능한 행정가이다.

(12) 지역사회에의 참여

사회복지행정가는 지역사회와의 활발한 교류를 통해 기관을 알리고 옹호하는 역할을 해야 한다. 지역사회의 의료, 간호, 교육, 법 등 관련 분야와도 효과적인 관계를 유지해야 한다.

(13) 의사결정

사회복지행정가는 자신의 주요 임무가 결정하는 것이라는 사실을 알고 있어야 한다. 의사결정의 방법에 대해 이해하고 기관과 지역사회를 위해 의사결정할 수 있어야 한다.

(14) 조력자

사회복지행정가는 조직구성원이 원하는 방향으로 발전해 나갈 수 있도록 조력자의 역할을 해야 한다. 지시를 통해 구성원을 움직이는 것이 아니라 배후에서 지지를 제공함으로써 구성원들이 발전할 수 있도록 해야 한다.

(15) 의사소통

사회복지행정가의 가장 중요한 활동 중 하나는 의사소통이다. 의사소통에 가장 중요한 기술은 경청이라는 점을 잘 알고 있어야 한다. 또한 비언어적인 의사소통의 중요성을 알고 적절히 활용할 수 있어야 한다.

(16) 적시성

유능한 행정가는 활동의 적절한 때를 아는 행정가이다. 같은 일이라도 때를 잘못 선택하면 아무 효과가 없을 수 있다. 적절한 때를 제대로 가늠할 줄 아는 행정가가 유능한 행정가이다.

(17) 직원 역량 강화

효과적인 행정가는 직원들의 주도성과 혁신, 성취를 장려한다. 유능한 행정가는 직원을 키우는 행정가이다. 효과적인 사회복지행정가는 역량 강화된 직원이 효과적인 서비스 제공의 필수 요소라는 점을 이해한다.

(18) 동기부여

효과적인 사회복지행정가는 동기부여를 할 줄 알아야 한다. 동기부여가 될 때 구성원은 스스로 본인의 최선을 다해 조직 기능을 수행한다. 동기부여를 통해 사기가 높은 조직이 효과적인 서비스 조직이다.

3. 행정과 경영의 관계

행정(administration)과 밀접히 관련된 단어로 경영(management)이 있다. 사회복지사에게 경영이라는 단어는 왠지 낯설고 호감이 안 간다. 사회복지는 기본적으로 평등을 최우선 가치로 한다. 공동체적 나눔의 정신이 강조됨은 물론이다. 그런데 경영이라는 단어가 주는 이미지는 그와 반대이다. 기업 경영에서는 이윤의 추구가 최우선 목표이다. 나눔보다는 자기 이익이 우선된다. 이렇다 보니 경영이라는 단어가 낯설고 껄끄러운 것은 당연할지도 모른다. 하지만 최근에는 사회복지행정에서 경영적인 요소의 도입이 더욱 가속화되고 있다. 이미 국내에서도 '복지경영'이라는 개념에 대한 탐구와 연구가 진행되기 시작했다(고경환, 김보영, 강지원, 2010; 이봉주, 2011). 이 절에서는 경영의 개념과 그 개념의 사회복지행정에서의 활용에 대해 살펴본다.

경영은 '조직의 효율적인 운영'을 추구한다(임창희, 2006). 경영은 주로 기업이라는 조직을 다루고 있어서 경영 하면 기업 경영을 연상하게 되지만, 실제로는 기업 말고도 군대, 학교, 교회 등과 같은 비영리 조직의 효율적인 운영도 경영의 개념에 포함된다. 효율적인 운영이란 조직 운영에 투입되는 자원 대비 최대의 산출물을 생산하는 것을 의미한다.

그렇다면 사회복지조직의 경영 관점은 사회문제의 예방과 해결을 담당하는 사회적 제도를 수행하는 조직의 효율적인 운영을 뜻한다. 즉, 사회복지조직의 효율적인 운영을 추구하는 것이 사회복지에서의 경영의 핵심적 개념으로 파악될 수 있다(이봉주, 2011). 여기서 효율적인 운영이란 무엇을 뜻하는가? 기업의 목적은 이윤추구이므로 기업 경영에서는 주어진 투입 요소로 최대의 이윤을 내는 것이 궁극적으로는 가장 효율적인 운영이다. 사회복지조직의 목적은 사회문제의 예방과 해결에 있으므로 사회복지조직의 가장 효율적인 운영은 투입 대비 최대의 사회문제 예방과 해결에 있음을 알 수 있다.

경영의 개념은 조직의 운영과 밀접하게 관계되므로 사회복지 분야에서도 사회복지조직의 운영을 다루는 사회복지행정 분야에서 경영 개념의 도입이 가장 활발하게 이루어져 왔다. 1950년대 말, 스펜서(Spencer)는 미국 사회복지교육협의회의 커리큘럼을 연구한 기념비적인 논문에서 사회복지행정에 경영 개념이 도입되는 현상을 사회복지행정과 기업 경영의 공통점과 차이점으로 분석하였다. 스펜서(Spencer, 1959)가 제시한 두 분야의 공통점은 다음과 같다(Skidmore, 1995에서 재인용).

- 문제해결의 과정이다. 문제해결 과정은 문제의 확인, 문제의 분석, 문제해결을 위한 실현 가능한 계획의 개발, 계획의 수행, 그리고 수행된 내용의 효과성 평가 등의 일련의 체계로 이루어진다.

- 상호 연계되고 상호작용하는 부분들의 체계 혹은 집합체이다.
- 대안의 선택은 결국 가치판단에 기반하게 된다.
- 개인과 집단이 더 효과적으로 기능할 수 있도록 활성화하는 과정이다.
- 미래에 관하여 관심이 높다.
- 관례화된 지식이나 기술의 사용보다는 창조성을 강조한다.
- 최대의 효율성과 산출물의 생산을 위하여 프로그램과 서비스, 직원을 어떻게 구조화할 것인지 고민한다.
- 공공의 의지를 얼마간 반영한다.
- 객관적인 경영 조직과 인간관계 활용 간의 적절한 균형을 유지하고자 한다.
- 개별 직원의 조직의 목적과 가치, 수행방법에 대한 동조를 강조하고, 직원의 지위와 인정에 관심을 둔다.
- 의사소통, 직원 집단 내의 인간관계, 조직의 행정에 참여하는 것이 직업적인 관심이다.

한편, 사회복지행정과 기업 경영의 차이점은 다음과 같다(Spencer, 1959: Skidmore, 1995에서 재인용).

- 사회복지행정은 지역사회의 욕구를 충족시키기 위해 존재한다.
- 사회복지조직이 제공하는 서비스는 크게 다음의 범주로 나뉜다.
  - 손상된 사회적 기능의 회복
  - 보다 효과적인 사회적 기능을 위한 개인적 · 사회적 자원의 제공
  - 사회적 역기능의 예방
- 사회복지조직에는 보통 지역사회를 대표하는 이사회를 둔다.
- 사회복지조직은 규모, 범위, 조직, 형태 등에서 상당히 다양한 폭과 종류의 프로그램들을 포함한다.
- 사회복지조직의 행정가는 조직 내부의 운영을 지역사회와 연관시킬 책임이 있다.

- 자원의 사용에 관한 결정이 끊임없이 필요하다.
- 사회복지조직은 필요 이상의 자원을 조직의 생존을 위해서 사용해서는 안 된다.
- 사회복지조직의 서비스는 상당 부분 전문적인 사회복지 개입방법으로 이루어진다.
- 사회복지조직에서는 모든 구성원이 조직의 운영과정에 참여하고 전체 조직의 운영에 일정 부분 영향을 미친다.

이와 같은 스펜서의 통찰은 오늘날에도 사회복지행정 분야에서 경영 개념의 도입에 대한 시사점이 크다. 그 시사점은 사회복지조직의 운영에 효율성을 중시하는 경영원리의 도입을 통하여 더욱 효과적인 사회복지서비스의 전달을 추구하는 것이다.

요점 정리

- 행정의 개념은 거시적인 차원과 미시적인 차원에서 살펴볼 수 있다. 거시적인 차원에서 행정은 사회복지정책을 구체적인 서비스로 전환하는 과정이다. 미시적인 차원에서는 행정은 조정과 협력의 노력을 통해 조직의 목표를 정의하고 성취하는 과정이다.
- 사회복지행정은 더 효과적 · 효율적인 사회복지의 개입을 위해서 직접 서비스를 담당하는 일선 사회복지사를 포함한 기관의 모든 구성원에게 필요한 역량과 기술이다.
- 사회복지서비스에 대한 사회적 책무성에 대한 요구의 증가와 급변하는 사회복지환경은 전문분야로서의 사회복지행정의 필요성을 증가시키고 있다.
- 사회복지행정은 일정한 원칙하에서 이루어질 필요가 있다.
- 사회복지행정의 특성은 인간 변화의 목표, 도덕적 가치의 중요성, 제도적 환경의 중요성, 개입기술의 적합성, 개입 기술의 불확실성, 이용자와의 관계의 중요성, 감정노동, 사회복지행정과 젠더를 들 수 있다.
- 사회복지행정 과정은 기획, 조직화, 인적자원 관리, 예산, 통제, 시정조치로 나눌 수 있다.

- 사회복지행정의 기능을 효과적으로 수행하기 위해서는 사회복지 행정가의 역할이 중요하다.
- 사회복지행정 분야에서 경영 개념 도입의 시사점은 사회복지조직의 운영에 효율성을 중시하는 경영 원리의 도입을 통하여 더욱 효과적인 사회복지서비스의 전달을 추구하는 것이다.
- 급변하는 사회복지환경은 사회복지행정에서 기회이자 도전이다.

더 읽어 보기

고경환, 김보경, 강지원(2011). **복지경영의 이론적 논의와 과제**. 한국보건사회연구원.

이봉주, 김용득, 김문근(2008). **사회복지서비스와 공급체계: 쟁점과 대안**. EM커뮤니티.

이봉주, 황경란(2011). 복지와 경영의 융합: 공급자 중심 복지에서 수요자 중심 복지로. 서상목, 양옥경 편. **그들이 아닌 우리를 위한 복지** (pp. 69-109). 서울: 학지사.

임창희(2006). **경영학원론**. 서울: 학현사.

최성재, 남기민(2000). **사회복지행정론**. 나남출판.

Hasenfeld, Y. (2010). *Human services as complex organizations*. Thousand Oaks, CA: Sage Publications, Inc.

Kettner, P., Moroney, R. & Martin, L. (1999). *Designing and managing programs: an effectiveness-based approach*. Thousands Oaks, CA: Sage Publications, Inc.

Skidmore, R. A. (1995). *Social work administration: dynamic management and human relationships* (3rd ed.). Needham Heights, MA: Allyn & Bacon.

Spencer, S. (1959). *The administration method in social work education*. New York: CSWE.

Stein, H. (1970). Social work administration. In A. S. Harry (Ed.), *Social work administration: a resource book*. New York: CSWE.

Trecker, B. (1971). *Social work administration: principles and practices*. New York: Association Press.

제2장

사회복지행정의 범위와 역사

학습목표

- 사회복지행정론이 다루는 내용들이 사회복지행정의 범위와 관련되어 있음을 이해하고, 사회복지행정이 관리활동이라는 측면에서 사회복지행정의 관리기능과 관리기술을 이해하고 설명할 수 있다.
- 한국 사회복지행정의 형성과 발전에 영향을 미친 미국의 사회복지행정의 역사적 변화과정을 설명할 수 있다.
- 한국의 사회복지행정의 형성과 변화과정을 시기별로 구분하여 설명할 수 있다.

사회복지행정은 거시적 사회복지정책과 미시적 사회복지실천의 연결고리로서 중앙정부와 지방자치단체의 사회복지정책이 실천 현장에서 서비스 이용자들에게 전달될 수 있도록 하는 활동이다. 그래서 사회복지행정을 거시(macro)와 미시(micro)의 중간적 성격인 메조(mezzo) 실천 영역으로 부르기도 한다. 사회복지서비스를 효율적 · 효과적으로 전달하기 위한 기획, 조직화, 동기화, 통제하는 과정은 사회복지조직에서 필수적으로 다루어지는 과정이며, 사회복지행정에서 다루는 사

회복지조직의 활동은 이러한 관리과정과 밀접하게 관련되어 있다.[1)]

사회복지행정의 역사를 살펴보는 것은 사회복지행정의 현재를 이해하고 미래를 예측하는 데 있어 도움을 줄 수 있다. 현재 우리나라의 사회복지행정의 모습을 이해하기 위해서는 우리나라의 사회복지의 토대 형성에 큰 영향을 미친 미국의 사회복지 발전과정을 살펴보는 작업이 요구된다. 이 장에서는 미국과 우리나라의 사회복지행정의 발달과정과 특성을 시기별로 구분하여 설명하였다. 사회복지행정에 영향을 미친 시기별 정치 · 경제 · 사회의 변화를 이해함으로써 사회복지행정의 역사를 보다 입체적으로 학습하는 것이 중요하다.

1. 사회복지행정의 범위

1) 사회복지행정의 범위 학습의 필요성

사회복지행정의 범위를 어떻게 이해할 것인가는 두 가지 측면에서 의미를 가진다.

첫째, 사회복지행정이 가진 독자적인 영역을 규정함으로써 사회복지행정의 연구와 이론 및 모델 개발의 지침이 된다. 행정 혹은 관리 현상은 공공조직, 영리조직, 비영리조직 등 모든 조직에서 발생하는 공통된 현상이다. 하지만 다른 분야의 행정과 사회복지행정은 차이점도 존재한다. 사회복지행정이 가진 독자적인 특성을 밝히고 이를 현장에 접목시킬 수 있는 이론과 모델을 개발하는 것은 중요한 사회복지행정론의 학문적 역할로서, 사회복지행정의 범위는 사회복지행정론의 범위라고도 할 수 있다.

둘째, 하나의 교과목으로 사회복지행정론에서 앞으로 다루게 될 다양한 개념, 이론과 모델 등을 한정함으로써 사회복지행정론을 배우는 학습자들에게 사회복지행

1) 이 책의 제3장부터 다루고 있는 내용들은 바로 사회복지조직에서 이루어지는 활동과 관련된 이론과 모형, 개념 등을 포함하고 있다.

정 현상이 발생하는 현장에서 필요한 내용들을 제시하는 기준이 된다. 이와 같이 사회복지행정의 범위를 한정하는 것은 여타 분야와는 다른 사회복지행정만이 가진 독자적인 영역과 중첩되는 영역이 무엇인지를 다룸으로써 사회복지에 대한 이해의 폭을 확장하게 된다.

제1장에서 사회복지행정을 '사회문제의 해결을 통한 사회구성원의 삶의 질 향상이라는 목적을 위하여 조정과 협력을 통해 조직의 목표를 정의하고 성취하는 과정'이라고 정의하였다. 사회복지행정의 핵심은 사회복지조직의 관리(administration)라는 측면에서 사회복지행정의 범위를 '관리'에 중점을 두어 설명하였다.

2) 사회복지행정과 관리 활동

(1) 관리 기능

관리 활동의 핵심적 기능은 일반적으로 기획, 조직화, 동기화, 통제 등의 네 가지를 제시한다. 이 네 가지 기능은 조직 유형에 상관없이 모든 조직에서 나타나고, 또한 모든 관리 수준(level of management)에서 필요한 활동이다. 다음에서는 허시, 블랜차드와 존슨(Hersey, Blanchard, & Johnson, 2013: 7-9)의 관리 활동에 대한 논의를 중심으로 살펴본다.

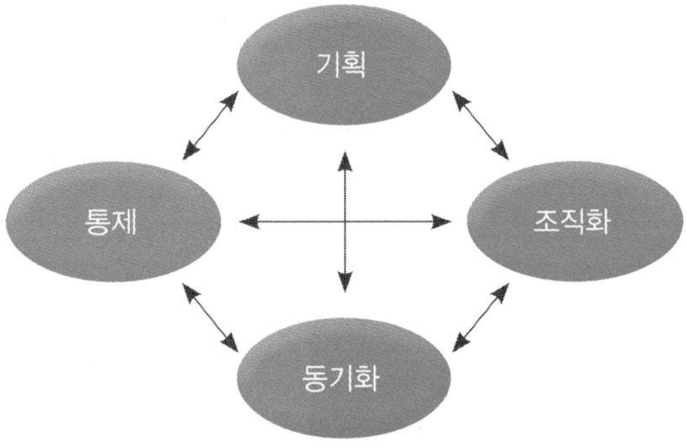

그림 2-1 조직관리 기능의 연결

출처: Hersey et al. (2013: 7).

- 기획(planning): 조직의 목적(goals)과 목표(objectives)를 설정하는 활동이며, 목표를 실현하기 위한 조직화 활동으로 이어진다.
- 조직화(organizing): 조직화는 인적 · 물적 자원, 예산 등의 자원을 조합하여 가장 효과적으로 조직의 목적을 달성하기 위한 활동이다. 조직화의 핵심은 자원의 통합(integrating of resources)이다.
- 동기화(motivating): 기획과 조직화 활동에 이어지는 동기화 활동은 구성원의 성과 수준을 결정하는 데 있어 핵심적 역할을 한다. 동기화에 의해 조직의 효과성 정도가 결정된다. 낮은 수준의 동기화가 된 종업원은 자신의 능력의 20~30%를 발휘하지만, 높은 수준의 동기화가 된 종업원은 능력의 80~90%를 발휘할 정도로 동기화는 성과에 큰 영향을 미친다.
- 통제(controlling): 통제 활동은 결과의 환류, 기획(목표)과 성과의 비교, 목표치에 달성하지 못한 결과(outcome)의 조정을 의미한다.

이러한 네 가지 관리기능은 개념적으로 구분되지만 서로의 기능은 상호 영향을 미치면서 보완 및 수정된다.

(2) 관리 수준에 따른 기술

효과적인 조직관리는 학습하고 발전시킨 기술을 활용하는 능력에 의해 결정된다(Katz, 2013: 7). 카츠(Katz, 2013)는 관리자에 요구되는 기술을 전문적 기술과 인간적 기술, 개념적 기술로 분류하였다.

- 전문적 기술(technical skills): 각자의 업무를 수행함에 있어서 필요한 지식(knowledge)과 기법(methods), 기능(techniques), 설비(equipment)를 활용하는 능력을 의미한다. 사회복지조직에서 사회복지사는 초기 상담에서부터 프로그램 운영, 서비스 전달, 사례관리에 관한 기본적인 지식과 기술을 파악하고 있어야 한다. 중간관리자는 회계 처리에 관한 지식, 프로그램을 운영하기 위한 프로그램 개발과 평가에 관한 기법과 기술 등을 이해하고 활용하여야 한다.

- 인간적 기술(human skills): 사람과 관련된 것으로서 클라이언트, 동료, 구성원 등과 소통하고, 갈등을 관리하고, 팀원 간의 협동을 끌어내고, 리더십을 발휘하는 기술이다. 인간적 기술은 사람 간의 관계 속에서 활용되는 기술로서 타인의 이야기를 경청하고 타인의 관점을 이해하고 행동을 위한 결정 시 타인을 동기부여하고 참여하도록 만드는 점에서 전문적 기술과 차이를 보인다. 사회복지조직에서 중간관리자는 자신의 팀이나 부서 내의 구성원들을 조직의 목적에 부합하는 행동을 할 수 있도록 구성원과 소통하면서 동기를 부여하고, 자신의 역할과 업무에 적극적으로 참여하도록 이끌어야 한다.
- 개념적 기술(conceptual skills): 조직을 총체(the whole)로서 바라보는 능력을 의미한다. 조직 전체의 복잡성과 조직이 움직이는 방향성을 이해하고, 조직의 방향성과 복잡성을 조직이 처한 환경적 · 사회적 맥락 속에서 조직의 목표를 달성할 수 있도록 조향(navigating)하는 기술이다. 조직의 외부 환경에서 제시하는 아이디어, 패턴, 추세 등을 고려할 수 있어야 한다는 점에서 개념적 기술이라고 한다. 예를 들어, 사회복지조직의 최고관리자는 사회복지기관으로서 조직의 비전과 가치를 제시하고 이를 달성하기 위한 조직이 처한 제도적 · 기술적 · 사회적 환경의 요구와 조직의 역량 및 자원의 가능성을 고려하여야 한다. 조직을 환경 속에서 생존하는 하나의 유기체로서 전체적인 관점에서 이해하고 조직의 방향성을 제시하여야 한다.

이러한 관리 기술은 관리자의 직위와 권한에 따라 필요로 하는 기술이 달라진다. 최고관리자의 경우 전문적 기술보다는 개념적 기술을 보다 더 많이 요구하며, 하급관리자의 경우 개념적 기술보다는 전문적 기술을 보다 필요로 한다. 조직의 상급관리자로 이동할수록 조직 내부에 대한 이해뿐만 아니라 조직 외부 환경에 대한 이해와 환경과의 소통능력이 보다 더 중요해진다는 것을 의미한다.[2] 인간적 기술

2) 조직의 환경에 대한 설명은 제3장 조직이론에서 보다 자세히 설명할 것이다. 여기에서는 조직의 외부를 환경이라고 한다는 수준에서만 설명한다.

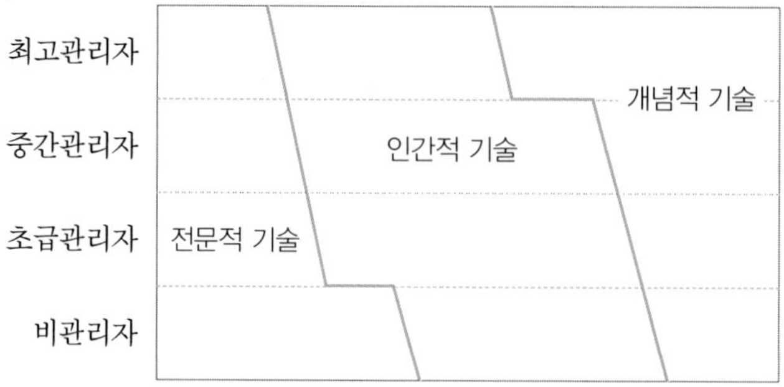

그림 2-2 관리수준에 따른 관리자가 필요로 하는 기술

출처: Hersey et al. (2013: 8).

은 모든 계층에서 가장 많이 요구되는 기술로 강조되고 있다. 권한과 역할의 차이로 인해 직급이 구분되고 위계구조가 형성되지만, 조직이 효율적 · 효과적으로 행동하기 위해서는 최고관리자에서부터 조직의 하위 구성원에 이르기까지 모든 구성원들 간의 의사소통과 동기화가 중요하기 때문이다. 조직의 목표를 이해하고 목표 달성을 위한 조직 활동에 동참하도록 구성원들의 소통과 협업체계를 유지하는 것이 중요함에 따라 인간적 기술의 중요성은 증가하고 있다.

(3) 사회복지행정의 범위

앞서 살펴본 관리 기능(기획, 조직화, 동기화, 통제)과 관리 기술(전문적 기술, 인간적 기술, 개념적 기술)은 조직의 관리활동을 구성하는 핵심적 요소이다. 사회복지행정의 관리 활동도 관리 기능과 관리 기술의 결합에 의해 이루어진다. 따라서 사회복지행정을 학문적으로 다루는 사회복지행정론의 범위는 관리 기능 기술과 관련된 개념, 이론, 모델, 모형 등으로 구성된다고 볼 수 있다.

경영 혹은 관리 활동은 사람으로 하여금 무엇인가를 하게 하되 효율적으로 하게 하는 것이다. 효율적인 조직의 관리를 위해서는 조직의 활동을 위한 계획(plan), 실행(organizing), 통제(control)의 단계를 거친다. 그리고 이러한 과정은 피드백을 통하여 반복되어 이루어지므로 관리과정이라고 한다(심재영, 2016). 이 책에서는 사회복지행정의 범위를 계획, 실행, 통제의 관리과정에 따라 발생하는 활동과 기능으로 이해하고 이를 중심으로 내용을 구성하였다.

(4) 이 책의 구성

사회복지행정은 사회복지조직을 중심으로 발생하는 활동이라는 점에서 조직이론에 대한 이해가 필수적이다. 조직이론에 대한 이해를 바탕으로 사회복지조직의 실제 현상과 활동을 파악하는 것이 요구된다. 이에 제3장 조직이론, 제4장 사회복지조직의 유형과 실제, 제5장 전달체계를 구성하였다.

관리과정의 첫 단계인 계획 단계에서는 조직의 전체적인 방향과 목표를 설정하는 기획과 의사결정, 그리고 조직구성원이 조직의 목표를 수용하고 목표 달성에 참여하도록 유도하는 리더십이 중요하다는 점에서 제6장 의사결정과 기획, 제7장 프로그램 개발과 관리, 제8장 리더십을 구성하였다.

두 번째 단계인 실행 단계에서는 조직화 및 동기화와 관련된 내용들로서 사회복지조직 내부에서 실행하는 활동을 중심으로 구성하였다. 제9장 인적자원관리, 제10장 재정관리 활동, 제11장 정보시스템의 개발과 활용, 제12장 사회복지 홍보와 마케팅 실행과 관련된 내용으로 구성하였다.

마지막으로 통제 단계에서는 성과와 목표를 비교·평가하고 이를 환류하여 조직목표를 재설정하고 조직변화를 유도하는 활동이 이루어진다는 점에서 제13장 사회복지조직의 평가와 혁신으로 구성하였다.

2. 사회복지행정의 역사

역사를 조명하는 이유는 무엇인가? 이는 우리가 지나 온 발자취인 과거를 통해서 현재의 모습을 파악하고 미래의 방향에 대한 교훈을 얻기 위함이다. 사회복지행정의 역사를 사회복지행정론에서 다루는 이유도 이와 같다. 사회복지행정이 독립적인 학문 분야로서 성립되는 과정을 추적하는 것은 현재의 사회복지행정에 대한 이해의 폭을 넓히고 개선점을 찾아 미래의 사회복지행정에 대한 발전 방향을 설정하기 위함이다.

영국의 경우, 1601년 「빈민법」의 시행 이후에 19세기 초반까지 자본주의 경제체제의 발전과 더불어 「빈민법」의 변화를 거쳐 20세기 중반 최초의 복지국가로서의 면모를 갖추었다. 사회정책의 발전과 더불어 영국의 사회정책행정의 역사도 상당히 오래되었다. 우리나라 사회복지학의 원형이라고도 할 수 있는 미국의 사회복지행정 역사를 봐도 100년 동안에 걸쳐 오랜 시간 동안 변화와 발전의 시간을 거쳤다. 그러나 우리나라의 근대적 의미의 사회복지의 역사는 서구에 비하여 매우 짧다. 짧은 역사이지만 우리나라의 사회복지제도의 발전에 따라 사회복지행정도 많은 변화가 있었으며, 다수의 연구자들은 1950년 전후 시점을 기준으로 사회복지행정의 역사를 다루고 있다. 이 절에서는 미국의 사회복지행정의 역사를 간략하게 살펴보고, 우리나라의 사회복지행정의 역사를 살펴본다.

1) 미국의 사회복지행정

미국은 사회복지의 발달과정에 있어 영국과는 상당히 다른 모습을 보였다. 영국이 국가중심의 사회복지가 이루어졌다면, 미국은 민간중심의 사회복지의 발달이 특징적이다. 미국 사회복지행정의 역사 시기 구분은 학자마다 차이가 있으며, 여기에서는 태동기(1870~1930년대 초반), 도입기(1935년~1960년대), 성장기(1970~1980년대), 최근(1990년대~현재)로 구분하여 설명한다.

(1) 태동기(1870~1930년대 초반)

미국 사회는 남북전쟁 이후 본격적인 산업화와 도시화로 인해 사회문제 해결의 필요성이 증가함에 따라 사회복지 수요가 증가하였다. 도시화로 인해 빈곤, 실업, 범죄, 슬럼화, 공중위생, 정신질환자 증가 등 다양한 사회문제가 늘어나면서 가족과 지역사회 단위로 해결하기 어려운 상황이 되었다. 그 결과 민간 차원의 사회문제를 해결하기 위한 활동들이 전개되었으며, 대표적인 것이 1877년 버팔로에서 시작된 자선조직협회(Community Organization Society: COS)와 인보관 운동의 영향을 받아 1889년에 시카고에 설립된 헐 하우스(Hull House)이다.

영국의 자선조직협회와 유사하게, 미국의 자선조직협회 설립도 부유한 기업가들이 중심이 되어 사회문제에 따른 사회불안을 해결하고자 하는 목적으로 설립되었으며, 자선조직협회의 이사회는 자선기관과 기관의 사업을 통제 · 조정하는 역할을 하였다. 자선조직협회의 설립과 운영은 민간 사회복지기관의 효율성과 효과성을 향상시키려는 민간 차원의 활동으로서 서비스의 중복과 누락을 방지하고 지역의 빈민문제에 지역의 기업가들이 함께 대응하고자 하였다는 점에서 사회복지행정의 태동이라고 할 수 있다. 민간기관에서 사회사업 활동을 수행한 사람들은 우애방문원(friendly visitor)들로서 자원봉사자들이 대부분이었다. 미국 대학원에서 사회사업을 정규교육으로 가르치게 된 것은 바로 민간기관들의 인력들을 양성하고 훈련시키기 위한 프로그램의 필요성 때문이었다. 1898년 뉴욕 COS의 사무국장이었던 디바인(Devine)은 미국 최초로 사회사업가 양성 교육 프로그램을 운영하였다(Patti, 1983: 3-5).

1917년에는 리치몬드(M. Richmond)의 『사회진단(Social Diagnosis)』이 출간되면서 사회사업방법론의 전문적 기초를 제공하였다. 1920년대 들어 COS를 비롯한 민간 사회복지기관의 직원은 사회사업 전문교육을 이수한 인력(사회복지사)들로 대체되기 시작하였으며, 병원, 학교, 정신병원 등에 사회사업이 도입되었다. 이 분야에 종사하는 인력을 교육시키기 위한 필요성이 증가하면서 대학에 사회사업 학교가 설치되고, 사회사업전문직협회도 출현하게 되었다. 이러한 전문직으로서의 정체성에 대한 강조는 사회사업이 점차 방법론적으로 케이스워크(case work)를 중시하게 되었고, 이론적 기반도 주로 개인 문제의 해결에 초점을 둔 심리치료(psychotherapy)를 중시하는 방향으로 변화를 가져왔다(Kirst-Ashman, 2013: 184-186).

이러한 사회복지사의 전문직화 움직임과 달리 헐 하우스 등 인보관 운동은 도시빈곤운동을 전개하면서 사회복지사로서 케이스워크뿐만 아니라 조직, 행정, 리더십 등 다양한 분야의 지식이 필요하다는 점을 강조하기도 하였다. 그럼에도 이 시기 미국의 사회복지는 전문화가 본격화되었으나 현재의 사회복지행정과 같은 조직과 환경을 다루는 것에는 아직 관심이 미치지 못하였다.

(2) 도입기(1935년~1960년대)

1929년 10월 '검은 화요일', 월스트리트 금융시장에서의 주식 폭락은 1930년대 미국의 경제공황을 가져왔다. 대공황(Great Depression) 사태로 인해 미국에서는 실업자가 대량으로 늘어나고 빈곤문제가 심각한 사회문제로 등장하였다. 대공황으로 인한 실업과 빈곤문제는 주정부와 지방정부의 최소한의 빈민구호 프로그램으로 대응하기에는 역부족이었으며, 연방정부 차원의 적극적인 개입을 요구하게 되었다. 대공황 사태에 대응하기 위해 1935년 루스벨트 정부는 유명한 뉴딜(New Deal) 정책을 통해서 사회보장제도를 적극적으로 도입하였고, 이에 따라 각종 복지 프로그램을 제공하기 위한 복지기관들이 급속하게 증가하였다.

1935년 제정된 「사회보장법(Social Security Act)」을 통해 사회보험과 공공부조, 다양한 사회복지서비스 프로그램을 도입함으로써 미국에서 본격적인 공공 사회복지의 시대가 열리게 되었다. 확대된 사회복지 프로그램은 많은 사회복지 인력을 필요로 하였으며, 프로그램의 기획 및 실행을 위한 사회사업가들의 관심은 이전의 전통적 케이스워크 방법론에서 벗어나 사회복지행정에 대한 관심으로 이어졌다.

1950년대는 행정학과 사회복지학의 접목을 시도한 시기로서 사회복지의 3대 요소인 가치와 지식, 기술에 일반 행정의 이론과 기법을 접목함으로써 사회복지행정을 보다 체계화하려는 노력이 시도되었다(Patti, 1983).

1960년대 존슨 정부는 빈곤과의 전쟁(War on Poverty)을 선포하고 빈곤 퇴치를 위한 복지사업에 많은 예산을 투입하였다. 연방정부의 공공부조사업인 AFDC(Aids to Families with Dependent Children)가 확대되었으며, 이 시기는 미국 사회에서의 흑인인권운동, 반전운동, 민주화운동 등 사회행동이 확대된 시기로서, 주정부나 지방정부의 지원을 받는 지역사회행동(community action)기관이 증가하였다. 지역사회행동기관들은 관료제를 탈피하고 이용자의 참여를 강조하는 등 기존의 공공 사회복지기관들과 서로 다른 입장을 보이면서 갈등하는 양상을 보이기도 하였다. 또한 정부가 지원하는 지역사회정신보건센터(Community Mental Health Centers:

CMHC)가 설립・확대되면서 이 기관들을 관리하는 사회복지행정 전문가의 역할이 강조되었다. 그러나 행정을 담당하는 행정가들의 활동이 전문적인 사회사업의 영역에 해당되는 것인지에 대한 반론도 제기되었다(Austin, 2000).

1960년대는 미국의 사회복지가 공공복지행정 영역으로 확대되면서 사회복지행정가에 대한 수요가 증가하여 행정의 중요성을 인정하고 교과과정에도 이를 반영하기 시작하였다는 의미를 가진다.

(3) 성장기(1970~1980년대)

1970년대는 사회복지행정에 대한 관심이 본격적으로 등장한 시기이다. 식품바우처(Food Stamp)가 전국적으로 확대되어 모든 빈곤계층에게 지원되었으며, 각종 연방정부 사회복지 프로그램이 확대되면서 사회복지 프로그램 및 사회복지기관의 관리와 조정의 문제가 부가됨으로써 사회복지행정가에 대한 수요가 더욱 증가하였다. 이러한 상황은 사회복지행정이 전문사회복지대학원의 교육과정에 대폭적으로 반영되기 시작하는 계기가 되었다. 사회복지 프로그램의 확대와 다양화는 복지의존에 대한 우려 등 사회복지 프로그램의 효과성에 대한 사회적 관심으로 이어져 사회복지의 사회적 책임성에 대한 요구가 나타나기 시작하였다. 이러한 1970년대의 사회적 분위기는 사회복지 프로그램의 효율성과 효과성, 책임성에 대한 강조로 나타나 결과적으로 사회복지행정에 대한 관심을 높이는 요인이 되었다(Austin, 2000).

1980년대 들어 확대의 길을 걸어왔던 사회복지 프로그램은 점차 축소하는 방향으로 변화된다. 1980년 당선된 레이건 대통령은 작은 정부론에 입각하여 공공정책의 축소를 추진하였다. 사회복지 분야에서의 연방정부의 역할을 축소함으로써 사회복지 프로그램 관련 예산들이 삭감되었다. 또한 공공서비스의 민영화(privatization)를 추진하여 직접적인 공공기관을 통한 서비스 제공방식이 아닌 서비스 구매계약이나 보조금 지원방식을 통해 민간기관에서의 서비스 제공을 유도하였다. 사회복지서비스 제공 주체로서 영리기관들이 진입하게 되었으며, 정부보조금이나 서비스 구매계약, 서비스 이용료, 후원금 모집 등 다양한 재정자원의 확보가 기관의 중요한 과제로 부각되면서 행정에 전문 역량을 갖춘 관리자들에 대한 수요가 증가하였다.

1970~1980년대의 미국 사회복지의 변화와 정책 방향은 사회복지 프로그램의 효율성과 효과성을 요구하였으며, 그에 따라 사회복지조직의 효율적인 관리와 운영과 관련된 사회복지행정의 관심과 필요성을 높이는 계기가 되었다.

(4) 최근(1990년대~현재)

1990년대 미국의 사회복지는 개인의 책임과 근로를 통한 자립을 강조하면서 60여 년 동안 시행되어 왔던 대표적 공공부조 프로그램인 AFDC가 폐지되고 한시적 부조지원제도인 TANF(Temporary Aids to Needy Families)가 시행되었다. TANF 프로그램은 복지수급 기간을 한정하여 복지의존을 최소화하고 노동시장으로의 진입 유도에 초점을 두었다. 복지프로그램의 사회적 책무성에 대한 강조로 성과관리제도에 대한 관심이 증가하였다.

연방정부의 권한 축소와 더불어 사회복지의 상업화 경향은 가속화되었다. 사회복지서비스의 상업화가 진행되면서 비영리 민간복지기기관과 영리 민간복지기관의 구분이 모호해졌으며, 기관 운영을 위한 안정적인 재원자원 확보는 1990년대 들어서도 여전히 중요한 기관의 과제였다. 이에 비영리 사회복지기관에도 경영학 분야의 경영 개념이 도입되기 시작하였다(Salamon; 김형진 역, 2000). 조직의 효율적 관리와 조직 성과의 달성을 위한 인적·재정적 자원관리 활동과 외부 자원개발을 위한 마케팅·홍보의 중요성이 강조되면서 경영학에서 개발된 각종 이론과 경영기법들이 사회복지행정 분야에 적극 도입·활용되고 있다. 출간되고 있는 미국 사회복지행정 분야의 많은 서적이 관리(management)라는 단어를 사용하고 있는 것은 이러한 경향을 잘 보여 주고 있다.

1990년대 미국 사회복지조직의 관리 및 사회복지행정의 변화에서 두드러진 점은 사회복지조직의 합병과 연합 현상이다. 민영화에 따른 서비스 계약과 서비스 구매로 영세한 민간사회복지조직들이 경쟁력 있는 대규모 조직에 합병되거나 연합을 통해 공동으로 사업을 추진하고 있다. 합병과 연합을 통해 새로운 사회복지조직이 출현하는 현상은 지역사회의 자원 확보 경쟁에 우위를 점하기 위한 전략으로서 분석된다(황성철 외, 2020). 자원 확보가 조직의 생존과 직결되는 상황에서 사회복지기관들은 경영 모델과 기법을 향후 더 적극적으로 도입할 것으로 예상된다.

2) 한국의 사회복지행정

연구자에 따라 우리나라 사회복지행정의 역사를 시기적으로 구분하는 기준은 차이를 보인다. 최성재와 남기민(2016)은 사회복지행정의 미인식 단계(1950년대), 명목상 인정 단계(1960~1970년대), 실질적 중요성 인식 단계(1980~1990년대), 도전 단계(2000년 이후)로 구분하고 있다. 김영종(2010)은 사회복지행정의 원형기(1950~1970년대), 성장기(1980~1990년대 후반), 패러다임 변화기(1990년대 후반~현재)로 구분하고 있다. 신복기 등(2019)은 정부 수립 이전과 이후로 나누고, 정부 수립 이후는 정치체제의 변화에 따라 나타난 각 공화국별로 사회복지행정의 역사를 제시하고 있다. 이에 비해 황성철 등(2020)은 우리나라 사회복지행정의 역사가 짧기 때문에 현재로서는 구분이 큰 의미가 없다고 제시하고 있다. 이와 같이 시기별로 구분하는 데 있어 명확한 기준이 존재하지 않아 연구자에 따라 서로 다른 구분을 보이고 있다. 여기에서는 근대적 의미의 사회복지실천(사회사업)이 등장한 1950년대부터 현재까지의 역사를 도입기(1950~1970년대), 확장기(1980~1990년대), 전환기(2000년대 이후~현재)의 세 시기로 나누어 살펴본다.

(1) 도입기(1950~1970년대)

① 1950~1960년대

우리나라에서 근대적 의미의 사회복지실천이 출현한 시점은 한국전쟁이 발발한 1950년을 기점으로 본다. 한국전쟁을 거치면서 고아, 피난민, 부랑인 등을 위한 긴급구호와 수용시설에 의한 보호사업이 전개되면서 자선사업과 구호사업 위주의 사회복지로 전개되었다. 전쟁으로 발생한 이재민, 난민, 고아 등에 대한 구호는 당시의 시대적 과제라고 할 만큼 사회복지사업의 중요한 사업이 되었다. 하지만 절대적 빈곤시기였던 1950년대에 국가는 스스로 구호사업을 수행할 만큼의 여력이 없었으며, 구호사업은 주로 UN과 미국을 중심으로 한 외국 민간원조단체의 원조물품을 받아 수행하는 수준이었다.

외국 원조단체가 급증하면서 서비스의 중복과 누락을 방지하고, 원조단체 간 협력체계 구축을 위해 1952년에는 한국민간원조단체협의회(Korea Association of Voluntary Agencies: KAVA)가 결성되었다. 1960년대 이르러서 외국 원조단체들은 123개까지 증가하여 외국 원조단체의 지원액이 우리 정부 예산의 2배를 넘을 정도로 외국 원조단체의 규모와 활동은 전후 복구에 있어 절대적이었으며(최성재, 남기민, 2016: 63), KAVA를 제2의 보건사회부로 불렀다는 기록까지 전해진다(김영종, 2010: 100).

원조단체의 구호활동을 중심으로 발전한 민간사회복지기관들은 단순히 구호물자의 효율적 관리에만 초점을 두었고, 자선사업이라는 차원에서 구호활동을 전개함에 따라서 체계적이고 전문적인 사회복지의 행정에 대한 관심은 높지 않았다. 절대적인 사회복지의 자원이 부족한 빈곤의 시대에 전문적인 사회사업(social work)의 효율적 제공과 체계적 조직관리라는 '행정'의 개념은 자리잡기 어려웠다.

그럼에도 학문적 측면에서 이 시기에 사회복지행정론은 하나의 분야로 자리 잡게 되었다. 1947년 이화여자대학교에 기독교사회사업학과가 최초로 설치되었고, 1953년 중앙신학교(현 강남대학교)에 1959년 서울대학교에 사회사업학과가 설치되었다. 미국식 사회사업 전문교육의 교과과정에는 사회사업행정이 정식 교과목으로 포함되어 있어 서울대학교 사회사업학과에서는 사회사업행정을 1961년부터 가르치기 시작하였으며(최성재, 남기민, 2016), 학문으로서 사회복지행정은 1960년대 들어 본격적으로 시작되었다.

② 1970년대

1970년대 들어 경제개발계획의 시행과 국민소득수준의 향상으로 인해 외국 원조단체의 원조가 점차 줄어들고, 기관들이 철수하기 시작하였다. 원조에 의존하던 민간사회복지시설은 시설운영에 필요한 자원의 결핍이라는 문제가 심화되었다.

1970년은 사회복지의 역사에서 중요한 시기였다. 사회복지사업에 대한 기본적인 사항을 규정한「사회복지사업법」이 제정된 시기가 1970년이었다. 사회복지사업의 목표와 범위를 규정하고 민간 사회복지사업의 주체로 사회복지법인 제도를 도입하였다. 사회복지법인 사회복지시설을 설치하도록 하였으며, 국가와 지방자치단체가 민간 사회복지시설에 대한 지원과 더불어 지원에 따른 지도·감독의 권한을 법제화하였다. 이러한 내용을 담고 있는「사회복지사업법」에 기반하여 형성된 공공 사회복지행정의 전달체계는 현재의 사회복지사업의 근간이 되었다.

이러한 사회복지사업의 확대와 더불어 사회사업학과가 꾸준히 증가하였다. 1970년대 말에는 총 13개 대학에서 사회사업이 교육되고 있었다. 하지만 이들 대학에서 사회복지행정의 중요성을 강조하는 정도는 달랐다. 사회복지행정을 전공필수과목으로 인정하는 대학과 그렇지 않은 대학이 반반 정도였다(남세진, 1979: 59: 황성철 외, 2000: 54에서 재인용).

1950~1970년대는 전문적인 사회복지실천이나 사회복지행정의 특성은 보이지는 않았지만, 이 시기는 한국 사회복지행정의 원형이 형성된 시기라는 점에서 매우 중요한 의미를 가진다. 김영종(2010)은 이 시기의 특성이 현재의 사회복지행정의 특성에도 여전히 중요한 영향을 미치고 있다는 점을 다음의 네 가지 측면에서 제시하고 있다. 첫째, 절대빈곤의 시기에서 형성된 사회복지조직들은 빈곤문제 중심의 조직기술과 조직문화를 형성하였으며, 둘째, 외국 원조단체가 민간중심의 사회복지 조직화를 유도함으로써 외부 자원에 의존적인 민간 사회복지조직이 발달하게 되었으며, 셋째, 원조중심의 사회복지조직은 지역사회 내부보다는 지역사회 외부의 자원에 의존하게 되는 외부 의존성을 강화시켰으며, 넷째, 원조중심의 민간 시설들이 우후죽순 형성되면서 시설을 사유화하는 인식이 자리 잡게 되었고 이로 인해 폐쇄적 조직문화를 형성하게 만들었다는 것이다(김영종, 2010: 102-104). 이러한 특성들이 현재 사회복지행정의 발달과정에서 상당 부분 부정적인 영향을 미친 것으로 보고 있다.

(2) 확장기(1980~1990년대)

① 1980년대

1980년대 들어 이전의 절대빈곤 시기의 구호사업 위주의 사회사업은 큰 변화를 겪게 된다. 1970년대까지의 사회적 변화와 경제적 성장은 1980년대의 국가의 역할과 정치적 상황을 변화시키는 동력이 되어 우리 사회는 이전까지의 억눌려 왔던 복지와 분배의 요구가 분출되는 상황이 되었다. 소득분배의 불평등, 상대적 빈곤, 산업화에 따른 새로운 사회문제, 직접민주주의에 대한 국민적 열망과 민주화 투쟁은 사회복지에 대한 정부의 역할을 증가시키는 방향으로 작동하였다. 전두환 정부는 제5공화국의 출범과 함께 복지사회의 구현을 국정지표로 제시하였으며, 사회복지 관련 입법을 제정하였다.

각종 사회복지 관련법의 제정으로 다양한 사회복지시설의 설치와 그에 따른 서비스 전달체계가 갖추어지게 되었다. 1983년 「사회복지사업법」의 개정으로 사회복지사 국가자격증 제도가 도입되었으며, 사회복지관에 대한 국고보조가 시작되면서 정부지원을 받는 민간사회복지 이용시설 전달체계가 확립되었다. 이후 각종 단종사회복지관(장애인복지관, 노인복지관 등)의 이용시설이 생기면서 시설의 운영과 관리에 필요한 사회복지행정에 대한 필요성이 증가하게 되었다. 정부의 보조금 지원을 받는 시설의 급증은 사회복지시설의 투명한 운영과 사회적 책무성에 대한 압력으로 이어졌고, 그로 인해 사회복지행정의 필요성을 인식하게 되었다.

아울러 이용시설의 대부분은 지방자치단체가 재산권을 소유하고 시설의 운영권만을 민간사회복지법인에 위탁하는 민간위탁 형태가 주를 이루었고, 민간위탁 시설들은 정부나 지방자치단체로부터의 보조금 외에도 자체 수입원 확보(이용료)와 민간 후원금의 모집을 통해 조직 운영에 필요한 재원을 마련해야 하는 상황을 창출하였다. 이로 인해 사회복지시설의 자원개발과 동원, 효과적인 서비스 전달체계, 효율적인 시설경영 등 우리 사회에서 사회복지행정에 대한 관심과 연구가 증가하게 되었다.

1897년에는 지방자치단체에 사회복지학 전공자들을 공무원으로 채용해 생활보호 업무를 전담하는 사회복지전문요원을 배치하였다. 전담공무원의 선발과 배치는 전문적인 사회복지행정 교육에 대한 수요가 증가하는 계기가 되었고, 사회복지행정에 관한 단행본과 교재가 출현하게 되었다(최성재, 남기민, 2016).

② 1990년대

1991년 「사회복지사업법」의 개정으로 사회복지전담공무원과 사회복지전담기구(사회복지사무소)를 설치할 수 있는 근거를 마련하였고, 1994년은 우리나라에서 지방자치제가 부활한 시기로서 지방자치의 시행과 더불어 공공 복지행정에도 큰 변화가 나타났다. 기존 중앙정부 중심의 전달체계가 중앙정부와 광역 · 기초 지방자치단체의 다층적 구조로 변화되기 시작하였다. 이로 인해 효과적인 전달체계의 도입과 관리에 대한 관심이 높아졌다.

증가하는 사회복지서비스의 수요에 대응하기 위한 「사회복지사업법」의 개정으로 이전까지의 규제 중심에서 육성 중심으로 정책적 초점이 이동하게 되었다. 다양한 서비스 제공 주체의 등장, 프로그램 자원의 확보를 위한 경쟁, 시설평가제의 도입은 1990년대 전문적 사회복지행정에 대한 관심을 증가시키게 한 배경이 되었다. 1997년 「사회복지사업법」의 전면 개정으로 사회복지시설 평가제도가 도입되었으며, 사회복지시설 설치를 허가제에서 신고제로 변경하면서 사회복지법인 외에도 다른 법인이나 개인들도 설치할 수 있도록 하였다.

점차 사업 프로그램 개발 및 평가와 같은 사업관리 능력이 중시되었다. 민간복지재단의 재정지원과 공동모금제도의 시행은 사회복지시설들이 프로그램 관리와 재정 관리에 대한 관심을 높이는 계기가 되었다. 민간복지재단의 사업지원을 받기 위해서는 프로그램에 대한 자원 투입과 산출, 결과물 등을 명확히 제시하는 사업계획서를 제출하도록 하여 이를 심사받는 과정을 거쳐야 했다. 또한 공동모금회의 재정지원을 받는 사회복지시설들도 프로그램 및 재정 관리에 노력을 기울어야 하는 상황으로 변화하였다(황성철 외, 2020: 55).

1999년 시설평가제도의 도입으로 인해 사회복지시설의 조직, 인사, 프로그램, 재정 관리, 자원개발 노력과 성과 등에 대한 평가가 시행되었다. 이러한 평가영역들은 사회복지행정의 기본적인 영역들로서 시설평가제의 도입은 본격적인 사회복지행정 관심과 실천적 노력을 중요시하게 되었다는 것을 의미한다.

한편, 1980년대는 전국적으로 30개 대학에서 사회복지학과가 신설되었으며, 이러한 추세는 1990년대에도 지속되어 1997년에는 50개가 넘는 대학에서 사회복지학과가 개설된 것으로 나타났으며, 사회복지행정론 교재의 출간과 사회복지행정 관련 논문들의 출간으로 사회복지행정론은 독자적인 학문적 영역으로 자리 잡게 되었다.[3]

(3) 전환기(2000년대 이후~현재)

2000년대 들어 우리 사회는 양적 · 질적으로 큰 변화를 경험하게 된다. IMF 외환위기에서 벗어나 경제가 성장하고 국민소득이 증가하였지만, 소득불평등 심화와 일자리 감소 같은 사회문제 외에도 저출산 · 고령화, 여성의 사회진출 증가 및 가족구조의 변화로 인한 돌봄서비스의 증가 등 신사회 위험이 등장하면서 복지욕구는 더욱 급증하는 상황이 되었다. 2000년대 이후 한국 사회복지정책의 가장 큰 변화는 복지의 시장화와 지방분권에 따른 지방화이다.

이 시기는 시장의 자유와 경제 성장을 강조하는 신자유주의 이념의 득세로 인해 전사회적인 변화를 겪게 된다. 사회복지도 예외는 아니었으며, 공급자 간의 경쟁과 수용자의 선택을 강조하는 시장의 작동원리를 사회복지서비스 전달체계에 도입하려는 정책적 변화가 나타났다. 사회복지 영역에서 공급자 간의 경쟁과 수요자의 선택권 강화라는 시장 논리를 도입하여 2007년 사회서비스 전자바우처 사업과 2008년 장기요양보험제도에서 제공기관으로 영리부문의 참여를 허용하였다.

바우처 사업은 공급자 중심 재정지원 방식에서 수요자 중심 재정지원 방식으로의 변화를 도모하는 정책으로서, 이전의 사회복지시설에 대한 보조금 지원을 통한 서비스 전달에서 벗어나 이용자의 선택을 통해 서비스 이용에 대한 대가를 지불하는 방식으로 변화하는 커다란 변화였다. 전자바우처 제도는 장애인활동지원사업, 발달장애인지원사업, 산모 · 신생아건강관리지원사업, 아이돌봄사업, 가사 · 간병

3) 1999년 전문학술단체인 한국사회복지행정학회가 창립되었다.

방문지원사업, 지역사회서비스투자사업 등 여러 사업에서 활용되고 있다.

지방분권에 따라 2003년에는 국가보조금 사업으로 운영되던 사회복지사업의 상당수를 지방으로 이양하였으며, 그에 따라 국고보조사업 예산이 지방자치단체의 교부세 사업으로 변경되었다. 중앙정부로부터 지원받은 재원의 성격이지만 교부세를 통해 지방자치단체는 지역특성에 맞게 복지사업을 수행할 수 있게 되었다. 또한 2003년 「사회복지사업법」의 개정으로 기초지방자치단체는 5년 주기로 지역사회복지협의체의 심의를 거쳐 지역사회복지계획을 수립하도록 하였다. 지역사회복지협의체(현 지역사회보장협의체)는 지역복지를 활성화하기 위해 민관의 협력을 통한 파트너십을 통한 지역 실정에 맞는 복지사업을 추진하자는 이념을 배경으로 하고 있다.

2010년 사회복지통합관리망(행복e음, 현재는 사회보장정보시스템) 개통, 2016년 동주민센터의 행정복지센터로의 명칭 변경 및 동 복지허브화 추진, 2017년 커뮤니티케어 도입 등 여러 정책적 변화가 2010년 이후에 추진되고 있으며, 이러한 정책들은 사회복지행정 현장에도 직간접적으로 영향을 미치고 있다.

요점 정리

- 모든 조직에서는 핵심적 관리기능과 관리기술을 중심으로 관리활동을 수행한다. 사회복지행정의 범위는 사회복지조직에서 이루어지는 관리활동과 관련된 것으로서, 네 가지 핵심적 관리기능은 기획(planning), 조직화(organizing), 동기화(motivating), 통제(controlling)이다.

- 조직관리는 학습하고 발전시킨 기술을 활용하는 능력에 의해 결정되며, 관리자에 요구되는 세 가지 기술은 전문적 기술(technical skills), 인간적 기술(human skills), 개념적 기술(conceptual skills)이다.

- 미국의 사회복지행정은 남북전쟁 이후 산업화가 본격적으로 추진된 1870년대 민간 사회복지 조직을 중심으로 태동하기 시작하였으며, 1930년대 대공황 이후 「사회보장법」이 제정되면서 공공 사회복지행정이 도입되었다.
- 1960년대에 미국은 빈곤과의 전쟁을 계기로 지역사회복지가 확대되었고, 지역사회정신보건센터가 확대되면서 사회복지행정 전문가의 역할이 강조되면서 사회복지행정이 체계화되기 시작하였다.
- 1970년대 이후, 미국은 사회복지 프로그램의 효율성 · 효과성 · 책임성에 대한 강조와 1980년대 사회복지 프로그램의 축소 경향은 사회복지조직의 효율적인 관리와 운영에 대한 관심을 높이게 되었다.
- 1990년대 미국에서 성과관리의 강조와 연방정부의 권한 축소는 사회복지의 상업화 경향을 가속화되었으며, 사회복지기관에도 경영학 분야의 경영 개념이 도입되기 시작하면서 사회복지행정은 더욱 정교한 이론들과 모델들이 활용되고 있다.
- 우리나라의 사회복지는 1950년 한국전쟁 이후, 긴급구호사업과 수용시설을 중심으로 한 자선사업 위주로 전개되었다. 당시의 빈곤구제에 초점을 둔 사회복지는 전문적인 행정의 개념이 정착하기 어려운 상황이었으나, 그럼에도 사회복지행정론은 1960년대 정식 교과목으로 채택되는 등 사회복지행정에 대한 관심이 형성되기 시작하였다.
- 1970년대에는 「사회복지사업법」의 제정으로 사회복지시설이 설립되면서 공공 사회복지행정에 대한 관심이 높아졌으며, 1980년대에는 각종 사회복지 관련법의 제정으로 사회복지시설이 확대되고 사회복지전문요원이 선발·배치되면서 사회복지행정에 대한 연구가 증가하였으며, 전문적 사회복지행정 교육이 시행되었다.
- 1990년대에는 「사회복지사업법」의 전면개정으로 사회복지시설 평가제도가 도입되었고, 시설설치의 신고제로의 변경 및 민간복지재단 · 공동모금회의 프로그램 사업계획서 평가를 통한 지원방식의 도입으로 사회복지행정에 대한 현장의 필요성이 더욱 증가하였다. 그에 따라 사회복지행정론의 학문적 독자성도 강화되었다.
- 2000년대 이후, 다양한 사회문제의 등장으로 복지수요가 확대되었으며, 이에 따라 복지의 시장화와 지방분권화에 따른 지방화에 의해 이루어졌다.

더 읽어 보기

Hansenfeld, Y. (1992). Theoretical approaches to perspectives in human service organizations, In Y. Hansenfeld (Ed.), *Human Service as Complex Organizations*. Newbury Park, CA: Sage.

Lewis, J., Lewis, M., Packard, T., & Souflee, F, Jr. (2001). *Management of Human Service Programs* (3rd ed.). Belmont, CA: Brooks/Cole.

제3장

조직이론

학습목표

- 조직이론의 변화를 시기별로 구분하고 시기별 특징을 설명할 수 있다.
- 고전 조직이론의 조직관과 인간관의 특성, 하위 이론의 내용을 설명할 수 있다.
- 신고전 조직이론의 조직관과 인간관의 특성, 하위 이론의 내용을 설명할 수 있다.
- 현대 조직이론의 조직관과 인간관의 특성, 하위 이론의 내용을 설명할 수 있다.
- 조직을 둘러싼 환경을 대별하고 사회복지조직의 일반환경과 과업환경으로 구분하여 설명할 수 있다.

조직은 현대사회의 지배적 구성요소이며, 우리는 다양한 조직 속에서 살아간다. 조직은 두 사람 이상이 모여 공통의 과업을 달성하기 위하여 협력하고 소통하는 체계로서 우리 사회를 이해하고 사회 안과 주위에서 무슨 일이 일어나고 있는지를 이해하려면 조직에 대한 이해가 중요하다(Hall, 1991).

이론은 현실을 단순화하여 설명하는 관점이다. 따라서 조직이론은 조직을 바라보는 관점과 시각을 반영하여 조직 현상을 설명한다. 조직이론은 조직과 관련된 현상을 설명하기 위한 이론으로서 행정을 이해하는 데 있어서 가장 핵심적인 이론이라 할 수 있다.

조직은 다양한 기능과 역할을 수행한다. 그러한 조직을 어떻게 바라보고 이해할 것인가는 조직의 다양한 특성의 파악과 연관된다. 조직의 다양한 특성 중에서도 어떠한 특성에 주목하는가에 따라 조직이론은 서로 다른 내용을 설명한다. 그 결과 조직을 설명하는 조직이론은 조직의 특성만큼 다양하다. 조직이론에서는 조직과 환경과의 관계를 어떻게 이해하는가에 따라 조직에 대한 커다란 시각의 차이를 보이고 있다. 조직이론은 환경과의 관계를 고려하지 않고 조직 자체에만 관심을 두는 폐쇄체계적 관점에서 최근에는 조직을 둘러싼 외부 환경과 조직의 관계를 고려하여 조직을 설명하는 개방체계적 관점으로 발전하여 왔다. 최근에는 개방체계적 관점에서 조직과 환경과의 관계를 더욱 정치하게 설명하는 이론들이 제시되고 있다.

현대사회에서 사회복지행정체계는 더욱 복잡화 · 고도화되고 있다. 사회복지조직을 통해서 사회복지행정이 실현되는 만큼 조직에 대한 이해가 필수적이다. 사회복지행정을 구현하는 사회복지조직에 대한 이해는 복잡한 사회복지현상을 이해하는 데 있어서 첫 관문이라 할 수 있다. 따라서 이 장에서는 근대 이후에 등장한 조직을 설명하기 위한 조직이론이 현대에 이르기까지 어떻게 발전하고 변화하였는지를 살펴보고자 한다. 조직이론은 구분 기준에 따라 차이가 있지만 여기에서는 조직이론의 시기별 변화와 이론적 주요 내용을 중심으로 고전이론, 신고전이론, 현대이론으로 구분하여 설명하고, 마지막으로 조직과 환경에 대해 살펴보고자 한다.

1. 고전이론

1) 시대적 배경과 특성

18세기 산업혁명의 발생은 인간의 물질적 삶뿐만 아니라 사회구조에도 커다란 영향을 미쳤다. 산업혁명은 대규모의 공장과 같은 생산조직이 출현하는 계기가 되었으며, 근대적인 산업조직들이 확대되는 기반이 되었다. 산업화에 따라 근대적인 대규모의 조직들이 급격히 번창·확대되어 가면서 조직의 합리성과 생산성을 높이기 위한 연구의 필요성도 제기되었다(오석홍, 2018).

근대 산업조직에서는 능률성(efficiency)이 최고의 가치였으며, 조직은 주어진 목표를 최대한 달성하기 위한 도구로 이해되었다. 조직은 조직구성원들을 합리적·합법적으로 통제하기 위한 공식적 절차와 규칙을 마련하고 위계적 질서에 따른 권한과 책임을 명확히 하는 것이 중요하였다. 이러한 공식적 구조와 과정을 중시하는 것과 더불어 조직관리에서의 과학적 방법을 통해 직무 능률을 제고하는 것이 중요한 관심사였다.

고전이론에서는 조직을 환경의 영향을 받지 않은 독립적인 것으로 인식하는 폐쇄체계적 관점에서 이해하고 있으며, 조직구성원의 조직에 참여하는 유인이 경제적 동기에 근거하고 있다는 합리적(경제적) 인간관을 바탕으로 하고 있다.

2) 관련 이론

(1) 관료제론

독일의 사회학자 막스 베버(Max Weber)는 근대 이전의 사회와 근대의 사회의 가장 큰 차이점을 관료제로 보았다. 우리 사회에는 관료제(bureaucracy)라는 용어를 공무원 집단을 의미하는 것으로 일반적으로 사용하고 있지만, 관료제는 근대 사회에 등장한 조직의 특성을 설명하기 위한 용어로서 베버가 처음 제시한 것이다.

베버는 근대사회 이전이 특정한 개인의 전통적 권위나 카리스마적 권위에 의한 지배 관계가 주요한 특징이었다면, 근대사회로 오면서 합리적·합법적 권한에 근거하여 조직구성원을 지배하고 통제하는 관계로 변화되었다고 보았다. 그러한 합리적·합법적 권한에 근거하여 특정한 목표를 성취하기 위해 만들어진 공식적 위계절차와 업무처리 구조를 갖춘 조직을 관료제라고 명하였다.

관료제는 ① 성문화된 업무처리 규칙, ② 권한과 관할 범위의 명확화, ③ 상명하복의 위계구조, ④ 전문성에 근거한 분업구조의 특성을 가지고 있어 다른 형태의 조직들에 비해 업무의 정확성, 신속성, 비모호성, 통일성, 물적 · 인적 비용의 절감이라는 기술적 우월성을 보인다(Shafritz et al., 2015).

관료제는 조직의 목표달성에서 능률성을 달성하는 데 유리하지만 불필요한 문서화된 업무처리로 인한 번문욕례(繁文縟禮; red tape), 규칙이나 규정의 맹목적 준수에 따른 과잉동조(overconformity)나 형식주의(몰인간화; impersonality), 상명하복과 분업구조에 따른 현상유지(복지부동), 위계적 질서의 강조로 인한 비민주적 의사결정, 일을 수행하기 위한 수단이 목표가 되는 목표전치(goal displacement) 등의 문제점을 보인다.

관료제의 문제점에도 불구하고 현대 산업사회에서도 관료제는 주요한 조직 형태로 남아 있으며, 관료제의 폐단을 줄이기 위한 조직구조의 변화와 개선을 위한 노력이 행해진다. 현대의 사회복지조직 또한 관료제적 특성을 상당 부분 갖고 있어 관료제의 폐단을 극복하기 위한 노력이 중요하다. 변화하는 사회복지 환경 속에서 클라이언트의 개별화된 욕구를 충족시키기 위해서는 사회복지조직의 지나친 관료제로 인한 문제점을 개선하려는 조직 차원의 노력이 중요하다.

(2) 과학적 관리론

기계와 근로자를 투입하여 상품을 생산하는 과정에서 생산성을 높이기 위해 필요한 최선의 방법이 과학적인 조직관리에 있다는 생각이 과학적 관리론이다. 과학적 관리론을 주창한 테일러(F. W. Taylor)는 시간과 동작 연구(time and motion study)를 통해 근로자의 움직임, 동작, 업무 시간과 같은 경험적 연구에 기초하여 조직을 과학적으로 관리하는 기법(테일러리즘; Taylorism)을 제시하였다. 과학적 관리를 통해서 조직의 효율성과 생산성 향상이 가능하며, 특히 관리자의 역할이 중요하다고 보았다. 조직의 관리자는 과학적 지식을 활용하여 근로자의 생산성을 높이기 위한 기획이 필요하며, 과학적 지식은 경험적으로 분석될 수 있는 지식을 의미한다(김영종, 2010).

과학적 관리론에서 강조하는 과학적 관리기법은 다음과 같다. ① 과학적 직무분석(근로자가 개별적인 업무를 효율적으로 수행하기 위한 최선의 방법 규정), ② 과학적

인력 선발과 개발(업무를 수행하는 근로자의 선발 및 교육을 위한 업무의 표준화, 즉 매뉴얼), ③ 업무와 인력의 결합(과학적으로 설계된 업무에 적합한 인력 배치), ④ 관리자와 근로자의 협력과 동기유발(관리자와 근로자의 협력을 통해 생산성을 증대 및 근로자의 관리방침 순응을 유도하는 동기유발) 등이다(Shafritz et al., 2015).

과학적 관리론은 경험적 조사를 통해 조직의 생산성을 향상하기 위한 최선의 방법을 찾고자 하는 것이며, 업무분석과 업무수행 방식의 명확한 기준의 설정, 기준의 이행을 위한 감시와 통제 체제의 수립에 초점을 두고 있다. 금전적 동기와 생산성을 연계시킨 성과급, 기능별 십장제(functional foremenship)를 통한 감독체제는 과학적 관리론의 특성에서 기인한 기법들이다. 또한 과학적 관리론은 새로운 생산기법에도 적용되어 생산성 향상에 기여하였다. 1930년대 미국의 포드자동차가 새로운 경쟁기업 GM이 등장하면서 위기에 빠지게 되고 새로운 대량생산 시스템을 도입하게 되는데, 이를 포디즘(Fordism)이라고 한다. 포디즘은 바로 과학적 관리법이 적용된 시스템으로서 작업자의 명확하고 반복적인 업무를 통해 생산성을 극대화하는 생산방식이자 조직관리방식이다.

업무효율의 극대화와 생산성 향상, 그에 따른 성과급 지급 등 과학적 관리론이 강조하거나 기여한 조직관리 방식은 현대에서도 일정 부분 조직관리에 활용되고 있다. 하지만 생산성·효율성보다는 클라이언트의 욕구 해결과 삶의 질 향상이라는 목표를 추구하는 사회복지조직에서는 과학적 관리론의 아이디어를 그대로 적용하는 데는 한계가 있다.

(3) 행정관리론

행정관리론은 행정(administration)은 정부나 민간 상관없이 모든 조직에서 이루어지는 것으로서 조직의 관리를 위한 보편적 원리를 찾고자 하는 이론이다. 굴릭(L. Gulick)과 어윅(L. Urwick)에 의해 개발된 행정관리론은 능률을 최고의 기본적 가치로 설정하고 조직의 분업과 통합을 위한 원리를 찾는 것에 초점을 두고 있다. 공공조직이나 민간기업 모두 조직에서 수행하는 행정의 기본적인 7가지의 기능(POSDCORB)은 다음 〈표 3-1〉과 같다(Gulick & Urwick, 1966).

표 3-1 행정관리론의 7가지 기능

기능	내용
기획(Plannig)	조직의 목표설정과 실행계획의 수립
조직화(Organizing)	목표달성을 위한 공식적 권한과 직무 설정
인사배치(Staffing)	직원 채용과 배치, 근무 조건의 유지
지휘(Directing)	의사결정과 하위 부서에 대한 명령과 지시
조정(Coordinating)	부서별 업무의 상호 연관, 통합, 조절
보고(Reporting)	작업 진행 상황, 결과 등의 상급자에 대한 정보 제공
예산(Budgeting)	제반 예산의 편성, 집행, 결산

파욜(H. Fayol)은 이러한 7가지 기능 중에서도 조직화(organizing) 기능을 가장 중시하였으며, 관리자가 조직화 역할을 수행하는 데 있어서 지켜야 할 원칙으로 6가지의 원칙을 〈표 3-2〉와 같이 제시하였다(Fayol, 1984).

행정관리론은 조직을 설계하는 경우에 필요한 조직의 기능과 조직화 원칙을 제시하고 있다는 점에서 보편적 관점을 제시한다는 의미가 있다. 그러나 모든 조직에 적용되는 보편적 기능과 원칙이 존재한다는 생각 자체가 획일적이고, 상황이 다른 조직을 기계적인 조직 관점에 끼워 맞추려는 문제점을 갖는다는 한계점을 보인다

표 3-2 조직화의 6가지 원칙

원칙	내용
분업	일을 세분화하고, 세분화된 업무별로 전담 인력을 배치한다.
권한과 책임	권한을 가진 사람은 지휘권을 가지고, 구성원을 지휘하는 데 필요한 권한을 가진다. 권한에 상응하는 책임도 가진다.
지휘의 단일화	조직구성원은 한 사람 이상의 보스를 가지지 않는다.
권한의 선 (scalar chain)	지휘 단위들은 위계를 설정해야 한다, 지휘 단위 간에는 권한의 연결이 분명해야 한다(예: 사장 1, 부장 1, 2, 과장 1, 2, 3, 4, 대리, 사원).
보상	모두에게 공정하고 만족스러운 급여를 제공해야 한다.
단결심 (esprit de corps)	조직구성원이 조직에 충성, 열정, 헌신을 갖도록 해야 한다. 이를 위한 대면적 의사소통과 집단적 결속이 강조된다.

(김영종, 2010). 따라서 과학적 관리론과 마찬가지로 사회복지조직에 대한 설명력에 있어 한계점을 보이고 있다.

3) 고전이론의 평가

고전적 조직이론으로 분류되는 관료제론, 과학적 관리론, 행정관리론을 살펴보았다. 이 이론들은 산업사회의 발전과 더불어 발전된 이론들로서 그 시대적 맥락 속에서 이해될 필요가 있다. 고전적 조직이론은 조직의 능률성이나 생산성 가치를 중시하였으며, 이를 실현하기 위한 공식적 구조와 과정, 경제적 인간관, 과학성의 추구라는 공통된 특성을 보였다. 아울러 이 이론들은 조직을 환경과 상호작용하는 개체로 보는 폐쇄체계적 관점을 보인다.

이와 같이 고전적 조직이론은 현대의 관점에서 볼 때 미숙한 점도 있으나 근대 산업사회의 조직의 설계와 기본적 원칙을 제시하였다는 의미를 가진다. 그럼에도 고전적 조직이론은 조직가 인간에 대한 관점에 대해 비판을 받아 왔다. 비판의 핵심적 논점을 제시하면 다음과 같다. 첫째, 폐쇄체계이론으로서 환경적 요인을 무시하고 조직을 설명하고 있다. 현대사회에서 조직은 조직을 둘러싼 환경과의 관계를 고려하지 않고 설명할 수 없다. 폐쇄체계적 관점으로 인해 조직에 영향을 미치는 다양한 환경적 요인을 고려하지 못함으로써 조직의 현상을 설명하는 한계를 보인다.

둘째, 고전이론은 편협한 인간관을 바탕으로 하고 있다. 고전이론에서는 인간을 경제적 이윤을 추구하는 이기적 · 합리적 인간으로 상정하고 경제적 동기로만 움직이는 존재로 설명한다. 따라서 조직 속의 인간은 관리자의 통제와 관리에 따르는 수동적인 인간으로 설명된다. 인간의 동기는 다양하며, 경제적 동기뿐만 아니라 비경제적 동기도 조직구성원이 조직 속에서 행동하는 중요한 동기로 작동한다는 점에서 한계를 보인다.

셋째, 고전이론은 조직 내의 비공식적인 측면을 간과하고 있다. 고전이론에서는 조직의 능률과 생산성 향상을 위해 관리자가 기획하고 구성원을 통제하는 형태의 기계적 관점으로 본다. 공식적 구조와 절차를 통해 계획되고 통제되는 것으로 조직을 이해하지만 조직 내에서는 비공식적인 특성과 요인이 조직의 목표달성을 위해 작동하고 있다는 점에서 비판을 받고 있다. 조직의 기계화, 비인간화 현상을 초래하였다는 비판에서 자유롭지 못하다.

넷째, 과학적이고 체계적인 원칙을 제시하고 있지만 과학성이나 원칙의 제시에 있어서 미숙한 과학성으로 인해 이론으로서의 한계가 있다.

종합하면, 고전이론의 관점으로 우리가 살펴보고자 하는 사회복지조직을 온전히 설명하는 것에는 한계가 있다. 클라이언트의 욕구를 해결하기 위한 서비스를 제공하는 사회복지조직은 엄격한 규칙과 업무절차, 공식적 권한과 책임 소재, 생산성과 능률이라는 요소로 작동하는 조직이 아니다. 또한 사회복지조직을 둘러싼 환경과의 관계도 다른 어느 조직보다도 긴밀하게 상호작용하는 개방적인 체계로서의 특성을 보인다는 점에서도 고전이론은 한계가 있다.

2. 신고전이론

1) 시대적 배경과 특성

신고전이론은 고전이론의 한계를 비판하면서 등장한 이론이다. 고전이론에서 제시하는 조직에 대한 기본적 관점과는 다른 관점을 제시한다는 점에서 신고전(新古典)이론이라고 불린다. 신고전이론이 제기되는 시기는 산업혁명 이후 기계화에 가려져 있던 조직 속의 비인간화에 대한 폐단에 대한 관심이 증가하고, 근로자의 위상이 변화하면서 인간에 대한 관점이 변화하기 시작하였다. 점차 사회가 발전하면서 다양한 조직들이 출현하고, 조직 규모의 확대와 기술의 발전은 조직의 환경에 대한 적응에 대한 관심을 가지게 되었다(오석홍, 2018).

신고전이론은 고전이론이 공식적 목표를 기계적으로 수행하는 도구로서 조직을 바라보는 관점에서 벗어나 사회적 능률에 주목하였다. 조직구성원의 사회적 · 심리적 욕구를 인정하고 조직 내의 비공식적 관계를 조직의 설명에 반영하였다. 공식적 구조와 업무절차 중심의 연구에서 비공식적 · 인간적 요인 중심의 연구로 이행하여 공식적 조직관리에 있어 비공식적 요인들이 미치는 영향을 고려하였다. 또한 신고전이론은 고전이론에 비해 환경이라는 요인을 조직을 설명하는 데 있어 고려하기 시작하였으며, 일부 연구에서는 조직과 환경의 상호작용에 대한 관점을 제시하기도 하였다. 고전이론에서의 경제적 인간관에서 벗어나 신고전이론은 사회적 인간관을 수용하여 조직 내 인간의 동기부여에 있어 사회적 요인(대인 관계, 감정, 사기 등)을 고려하기 시작하였다.

2) 관련 이론

(1) 인간관계론

인간관계론은 메이요(E. Mayo)의 호손실험(Hawthorn Studies)에서 유래한 이론으로서 당시 유행하던 과학적 관리론을 비판하면서 조직 내의 비공식적 인간관계의 중요성을 강조하였다. 하버드대학교 경영대학원 교수였던 메이요는 1927년부터 1932년까지 5년간 미국의 웨스턴일렉트릭 회사의 호손(Hawthorn)공장에서 총 4차례의 실험을 진행하였다. 호손실험은 작업장의 조명, 휴식시간, 작업시간 등 작업조건의 변화와 보상방법의 변화가 생산성에 미치는 영향을 분석하기 위한 의도로 설계되었다. 하지만 실험과정에서 물리적 작업조건의 변화가 업무능률에 미치는 영향보다는 다른 요인들이 더 큰 영향을 미친다는 사실을 발견하였다. 작업자의 생산성에 영향을 미치는 요인을 찾기 위한 면접과 관찰을 통해 연구팀은 물리적 작업환경의 변화보다는 비공식 집단의 규칙과 비공식 집단 내에서의 인간관계가 생산량에 영향을 미친다는 사실을 발견하였다(Shafritz et al., 2015).

호손실험의 발견은 조직의 공식적 규칙과 작업조건 외에도 작업자 사이에 형성된 비공식 집단의 존재와 영향력이 공식적 조직을 설명하는 데 있어 중요한 요인이라는 점을 확인하였다는 의미를 가진다(즉, 호손효과; Hawthorn effect). 조직 속에서 형성되는 비공식 집단이 조직구성원의 사회심리적 욕구를 충족시킴으로써 공식

그림 3-1 호손실험 장면

조직의 생산성에 영향을 미칠 수 있다는 것은 조직관리에 있어서 고전이론과는 다른 시각이다. 조직구성원은 공식적인 직무수행의 욕구 외에도 다른 욕구들이 있으며, 이러한 욕구들은 타인과의 관계를 통해서 충족될 수 있다. 직장 내의 동아리 모임, 스터디 모임을 회사에서 지원하고 장려하는 것은 바로 이러한 인간관계론적 시각을 반영한 것이다.

인간관계론은 조직 내 인간의 사회적 욕구를 인정함에 따라 조직관리자는 구성원의 사회적 욕구를 충족시켜 줄 수 있는 사회적 기술을 갖추어야 한다는 점, 그리고 조직은 경제적 체제뿐만 아니라 사회적 체제로서의 속성을 갖고 있으며 비공식 조직은 공식 조직의 규범과 역할을 보완 또는 대체하는 기능을 수행한다는 점을 제시하고 있다. 따라서 인간관계론은 고전이론에 비해 조직 내의 인간에 대한 이해의 폭을 넓혔다는 점에서 조직이론의 확장에 기여하였다.

(2) X이론, Y이론

경영학자인 맥그리거(D. McGregor, 1960)는 인간의 욕구에 주목하여 욕구에 따른 인간관을 두 가지로 대별하여 그에 따른 관리전략을 제시하였다. X이론에서는 인간은 본래 일하기 싫어하고, 책임을 회피하며, 변화보다는 안정을 선호하는 존재로 본다. 반면, Y이론에서는 인간은 일을 싫어하는 존재가 아니며, 능동적으로 일을 하며, 조직목표와 개인목표를 조화시키고, 자기통제력과 책임감을 갖는 존재로 본다(Hersey et al., 2013).

따라서 X이론에서는 조직구성원의 업무에 대한 피동성을 억제하기 위한 명확한 업무목표 제시, 행동의 엄격한 통제, 업무성과에 대한 보상을 관리전략으로 사용하게 된다. Y이론에서는 구성원의 자율성, 책임감, 참여, 자기규제의 특성을 인정하고 구성원의 성취의 기회를 제공하고 이를 촉진하여 조직의 목표와 통합시키는 관리전략을 강조한다. 맥그리거는 인간의 행동을 외재적으로 통제하는 관점에 바탕을 둔 X이론보다는 Y이론적 관점이 보다 바람직한 관리전략이고 주장하였다.

X이론은 인간의 하위욕구에 초점을 두어 보상과 처벌이라는 일차적인 관리전략에 초점을 두고 있지만, Y이론은 인간의 자율적 행동과 자기규율이라는 상위욕구에 초점을 두어 이를 촉진하는 전략을 강조한다. 맥그리거의 이론은 조직 내 인간의 욕구와 관심을 단순화하여 양극단의 인간관과 관리전략을 제시하여 실제의 조직관리에 적용하기에는 한계가 있다는 비판을 받고 있다(오석홍, 2018). 이러한 이분법적 도식화에 대한 비판으로 인해 X이론 및 Y이론과 구별되는 조직관과 관리전략이 있다는 Z이론이 제시되고 있다.[1]

표 3-3 맥그리거의 X이론과 Y이론의 비교

구분	X이론	Y이론
일에 대한 성향	일하기 싫어하는 성향	일하기 싫어하는 존재가 아님
인간의 성향	조직에 무관심, 책임 회피	자율적 행동, 책임감이 강함
관리의 초점	명령과 통제 필요	자아성취 욕구 촉진

1) Z이론은 룬트스테트(S. Lundstedt)의 Z이론(방임형 조직에 적합한 관리전략이 필요), 롤레스(D. Lawless)의 Z이론(조직의 상황에 적합한 관리전략이 필요), 오우치(W. Ouchi)의 Z이론(일본식 조직관리 전략이 필요) 등이 존재한다. 연구자들이 동일하게 Z이론으로 부르고 있지만, 내용은 상이하다.

3) 신고전이론의 평가

신고전이론은 조직 내의 '인간'에 주목하여 기계적인 부속품과 같이 취급받고 오직 경제적인 동기에 의해 관리의 대상으로 여겨지던 고전이론의 관점에서 탈피하여, 인간적 · 사회적 욕구를 인정하고 이를 반영한 조직관리 전략을 제시하였다. 따라서 신고전이론은 고전이론에 비해 조직 내의 인간을 이해하는 관점에서 진일보하였다고 평가된다.

인간중심의 연구에 기여하였다는 점에서 조직이론의 발전에 긍정적인 기여가 인정되지만, 인간관계론에서 제시하는 처방이나 전략들은 비판의 대상이 되어 왔다. 신고전이론의 한계점을 제시하면 다음과 같다. 첫째, 조직을 여전히 환경과 무관한 것으로 바라보는 폐쇄체계적 관점에 머물러 있다.

둘째, 사회적 인간관을 수용하였다는 점에서 고전이론보다는 진일보하였지만, 여전히 조직 내 인간을 수동적인 존재로 가정하고 있다는 점에서 한계를 보인다. 고전이론이 인간의 경제적 욕구에만 주목하였다면, 신고전이론은 사회적 욕구에만 주목하였다는 점에서 인간을 피동적 · 수동적 존재로 본다는 공통점을 가진다.

셋째, 조직을 바라보는 관점에 있어 편협성을 지적할 수 있다. 고전이론이 조직의 합법적 · 공식적 측면에만 주목하였다면, 신고전이론은 감정적 · 비공식적 측면에만 주목함으로써 조직을 단순화여 협소하게 이해하고 있다는 한계를 보인다.

넷째, 신고전이론은 고전이론과 마찬가지로 조직을 관리하는 책임자의 입장에서만 바라보는 조직관과 인간관을 다루고 있다. 위계적 질서의 틀 속에서 조직을 이해하고 조직 속의 인간을 관리하기 위한 전략을 제시하고 있다.

요컨대, 사회복지조직을 이해하는 데 있어 인간관계론이나 Y이론에서 제시하는 인간관과 관리전략을 그대로 적용하는데는 한계가 있다. 인간관계론이나 Y이론도 고전이론과 동일하게 제품을 생산하는 산업조직을 대상으로 연구한 결과라는 점에서 무형의 서비스를 제공하는 사회복지조직에 적용하는 것은 제약점이 있다. 따라서 사회복지조직을 이해하고 설명하는 데 있어 신고전이론의 한계를 명확히 인식하고 이론의 시사점을 재해석하는 과정이 요구된다.

3. 현대이론

현대 조직이론은 대략 1950년대 이후의 조직이론을 일컫는데, 고전이론과 신고전이론의 유산을 바탕으로 오늘날 조직이론의 기틀이 형성되었다(오석홍, 2018). 조직에 대한 연구방법론의 발전과 더불어 조직이론이 다원화 · 분화되어 지속적인 접근방법의 개발이 이루어지고 있으며, 따라서 다양한 조직이론이 제기되고 있다.

1) 현대이론의 특징

현대이론은 다음과 같은 특징을 지닌다. 첫째, 조직의 다양성과 분화를 가정한다. 근대 산업사회에서의 조직에 대한 관심은 능률성과 생산성을 위한 일정한 조직의 틀을 제대로 만드는 것이었다. 유사한 조직 형태를 갖추면 유사한 성과를 창출하는 것으로 조직을 인식하였다. 하지만 현대사회에서의 조직은 다양한 형태로 존재하고 목적도 다양하다. 유사한 조직의 형태를 갖는다 해도 다른 성과를 만들어 낸다. 다양한 조직 현상을 설명하기 위한 시도들은 다양한 이론의 분화와 발전을 가져왔다. 하나의 조직을 두고도 조직이론의 관점에 따라 그 조직에서 발생하는 현상의 특정 국면은 다르게 해석되는 조직이론의 분화로 이어지고 있다.

둘째, 현대 조직이론은 이전의 조직이론과 달리 조직을 둘러싼 환경과의 상호작용을 중요한 요소로 고려하여 조직을 설명하는 '개방체계적 관점'을 수용하였다. 환경과의 관계 속에서 조직을 이해함으로써 조직의 현상에 대한 설명력은 높아졌지만, 매우 복잡한 이론적 분석과 접근방법을 사용한다. 그럼에도 사회복지조직은 조직에서 사용하는 자원을 상당 부분 외부에 의존하는 성향이 높다는 점에서 환경과의 교류를 강조하는 개방체계로서 조직을 이해하는 관점은 조직을 이해함에 있어서 유용한 관점을 제공한다.

셋째, 현대이론은 조직 내 인간을 '복잡한 인간'으로 파악한다. 따라서 복잡한 인간들이 모여 만들어진 조직 또한 복잡하며, 이 복잡한 조직을 이해하기 위해서는 유연한 관점이 요구된다. 따라서 (신)고전이론과 같이 조직의 문제나 현상을 해결하기 위한 획일적 처방이나 접근방법을 요구하지 않고, 상황에 따른 처방이나 총체적 관점에 입각한 처방을 요구한다.

넷째, 조직과학이라는 용어가 의미하듯 조직 연구에 있어서 엄격한 과학성을 요구한다. 타 학문의 개념과 연구결과 등 연구의 성과를 적극 활용하여 조직을 연구하기 위한 방법에서 경험적 · 실증적 연구를 적극 수용하고 있다.

2) 다양한 현대 조직이론

(1) 상황(적응)이론

상황(적응)이론(contingency theory)은 조직의 구조, 기술, 행동 등이 특정한 고정된 방식을 따르는 것이 아니라 조직이 처한 상황에 따라 최선의 방식으로 맞추어 가는 것이 조직의 효과성을 높이는 최선의 방법이라고 본다. 즉, 모든 상황에 적합한 최선의 조직설계와 조직관리 방식은 따로 있는 것이 아니라 조직이 처한 변화하는 환경에 적응하는 조직설계와 조직관리 방식을 찾아야 한다는 것이다. 조직은 기본적으로 목표를 달성하기 위해 존재하며, 목표를 달성하기 위해서는 환경에 유연하게 대응해야 한다는 점을 강조한다. 이러한 점에서 상황이론은 개방체계적 관점을 반영하고 있다.

상황적 조건에 따라 조직의 대응이 달라진다는 것은 조직의 환경과 조직의 기술의 특성에 따라 조직이 대처하는 방식이 달라진다는 것을 의미한다. 예를 들어, 안정적이고 변화가 많지 않은 환경에서는 정형화된 업무처리 방식(기술)을 적용하는 것이 필요하며, 조직의 의사결정과 업무규칙은 집권적 · 표준적이라는 특성을 보이게 된다. 반면, 불안정적이고 급변하는 환경에서는 조직은 하부 단위의 신속한 의사결정과 유연한 업무처리 방식(기술)을 유지하는 것이 조직의 목표달성에 유리하다. 따라서 상황이론에서는 고전이론의 관료제모형과 같은 조직이나 현대의 태스크포스팀(TFT)과 같은 조직도 환경적 조건(상황적 요인)에 따라 조직설계나 조직관리에 있어서 최선의 방법이 달라질 수 있다는 함의를 제시한다.

상황이론은 이와 같이 '상황(환경)'에 따른 조직의 대응을 강조하는 개방체계적 관점으로 조직 내부와 외부의 적합성을 제시하였다. (신)고전 이론에 비해 조직형태의 다양한 가능성을 제시함으로써 조직에 대한 관점과 연구의 토대를 확장하였다는 이론적 의미를 가진다. 그럼에도 상황이론에서 설명하고자 하는 상황과 조직의 내적 특성을 설명하는 데 있어 개념의 모호함과 상황과 조직의 최적적합도를 판단하는 기준의 불명확성으로 인해 비판을 받고 있다.

(2) 조직군 생태론

특정한 생명체 집단이 생태계에서 살아가기 위해서는 환경에 적응하는 것이 중요하듯이, 조직도 생존을 위해서는 조직의 환경에 적응하는 것이 중요하다. 조직군 생태론은 환경에 적응하는 조직은 생존하고 적응하지 못하는 조직은 도태된다는 다윈의 진화론에서 강조하는 자연선택(自然選擇; natural selection)의 개념을 수용하여 조직의 생성과 변화, 소멸을 설명한다. 즉, 조직을 둘러싼 환경적 조건이 조직의 생성·변화·소멸에 어떻게 영향을 미치는지를 설명하는 것이 조직군 생태론이다(오석홍, 2018). 조직과 환경의 상호작용보다는 조직의 외부 환경이 조직을 선택한다는 관점으로 조직을 이해한다.

명칭에서 나타나듯이, 분석수준이 단일조직이 아니라 조직군(組織群)에 관심을 갖고, 조직에 대한 생태적 영향을 분석한다. 생태적 영향에 따라 조직은 변이와 선택, 유지를 통해 지속된다. 즉, 조직변화를 가져오는 변이(variation)가 발생하면, 조직은 환경적 적소(environmental niche)에서 도태되거나 선택(selection)되고, 환경에 대한 적합도가 높은 조직군은 유지(retention)된다.

조직이 환경에 의해 선택된다고 보는 조직군 생태이론은 조직이 의도하지 않은 변동을 설명하는 데 유용하다. 반면, 환경결정론적 관점으로서 조직은 수동적 존재로 규정함으로써 조직이 선택하거나, 조직이 환경을 자신에게 유리하게 바꾸어 가기도 하는 측면을 설명하지 못하는 점에서 이론적 한계를 보인다.

(3) 자원의존론

조직군 생태론이 조직의 수동적 성격을 강조하였다면, 자원의존론(resource dependency theory)은 조직의 능동적 성격을 강조한다. 조직은 환경에 수동적으로 대응하는 것만이 아니라 환경적 영향을 조직에 유리하도록 관리함으로써 조직이 직면한 환경에 능동적으로 대처하는 존재로 이해한다. 더 나아가 조직에게 이익이 되도록 환경을 통제하기도 한다. 환경과의 관계에서 조직은 환경에 의해 선택되는 것이 아닌 조직의 '전략적 선택'에 의해 환경과 교환관계를 형성한다.

조직의 생존을 위해서는 환경으로부터 자원을 확보하는 것이 필수적이기 때문에 환경에 의존적인 특성을 보일 수밖에 없다. 페퍼와 샐랜식(Pfeffer & Salancik, 1978)에 따르면, 자원의 중요성이 클수록, 자원의 배분과 사용에 대한 통제권을 보유할수록, 자원 통제권의 소수 조직에 집중될수록 의존도가 커진다. 그러나 조직은 의존관계를 전략적으로 통제하려는 노력을 통해 환경에 대한 의존도를 줄이기 위한 전략을 사용한다. 조직은 외부환경과 자원의 교환관계를 형성하는 데 하나의 자원 획득의 원천보다는 다양성을 추구함으로써 자원 교환의 다양성(variety of exchanges)을 추구함으로써 전략적으로 행동할 수 있다(Pfeffer & Salancik, 2003: 최세경, 현선해, 2011에서 재인용). 즉, 조직은 외부환경에 영향을 미치기도 하며, 때로는 외부환경에 적응하기도 하는 모습을 보인다.

자원의존이론은 조직과 환경의 상호작용을 이론적 분석틀에 포함으로써 조직연구의 지평을 보다 확대하였다는 의미를 가진다. 한편, 조직의 전략적 선택의 기준이 무엇인지에 대해서는 명확하게 밝히지 못하고 있다는 한계를 보인다.

(4) 신제도주의이론

신제도주의이론(neo-institution theory)은 1960년대 이후 사회과학 연구에 큰 영향을 미쳤던 행태주의(behaviorism)와 다원주의(pluralism)가 인간의 행태에 영향을 미치는 제도의 영향을 설명하지 못하는 것에 대한 이론적 한계를 극복하고자 새로운 연구 패러다임으로 제시되었다. 행태주의와 다원주의는 제도를 행위자의 행동에 의해 발생하는 부차적인 것으로 간주하였기 때문에 인간의 선택과 행동에 영향을 미치는 제도의 영향을 분석하지 못하는 한계가 있었다.

신제도주의이론에서 제도란 인간에 의하여 만들어지는 것으로서, 인간의 상호관계를 규제하는 공식적 · 비공식적인 사회적 제약을 의미한다(온라인행정학전자사전).[2] 신제도주의이론에서 제도는 법과 정부구조와 같은 공식적 요인 외에 문화, 규범, 행위방식 등 비공식적 요인을 모두 포괄하는 것으로서 조직의 행동에 영향을 미치는 사회적 · 인위적 제약(환경)을 의미한다. 메이어와 스콧(Meyer & Scott, 1983)에 따르면, 조직에 영향을 미치는 환경은 기술적 환경과 제도적 환경으로 구분된다. 기술적 환경은 조직의 산출과 관련된 것으로서 조직은 능률성이라는 기준에 의해 환경의 지지를 받거나 평가받는다. 반면, 제도적 환경은 조직의 구조와 과정, 가치지향이 환경의 규범을 받아들이도록 요구하는 환경으로서, 조직이 이러한 요구를 받아들이고 있는지에 따라 외부 환경의 지지 여부가 결정된다.

제도는 장기간의 반복적인 사회적인 질서로서 구조화된 안정적 성격을 가지며, 과거에 형성되어 현재에 영향을 미치고 미래의 선택에도 영향을 미치는 역사적 지속성을 가지고 있다. 제도에 영향을 받는 조직은 일정한 경로에 따라 움직이는 경로의존성(path-dependency) 현상이 발생하며, 따라서 일단 형성된 제도는 쉽게 변화되지 않는다. 이와 같이 제도는 조직의 제도적 환경으로 작용하며 조직의 행위를 제약하며, 현대사회에서 사회적 규범을 따르도록 요구하는 제도적 압력이 점차 커짐에 따라 현대사회의 조직은 사회적 정당성을 확보하는 것이 조직의 생존과 성장, 유지를 위한 중요한 과제가 된다. 즉, 조직은 제도적 환경에 대한 순응을 통해 정당성을 확보하는 것에 관심을 기울이게 된다(최창현, 1999).

제도적 환경 속의 특정 조직은 다른 조직과 경쟁하기보다는 상호 협력하고 제도에 순응함에 따라 서로 동질화되어 간다. 유사한 환경에 놓인 조직이 있다면 다른 조직들의 행위와 구조를 모방하기도 하며, 따라서 조직은 서로 동형화(isomorphism)

2) 제도이론은 인간의 행동과 인간이 만들어 낸 제도 간의 관계를 연구하는 사회과학적 방법론으로서 제시된 것으로서, 이전의 행태주의의 한계를 극복하기 위해 발전한 이론이다. 신제도이론과 구별되는 구제도이론은 제도로서 법규와 정부구조의 중요성을 강조하였으며 특정 제도도의 기술적(記述的) 연구에 치중하였다. 구제도이론은 행태주의 이전의 방법론이라 할 수 있다.

표 3-4 제도적 동형화의 유형

유형	의미	예
강제적 동형화	법과 규정에 의해 혹은 다른 우월한 조직에 예속됨으로써 강제적인 제도적 규범을 받아들여 조직이 유사해지는 유형	「장애인고용촉진 및 직업재활법」에 의한 장애인 의무고용제 시행으로 장애인 채용
모방적 동형화	기술과 환경이 불확실한 상황에서 제도적 규범을 성공적으로 받아들인 다른 조직을 모방함으로써 조직이 유사해지는 유형	성공한 조직을 벤치마킹해서 그 조직의 업무과정이나 처리방식을 적용함으로써 유사하게 되는 경향
규범적 동형화	직업적 전문화 과정에서 발생하는 규범을 조직이 받아들임으로써 조직이 유사해지는 유형	교육대학이나 사범대학을 졸업한 후 교사 자격증을 보유한 사람만 교사로 채용하여 교사로서의 가치를 조직에 전이함으로써 학교조직이 유사하게 되는 경향

되는 현상이 발생한다. 디마지오와 포웰(DiMaggio & Powell, 1983)은 조직들이 동형화되는 기제를 강제적, 모방적, 규범적 동형화의 세 가지로 제시하였다(〈표 3-4〉 참조).

신제도주의이론으로 인해 사기업 조직들을 중심으로 논의되던 조직이론이 공공부문 및 제3섹터의 조직들에 대한 연구로 확장되었다. 다양한 형태의 공공조직과 비영리조직의 확대는 기술적 능률성만으로 평가되지 않는, 사회적 정당성이라는 새로운 제도적 환경의 요구와 조직의 대응을 조직연구에 접목시켰다는 점에서 조직이론의 확대에 기여하였다.

비영리조직으로서 사회복지조직은 영리조직에 비해 산출의 양, 기술적 능률성보다는 사회적인 환경이 요구하는 가치와 규범을 실행함으로써 사회적 · 제도적으로 조직의 정당성을 인정받아야 한다는 점에서 신제도주의이론은 사회복지조직과 제도적 환경과의 관계를 설명함에 있어서 유용한 분석틀을 제공한다. 또한 제도적 동형화의 기제를 통해 사회복지조직들이 유사한 조직구조와 업무처리 방식, 가치 지향성을 보이는 현상을 설명할 수 있다는 점에서도 사회복지조직을 이해하는 유용한 관점을 제시한다.

그러나 신제도주의이론은 조직과 환경과의 관계에서 환경의 영향이 지배적인 경우를 전제하고 있다는 점에서 환경결정론적 시각이라는 비판을 받고 있다. 제도적 압력에 대해 조직은 단순히 순응하는 것만이 아닌 다양한 전략을 사용하기도 하며(Oliver, 1997), 제도적 기준이 모호한 경우에는 조직의 재량을 활용하여 전략적 반응을 한다(Goodrick & Salancik, 1996)는 점을 설명하는 데 있어 신제도주의이론은 약점이 있다. 또한 신제도주의이론은 암묵적으로 사회적 정당성만을 조직의 규범으로 제시하고 있어 기술적 능률성도 주요한 조직의 규범이라는 점을 간과하고 있으며(Stinchcombe, 1977: 최장현, 1999: 135에서 재인용), 제도화에 따른 갈등과 권력의 문제를 다루지 않는다는 점도 비판받고 있다(Selznick, 1996).

3) 현대 조직이론의 평가

현대사회는 조직 사회라고 할 수 있을 정도로 수많은 조직들이 생성되고 성장하며, 우리 삶에 영향을 미친다. 사회의 다원화와 복잡화에 따라 조직 또한 다원화·다양화 현상을 보이고 있다. 급변하는 환경 속에서 다양한 사회적·경제적·정치적 요구를 해결해야 하는 과제를 가지고 있다.

현대 조직이론은 조직의 외부환경과의 교호작용에 초점을 두고 환경 속의 조직이 환경과 어떠한 관계를 유지하고 있는지에 대한 연구와 분석을 통해서 다양하게 발전해 왔다. 환경이 요구하는 조건을 조직이 어떻게 조직 내부에서 수용하고 외부와 상호작용하는지는 조직의 성패와 직결되는 문제로 인식되었다. 환경과 조직의 적합도라는 측면에서 개별 이론들은 공통성을 보이고 있으나, 초점을 두는 환경은 차이를 보이고 있다. 상황이론이 조직과 기술적 환경의 적합도에, 조직군 생태론은 조직에게 주어진 환경과의 적합도에, 자원의존이론은 조직이 선택한 환경과의 적합도에, 그리고 신제도주의이론은 제도적 환경의 적합도에 보다 강조점을 두고 있다.

근대 산업사회의 출현과 함께 등장한 조직은 최근의 4차 산업혁명의 촉발과 함께 구조, 과정, 절차, 이념 등 조직의 모든 측면에서 변화를 겪고 있다. 그럼에도 근대적 조직의 발아 형태인 관료제적 특성은 여전히 현대사회의 조직의 근간을 이루고 있다. 관료제의 조직구조가 가진 문제점을 완화하기 위해 소규모 조직, 환경의 변화에 유연하게 대처할 수 있는 조직, 임시조직 혹은 프로젝트 조직, 네트워크 조직 등 다양한 형태의 조직이 등장하고 있다. 현대 조직은 환경의 변화와 함께 앞으로도 새로운 형태로 진화할 것이며, 그에 따라 조직이론도 이론의 주요 관심사에 따라 분화와 통합을 지속해 갈 것이다.

4. 조직과 환경

지금까지 살펴본 조직이론에서 중요하게 논의된 초점 중의 하나는 조직과 조직을 둘러싼 환경과의 관계에 대한 것이었다. 조직은 경계(boundary)를 가지고 있으며 경계 밖의 환경과 상호작용한다. 조직현상을 이해하기 위해서는 조직과 환경의 역동적 관계에 대한 이해가 중요하다. 환경은 '조직 밖에 있는 모든 것' 또는 '대상조직이 아닌 모든 것'이라고 정의할 수 있다(오석홍, 2018: 633). 그러나 이러한 정의는 환경을 너무 포괄적으로 규정함으로써 조직현상을 연구하거나 설명함에 있어서 환경을 제대로 파악하게 어렵게 만든다. 그래서 조직연구자들은 환경을 범위와 차원, 특성에 따라 분류하거나 연구 관심에 따라 환경의 개념을 한정시켜 이해한다. 일반적으로 환경은 일반환경(general environment)과 과업환경(task environment)으로 구분된다.

1) 일반환경

조직의 일반환경은 기술적 · 경제적 · 정치적 · 법적 · 사회적 · 문화적 조건을 의미한다. 일반환경은 모든 조직들에게 영향을 미치고, 개별 조직들은 일반환경을 변화시키기 어려워 주어진 조건으로 수용한다.

① 기술적 환경: 조직의 최종 산출물인 상품, 서비스는 일정한 기술적 조건에 의해 결정된다. 제품 생산기술이나 서비스 제공기술 외에도 조직의 관리기술, 조직의 업무처리 방식, 행정적 기술 등을 포함하는 개념이다. 사회복지조직이 제공하는 서비스를 위해서는 다양한 서비스 기법과 관리기법, 조직운영 등의 기술이 활용된다. 기술적 환경에 따라 조직의 행동과 업무처리 방식은 영향을 받는다.

② 경제적 환경: 조직이 필요로 하는 자원의 양과 자원을 활용하여 산출하는 서비스나 제품은 거시적인 경제적 상황의 영향을 받는다. 불황기와 호황기의 경제적 조건, 정부재정의 확대기와 축소기 여부에 따라 사회복지조직의 서비스에 대한 수요와 공급의 양이 결정된다.

③ 정치적 · 법적 환경: 정치체제의 이념이나 가치지향성은 한 사회의 자원배분이나 사회의 방향성에 영향을 미친다. 집권정당의 정치이념이나 주요 정책은 법률에 의해 구체화되고, 사회복지조직의 자원동원 범위나 활동방식에 영향을 미친다.

④ 사회적 환경: 한 사회의 인구학적 특성(성별, 연령별), 사회계층, 소득구조, 지역간 분포 등 사회적 조건에 의해 욕구의 해결방법과 수준이 달라진다. 이러한 조건의 변화는 장기적으로 사회복지조직의 수요 예측과 목표 설정에 영향을 미친다.

⑤ 문화적 환경: 인간관계 및 사회적 가치에 대한 규범과 도덕, 문제에 대한 현실인식과 해결책 모색을 위한 구성원의 신념 등은 문화에 따라 다르다. 이러한 문화적 조건들은 조직의 정당성 확보방식에 중요한 영향을 미친다. 사회복지조직이 욕구를 해결하기 위한 문제의 규정과 해결방법은 그 사회의 문화적 환경이 허용하는 범위 안에서 모색된다.

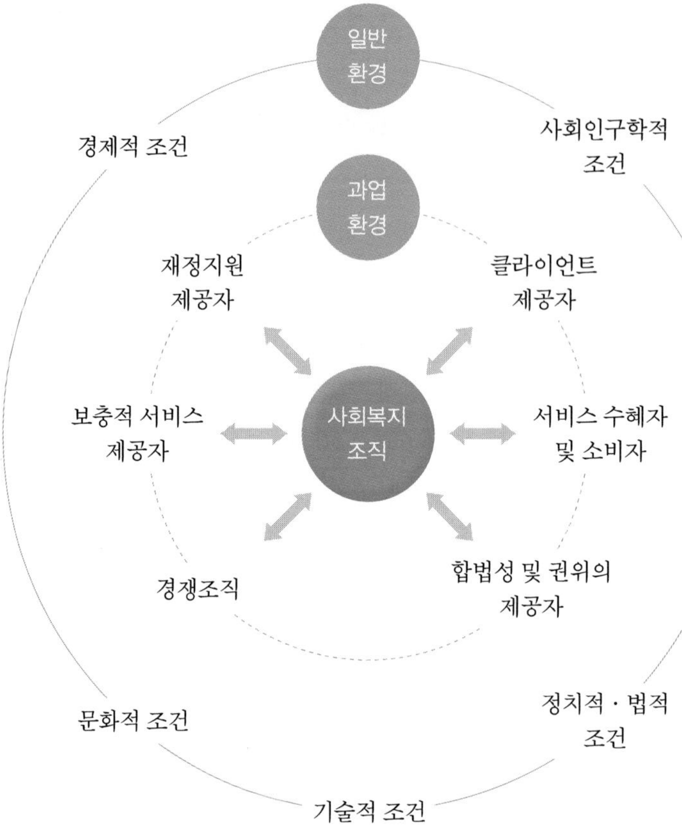

그림 3-1 사회복지조직의 환경

출처: 이봉주, 이선우, 백종만(2012).

2) 과업환경

과업환경은 사회복지조직의 목표(과업)를 달성하기 위한 활동과 직접적으로 연계된 환경으로서, 조직과 직접적 상호작용을 하는 개인, 조직이나 집단을 의미한다. 일반환경은 과업환경에 영향을 미치고, 과업환경은 조직과 상호 영향을 주고받는다. 일반환경은 과업환경을 통하여 간접적으로 사회복지조직에 영향을 미친다.

• 재정자원의 제공자: 조직에 자원을 제공하는 환경 요소를 의미한다. 사회복지조

직의 재정자원의 제공자는 중앙정부, 지방자치단체, 민간기업, 공동모금회, 기업복지재단, 개인후원자가 있다. 최근의 사회서비스 영역에서는 이용자 부담의 원칙에 따라 서비스 이용자도 재정자원의 제공자로서의 의미를 갖는다. 재정자원의 축소와 재정자원을 둘러싼 사회복지조직 간의 경쟁으로 인해 재정자원의 제공자들이 요구하는 기준(평가, 성과, 책임성)에 부합하는 산출물과 결과물을 창출하는 것이 사회복지조직의 중요한 과제가 되고 있다.

- 정당성 및 권위의 제공자: 조직의 목표를 달성하기 위한 활동은 사회가 조직에게 기대하는 요구에 부합하여야 한다. 사회적으로 요구받는 활동과 조직의 내부 활동이 일치할 때, 조직은 정당성을 인정받게 된다. 또한 이러한 활동을 성공적으로 수행하는 조직은 정부나 관련 집단으로부터 합법성과 권위를 인정받는다.
- 클라이언트 및 클라이언트 공급자: 조직으로부터 서비스를 받는 클라이언트를 의뢰하는 개인, 집단이나 조직을 의미한다. 지역자활센터나 지역아동센터의 클라이언트는 대부분 기초자치단체의 사회복지담당공무원이나 다른 사회복지조직들의 의뢰를 통해 확보된다. 최근에는 사회서비스의 시장화에 따라 클라이언트 공급자로서의 역할을 사회복지조직이 직접 수행해야 하는 경우가 많아지고 있어 클라이언트의 확보 전략과 사회복지조직의 클라이언트 중심 서비스 제공이 강조되고 있다.
- 산출물의 소비자: 조직이 산출한 서비스를 직접 이용하는 클라이언트의 욕구 해결이나 충족은 단순히 클라이언트에 대한 혜택으로 끝나는 것이 아니라, 간접적으로 편익을 보는 수혜자들이 발생한다. 개인의 인적자본을 증가시키는 복지서비스나 교육서비스는 서비스의 직접적 수혜자 외에도 직접적 수혜자가 속하게 된 집단과 지역사회에도 긍정적인 효과가 있다는 측면에서 집단과 지역사회도 산출물의 소비자가 된다.
- 보충적 서비스 제공자: 한 조직의 서비스만으로 클라이언트의 욕구를 모두 충족시킬 수 없는 경우, 다른 영역의 조직에서 제공하는 서비스가 필요하다. 치매노인을 위한 서비스에는 복지서비스 외에도 의료 영역의 서비스가 동반되어

야 한다.

- 경쟁조직: 클라이언트, 재정자원 등의 확보를 위한 과정에서 경쟁하는 외부 조직들을 의미한다. 사회서비스 영역에서는 동일한 서비스를 제공함으로써 클라이언트와 재정자원을 확보하기 위한 서비스 공급자 간의 경쟁이 증가하고 있다.

3) 조직과 환경의 상호작용

앞서 현대 조직이론에서 언급하였듯이, 조직은 항상 일방적으로 환경의 영향을 받기만 하는 수동적인 존재만은 아니며, 환경과 상호작용을 통해 영향을 주고받는다.

(1) 환경적 영향의 적응

앞에서 살펴본 일반환경과 과업환경은 조직의 생존과 성장, 소멸에 영향을 미치는 조건이다. 복잡해지는 환경 속에서 환경적 영향을 분석하고 환경에 대한 조직의 적절한 대응이 점차 중요해지고 있다. 환경적 영향이나 압력에 굴복하고 소멸하는 조직, 혹은 이를 잘 극복하고 성장하는 조직으로서의 가능성은 조직의 환경적 영향에 대한 적응능력에 달려 있다.

환경에 적응하기 위해서는 환경의 변화를 인지하는 기능, 환경의 변화와 관련된 조직 외부의 정보를 수집하고 해석하는 기능, 변화에 적응하기 위한 조직변화와 개혁을 실천하는 기능, 그리고 외부의 평가를 지속적으로 환류하는 기능이 유기적으로 조직 체계 내에서 이루어져야 한다. SWOT분석, 조직진단, 학습조직(learning organization)과 같은 경영학 분야에서 개발된 노력들은 바로 환경에 적응하기 위한 조직의 전략과 관련되어 있다.

(2) 환경적 영향의 통제

조직은 환경적 영향을 수용하고 환경적 요구에 맞게 조직을 변화시키기도 하지만, 환경적 영향을 통제함으로써 환경의 불확실성과 불안정성을 완화하기 위한 노력을 한다. 직접적으로 조직에 왜곡된 정보를 가져오는 요소를 배제하거나 수요와 공급의 변동 폭을 완화시키고, 환경적 요인의 내부화(경쟁기업의 합병, 컨소시엄을 통한 사업추진)를 통해서 환경적 영향을 통제한다. 간접적인 통제활동으로는 환경의 평가를 조직에 유리한 우호적인 것으로 받아들여지게 하는 홍보활동(조직의 목표와 활동을 알리는 PR), 특정한 환경적 요인에 대한 조직의 의존도 감소를 위한 자원의 다원화 전략(수요 및 공급처 다원화), 유사한 조직들의 연합체를 구성하여 보다 큰 조직을 형성함으로써 통제력을 강화하는 활동(협회, 연합회 가입) 등이 있다.

요점 정리

- 조직이론은 조직관 및 인간관에 따라 고전이론, 신고전이론, 현대이론으로 구분되며, 조직과 환경과의 관계에 따라 폐쇄체계이론과 개방체계이론으로 구분된다.
- 조직이론은 환경과의 관계를 고려하지 않고 조직 자체에만 관심을 두는 폐쇄체계이론에서 최근에는 조직을 둘러싼 외부 환경과 조직의 관계를 고려하여 조직을 설명하는 개방체계이론으로 발전하여 왔다.
- 고전이론에서는 조직은 목표를 달성하기 위한 도구로서 이해하고 목표를 극대화하기 위한 기계적 능률성에 관심을 두고, 조직을 환경의 영향을 받지 않은 독립적인 것으로 인식하는 폐쇄체계적 관점에서 이해하고 있으며, 조직구성원의 조직에 참여하는 유인이 경제적 동기에 근거하고 있다는 합리적(경제적) 인간관을 바탕으로 하고 있다
- 고전이론으로 공식적 위계절차와 업무처리 구조를 근대 산업사회의 조직 특성으로 설명하는 관료제론, 시간과 동작 연구와 같은 과학적 관리기법을 강조하는 과학적 관리론, 행정의 기본 기능인 POSDCORB를 제시한 행정관리론이 있다.
- 신고전이론은 공식적 목표를 기계적으로 수행하는 도구로서 조직을 바라보는 관점에서 벗어나 사회적 능률에 주목하고, 경제적 인간관에서 벗어나 조직구성원의 사회적·심리적 욕구를 인정하고 조직 내의 비공식적 관계를 조직의 설명에 반영하였다.

- 신고전이론으로 호손실험을 통해 조직 내의 비공식적 인간관계의 중요성을 강조한 인간관계론, 인간의 성향에 따라 조직속의 인간의 행동과 관리방식이 달라질 수 있음을 제시한 X이론, Y이론이 있다.
- 현대이론은 조직을 둘러싼 환경과의 상호작용에 주목하여 '개방체계적 관점'을 수용하였으며, 조직 내 인간을 '복잡한 인간'으로 파악한다. 복잡한 인간들이 모여 만들어진 조직 또한 복잡하며, 따라서 (신)고전이론과 같이 조직의 문제나 현상을 해결하기 위한 획일적 처방이나 접근방법을 요구하지 않고, 상황에 따른 처방이나 총체적 관점에 입각한 처방을 요구한다.
- 현대이론으로 조직과 기술적 환경의 관계에 주목하는 상황(적응)이론, 조직에게 주어진 환경과 조직의 관계에 주목하는 조직군 생태론, 조직이 선택한 환경과 조직의 관계에 주목하는 자원의존론은, 제도적 환경과 조직의 관계에 주목하는 신제도주의이론이 있다.
- 환경은 '조직 밖에 있는 모든 것'으로서, 환경은 일반환경(general environment)과 과업환경(task environment)으로 구분된다. 조직의 일반환경은 기술적 · 경제적 · 정치적 · 법적 · 사회적 · 문화적 조건을 의미한다. 과업환경은 재정자원의 제공자, 정당성 및 권위의 제공자, 클라이언트 및 클라이언트 공급자, 산출물의 소비자, 보충적 서비스 제공자, 경쟁조직이 해당된다.

더 읽어 보기

Hansenfeld, Y. (2015). *Classics of Organization Theory* (8th ed.). Cengage Learning.

Lewis, J. A., Packard, T. R., & Lewis, M. D. (2006). *Management of Human Service Programs* (4th ed.). Belmont, CA: Brooks Cole.

제4장

사회복지조직의 유형과 실제

학습목표

- 사회복지서비스를 제공하는 조직의 유형으로 공공조직, 민간비영리조직, 사회적경제조직과 민간영리조직에 대해서 배운다.
- 공공조직의 운영이론으로 신공공관리론을 배우고, 민간비영리조직의 운영이론으로 제3섹터론을 배운다.
- 사회적경제조직의 역사와 유형에 대해 배우고, 우리나라의 사회적경제조직으로 사회적기업과 사회적협동조합에 대해 탐구한다.
- 민간영리조직의 운영이론으로 신고전경제학을 배운다.
- 「사회복지사업법」에 따른 사회복지시설에 대해 배운다.

사회복지조직은 운영 주체의 성격에 따라 크게 네 가지 유형으로 나눠 볼 수 있다. 첫째, 공공조직으로, 중앙정부, 지방자치단체, 그리고 정부의 투자 · 출자 또는 정부의 재정지원 등으로 운영되는 공공기관 등이 여기에 속한다. 둘째, 민간비영리조직으로, 학교법인, 의료법인, 사회복지법인 등과 같이 영리를 목적으로 하지 않는 조직이다. 셋째, 사회적경제조직으로, 협동조합, 사회적협동조합, 마을기업, 자활기업, 사회적기업 등이 여기에 속한다. 넷째, 영리조직으로, 이윤을 목적으로 하는 기업이 여기에 속한다. 이 장에서는 네 가지 사회복지조직의 특성과 그 운영 원리에 대해 살펴본다. 또한 우리나라에서 운영되고 있는 다양한 사회복지시설 유형에 대해 살펴본다.

1. 공공조직

우리나라에서 공공조직으로서 사회복지서비스를 제공하는 조직으로는 복지시설을 직영하는 지방자치단체, 복지시설을 운영하는 기초 및 광역 지방자치단체가 설립한 복지재단, 노인장기요양서비스를 관리하는 국민건강보험공단, 장애인활동지원서비스를 관리하는 국민연금공단, 그리고 최근 광역지방자치단체에서 설치하고 있는 사회서비스원 등을 들 수 있다. 또한 아동보호서비스를 제공하는 아동권리보장원, 노인에게 일자리 관련 서비스를 제공하는 노인인력개발원, 장애인에게 고용서비스 또는 복지서비스를 제공하는 한국장애인고용공단, 한국장애인개발원 및 저소득층의 자립을 지원하는 한국자활복지개발원 등이 사회복지서비스를 제공하는 공공조직에 해당한다.

공공조직의 운영 원리를 제시하는 대표적 이론으로는 관료제론, 신공공관리론을 들 수 있다.

1) 관료제론

가장 잘 알려진 공공조직의 운영 원리라고 할 수 있는 관료제론은 막스 베버에서 출발하였다. 앞서 제3장에서 살펴보았듯이, 관료제론은 직무의 분화(전문화된 업무 분업)와 위계적 감독(권위구조), 비인간적 인간관계로 조직을 설명한다.

행정환경이 안정적이고 관료의 일이 상대적으로 간단하고 모든 시민 고객이 같은 서비스를 원하며 성과의 질이 크게 중요하지 않다면 전통적인 관료제도 잘 작동할 수 있다(Osborne & Gaebler, 1992: 15-16). 하지만 사회복지서비스는 다양한 시민들이 다양한 욕구를 가진 대표적인 서비스여서 관료제로는 다양한 시민들의 다양한 사회복지서비스에 대한 욕구를 만족스럽게 충족시키기 매우 어렵다.

2) 신공공관리론

(1) 신공공관리의 역사적 배경

역사적으로 1930년대 대공황 이후 서구의 정부는 케인즈주의 경제학(Keynesian economics)에 기반을 두어 시장에 개입하는 정책을 시행해 왔으며, 특히 다양한 복지정책을 수립하여 복지국가를 위한 기틀을 만들었다. 하지만 1970년대 세계 경제가 스태그플레이션(stagflation)[1]을 경험하면서 스태그플레이션이 정부 개입의 비효율성 때문이며 경제를 회복시키기 위해서는 정부의 개입을 줄여야 한다고 주장하는 자유주의적 자본주의, 즉 신자유주의가 등장하게 되었다. 하이에크(Hayek), 프리드먼(Friedman) 등은 더 많은 시장, 더 많은 자유, 더 적은 정부(less government)를 주장하는 대표적인 신자유주의자들이다.

신자유주의는 국가가 사회(시장)와 어떤 관계를 맺는가, 국가 기구를 어떻게 운영하는가라는 두 가지 쟁점에 초점을 두는데, 신공공관리론은 신자유주의에서 국가 기구를 운영하는 방식에 더 관심이 있다.

1970년대 이후 제시된 신공공관리론(New Public Management: NPM)은 정부의 개입으로 인한 관료주의와 비효율성 등 정부실패를 해결하기 위하여 대두되었다. 신공공관리론은 정부의 독점적 통치를 거부하고, 정부의 역할을 적극적 지원에서 소극적인 규제로 국한하는 전환을 주장하였다. 신공공관리론이 추구하는 국가의 유형은 입법주의형 국가라고 할 수 있다.

1) 스태그네이션과 인플레이션의 합성어로 실직, 경기 후퇴의 현상을 보이는 스태그네이션임에도 높은 물가상승인 인플레이션이 일어나는 경우를 말한다.

신공공관리론은 소위 신행정국가의 운영 원리로 대두되었는데, 신행정국가는 전통적 국가에 신자유주의와 거버넌스(협치)의 내용을 결합시켜 국가의 역할이 축소된 탈행정국가를 추구한다. 따라서 작은 정부를 지향하면서 강력한 행정적 리더십을 강조한다.

신공공관리론은 한편으로 시장의 경쟁 원리를 공공행정에 도입함으로써 정부를 적극적인 복지서비스 제공자라는 적극적 역할에서 복지서비스 시장 형성자로서의 소극적 역할로 전환시켰다. 또 다른 한편으로 정부와 기업 그리고 시민사회의 협력을 중시하는 거버넌스(협치)를 추구하고, 공공 부문과 시장 부문, 비영리 부문의 네트워크를 강조하였다.

우리나라에서는 김대중 정부와 노무현 정부 시기에 신공공관리론이 급격히 도입되었는데, 그 배경에는 비대한 한국 관료제의 성장에 대한 비판이 있었다. 우리나라의 관료제는 1960~1970년대 권위주의 군사정권을 거치면서 경제성장을 주도한 강력한 세력이었다. IMF 외환위기 이후 비대한 정부와 그에 따른 막대한 재정 지출, 방만한 행정 등이 한국 관료제의 문제점으로 지적되면서 무조건 작은 정부를 지향하는 개혁의 방향을 설정하여, 당시 외부의 힘에 의해 강제적으로 도입되었던 측면이 있다(임도빈, 2010: 2). 이에 따라 김대중 정부에서는 고객 중심의 기업형 정부를 추구하여 비효율적 관료 형태를 일부 개선하는 성과를 거두기도 하였다.

이명박 정부도 공공관료제의 단점을 부각하고 민간을 선호하여, 공기업 선진화를 추구하고, 교육 부문에 시장 원리를 도입하였다. 하지만 과도하게 시장경제 체제를 신봉하는 신자유주의 이념을 도입하면서 공공성을 저해하는 등 문제가 심화되었으며, 이기적 합리성에 기초한 부작용이 드러나기도 했다.

(2) 시장 실패와 정부 실패

신공공관리론을 불러온 정부 실패(government failure)를 제대로 이해하기 위해서는 시장 실패를 먼저 이해할 필요가 있다. 주류 경제학자들은 자본주의 시장은 자원배분을 최적화하는 효율성과 소득분배의 공평성을 달성할 가능성이 높다고 주장한다. 그런데 자원배분의 최적화는 완전경쟁을 전제로 하지만 우리 사회에는 몇 가지 이유로 시장 실패(market failure)가 발생할 가능성이 있다. 첫째, 공공재의 존재이다. 예를 들어, 국방, 경찰, 의료 그리고 복지 서비스 등은 시장에서 자유롭게 교환되기 어려운 공공재이다. 국방이나 경찰 서비스를 시장에서 교환하게 된다면 구입하지 않은 사람들도 서비스 혜택에서 제외하기 어려워 많은 사람들이 제대로 비용을 지불하지 않아서 시장에 맡겨 두면 국방이나 경찰 서비스가 필요한 만큼 생산되지 않을 가능성이 높다. 의료 및 복지 서비스도 많은 사람들이 살아가면서 반드시 필요한 서비스이지만 시장에서 자유롭게 교환된다면 돈이 없는 저소득층 등 필요한 만큼 구입하지 못하는 사람들이 많아지게 되고, 결국 많은 사람이 큰 고통을 겪게 될 것이다.

둘째, 외부효과이다. 외부효과(externalities)란 상품 또는 재화를 구입해서 쓰는 사람 외에 다른 사람과 사회에 미치는 이로운 효과를 의미한다. 예를 들어, TV와 같은 일반 상품을 구입하는 사람은 TV를 소비하면서 높은 만족을 느낄 수 있지만 그 외의 다른 사람에게는 별다른 영향을 미치지 않는다. 반면에 교육 서비스는 해당 서비스를 구입해서 소비하는 사람은 물론이거니와 직접 소비하지 않는 사회에도 큰 영향을 미치는데, 교육 수준이 높은 국민이 많으면 사회의 인적자본 수준이 높아져서 사회의 발전에 크게 기여한다. 복지서비스 역시 서비스를 직접 소비하는 사람은 자신이 경험하는 낮은 자존감, 높은 우울증을 완화시켜서 생활만족도가 높아질 뿐 아니라, 다른 시민들 역시 복지서비스 이용자의 생활만족도 향상으로 인해 사회가 안정되어 행복감이 높아질 수 있다.

셋째, 정보의 비대칭이다. 시장에서 공급과 소비가 균형을 이루기 위해서는 공급자가 소비자에 대해 많은 정보를 갖고 잘 아는 것처럼 소비자도 해당 상품 또는 서비스에 대한 정보를 충분히 갖고 있어야 한다. 그런데 의료와 같은 서비스에 대해 공급자는 매우 높은 수준의 정보를 갖고 있지만, 소비자가 가진 정보의 수준은 상당히 낮아서 그 격차가 매우 크다. 이런 경우에 서비스 교환이 서비스에 대한 공정한 가격에서 이루어지는 것이 아니라 소비자가 부당하게 높은 가격을 지불해야 하는 문제가 발생할 가능성이 높다. 이와 같은 이유로 시장에서 상품과 서비스가 최적의 수준으로 교환되지 못하는 시장실패가 발생하면 경기의 불안정, 소득분배의 불공정 등의 증상이 발생한다.

시장 실패를 완화하고자 정부가 시장에 개입하게 되는데, 그 결과 정부의 규모가 커져서 정부조직을 운영하는 행정이 필요하게 되고 그 중요성이 커지게 된다. 정부는 국방, 경찰, 교육, 의료, 복지 등 시장에서 충분히 제공하지 못하여 시장 실패 가능성이 높은 재화의 공급에 개입하게 되면서 행정이 필요하게 된다. 그런데 시장 실패에 대응하여 정부가 적극적으로 개입한 결과가 언제나 긍정적인 것은 아니다.

정부가 사회복지서비스를 직접 제공하는 데 대해 몇 가지 비판이 제기된다. 첫째, 공공부문은 독점적 위치로 인해 경쟁과 이윤의 동기가 없기 때문에 비용을 증가시켜 비효율적이다. 또한 정부의 확대 또는 큰 정부의 추구는 결과적으로 공무원의 증원과 그로 인한 정부 예산의 증가로 귀결된다. 우리나라에서는 많은 경우 공무원의 증원과 그로 인한 정부 예산의 증가는 국민의 반대에 부딪힌다. 둘째, 공공부문이 지나치게 확대되어 정부가 국민의 생활에 지나치게 개입하기 때문에 국민의 자유를 위협하고, 궁극적으로 민주주의를 위협하게 된다(Savas, 1987). 셋째, 사회복지서비스의 다양성이 떨어져서 국민들의 선택을 제한한다. 정부가 개입했지만 정부 행정의 생산성이 낮고, 자원배분의 효율성이나 형평성을 달성하지 못하거나 악화시키는 정부 실패가 발생하기도 한다.

(3) 신공공관리론의 특징

신공공관리론은 신자유주의에 이론적 기반을 두고 정부 실패의 발생에 대한 대안으로 작고 효율적인 정부를 주장하는데, 영국을 중심으로 한 신관리주의(new managerialism), 미국을 중심으로 한 기업가적 정부 모형으로 구분된다. 신공공관리론은 이론적으로는 신고전경제학파와 관리주의를 기본으로 하고 있다. 신고전경제학파는 성악설적인 입장에서 관료를 이기적이고 현상유지적이며 개혁에 대해서 보수적인 성향을 지니고 있다고 보고, 개혁의 대상이고 통제되어야 한다고 주장한다. 반면에 관리주의(managerialism)는 인간을 성선설적인 입장에서 보면서, 인간은 자주적으로 일을 하며 기업가적인 정신을 가지고 있어 생산성 향상을 위해서 노력한다고 본다는 점에서 서로 상반되는 점이 있다(소순창, 홍진이, 2004: 320)는 비판을 받기도 한다.

신공공관리론은 민간부문의 관리방식을 공공부문에 도입하고 관료들이 시장기제를 통해 시민 고객에 대한 대응성을 제고하고, 효율적으로 공공재를 공급할 것을 강조한다. 경제원리의 도입, 고객 위주의 행정, 시장주의의 체제, 성과 지향적 체제, 규제 완화, 경쟁 원리의 도입 등이 신공공관리론에서 강조하는 개념들이다.

관리주의는 다른 조건이 동일하다면 조직 내부 관리에서 능률성을 추구하여 다른 조직에 비해 상대적으로 우위를 점할 수 있다는 논리에 기초하고 있다. 신관리주의는 행정이 민간부문의 경영기법을 받아들여 합리적이 된다고 주장한다. 신관리주의는 행정에 시장적 성격을 더해 행정가가 기업가의 역할을 수행할 것을 강조한다. 통제 위주의 전통적 행정관리 체계를 기관장에게 자율성을 부여하여 스스로 능력을 발휘하게 하되 조직의 생산성 극대화를 주문하는 책임운영기관과 같은 유연한 행정조직으로 전환하는 방안을 강구한 것도 신관리주의이다.

신공공관리론은 관료들이 최선을 다하도록 하기 위해서 경쟁을 통한 유인체제의 구축이 필요하다고 주장한다. 관료들이 내부 시장압력에 노출될 경우 자신들의 성과를 향상시키게 될 것이라고 주장한다(소순창, 홍진이, 2004: 326).

신공공관리론의 핵심 키워드로 시장주의화, 분리화 및 유인체계 부여를 들 수 있다(clark, 1996). 첫째, 시장주의화는 공공서비스 생산에 시장의 경쟁 원리를 도입하여 정부를 시장경쟁 원리에 입각하여 운영하는 것이다. 이를 위해서 구매자, 규제자 및 공급자의 역할을 분리하는 것이 중요한 전략이다. 시장주의화는 조직 내부에 시장원리를 도입하자는 주장(내부적 시장화/능률화)과 비능률적인 행정 조직의 일부를 능률적인 시장에 맡기자는 주장(외부적 시장화/능률화)으로 구분할 수 있다. 시장기제를 이용하는 방법으로는 민영화, 민간위탁, 바우처 등이 있다. 그중 대표적인 민영화는 공공이 제공하던 서비스를 민간이 제공하도록 전환하는 것이다. 그 사례로는 공기업 민영화, 사회복지서비스 등 공적 서비스의 민간위탁 등을 들 수 있다.

둘째, 분리화로 정책기능과 집행기능을 분리하여 국가의 기능을 강화하는 것이다. 우선 정책의 형성 및 자원의 배분체계에서 중앙정부의 권력을 강화하는 등 정부는 전략적인 정책기능에 초점을 둔다. 한편, 단위 집행 업무의 책임을 분권화된 주체에 부여하는 분권화를 실시한다. 집행기능은 시장 원리에 입각하여 집행을 폐지하거나, 민간에 이양하거나 위탁하는데, 에이전시화 등이 그 예이다. 에이전시화는 공적 부문의 구체적 업무 집행기관 중에서 민영화 대상이 되기 어려운 것을 독립기관화하는 것이다. 또한 과정을 평가하는 데에서 결과를 평가하는 체제로 변화시킨다. 그 사례로는 책임운영기관을 들 수 있다. 집권화된 계층제 중시의 조직구조에서 분권화된 조직 간의 계약에 의한 경영 환경으로 전환시키고자 한다.

셋째, 유인체계 부여로 기업가형 행위자를 장려하고 비용 절감 및 조직 효율성을 높이기 위해 성과가 높은 부분에 인센티브를 부여하는 것이다. 이에 따라 개인의 월급에 차등을 두는 동시에 조직 단위의 보상에도 차등을 둔다. 이를 위해 성과와 효율성에 있어서 계량적 방법을 사용하여 측정한다. 또한 인적자원관리 전략을 사용하는데, 그 사례로 성과급제를 들 수 있다. 하지만 '금전적 인센티브가 관료제 운영의 기본이 될 만큼 중요한가?'라는 의문도 제기된다. 업적에 의한 통제는 프로세스의 자유도를 높이는 대신에 업적에 대한 책임성(accountability)으로 바꾸는 것이고, 투입의 관리에서 산출(output; 단기적인 결과) 또는 성과(outcome; 장기적인 성과)의 관리로 전환하는 것으로, 업적평가 시스템의 도입, 인센티브 부여 등을 말한다.

(4) 신공공관리론에 대한 비판

신공공관리론적 개혁은 비효율적 관료 행태를 일부 개선했다고는 하지만 과도하게 시장경제체제를 신봉하는 신자유주의 이념 도입에 따른 문제와 인간의 이기적 합리성에 기초한 부작용도 적지 않다는 비판이다(임도빈, 2010: 2; 조성한, 2000: 6-7).

신공공관리론에 대한 비판은 무엇보다도 관료를 객체화하거나 물화했다는 것이다. 기계적 합리성을 행정 및 사회 현상의 전부로 착각하고, 인간을 혁신의 주체가 아닌 통제 대상으로 전락시켰다. 하지만 인간인 관료가 혁신과정에서 소외될 경우 관료의 능동성은 발휘되기 어렵다.

신공공관리론은 또한 공익은 원자화된 개인들의 이익 결집으로, 개인의 행복의 합이 전체의 공익이라고 보는데, 이 같은 시각에서는 공익 개념의 산출은 불가능하다. 공익은 공동체 안에서 개인을 사회적으로 규정할 수 있다고 가정할 때에만 가능한 개념이다. 시민은 사회구성원으로 정부가 공동체 구성원들이 가치 있다고 간주하는 것을 정부가 실행해 주길 기대하기도 한다.

신공공관리론에 대한 더 중요한 비판은 공공조직은 '이윤 추구'라는 간단명료한 목표를 추구하는 기업과 달리 복잡한 사회의 요구를 만족시키기 위해 조직 목표 자체가 복합적이고 애매한 경우가 많다는 것이다. 이러한 사실을 간과하고 사기업의 운영 원리를 공공조직에 무작정 적용하면서 조직구조와 행태 간에 충돌이 발생하는 경우가 상당하다. 정부와 사회, 정부와 기업, 정치와 행정의 관계 등은 민간영역에 존재하지 않는다. 관료제의 공공성은 민간영역에는 존재하지 않으며, 공공영역에만 존재하는 특성이어서 공공관리는 기업의 경영관리와는 근본적으로 달라야 한다는 것이다(소순창, 홍진이, 2004: 328).

이러한 신공공관리에 대한 보완으로 뉴거버넌스론(참여적 거버넌스론)이 제기되었는데, 국가와 시장, 시민사회가 참여와 협력을 통하여 정책을 결정하고, 서비스를 공동으로 생산해야 한다고 주장한다.

2. 민간비영리조직

사회복지서비스조직으로 두 번째 유형은 민간비영리조직이며, 민간비영리조직의 운영에 대한 이론을 비영리섹터론이라고 한다. 비영리섹터론은 제3섹터론이라고도 하는데, 시장섹터를 제1섹터, 국가섹터를 제2섹터, 시민사회섹터를 제3섹터로 구분하며, 비영리조직이 시민사회섹터의 조직적 활동 주체이다.

비영리섹터는 19세기 영국의 박애주의와 자선 개념에 근거를 두고 있는데, 자선단체, 자원봉사단체가 비영리섹터의 중요한 부분이다. 미국에서는 1960년대 빈곤퇴치, 의료, 교육, 지역개발, 환경보호, 예술 프로그램을 비영리조직을 통해 수행하면서 비영리섹터가 비약적으로 발전했다.

비영리섹터 시민단체는 공통의 특성이 있다(Salamon et al., 2003). 첫째, 조직성으로, 비영리 시민단체는 제도적 구조와 운영의 규칙성을 가진다. 법적 · 공식적 성격과 관계없이 정기적 회의, 회원제도, 일정한 구조 또는 결정하는 과정이 있다. 둘째, 민간으로, 정부 자금을 지원받을 수는 있어도 국가로부터 제도적으로 분리되어 있다. 셋째, 이윤 비분배로 이윤을 창출할 수 있어도 그 이윤을 주식소유자, 조합원, 이사, 관리자에게 분배하지 않는다. 시민사회조직은 운영의 과정에서 이윤을 창출할 수 있어도 그 이윤을 조직의 목적을 위해 다시 투입한다. 넷째, 자치로, 자신의 활동을 스스로 통제하고 지배구조의 구성원을 자유롭게 선출하고 해임한다. 다섯째, 자발성으로, 회원으로 참여하는 것이 법적 강제가 아니며, 조직 활동이나 경영에 스스로 참여한다.

UN의 비영리기관 구분에 따르면, 법적으로는 주로 결사(사단법인)와 재단법인의 형태이며, 회비를 내는 개인이나 회사에게 서비스를 제공하는 기관, 취약계층에게 자선적이고 박애주의적인 서비스를 제공하는 기관, 의료 · 교육 · 레저 등 시장서비스를 제공하되 이윤을 배분하지 않는 기관, 권익옹호단체나 시민들의 정치 프로그램 제공 단체 등을 말한다. 비영리기관은 교육, 의료, 지역개발, 사회서비스 등 다양한 분야에서 활동한다.

비영리조직은 시장 실패와 정부 실패에 대한 대응으로 볼 수 있다. 이미 앞에서 살펴보았듯이, 의료서비스, 교육서비스, 사회복지서비스 등은 공공재로서의 특성이 강해서 시장 실패를 초래할 가능성이 높다. 반면에 사회복지서비스를 정부가 공급하게 되면 노인요양서비스, 주간보호서비스, 보육서비스 등에 대한 서비스 이용자의 다양한 선호를 제대로 충족시키지 못하여 유권자가 가장 많은 층의 수요 외에는 수요 충족이 이루어지지 않아 정부 실패를 가져올 가능성이 높다. 뿐만 아니라 관료제의 문제로 서비스 공급에서 비효율성 · 비효과성이 높아지는 정부 실패를 초래할 수도 있다. 이러한 상황에서 비영리조직은 시장과 정부를 보완하는 역할을 수행한다(장종익, 2019).

사회복지서비스 제공기관으로 비영리조직은 정부가 직접 서비스를 제공하는 것에 비해 세 가지 장점을 갖고 있다. 첫째, 비영리조직은 정부보다 규모가 훨씬 작아서 비영리조직을 후원하는 사람들이 자신들의 후원금이 어디에 쓰이는지 더 쉽게 이해할 수 있다. 둘째, 비영리조직은 지역사회에 기반을 둔 시민조직이어서 지역에 대한 정보가 풍부하고 개인적인 관계를 갖고 있기 때문에 지역과 개인의 욕구에 빠르고 정확하게 반응할 수 있다. 셋째, 비영리조직은 관료제 수준이 낮아서 융통성을 발휘할 수 있고 혁신적인 시도를 할 수 있다.

또한 비영리조직은 민간영리에 비해서도 두 가지 장점을 가지고 있다. 첫째, 사회복지서비스처럼 외부효과가 상당히 크지만 정부가 품질을 규제하기 어려운 서비스를 양질로 제공할 수 있다. 둘째, 사회복지서비스의 소비자 중에는 발달장애인, 아동, 노인처럼 선택능력이 부족한 소비자가 많이 있으며, 비영리조직은 이들에게 양질의 사회복지서비스를 합당한 가격에 제공할 수 있다. 따라서 사회복지서비스 제공 주체로 비영리조직이 상대적으로 유리한 위치에 있다고 할 수 있다.

하지만 비영리조직은 장점만 갖는 것이 아니며 단점도 갖고 있다. 첫째, 비영리조직은 이윤의 극대화를 추구하지는 않지만 소비자를 위해서가 아니라 자신들을 위해 서비스의 질과 명성을 높이기도 한다. 둘째, 비영리조직도 시간이 지나면서 느슨해지고 나태해지면서 원래의 목표가 아닌 다른 목표, 예를 들어 조직의 유지 등을 더 중시하게 될 수 있다. 셋째, 일부 비영리조직, 특히 종교를 기반으로 한 법인은 자신들의 가치관을 암묵적으로 강요하기도 한다.

비영리조직에 의한 사회서비스 제공도 실패할 수 있는 이유에 대해 살라몬(Salamon, 1987)은 박애적 불충분성, 박애적 배타주의, 박애적 온정주의, 박애적 아마추어리즘의 4가지를 제시한다. 첫째, 박애적 불충분성(philanthropic insufficiency)이란 비영리는 강제성이 없어서 필요한 자원을 지속적이고 안정적으로 획득하지 못하여 서비스의 공급이 불충분하게 된다는 것이다. 이는 공공재의 생산에서 나타나는 무임승차자의 문제도 반영하는데, 비용을 지불해야 하는 시장의 기업과 달리 비영리조직이 서비스를 제공하면 비용의 지불 여부와 상관없이 서비스 혜택을 받을 수 있어서 각 개인은 자신이 비용을 지불하려 하기보다는 다른 사람들이 비용을 지불하도록 하게 된다. 따라서 비영리조직에만 서비스 공급을 의존하게 되면 사회가 필요한 것보다 더 적은 서비스만 이용 가능할 가능성이 높다. 또한 비영리조직은 사람들의 기부에 의존하는 경향이 크기 때문에 경기 변화에 대응하여 자금을 배분할 수도 없어서 경기 불황에서도 필요한 재화를 제대로 공급하지 못하게 된다.

둘째, 박애적 배타주의(philanthropic particularism)는 비영리의 활동이 모든 대상자에게 전달되지 않으며, 활동영역과 서비스 공급대상이 한정되어 있다는 한계를 의미한다. 비영리조직은 전체 인구에 관심이 있기보다는 해당 조직의 비전에 따라 목표로 하는 대상 집단이 있다. 특히 필요한 자원을 많이 갖고 있는 비영리조직은 사회의 모든 하위 집단에 관심이 없을 수 있어서 일부 하위 집단은 자원이 크게 부족할 수 있다. 우리나라에서도 아동 및 장애아동 집단에 대한 기부는 상대적으로 많은 반면, 정신장애 집단에 대한 기부는 적은 편이다.

셋째, 박애적 온정주의(philanthropic paternalism)는 비영리의 활동 내용과 방식은 비영리에게 가장 많은 자원을 공급하는 사람이나 집단의 결정에 의해 좌우되는 한계를 말한다. 결과적으로 비영리조직의 특성은 전체 지역사회의 선호가 아니라 부유한 집단의 선호에 의해 정해진다. 공동모금회에서 운영하고 있는 한국형 기부자 맞춤기금 사업은 기부자의 의사를 전적으로 반영해 기금을 관리하고 사업을 구성·운영하는 맞춤형 기금사업으로, 박애적 온정주의를 보여 주는 예라고 할 수 있다.

넷째, 박애적 아마추어리즘(philanthropic amateurism)은 비영리는 도덕적·종교적 신념에 바탕을 두므로 충분한 전문성과 책임성을 확보하기 어렵다는 한계를 말한다. 우리나라에서도 최근에 많이 개선되기는 했지만 종교단체가 운영하는 사회복지 기관 및 시설에서 전문성이 부족한 인력이 기관장을 비롯한 행정직에 임명되는 경우가 종종 있었다.

우리나라에서 민간비영리조직에 속하는 대표적 사회복지조직은 사회복지법인이다. 사회복지법인은 「사회복지사업법」에서 사회복지사업을 할 목적으로 설립된 법인으로 정의하면서, 시·도지사의 설립 허가를 받아야 한다. 사회복지법인은 비영리조직이지만 목적사업의 경비에 충당하기 위해서는 수익사업을 할 수 있으나 수익을 법인 또는 법인이 설치한 사회복지시설의 운영 외의 목적에는 사용할 수 없도록 제한하고 있다. 또한 사회복지법인이 해산하는 경우 남은 재산은 국가 또는 지방자치단체에 귀속되도록 하여 비영리조직으로서 성격을 명확하게 하고 있다.

대부분의 전통적 사회복지서비스는 비영리조직인 사회복지법인에 의해서 제공된다. 보건복지부의 '2021년 사회복지법인 관리안내'에 따르면, 2019년 사회복지사업을 직접 수행하는 시설법인이 2,711개, 사업을 지원하는 지원법인이 274개로서 총 2,985개에 이른다. 1983년 「사회복지사업법」에 국가 및 지방자치단체의 사회복지 증진에 대한 책임을 규정하기 전까지 사회복지법인이 전통적 사회복지서비스, 특히 거주시설 서비스의 공급에서 기여한 역할은 지대하다. 하지만 그 이후 국가와 지방자치단체의 사회복지시설 운영비 지원이 증가하면서 사회복지법인이 운영하는 사회복지시설에 실질적으로 예산을 지원하는 경우는 흔치 않으며, 시설 운영예산의 대부분은 정부 예산 및 후원금으로 충당된다.

3. 사회적경제조직

1) 사회적경제조직의 정의

사회적경제는 이윤추구를 목적으로 하는 시장경제와는 동기가 다른 경제, 즉 비이윤 추구적 경제이고 공익을 추구하는 공익경제로, 경쟁시장에서 탈락한 이를 돌보고 배려하는 이타적 효용을 추구하는 경제이다. 또한 사회구성원 또는 공공에 대한 공헌을 목적으로 하는 경제활동으로 이윤 배분의 사회성과 운영의 민주성이 보장되며, 생산의 최종 목적이 생산 또는 교환, 분배, 소비와 같은 살림살이로서 경제활동을 하고, 호혜성과 나눔의 재분배 원리고 움직이는 경제이다(오단이, 2013).

유럽에서 사회적경제조직의 공통적 특성은 다음과 같이 제시되고 있다. 첫째, 사회적경제조직은 공공섹터에 의해 통제되지 않고 공공섹터의 한 부분이 아닌 민간 조직으로, 공공기관으로부터의 독립과 자율적 경영이 강조된다. 둘째, 사회적경제는 자본보다는 사람 및 사회적 목적을 우선으로 한다. 자본의 필요가 아니라 사람 혹은 가계의 필요를 충족하기 위한 경제활동을 추구한다. 그리고 자본과 비금전적 자원을 가지고 활동하지만 자본을 위하여 활동하지 않는다. 셋째, 사회적경제조직은 자발적이고 개방된 조합원제도를 가져서 조합원이 자유롭게 가입할 수 있다. 또한 조합원에 의한 민주적 통제를 강조한다. 넷째, 잉여의 대부분은 조합원의 이익 혹은 보편적 이익을 위한 서비스의 지속적 개발에 투자하여 조합원/이용자의 이익과 보편적 이익을 결합하도록 한다. 이윤 혹은 잉여의 배분이 이루어질 경우에 그 조직이 수행한 사업을 이용한 조합원에게 한정되고 조합원이 기여하는 자본금이나 회비의 규모가 아닌 조합원이 수행하는 조직과의 거래 혹은 활동의 규모에 비례하여 이루어진다.

사회적경제조직은 앞에서 다룬 비영리조직과 상당히 유사하여 혼란을 일으킬 수 있다. 예를 들어, 민간이 공식적으로 결성한 조직이라는 원칙, 의사결정의 자율성 원칙, 자발적 가입과 참여의 원칙을 갖는다는 점은 사회적경제조직과 비영리조직이 공통으로 갖는 특징이다. 반면에 사회적경제조직은 비영리조직과 구분되는 점도 상당히 있다. 첫째, 비영리조직이 이윤의 배분 금지라는 비영리 원칙을 강조하는 반면, 사회적경제조직은 사람에게 기여하는 서비스를 제공한다는 원칙과 민주적 운영 원칙을 강조한다. 일반적으로 비영리조직에서는 이윤이나 재무적 성과를 획득하거나 분배하는 일을 수행하지 않을 것을 가정하는 비영리 기준이 필수적이지만, 사회적경제조직에서는 필수적 기준이 아니다. 둘째, 비영리조직에는 민주주의 원칙을 충족시키지 않는 조직도 포함되지만, 사회적경제조직에서는 제외되어 민주주의 기준이 중요하다. 예를 들어, 대부분 재단 형태를 갖는 병원, 대학들은 비영리조직에는 포함되지만, 민주주의 원칙을 중요시하는 사회적경제조직에서는 제외된다. 그런 측면에서 우리나라의 대표적인 사회복지시설 운영주체인 사회복지법인도 민주주의 기준에서 보면 비영리조직에는 포함되지만 사회적경제조직이라고 보기는 어렵다.

2) 사회적경제조직의 역사와 유형

사회적경제조직은 18세기 말에서 19세기 초 유럽의 자본주의 성장과정에서 나타난 빈곤, 질병, 실업 등의 위험, 자본가 중심의 시장구조와 독과점 등의 문제에 경제적 약자들이 자조적으로 대응하기 위한 협동조합, 공제조합, 결사체에 뿌리를 두고 있다. 협동조합은 시장경제 내에서 활동하지만 호혜와 연대 원리에 입각하여 경제활동을 하는 조직이다. 공제조합은 다양한 위험을 공동 대처하는 상호조직이다. 결사체(association; 단체, 협회, 사단법인)는 지역에서 문화 및 교육 활동을 주로 하는 클럽 성격의 조직에서부터 취약한 계층 및 사회적으로 배제된 계층에 대한 사회서비스를 제공하는 공익적 성격의 조직이다(장종익, 2019).

협동조합의 출발을 보면, 영국의 맨체스터에서는 소비자협동조합으로, 덴마크에서는 농민협동조합으로, 독일에서는 신용협동조합으로, 프랑스에서는 노동자협동조합으로 출발하였다. 이탈리아와 스페인 몬드라곤의 노동자협동조합은 노동이 자본을 고용하여 기업민주주의와 고용의 안정을 도모하는 모델로 확산되었다.

1970년대 복지국가 위기 이후 남부 유럽을 중심으로 사회적경제에 대한 관심이 커졌다. 자본주의 시장경제나 정부가 효과적으로 해결하기 어려운 도시재생 문제, 장기실업, 사회적 배제계층의 문제, 정부 사회복지서비스 전달의 비효율성 문제, 지속 가능한 성장 과제 등에 대처하는 방법으로 사회적협동조합이 대두했다. 이에 따라 이탈리아를 시작으로 벨기에, 포르투갈, 스페인, 프랑스, 폴란드에서 사회적협동조합을 법으로 인정해 왔다. 이와 유사한 조직으로 영국에서는 공동체이익회사, 미국에서는 저영리 유한책임회사(low-profit limited liability company)를 도입했으며, 우리나라에서는 2006년 「사회적기업육성법」을 통해 사회적기업을 도입했다.

사회적경제조직의 유형을 보면, 전통적으로는 협동조합 · 공제조합 · 결사체가 있으며, 20세기 중반 이후 나타난 사회적 목적 사업을 수행하는 재단, 그리고 최근에 나타난 사회적기업 등을 들 수 있다. 서구에서 사회적기업에 포함시키는 사회적협동조합, 소셜 벤처, 소셜 비즈니스, 사회목적회사 등도 사회적경제조직에 해당된다. 시장에서 활동하는 시장생산자나 시장에서 활동하지 않는 비시장 생산자 모두 이윤추구의 목적이 아니라 개인, 가계, 공동체의 필요를 충족시키기 위하여 시민사회에 의해서 설립된 조직이다.

그런데 전통적 협동조합은 조합원의 상호성에 기초한 자익 추구기업이며, 공익을 추구하는 기업은 아니라고 할 수 있다. 이에 비해 사회적협동조합은 유급 근로자, 자원봉사자, 서비스 수혜자, 후원자, 공공부문 등 다양한 이해관계자들이 조합에 참여할 수 있고, 비조합원에게도 편익을 제공할 수 있는 사회적경제조직이다. 이에 따라 이탈리아 등 유럽의 사회적협동조합은 장애인, 약물 · 알코올 중독자, 노숙인, 전과자, 장기실업자 등 정규 노동시장에서 배제된 취약계층의 노동 통합을 위해 활동한다.

한편, 영미권의 사회적기업은 유럽의 사회적기업과는 약간 다르게 인식된다. 첫째, 사회적기업은 비영리조직이 복지국가 위기와 불황으로 인하여 고유한 미션을 달성하기 어렵게 되자 자금을 조달하기 위해 재화와 서비스의 제조 및 판매 등 영리활동을 시장에서 영위하는 기업이다. 둘째, 소유 형태와 상관없이 사회문제를 혁신적인 비즈니스 방식으로 해결하는 기업이다. 노동자, 자본제공자, 자원봉사자, 서비스 수혜자, 지방정부 등 다양한 이해관계자들의 의사결정 방식을 채택한다(장종익, 2019).

3) 한국의 사회적경제조직

우리나라에서도 사회적경제조직을 유럽과 유사하게 조작적으로 정의하고 있지만 일부 차이가 있다. 우리나라에서는 많은 경우에 법적으로 지정된 조직들을 중심으로 사회적경제조직을 정의하고 있는데, 「사회적기업 육성법」에 의한 사회적기업, 「협동조합 기본법」에 의한 협동조합 및 사회적협동조합, 「소비자생활협동조합법」에 의한 생협, 「국민기초생활 보장법」에 의한 자활기업, 「도시재생 활성화 및 지원에 관한 특별법」에 의한 마을기업이 핵심 사회적경제조직이다. 이에 따라 유럽에서는 전통적인 사회적경제조직에 해당하는 우리나라의 신용협동조합, 새마을금고, 농협, 수협, 산림조합, 중소기업협동조합 등을 사회적경제조직에 포함시킬 것인지 논란이 되고 있다. 또한 소규모 비영리단체, 사회행동결사, 사회행동재단, 사회적경제가 통제하는 비금융기업법인, 사회적경제 비금융조직에 봉사하는 비영리단체는 사회적경제조직에서 제외하고 있어서, 대표적인 사회적경제 중간지원조직인 신나는조합, 사회연대은행, 함께일하는재단 등이 사회적경제조직에서 제외되어 있고, 사회복지법인도 사회적경제조직에서는 제외하고 있다.

우리나라의 대표적인 사회적경제조직인 사회적기업은 시장 기제나 정부 개입으로 효과적으로 해결하기 어려운 사회문제를 비즈니스 방식으로 해결하기 위한 기업조직이다. 유럽 사회적경제 관점에서는 전통적 협동조합과 비영리조직의 혼성조직이라고 할 수 있다.

사회적기업은 사회문제 해결, 즉 사회적 목적 실현이 우선시되는 기업으로, 이윤추구 기업의 사회적 책임(Corporate Social Responsibility: CSR) 활동과는 기업의 설립 목적에서 명확히 구분된다. 사회적기업은 지역커뮤니티의 발전, 사회적 배제 계층의 노동통합과 사회서비스 제공 등 보편적 이익에 초점을 맞추는 비영리조직의 목적에 더 가까운 기업 형태이다. 사회적기업은 사회문제 해결을 위한 기존의 결사체나 재단의 운영방식과도 달라서 시장에서의 재화, 서비스의 판매를 통한 운영을 강조한다.

사회적기업은 경제적 목적, 사회적 목적 및 환경적 목적 등 다중적 목적을 갖는 조직이다. 또한 효율성을 중시하는 시장 원리, 호혜의 협동조합 원리, 자원봉사와 기부 등 비영리조직 원리, 소득 재분배 등 정부의 원리 등 다양한 원리에 의한 자원조달 방식을 채택한다는 특성을 갖는다. 집단적 기업가 정신의 결과에는 구성원들의 참여와 문제해결 역량 증진 관점을 내포한다.

우리나라의 사회적기업은 2007년 제정된 「사회적기업 육성법」에 따라 '사회적 목적을 추구하고 이를 위해 수익 창출 등 영업활동을 수행하는 조직'으로 정의되며, 취약계층에게 일자리 또는 사회서비스를 제공하는 사회적 목적이 있다.

우리나라 사회적기업의 특징은 다음과 같다. 첫째, 취약계층에게 일자리, 사회서비스를 제공하는 등 사회적 목적을 추구한다. 둘째, 영업이익은 사업 자체나 지역공동체에 재투자하여 사회적 목적에 사용한다. 셋째, 근로자, 서비스 수혜자, 지역사회 인사 및 기업 주주와 같은 이해관계자 참여 등 민주적 의사결정 구조를 갖는다.

유럽과 달리 우리나라에서 사회적기업이라는 명칭을 사용하기 위해서는 고용노동부의 사회적기업 인증을 획득해야 하는데, 사회적기업으로 인증받기 위해서는 다음의 요건을 충족시켜야 한다. 첫째, 조직 형태는 비영리법인, 비영리민간단체,

생활협동조합, 사회복지법인, 공익법인이어야 한다. 둘째, 유급 근로자를 고용하여 재화와 서비스 생산과 판매 등 영업활동을 수행해야 한다. 셋째, 사회적 목적을 실현하기 위한 정관을 가져야 하는데, 일자리 제공형, 사회서비스 제공형, 혼합형 중에서 하나를 선택해야 한다. 넷째, 서비스 수혜자, 후원자, 근로자 등 이해관계자가 참여하는 의사결정 구조를 가져야 한다. 다섯째, 영업활동을 통한 수입이 해당 조직에서 지출하는 총 노무비의 30% 이상이어야 한다. 여섯째, 목적, 사업 내용 등을 기재한 정관이나 규약이 있어야 한다. 일곱째,「상법」상 회사는 이윤의 2/3 이상을 사회적 목적을 위해 사용해야 한다.

2012년「협동조합기본법」이 제정되면서 사회복지조직으로 중요하게 대두되고 있는 또 다른 사회적경제조직의 유형은 사회적협동조합이다. 협동조합이 '재화 또는 용역의 구매 · 생산 · 판매 · 제공 등을 협동으로 영위함으로써 조합원의 권익을 향상하고 지역사회에 공헌하고자 하는 사업조직'인 반면, 사회적협동조합은 '협동조합 중 지역주민들의 권익 · 복리 증진과 관련된 사업을 수행하거나 취약계층에게 사회서비스 또는 일자리를 제공하는 등 영리를 목적으로 하지 아니하는 협동조합'으로서 공익성과 비영리성을 강조한다. 따라서 사회적협동조합은 높은 수준의 공공성이 필요한 사회서비스 제공 주체에 적합한 형태의 조직이다. 또한 사회적협동조합은 전체 사업 중에 법령에서 명시한 공익적 사업을 40% 이상 운영하여야 한다. 뿐만 아니라 사회적협동조합은 공익적 성격으로 인해 배당이 금지되며, 인가를 받은 행정기관의 감독 대상이 된다. 이와 같이 사회적협동조합은 부가적인 의무와 책임은 발생하지만 비영리법인격을 갖게 됨에 따라 국세, 지방세, 부과금상에서 기존 비영리법인들이 갖는 이점을 누릴 수 있는 근거가 있다.

사회적협동조합은 협동을 통해 자신의 이익 증진보다 공익적 목적을 추구하여 호혜와 연대를 기반으로 하는 사회를 만드는 데 다양한 형태로 기여하는 시민들이 참여하는 협동조합이다. 2020년부터 보건복지부는 지역아동센터를 사회적협동조합으로 전환하는 노력을 추구하는 등 사회복지조직의 한 유형으로서 사회적협동조합의 역할이 커지고 있다.

4. 민간영리조직

사회복지조직은 당연히 비영리조직이어야 한다는 인식이 있었으나 사회서비스 수요의 증가로 인해 우리나라에서도 민간영리조직의 사회복지조직으로서 역할이 크게 증가하고 있다. 특히 노인장기요양 서비스, 보육 서비스 등에 민간영리조직의 참여가 두드러지고 있다.

민간영리조직의 운영 원리는 무엇보다도 고전경제학에서 찾아볼 수 있다. 고전경제학에서는 경제 주체들은 이기적으로 행동하지만 시장의 경쟁으로 인해 전체적으로 사회에 이로운 결과를 가져온다고 주장한다. 대표적 고전경제학자 애덤 스미스(Adam Smith)는 기업은 생산에 있어서 개인보다 더 효율적이며 스스로 고용된 장인이고 노동자라고 정의하였다.

고전경제학의 전통을 이은 신고전경제학(neoclassical economics)은 수요와 공급을 통해 시장에서 상품, 생산량, 소득분배를 결정하는 데 초점을 맞춘 경제학 접근법으로, 생산의 중요성을 강조하는 고전경제학과 달리 소비와 교환의 중요성을 강조한다. 신고전주의는 다음과 같은 전제를 한다. 첫째, 가치를 매길 수 있는 것들에 대한 사람들의 선호체계는 합리적이다. 둘째, 기업은 이윤을, 소비자는 효용을 극대화한다. 셋째, 사람들은 선택에 필요한 정보를 모두 가지고 있고 이를 최대한 활용한다.

신고전경제학에 따르면, 시장 참여자들은 합리적인 경제적 행위자들로서 다양한 이해관계가 있는 자기 이익에 관심있는 개인들이다. 이 합리적인 경제적 행위자들은 부의 극대화를 추구하는 과정에서 문제를 해결한다. 행위자들의 능력과 팽팽한 경쟁으로 최적의 계약 전략만이 살아남는다. 기업의 계약은 기관의 비용 절감이라는 명령에 의해 결정되는 형태를 띤다. 시장에서의 결정은 합리적 인간이 논리를 바탕으로 합리적인 선택이론에 따라 소득이 제한된 개인에 의한 효용과 생산 원가에 직면하고 이용 가능한 정보와 생산 요인을 채택하는 기업들에 의한 이익의 가설적 극대화를 통해 조정된다. 시장을 자율에 맡기면 가격의 기능에 의해 생산과 소비가 적절히 조화되고 경제도 안정적으로 성장한다는 것이다. 이에 따라 신고전주의는 시장에 인위적으로 개입하지 않는 작은 정부를 옹호한다.

신고전경제학에서 기업을 연구했던 대표적인 학자인 알프레드 마샬(Alfred Marshall)은 그의 저서 『경제학 원리(Principles of Economics)』(1890)에서 기업의 이상형으로 단순화한 대표 기업(representative firms)이라는 용어를 사용하여 시장에서 기업의 역할을 제시하였다. 마샬은 이 개념을 활용하여 정밀한 분석을 가능하게 했으나, 현실의 기업들과의 차이를 제거할 수 없었다. 신고전주의 경제학은 투입을 산출로 전환하는 블랙박스(black box)로 간주되는 기업의 생산함수의 관점을 수용하고 있다. 기업은 이윤을 추구하는 기업가들이 생산의 새로운 구조를 확립하는 수단일 뿐만 아니라 시장과정의 진화와 노동의 미래 분업의 전개, 그래서 인류문명에 있어서 필수적인 역할을 한다. 기업은 기업가들이 새롭고 보다 집약적인 노동 분업을 확립하는 수단인 것이다.

기업은 이윤을 극대화하기 위해 존재하고 결정을 내린다고 주장하는 것이 신고전주의 경제학의 기업이론이다. 기업이론은 자원의 배분, 생산 기술, 가격 조정, 생산량 등 여러 영역의 의사결정에 영향을 미친다. 현대적 기업이론은 때로 지속가능성과 같은 장기적 동기부여와 이윤 극대화와 같은 단기적 동기부여를 구분하기도 한다. 이윤 극대화 목표를 추구하는 기업에는 위험이 따른다. 기업이 이윤 극대화에만 초점을 두면 기업에 대한 대중의 인식을 상당히 훼손할 위험이 있어서, 기업과 소비자, 투자자 및 대중 간의 신뢰를 상실할 위험이 있다. 그래서 현대 기업이론은 이윤 극대화가 기업의 유일한 목표가 아니라고 주장한다. 채권을 발행했거나 주식을 판매한 기업은 소유권을 분배한 것이어서, 주식이 많이 없는 기업 내 의사결정권자는 이윤 극대화뿐 아니라 매출 극대화, 대중과의 관계(PR), 시장 점유율 등 다수의 목표를 갖도록 할 수 있다. 노인장기요양시설, 보육시설 등을 운영하는 기업 또는 자영업자도 이윤 극대화의 목표 외에도 서비스 이용자와 가족, 그리고 지역사회 주민과의 관계 등 다수의 목표를 갖고 시설을 운영할 수 있을 것이다.

5. 사회복지시설

우리나라에서 사회복지서비스를 제공하는 공공조직, 민간비영리조직, 사회적경제조직 및 민간영리조직은 많은 경우 사회복지시설을 운영하면서 사회복지서비스를 제공한다. 사회복지시설은 「사회복지사업법」 제2조에 따른 사회복지사업을 할 목적으로 설치된 시설로 정의된다.

사회복지사업은 「사회복지사업법」 제2조의 1호에 규정된 개별 법령에 따른 "보호 · 선도 또는 복지에 관한 사업"과 "사회복지상담, 직업지원, 무료 숙박, 지역사회복지, 의료복지, 재가복지, 사회복지관 운영, 정신질환자 및 한센병력자의 사회복귀에 관한 사업 등 각종 복지사업과 이에 관련된 자원봉사활동 및 복지시설의 운영 또는 지원을 목적으로 하는 사업"을 말한다. 「사회복지사업법」에 규정된 개별법령에는 「국민기초생활 보장법」 외에도 「아동복지법」 「노인복지법」 「장애인복지법」 「한부모가족지원법」 「영유아보육법」 「정신건강증진 및 정신질환자 복지서비스 지원에 관한 법률」 「다문화가족지원법」 「노숙인 등의 복지 및 자립지원에 관한 법률」 「청소년복지지원법」 「성폭력방지 및 피해자 보호 등에 관한 법률」 「가정폭력방지 및 피해자보호 등에 관한 법률」 등 특정 대상자 관련법과 「사회복지공동모금회법」 「의료급여법」 「기초연금법」 「긴급복지지원법」 등 총 31개 법률에 달한다.

사회복지시설은 소관 부처에 따라 보건복지부 시설과 여성가족부 시설로 나눠 볼 수 있다. 또한 형태에 따라 생활시설과 이용시설로 나눌 수 있다. 보건복지부 시설은 주로 이용대상자에 따라 노인복지시설, 아동복지시설, 장애인복지시설, 정신보건시설, 노숙인시설 등으로 나뉜다. 여성가족부 시설은 성매매피해지원시설, 성폭력피해보호시설, 가정폭력보호시설, 한부모가족복지시설, 다문화가족지원센터, 청소년복지시설 등이 있다(〈표 4-1〉 참조).

보건복지부 소관 사회복지시설의 세부 분류를 보면, 대상자별로 노인, 아동, 장애인, 영유아, 정신질환자, 노숙인 등, 지역주민 및 기타 시설로 나뉘며, 형태로는 생활, 이용, 복합 시설로 구분된다. 또한 생활시설 중에서도 노인 생활시설에는 주

표 4-1 사회복지시설의 종류

소관 부처	시설 종류	세부 종류		관련법
		생활시설	이용시설	
보건복지부	노인복지시설	• 노인주거복지시설 • 노인의료복지시설 • 학대피해노인전용 쉼터	• 재가노인복지시설 • 노인여가복지시설 • 노인보호전문기관 • 노인일자리지원기관	「노인복지법」
	복합노인복지시설	• 농어촌에 지역에 한해 「노인복지법」 제31조 노인복지시설을 종합적으로 배치한 복합노인복지시설을 설치 · 운영 가능		「농어촌주민의 보건복지증진을 위한 특별법」
	아동복지시설	• 아동양육시설 • 아동일시보호시설 • 아동보호치료시설 • 자립지원시설 • 공동생활가정	• 아동상담소 • 아동전용시설 • 지역아동센터 • 아동보호전문기관 • 가정위탁지원센터	「아동복지법」
	장애인복지시설	• 장애유형별 거주시설 • 중증장애인 거주시설 • 장애영유아 거주시설 • 장애인단기 거주시설 • 장애인공동생활가정	• 장애인지역사회재활시설 • 장애인직업재활시설 • 장애인의료재활시설 • 장애인생산품판매시설	「장애인복지법」
	어린이집		• 어린이집	「영유아보육법」
	정신보건시설	• 정신요양시설 • 정신재활시설 중 생활시설	• 정신재활시설 중 이용시설	「정신건강증진 및 정신질환자 복지서비스 지원에 관한 법률」
	노숙인시설	• 노숙인자활시설 • 노숙인재활시설 • 노숙인요양시설	• 노숙인종합지원센터 • 노숙인일시보호시설 • 노숙인급식시설 • 노숙인진료시설 • 쪽방상담소	「노숙인 등의 복지 및 자립지원에 관한 법률」
	사회복지관 결핵 · 한센시설	• 결핵 · 한센시설	• 사회복지관	「사회복지사업법」

	지역자활센터		• 지역자활센터	「국민기초생활 보장법」
	다함께돌봄센터		• 다함께돌봄센터	「아동복지법」
여성가족부	성매매 피해지원시설	• 일반지원시설 • 청소년지원시설 • 외국인지원시설 • 자립지원공동생활 시설	• 자활지원센터 • 성매매피해상담소	「성매매방지 및 피해자 보호 등에 관한 법률」
	성폭력 피해보호시설	• 성폭력피해자보호 시설	• 성폭력피해상담소	「성폭력방지 및 피해자 보호 등에 관한 법률」
	가정폭력보호시설	• 가정폭력피해자보호 시설	• 가정폭력상담소 • 긴급전화센터	「가정폭력방지 및 피해자 보호 등에 관한 법률」
	한부모 가족복지시설	• 모자가족복지시설 (기본, 공동, 자립) • 부자가족복지시설 (기본, 공동, 자립) • 미혼모자가족복지 시설(기본, 공동) • 일시지원복지시설	• 한부모가족복지 상담소	「한부모가족지원법」
	다문화 가족지원센터		• 다문화가족지원센터	「다문화가족지원법」
	건강가정지원센터		• 건강가정지원센터	「건강가정기본법」
	청소년복지시설	• 청소년쉼터 • 청소년자립지원관 • 청소년치료재활센터 • 청소년회복지원시설		「청소년복지 지원법」

출처: 보건복지부(2020). 2020 사회복지시설 관리안내.

거, 의료 등이 포함되어 있고, 노인 이용시설에는 재가, 여가 시설이 있다. 대표적인 노인 생활시설로는 노인요양시설을 들 수 있으며, 대표적인 노인 이용시설에는 노인복지관이 있다. 아동시설에는 생활시설과 이용시설이 있으며, 생활시설에는 보호대상 아동을 입소시켜 보호, 양육 및 취업훈련, 자립지원 서비스 등을 제공하는 아동양육시설, 정서적·행동적 장애로 인하여 어려움을 겪고 있는 아동 또는 학대로 인하여 부모로부터 일시 격리되어 치료받을 필요가 있는 아동을 보호·치료하는 아동보호치료시설 등이 포함된다. 아동 이용시설 중 대표적인 시설에는 지역사회 아동의 보호·교육, 건전한 놀이와 오락의 제공, 보호자와 지역사회의 연계 등 아동의 건전 육성을 위하여 종합적인 아동복지서비스를 제공하는 지역아동센터가 있다. 장애인시설 중 대표적인 생활시설에는 장애유형별 거주시설이 있으며, 장애인공동생활가정은 최근 증가하고 있는 지역사회 내의 생활시설이다. 장애인 이용시설 중에 대표적인 시설으로는 다양한 치료서비스와 지역사회서비스를 제공하는 장애인복지관과 장애인에게 일자리와 직업훈련의 기회를 제공하는 장애인직업재활시설이 있다(〈표 4-2〉 참조).

그동안 사회복지시설은 대부분 비영리 조직에 해당하는 사회복지법인에 의해 운영되었으나, 최근에는 사회적경제조직에 해당하는 사회적협동조합에 의해 운영되는 경우가 증가하고 있다. 또한 사회복지시설 외에도 지역사회서비스투자사업의 서비스는 민간영리조직에 의해 제공되는 경우도 상당히 많다. 따라서 사회복지서비스를 제공하는 사회복지조직의 유형은 다양화되고 있다고 할 수 있다.

표 4-2 보건복지부 소관 사회복지시설의 세부 분류

대상자별	형태	시설 종류		소관부서	관련법령
노인	생활	• 주거	-양로시설, 노인 공동생활가정	요양보험운영과	「노인복지법」 제31조
			-노인복지주택		
		• 의료	-노인요양시설		
			-노인요양공동생활가정		
		• 학대피해노인전용쉼터		노인정책과	

노인	이용	• 재가	–재가노인복지시설(방문요양, 주 · 야간보호, 단기보호, 방문목욕, 재가노인지원, 방문간호)	요양보험운영과	
		• 여가	–노인복지관	노인지원과	
			–경로당, 노인교실		
		• 노인보호전문기관		노인정책과	
		• 노인일자리지원기관		노인지원과	
아동	생활	• 아동양육시설, 공동생활가정		아동복지정책과	「아동복지법」 제52조
		• 아동일시보호시설			
		• 아동보호치료시설			
		• 자립지원시설			
		• 공동생활가정(학대피해아동쉼터로 지정된 곳에 한함)		아동권리과	
	이용	• 아동상담소, 아동전용시설, 가정위탁지원센터		아동복지정책과	
		• 지역아동센터		인구정책총괄과	
		• 아동보호전문기관		아동학대대응과	
		• 다함께돌봄센터		인구정책총괄과	「아동복지법」 제44조의 2
장애인	생활	• 생활시설	–장애유형별 거주시설	장애인 권익지원과	「장애인복지법」 제58조
			–중증장애인 거주시설		
			–장애영유아 거주시설		
			–장애인단기 거주시설		
			–장애인공동생활가정		
	이용	• 지역사회 재활시설	–장애인복지관		
			–장애인주간보호시설		
			–장애인체육시설, 장애인수련시설, 장애인생활이동지원센터		
			–수화통역센터, 점자도서관, 점서 및 녹음서 출판시설		
		• 장애인의료재활시설		장애인정책과	

장애인	이용	• 직업재활시설	–장애인보호작업장, 장애인근로사업장, 장애인직업적응훈련시설	장애인 자립기반과	
		• 장애인생산품판매시설			
영유아	이용	• 어린이집	국공립, 법인, 직장, 가정, 부모협동, 민간	보육기반과	「영유아보육법」 제10조
정신 질환자	생활	• 정신요양시설, 정신재활시설 중 생활시설		정신건강정책과	「정신건강증진 및 정신질환자 복지서비스 지원에 관한 법률」 제22조 및 제26조
	이용	• 정신재활시설 중 이용시설			
노숙인 등	생활	• 노숙인자활시설 • 노숙인재활시설 • 노숙인요양시설		자립지원과	「노숙인 등의 복지 및 자립지원에 관한 법률」
	이용	• 노숙인종합지원센터 • 노숙인일시보호시설 • 노숙인진료시설 • 노숙인급식시설 • 쪽방상담소			
지역주민	이용	• 사회복지관		사회서비스 자원과	「사회복지사업법」
기타시설	복합	• 결핵 · 한센시설		질병관리본부 (결핵 · 에이즈 관리과)	「사회복지사업법」
	이용	• 지역자활센터		자립지원과	「국민기초생활 보장법」

출처: 보건복지부(2020). 2020 사회복지시설 관리안내.

요점 정리

- 사회복지조직의 유형에는 지방자치단체, 공공기관 등의 공공조직, 사회복지법인, 학교법인 등의 민간비영리조직, 사회적협동조합, 사회적기업 등의 사회적경제조직 및 기업과 같은 민간영리조직이 있다.

- 신공공관리론은 신자유주의 정부의 공공조직 운영이론으로, 공공 부문과 시장 부문, 비영리 부문의 네트워크를 중시한다.

- 신공공관리론은 시장주의화, 분리화, 유인체계 부여를 주요 키워드로 활용한다.

- 민간비영리조직은 시장 실패와 정부 실패에 대한 대응으로, 지역과 개인의 욕구에 빠르고 정확하게 반응할 수 있으며, 발달장애인, 아동, 노인처럼 선택능력이 부족한 소비자에게 양질의 사회복지서비스를 합당한 가격에 제공할 수 있다.

- 민간비영리조직의 제약을 의미하는 비영리의 실패에는 박애적 불충분성, 박애적 배타적, 박애적 온정주의, 박애적 아마추어리즘이 있다.

- 사회적경제는 비이윤 추구적 경제, 공익을 추구하는 공익경제로, 사회적경제조직은 민간비영리조직과 달리 민주적 운영의 원칙을 강조한다.

- 우리나라의 대표적 사회적경제조직에는 사회적기업, 협동조합, 사회적협동조합, 생협, 자활기업, 마을기업 등이 포함되며, 그중 사회적협동조합은 공공성이 필요한 사회서비스 제공주체에 적합한 형태의 조직이다.

- 민간영리조직의 운영 원리는 신고전 경제학이며, 시장을 자율에 맡기면 가격의 기능에 의해 생산과 소비가 적절히 조화되고 경제도 안정적으로 성장한다고 주장한다. 신고전경제학의 현대 기업이론에서는 단기적 동기부여(이윤 극대화)와 장기적 동기부여(지속 가능성)를 구분하고 장기적 동기부여의 중요성을 강조한다.

- 사회복지조직은 사회복지사업을 할 목적으로 설치된 사회복지시설을 운영하면서 사회복지서비스를 제공한다. 사회복지시설은 소관부처에 따라 보건복지부와 여성가족부로 나눌 수 있고, 보건복지부 시설에는 노인복지시설, 아동복지시설, 장애인복지시설, 정신보건시설, 노숙인시설 등이 있으며, 여성가족부 시설에는 성매매피해지원시설, 성폭력피해보호시설, 가정폭력보호시설 등이 있다.

더 읽어 보기

보건복지부(2020). 2020 사회복지시설 관리안내.

소순창, 홍진이(2004). 신공공관리(NPM)적 측면에서 본 행정개혁: 한국, 일본 그리고 영국의 비교분석. **한국지방자치학회보**, 16(1), 319-342.

오단이(2013). 사회적경제조직의 리더십에 관한 탐색적 사례연구. **한국사회복지행정학**, 15(4), 285-311.

임도빈(2010). 관료제 개혁에 적용한 신공공관리론, 무엇이 문제인가. **한국사회와 행정연구**, 21(1), 1-27.

장종익(2019). 사회적경제 개념에 관한 고찰: 비영리섹터 개념과의 비교를 중심으로. **사회적기업연구**, 12(3), 35-61.

Salamon, L. M. (1987). Of market failure, voluntary failure, and third-party government: toward a theory of government-nonprofit relations in the modern welfare state. *Nonprofit and Voluntary Sector Quarterly, 16*, 29-49.

Salamon, L. M., Sokolowski, S. W., & List, R. (2003). *Global civil society: an overview*. The Johns Hopkins University.

제5장

전달체계

학습목표

- 전달체계의 개념과 역할에 대해 학습한다.
- 우리나라 사회복지 전달체계의 기본 구조에 대해 알아본다.
- 사회복지 전달체계 구축의 원칙에 대해 학습한다.
- 전달체계의 개선 방향에 대해 알아본다.
- 지역복지 네트워크의 개념과 중요성에 대해 알아보고, 네트워크의 특성을 규정하는 요소들에 대해 학습한다.
- 네트워킹 기술의 중요성을 살펴보고, 실천방법을 익힌다.
- 통합적 사례관리 체계의 개념과 실천방법, 그리고 역할에 대해 학습한다.

사회복지행정은 법률에 따라 규정된 사회복지정책을 구체적인 서비스로 전환하는 과정이다. 현대 복지국가의 사회복지정책은 자선이나 시혜의 개념이 아니라 사회권의 개념으로 성립되므로, 복지정책의 근거는 법률에 따라 이루어진다. 우리나라의 경우, 기본법인 「사회보장기본법」은 복지체계(사회보장)를 사회보험, 공공부조, 사회서비스로 정의하고 있다. 그리고 개별법률로 「사회복지사업법」 「국민기초생활 보장법」 「아동복지법」 「노인복지법」 등의 다양한 법률을 통해 우리나라 국민이 누릴 수 있는 복지의 내용을 정하고 있다.

사회복지행정은 이렇게 법률로 정해진 복지를 조정과 협력을 통해 구체적인 서비스로 전환해서 필요한 시민에게 제공하는 과정이다. 이때 서비스 제공에 필요한 재정적 · 인적 · 물리적 · 프로그램적 자원들을 조정하고 관리해서 효과적 · 효율적으로 서비스를 전달하는 것이 행정의 목표이다. 사회복지행정의 개념을 이렇게 파악하면 정책을 서비스로 전환하는 과정은 일종의 통로와 같다는 것을 알게 되는데, 이 통로를 전달체계라고 부른다.

전달체계는 지역사회라는 맥락 내에서 서비스 공급자들 간에, 또 서비스 공급자와 수요자 사이에 존재하는 조직적 연결체계이다(Gilbert & Terrell, 2002). 이때 서비스가 수요자에게 전달되는 현장은 결국은 지역사회이기 때문에 지역사회 맥락은 중요한 의미가 있다.

사회복지정책이 서비스로 전환되어서 궁극적으로 수요자에게 전달되는 과정은 몇 가지 영역으로 나누어 생각해 볼 수 있다. 첫째, 법률 집행의 통로인 중앙정부-지방자치단체-지역사회 사회복지기관으로 연결되는 일종의 행정, 즉, 관료체계를 들 수 있다. 둘째, 실제로 지역사회에서 수요자에게 서비스가 효과적으로 전달하는 데 필요한 서비스 공급자들 간의 연계망, 즉 네트워크이다. 셋째, 서비스 수요자를 중심에 두고 필요한 서비스와 자원을 연결 · 조정하는 시스템인 통합적 사례관리 체계이다. 이 장에서는 전달체계를 행정체계인 사회복지 전달체계, 지역사회 네트워크, 통합적 사례관리 체계로 나누어 살펴보고자 한다.

1. 사회복지 전달체계

사회복지 전달체계는 복지제도가 추구하는 목표를 실현하는 기제이며, 정책수단으로 복지제도와 수혜자를 연결하는 조직 혹은 조직적 결합으로 이해할 수 있다

(정홍원 외, 2014). 복지제도와 수요자의 욕구가 다양하고 복잡한 것과 같이 사회복지 전달체계도 상당히 복잡하고 다양하게 구성된다.

1) 사회복지 전달체계의 기본 구조

사회복지 전달체계는 수행 주체의 성격에 따라 크게 공공 전달체계와 민간 전달체계로 나눌 수 있다. 공공 전달체계는 정부 혹은 공공 영역에 속하는 조직들의 연결체이다. 중앙행정기관과 지방행정기관이 대표적이고, 그 외 공단과 정부 출연기관 등도 공공 전달체계에 포함한다. 민간 전달체계는 각종 사회복지시설의 연합회, 협회, 협의회와 사회복지법인, 사회복지시설 등을 포함한다. 민간 전달체계의 핵심은 지역사회에서 사회복지서비스를 직접 제공하는 복지시설이다. 민간 복지시설은 민간에 의해 설립 · 운영되나, 시설의 운영은 사회복지서비스를 규정하는 법률에 따라서 규제받는다.

현재 사회복지정책과 관련한 국가복지사업을 수행하는 중앙행정 부처만 해도 보건복지부, 고용노동부, 여성가족부, 교육부, 국가보훈처 등으로 20여 개에 달한다. 그중 약 70%의 복지사업을 보건복지부, 국가보훈처, 여성가족부, 고용노동부가 담당하고 있다(정홍원 외, 2014).

일반적으로 사회복지 전달체계는 '중앙정부-시 · 도-시 · 군 · 구-읍 · 면 · 동-지역주민 수요자'로 연결되는데, 구체적인 전달체계는 다음 [그림 5-1]과 같이 파악할 수 있다. 사회복지정책의 지역사회에서의 집행은 지방자치단체를 중심으로 이루어진다. 이때 공단과 공기업, 그 산하 단체와 지방보훈청과 노동청 등의 특별지방행정기관도 집행에 참여한다.

사회복지 급여는 크게 사회보험, 공공부조 그리고 사회서비스 영역으로 구분할 수 있다. 사회보험의 핵심은 국민연금, 건강보험, 고용보험, 산재보험인데, 이러한 제도의 책임은 보건복지부와 고용노동부가 지고, 실제 집행은 중앙정부 산하의 국민연금공단, 국민건강보험공단, 근로복지공단 등의 공단이 담당한다. 공공부조의 경우는 핵심이 국민기초생활보장제도인데, 그 전달체계의 책임은 중앙행정기관인

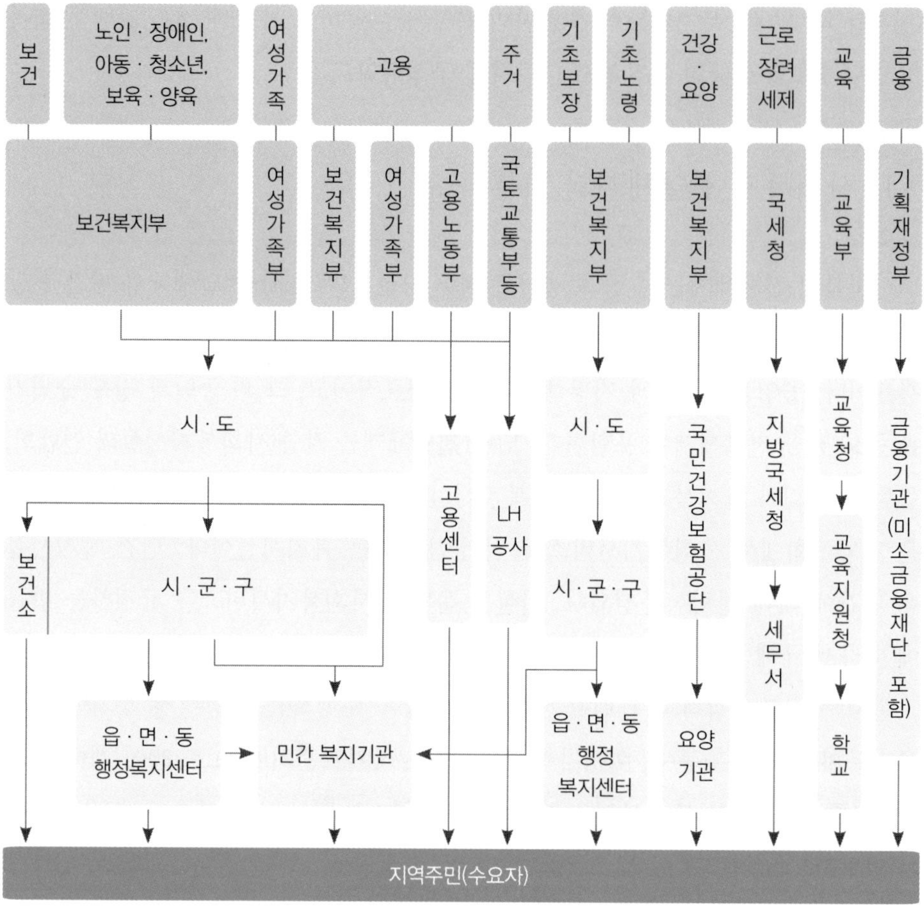

그림 5-1 사회복지 전달체계

출처: 정홍원 외(2014)를 수정 · 보완함.

보건복지부가 지고 지방자치단체와 특별지방행정기관이 집행을 담당한다. 예를 들면 국민기초생활보장제도는 지방자치단체가 집행을 담당하는데, 국민기초생활보장제도와 연관된 자활사업의 집행은 지방자치단체와 특별행정기관인 지방노동청이 담당하고 있다.

사회서비스 분야는 다양한 제도와 프로그램이 존재해서 전달체계 측면에서 가장 복잡한 영역이다. 보건의료, 노인, 장애인, 아동, 보육 영역 등의 사회복지서비스는 중앙에서는 보건복지부가 담당하고, 지방자치단체가 집행을 담당하며, 지역사회에서의 서비스 제공은 민간 복지시설이 담당하는 방식으로 구성되어 있다. 우리나라의 사회복지 전달체계의 특성은 거의 모든 사회복지서비스를 민간기관에 위탁하는 방식으로 서비스를 전달하고 있다는 점에서 찾을 수 있다.

그 외 사회서비스는 영역에 따라 다양한 중앙과 지방의 기관이 서비스 전달에 참여한다. 주거와 금융 관련 서비스는 중앙정부-산하기관-민간기관의 전달체계를 통해 제공한다. 교육 영역의 서비스는 중앙에서 교육부가 담당하고 특별지방행정기관인 지방교육청이 집행을 담당하며, 실제 서비스 전달은 일선 각급 학교를 통해 이루어진다.

사회복지서비스 수요자가 직접 서비스를 접하게 되는 기초자치단체(시 · 군 · 구)의 사회복지서비스 전달체계는 크게 시 · 군 · 구청과 읍 · 면 · 동 행정복지센터(행복센터)로 연결되는 공공 전달체계와 각종 복지시설이 포함된 민간 전달체계로 구성되어 있다. 공공 전달체계에서는 2003년에 설치된 지역사회복지협의체가 시 · 군 · 구 단위에서 사회복지, 보건의료 등의 영역에서의 연계와 협력을 지원하고 있다. 2012년에 설치된 희망복지지원단은 시 · 군 · 구 단위에서 통합사례관리, 복지자원관리, 방문형 서비스사업 총괄 등을 통해서 지역단위 통합서비스를 수행하는 전담 조직의 역할을 담당하고 있다.

지역의 민간 사회복지시설은 「사회복지사업법」에 따라 복지사업을 수행할 목적으로 설치된 시설이다. 사회복지시설의 현황은 다음 〈표 5-1〉과 같다.

표 5-1 사회복지시설의 유형

영역/대상	사회복지시설(민간복지시설)
일반복지	사회복지관
노숙 · 자활	지역자활센터
	노숙인일시보호시설, 노숙인자활시설, 노숙인재활시설, 노숙인요양시설, 노숙인급식시설, 노숙인진료시설, 쪽방상담소
아동 · 영유아	아동양육시설, 아동일시보호시설, 아동보호치료시설, 공동생활가정, 자립지원시설, 아동상담소, 아동전용시설, 지역아동센터, 아동보호전문기관
	어린이집
	입양기관
노인	노인주거복지시설, 노인의료복지시설, 재가노인복지시설, 노인여가복지시설, 노인보호전문기관, 노인일자리지원기관
	복합노인복지시설
장애인	장애인거주시설, 장애인지역사회재활시설, 장애인직업재활시설, 장애인의료재활시설, 장애인생산품판매시설
	지역장애아동지원센터
	장애인활동지원기관
가족	모자가족복지시설, 부자가족복지시설, 미혼모자가족시설, 일시지원복지시설, 한부모가족상담소
	다문화가족종합정보전화센터, 다문화가족지원센터
피해자 보호	성폭력피해상담소, 성폭력피해자보호시설, 성폭력피해자통합지원센터
	긴급전화센터, 가정폭력상담소, 가정폭력피해자보호시설
	일반지원시설, 청소년지원시설, 외국인여성지원시설, 자활지원센터, 성매매피해상담소
기타	정신요양시설, 사회복귀시설, 기부식품제공사업자, 일본군위안부 피해자 보호시설

출처: 정홍원 외(2014)를 수정 · 보완함

2) 사회복지 전달체계 구축의 주요 원칙

사회복지 전달체계 구축에는 고려해야 할 여러 가지 원칙이 있다. 이 절에서는 최성재와 남기민(2000)이 제시한 8개의 원칙을 살펴본다.

(1) 전문성의 원칙

사회복지서비스 개입을 통해 시민의 다양한 욕구를 해결하기 위해서는 전문성이 요구된다. 사회복지 전달체계에 종사하는 인력은 전문성을 담보하기 위한 교육이나 훈련을 받을 필요가 있으며, 필요에 따라서는 전문 분야의 자격증을 소지해야 한다.

(2) 적절성(충분성)의 원칙

사회복지 전달체계가 제공하는 서비스는 문제해결이나 욕구 충족에 충분한 수준이어야 한다. 이때 적절성의 기준은 서비스의 양, 품질 혹은 제공 기간이 될 수 있다.

(3) 포괄성의 원칙

사회복지서비스가 다루는 사회문제는 상당히 복잡하고 다양한 경우가 대부분이다. 예를 들면, 가족의 빈곤 문제는 알코올 중독 문제와 연결되어 있고, 다시 가정폭력 문제와 연결되어 있을 수 있다. 하나의 사회문제를 해결하기 위해서는 관련된 여러 분야에 대한 포괄적인 접근이 필요하다. 사회복지 전달체계는 포괄적인 접근이 가능하도록 구축해야 한다.

(4) 지속성의 원칙

문제해결을 위해서는 서비스를 단절되지 않고 지속해서 제공할 필요가 있다. 예를 들면, 영유아기에 정서발달에 문제가 있는 아동의 경우는 초등학교에 입학한 후에도 지속적인 서비스가 필요하다. 이런 경우 아동이 다니던 어린이집과 초등학교

간의 협력체계하에 서비스 연계가 원활히 이루어져야 한다.

(5) 통합성의 원칙

사회복지서비스가 해결하고자 하는 문제는 보통 복합적이고 상호 연관되어 있어서, 개입도 관련된 서비스들이 서로 연계되어 일어나야 한다. 예를 들어, 청소년 비행, 가족 빈곤, 가정폭력, 아동학대 등의 문제는 서로 연관되는 경우가 많다. 청소년 비행이라는 문제해결을 위해서는 빈곤, 가정폭력, 아동학대 서비스가 서로 연계되어 통합적으로 접근해야 한다. 사회복지 전달체계는 서비스 통합이 원활히 이루어질 수 있도록 구축해야 한다.

(6) 평등성의 원칙

사회복지 서비스는 성별, 연령, 종교, 지역, 지위에 상관없이 욕구 수준에 따라 평등하게 제공해야 한다. 욕구 수준이 같은데도 다른 요인에 따른 차별이 있어서는 안 된다.

(7) 책무성(책임성)의 원칙

사회복지 조직은 복지국가가 시민의 권리로 인정한 사회복지서비스를 전달하도록 책임을 부여받은 조직이다. 사회복지서비스의 전달은 주로 시민의 세금이 원천인 공적 자원이 투입된다. 부여받은 공공성을 최대한 이루기 위해 사회복지 전달체계는 서비스의 효과성과 효율성을 최대한 높일 책무성을 가진다. 사회복지 전달체계의 운영에서도 투명성을 확보할 책무를 진다.

(8) 접근 용이성의 원칙

시민에게 부여된 사회권을 충족하기 위해 제공되는 사회복지서비스는 누구나 쉽게 사용할 수 있도록 접근이 쉬워야 한다. 서비스에 대한 접근 용이성을 가로막는 요인으로는 거리 등을 포함한 물리적 요인, 낙인감 등 정서적 요인, 정보 부족, 복잡한 신청 절차 등 다양한 요인이 있을 수 있다. 사회복지 전달체계는 이러한 장애물을 최대한 제거해 접근 용이성을 높여야 한다.

3) 사회복지 환경 변화와 전달체계의 개선 방향

최근 사회복지 환경 변화와 그에 따른 전달체계의 개선 방향을 살펴보면 다음과 같다.

(1) 공급자 중심에서 이용자 중심으로

이용자 직접 지원방식인 바우처 제도가 도입되면서 본격적으로 시작된 사회복지서비스에서의 이용자에 대한 강조는 앞으로 강화될 것이다. 이용자의 자기결정과 선택이 강화되는 이용자 중심적인 패러다임하에서는 기존의 공급자 중심적인 시각으로는 생존하기 힘들다는 인식이 사회복지 분야에서 확대된다. 이용자의 선택권은 계속 강화될 것이고, 이용자의 자립과 함께 시설 입소보다는 지역사회기반 서비스가 강조될 것으로 예상한다. 특히 정치적인 목소리가 약한 저소득층만을 대상으로 하던 사회복지서비스가 그 대상 인구를 정치적 영향력이 큰 중산층까지 포함하는 보편화의 길에 들어섰기 때문에 이용자의 목소리는 더욱 확대될 것이다.

수요자 중심적인 패러다임에서 중요한 것은 수요자의 욕구에 민감하게 반응하는 맞춤형 서비스의 제공이다. 공급자 위주의 서비스 제공방식에서는 공급자와 수요자의 관계가 서비스를 제공하는 것이 혜택을 베푸는 것이고 서비스를 받는 것은 은혜를 입는 것으로 인식된다. 하지만 수요자 중심적인 사회복지서비스 체계에서는 수요자의 욕구에 민감하게 반응하지 못하는 공급자는 설 자리를 잃게 되는 수요자 우선의 법칙이 적용된다. 수요자 욕구에 민감하게 반응하는 공급체계는 수요자의 서비스 선택권이 확대 보장되는 체계이기도 하다. 즉, 주어진 공급자가 아니면 서비스를 받을 수 없는 공급자 위주의 방식에서 수요자가 질 좋은 서비스를 복수의 공급자 중에서 선택할 수 있는 체계로의 전환을 의미한다.

(2) 사회복지서비스 재정지원 방식의 다양화

바우처 사업을 계기로 시작된 사회복지서비스 재정지원 방식의 변화는 더욱 가속화될 전망이다. 기존의 보조금과 민간위탁 방식의 공급자 재정지원 방식에서는 이용자가 서비스 이용에 대한 지불수단을 보유하지 않아 공급자를 선택하거나 서비스를 선택하는 데도 한계가 있다. 이런 여건을 고려할 때 사회복지서비스 이용자의 서비스에 대한 권리와 선택권을 보다 강화하기 위해서는 현재 바우처 서비스 분야에서 부분적으로 실시되고 있는 바우처 제도가 다른 분야에도 대폭 확대하고 직접지불제도(direct payment)와 같은 이용자에 대한 서비스 이용금 직접 지원방식의 도입도 이루어질 것이다.

바우처는 다원화된 주체들이 서비스 제공에 참여할 기회를 제공하기 위해 시장기제를 도입하여 서비스의 책임성과 이용자의 선택권을 강조하는 서비스 제공방식이다. 다시 말해, 사회복지서비스의 패러다임이 공급자 중심에서 수요자 중심으로 전환됨에 따라 강화될 수밖에 없는 제도이다.

이러한 바우처를 통한 수요자 지원방식으로의 변화는 지역사회 내에서 사회복지기관 간의 경쟁을 유발하게 될 것이다. 기관으로서는 더 효율적인 서비스 제공을 통하여 이용자로부터 선택을 받아야만 생존이 가능한 환경에 진입하게 된 것이다(이봉주, 황경란, 2011).

(3) 사후대처형의 소극적 개입에서 예방형의 적극적 개입 모형으로

21세기형 복지에서는 종래의 소극적 복지 체제를 통하여 위험에 빠진 사람들의 보호와 구원을 기본으로 하되, 보다 예방적이고 투자적인 접근이 강조될 것이다. 예방형의 적극적 개입체제에서 가장 강조되는 것은 사람에 대한 투자다.

적극적 개입 모형이 우리나라 사회복지서비스의 발전 방향에 주는 함의는 인적자본 개발형의 사회복지서비스에는 서비스를 제공할 전문적인 인적자원의 투입이 성공적인 서비스를 담보하는 가장 중요한 요소라는 점이다. 즉, 사후대처가 아닌 예방형 서비스는 사회복지서비스 유형 중에서도 가장 기술적으로 어렵고 복잡한 서비스 유형이며, 그 정의상 인적자원 집중형 서비스라는 점이다. 인적자본 개발

서비스 유형은 서비스를 전달할 인력자원이 적정하게 투입될 때만 그 성과를 기대할 수 있다. 사회복지서비스, 특히 인간 변화형 서비스는 사람이 사람을 상대로 변화를 추구하는 서비스이다. 인적자본 개발 서비스의 개발과 확대에는 이를 담당할 전문적인 인적자원의 투입과 유지가 무엇보다 중요하다.

(4) 범주별 서비스에서 통합적 서비스 체계로

사회복지서비스 환경에서 이용자 중심적인 접근이 강화되면서 서비스 수요자의 관점에서 서비스 연계와 조정 기능을 담당할 지역사회 복지기능에 대한 욕구가 커질 것이다. 현재의 파편화되고 분절된 사회복지서비스의 제한점을 극복하고 보다 통합적인 서비스 전달체계로 나아가기 위해서는, 결국 지역사회 내에 민관을 아우르는 서비스 네트워크와 다양한 지역주민의 복지 욕구에 따라 서비스를 조정하고 연결해 줄 수 있는 맞춤형 서비스의 제공을 담당할 전문 사례관리체계가 필요하다.

전문 사례관리체계와 함께 보편적 권리로서 보장되는 사회복지서비스에 대한 편리한 접근과 이용을 보장하기 위해서는 서비스 진입을 위한 정보제공, 서비스 제공 장소의 통일, 서비스 진입 창구의 단일화, 서비스 기관 간 같은 사정 틀의 사용, 통합적인 정보 및 자료수집 체계, 접근성 보장을 담당할 실행 주체의 설치 등의 접근성 보장 기제가 확립되어야 할 것이다.

2. 지역복지 네트워크

사회복지조직을 둘러싼 지역사회 환경의 변화 중 가장 눈에 띄는 변화는 복지서비스 욕구가 점점 더 복합적으로 나타나고 있다는 것이다. 우리 사회에서는 아동출산, 양육, 경제적 문제, 노동, 심리상담, 의료, 노인부양 등의 다양한 욕구가 동시다발적으로 표출되고 있다. 이런 환경에서 기존의 대상 집단별 혹은 욕구 영역별로 범주화된 단편적인 서비스 전달체계로는 복합적인 서비스 욕구에 더이상 효과적으로 대응할 수 없다. 이런 현상은 전달체계의 문제가 지역사회의 다양한 자원들을 어떻게 조직화하느냐의 문제로 귀결되고 있다. 조직 외부의 자원들의 조직화의 문제는 사회복지조직이 지역복지 네트워크 실천의 필요성을 절감하게 하고 있다.

사회복지 실천현장에서 지역복지 네트워크의 중요성에 대한 인식은 상당히 높아졌지만, 실제로 국내에서 사회복지 네트워크 실천이 본격적으로 대두된 것은 2000년대를 들어서면서부터이다(김영종 외, 2008). 따라서 우리 지역사회에 맞는 네트워크 실천모델을 찾는 과제는 아직 진행형이다. 이 절에서는 사회복지조직의 관점에서 네트워크의 개념과 필요성, 네트워크의 특성, 그리고 네트워킹 기술에 대해 살펴본다.

1) 네트워크의 개념과 필요성

지역사회 서비스 수요자의 욕구는 대부분 복합적이다. 사회복지기관의 목적은 수요자의 욕구를 가장 효율적 · 효과적으로 충족하는 것이다. 이것이 서비스 수요자 관점에서의 사회복지조직의 목적이다. 이때 문제는 다양한 욕구가 필요로 하는 서비스를 어느 한 기관이 모두 제공할 수 없다는 점이다. 즉, 공급자 관점에서 자신들이 가지고 있는 서비스를 제공하는 것이 기관의 목적이라는 인식으로는 이제 더는 수요자의 복합적이고 다양한 욕구를 제대로 충족시킬 수 없다. 이에 더해서 기관들이 가진 자원만으로는 복합적인 욕구를 해결할 수 없다는 것도 문제이다. 그런 이유로 기관 외부에 존재하는 다양한 지역사회 자원들을 조직화할 필요성이 높아지고 있다.

네트워크는 사회적 교환을 위한 구조를 제공하는 지지체계이다. 이런 네트워크는 꼭 사회복지기관이 아니라 우리가 모두 경험하고 활용하는 생활의 중요한 자원이다. 예를 들어, 동네에서 가장 저렴하지만 맛있는 식당이 어딘지 찾으려 한다고 하자. 그래서 친한 친구 몇 명에게 전화해서 물어보고 그런 집을 찾았다고 하자. 이때 당신은 가지고 있는 '친구 네트워크'를 통해서 정보를 얻은 것이고, 그 행위는 당신의 생활에 도움을 준 것이다. 당신은 매번 친구들에게 필요한 정보를 얻기만 한 것이 아니라 당신도 그 친구들이 필요로 할 때 도움을 주었을 것이다. 바로 네트워크를 통해 사회적 교환이 일어난 것이다. 그리고 연결된 친구들의 집합은 사회적 교환을 위한 구조를 제공해 준 지지체계이다.

사회적 네트워크는 개인적인 차원을 넘어 사회적인 목적 달성을 위하여 상호작용하고 교환에 참여하는 사람, 집단, 기관 등의 사회적 단위들의 집합체를 지칭한다(Hardcastle, Powers, & Wenocur, 2004). 이 정의에 따르면, 사회복지 네트워크는 사회복지적인 목적을 달성하기 위하여 상호작용을 통한 교환에 참여하는 개인, 집단, 기관 등의 사회적 단위들의 집합체로 정의될 수 있다.

네트워크가 명사라면, 네트워킹(networking)은 동사이다. 네트워크를 한다는 말인데, 구체적으로는 네트워크를 사정 · 개발 · 유지하는 활동이다. 즉, 네트워크를 통해서 실제적인 교환이 일어나는 활동을 말한다. 네트워킹에서 유념할 관점은 네트워크가 효과적으로 작동하기 위해서는 네트워크상의 참여자들 간의 호혜성과 상호의존성이 중요하다는 점이다. 즉, 일방적으로 주거나 받기만 하는 의존적인 관계는 네트워크가 될 수 없다는 것이다. 사회복지조직의 입장에서는 기관으로서 네트워크에 참여하는데, 기관 간의 네트워킹은 개인적인 차원을 넘어 기관의 자원과 책임성을 네트워크를 통해 교환하는 것이다.

네트워크가 성립하기 위해서는 몇 가지 조건이 필요하다. 첫째, 자신의 기능과 목적을 성취하기 위해서는 다른 기관들이 필요할 때이다. 네트워크는 자원의 교환을 위한 장을 제공한다. 그리고 그런 장이 필요할 때 네트워크는 성립될 수 있다. 둘째, 외부의 문제에 대응할 수 있는 자원을 공동으로 구축할 필요가 있을 때이다. 지역사회의 증가하는 사회복지서비스 수요를 혼자는 더는 감당할 수 없을 때 네트워크가 필요하다. 네트워크는 필요한 자원들을 취합할 수 있는 구조를 제공한다. 셋째, 경쟁적인 관계에 있는 기관들 사이에 경쟁과 갈등을 조정할 필요가 있을 때이다. 지역사회 내에서의 너무 과도한 경쟁과 갈등은 기관에는 큰 부담이다. 네트워크는 기관 간 관계의 규제와 협상의 구조를 제공한다.

2) 네트워크의 특성

네트워크의 성격과 종류는 다양하다. 아주 잘 작동하는 효과적인 네트워크도 있고, 서류상에만 존재하거나 쉽게 와해하는 네트워크도 있다. 네트워크의 특성을 규정짓는 요인들, 그리고 그러한 요인들이 네트워크의 효과성에 미치는 영향에 대해 살펴보면 다음과 같다.

(1) 영역에 대한 합의

네트워크의 성립을 위해서는 이루고자 하는 목적과 관련된 환경에 대한 공동의 인식과 합의가 필요하다. 전체 지역주민의 복지 이슈를 다루는 네트워크보다는 지역 내의 저소득 여성의 복지 이슈에 초점을 맞춘 네트워크가 더 응집력이 높다. 과업환경에 대한 공동의 인식과 합의가 높을수록 네트워크가 활성화할 수 있다.

(2) 크기와 밀도

네트워크의 크기는 참여자의 수로 결정된다. 참여하는 조직이 많을수록 조직 간에 교환이 가능한 관계의 수가 늘어난다. 밀도는 네트워크 내에서 가능한 관계의 수에 대비해서 실제로 일어나는 관계의 수를 말한다. 큰 네트워크에서 가능한 관계의 수는 많지만 실제로 교환이 일어나는 경우가 상대적으로 적다면 밀도가 낮은 네트워크이다. 반대로 소규모이지만 그 안에서 거의 모든 참여자가 실제 교환에 참여하면 밀도가 높은 네트워크이다.

네트워크의 크기가 커지면 네트워크상에서 활용 가능한 자원의 양이 늘어난다. 하지만 크기가 커지면 밀도가 낮게 될 확률이 높고, 밀도가 낮으면 응집력이 떨어진다. 응집력이 떨어지는 네트워크는 관리가 어렵고 비효율적으로 될 수 있다. 네트워크의 크기가 커지면 밀도를 높이고 응집력을 높이기 위한 세심한 관리와 유지가 필요하다.

(3) 호혜성과 응집력

네트워크는 서로 주고받는 관계일 때 안정성과 응집력이 높다. 의존적인 관계가 많은 네트워크는 지속되기 힘들다. 호혜성은 공평한 교환의 정도를 말한다. 호혜성이 높은 네트워크일수록 응집력, 안정성, 그리고 네트워크의 이용도가 높다.

효과적인 네트워킹에 필요한 기술 중 하나는 네트워크가 균형 잡힌 상호의존성을 유지하도록 하는 것이다. 호혜성이 높은 네트워크는 응집력도 높다. 높은 응집력은 네트워크 내에서 더 활발한 자원을 교환할 수 있게 한다.

응집력이 높은 네트워크는 개인적인 유대가 강한 네트워크이다. 기관과 기관 간의 네트워크라도 결국 네트워킹은 사람들이 하는 것이라는 점을 명심할 필요가 있다. 잦은 면대면 접촉을 통해서 견고히 구축된 개인적인 유대가 네트워크의 응집력을 결정하는 중요한 요소이다.

(4) 균형도

균형도는 네트워크 내에서 자원이 얼마나 균등하게 배분되고 교환되는가를 나타낸다. 균형도가 높을수록 네트워크의 안정성과 응집력은 높다. 네트워크 내에서 항상 상대적으로 자원이 적어 균형도가 떨어지는 참여자가 있을 수 있다. 넓게 보면 서비스 이용자도 사회복지 네트워크의 참여자이다. 서비스 이용자는 균형적인 네트워크를 갖기가 힘들다. 그런 이유로 사회복지 네트워크에서는 서비스 이용자의 이익과 자원을 대변할 수 있는 일종의 '중재 조직'이 필요하다. 이러한 '중재 조직'의 일종이 다음 절에서 살펴보는 통합적 사례관리체계이다.

(5) 중심성과 도달 가능성

다른 네트워크 참여자에게 도달하기 위해서 특정한 참여자를 거쳐야 할 때, 그 통로 역할을 하는 참여자는 중심성이 높은 참여자이다. 네트워크의 중심에 있는 참여자는 그 네트워크의 운영과 규제에 권한이 큰 참여자이다.

도달 가능성은 네트워크에서 다른 참여자에게 얼마나 직접적으로 접근할 수 있는가를 나타낸다. 자원을 교환하기 위해서 여러 참여자를 거쳐야 하는 네트워크는

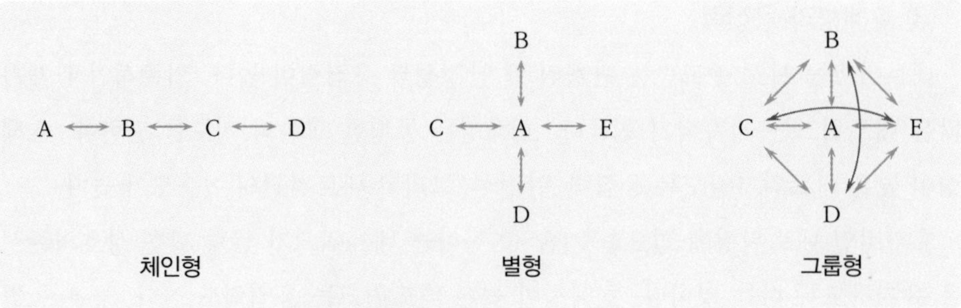

그림 5-2 네트워크의 다양한 구조

도달 가능성이 낮은 네트워크이다.

중심성과 도달 가능성은 네트워크 구조에 의해서 많이 좌우된다. 다음 [그림 5-2]에서 보듯이, 체인형 네트워크는 중심성을 가진 참여자가 없고 도달 가능성도 각 참여자가 차지한 위치에 따라 달라진다. 별형 네트워크에서는 A 참여자가 중심성을 차지하고 있으며, 다른 참여자들의 도달 가능성은 항상 A를 통과해야 한다. 그룹형 네트워크는 모든 참여 간의 중심성이 같고 모든 참여자가 직접 교환할 수 있어 도달 가능성도 높은 경우이다. 그룹형의 경우가 네트워크의 밀도도 가장 높은 형이라는 것을 알 수 있다.

3) 네트워킹 기술

네트워크의 개발과 유지, 즉 네트워킹의 중요한 과제는 네트워크 내에서 의존성보다는 상호의존성을 유도하는 것이다. 영역에 대해 합의를 해내고, 밀도와 응집성이 높은 네트워크 구축을 위해서 개인적 유대를 튼튼히 하는 것도 중요한 네트워킹 기술이다. 네트워크 내의 권력이 너무 편중되지 않도록 중심성의 형평성을 유지하고 도달 가능성을 높이는 것도 중요한 과제이다.

이러한 작업을 통해서 네트워크가 유지될 때 또 하나 문제가 될 수 있는 것은 갈등의 발생이다. 모든 모임에는 크고 작은 갈등이 있기 마련이다. 네트워크도 일종의 모임이므로 갈등이 없을 수 없다. 건강한 네트워크는 갈등이 없는 네트워크라기보다는 갈등을 잘 해소하는 네트워크를 말한다.

사회복지조직의 행정가에게 갈등 해소 역량은 중요하다. 갈등 해소 전략에서 중요한 것은 갈등의 결과에 대해 명확한 목표를 가지는 것이다. 갈등의 결과는 현상유지이거나, 제로섬, 윈-윈(win-win), 루즈-루즈(lose-lose)가 있을 수 있다. 이때 가장 부정적인 결과가 루즈-루즈인데, 갈등 당사자가 모두 잃는 경우다. 갈등 해소를 통해 윈-윈할 수 있는 상황을 만드는 것이 가장 바람직하다. 윈-윈 상황을 만들기 위해서는 협상 능력이 중요하다. 협상의 기술로는 다음과 같은 것들을 생각해 볼 수 있다.

- 차선책을 강구한다. 유일한 해결책만을 고집하면 협상 자체가 불가능해질 수 있다. 항상 차선책을 생각해 두는 전략이 필요하다.
- 우선순위에 대해 고려한다. 우선순위를 명확히 하고 우선순위가 높은 것부터 해결한다.
- 협상 규칙을 수립한다. 협상의 절차, 방식 등에 관해 협상 전에 미리 규칙을 세운다.
- 상대방이 먼저 제안하도록 한다. 협상에서는 상대가 먼저 제안하도록 유도하는 것도 좋은 방법이다.
- 상대방의 근본적인 원칙에 대해 존중한다. 상대방의 근본적인 가치체계나 원칙을 부정하면 협상할 수 없다.
- 갈등이 개인적인 차원으로 비화하지 않도록 한다. 개인적인 모욕이나 비난은 절대 금물이다.
- 느긋할 필요가 있다. 조급한 결론은 문제의 소지가 된다. 조급해하지 말고 항상 다음 협상에 준비하는 자세를 가진다.

3. 통합적 사례관리 체계

앞에서는 사회복지조직에서 네트워크의 중요성과 네트워크의 특성에 관해 살펴보았다. 사회복지조직이 네트워킹하는 궁극적인 이유는 자원의 교환을 통해 서비스 이용자의 다양하고 복잡한 욕구를 해결하는 것이다. 문제는 네트워크가 존재하는 것만으로 서비스 이용자에게 욕구에 맞는 자원의 연결이 보장될 수 없다는 것이다. 네트워크를 이용해서 실제로 서비스 수요자의 욕구를 파악하고 그러한 욕구에 맞는 자원들을 끌어올 수 있는 장치가 필요하다. 그러한 장치로서 통합적 사례관리 체계의 중요성이 강조된다(이봉주, 김용득, 김문근, 2007).

1) 사례관리의 개념

사례관리는 학자들에 따라 다양하게 정의됐다. 사례관리는 도움이 필요한 곳들을 파악할 수 있게 지원하고 도움이 필요한 사람들은 그들에게 도움을 줄 수 있는 개인적인 혹은 지역사회적인 자원들을 파악할 수 있게 하는 방법이다(Rubin, 1992). 사례관리는 개인과 환경과의 상호작용을 가능케 하고 촉진하는 체계적인 문제해결 과정이다. 사례관리는 서비스 전달체계의 구성요소들을 조정하고 연계하여 개인의 돌봄에 대한 욕구를 충족시킬 수 있는 포괄적인 프로그램을 확립시키는 작동체계이다. 기능적 측면에서 사례관리는 서비스 이용자나 이용자의 가족을 대신하여 다양한 서비스 제공자들에 의하여 공급되는 다른 서비스들을 물색하여 순서에 맞게 연계하는 것이다.

사례관리는 책임을 맡은 전문가에 의하여 서비스 수요자가 서비스 체계에 합류하는 과정이다. 이와 같은 개념들을 살펴보면, 사례관리는 분절된 서비스들을 개인마다 독특하고 변화하는 서비스 수요자의 욕구에 결합하는 접착제의 역할을 담당하는 것임을 알 수 있다.

2) 경계 확장자로서의 사례관리체계

통합적 서비스 전달체계 구축전략으로서의 사례관리의 중요 역할은 '경계확장(boundary spanning)'에 있다(Moxley, 1989). 경계확장은 사례관리자가 서비스 수요자의 정보를 입수하고, 그를 대신해서 자원의 교류를 협상하고, 서비스 전달의 책무성을 확보하며, 서비스의 결과를 모니터링하고 평가하기 위해서 기관, 조직 혹은 시스템의 경계를 넘나들며 일해 나가는 과정이다.

지역사회의 다양한 서비스 기관들의 서비스들을 연계·조정하여 맞춤형 서비스를 제공하기 위해서는 경계 확장자로서의 사례관리자의 역할이 중요하다. 사례관리(혹은 사례관리자)의 경계 확장자의 역할을 목슬리(Moxley, 1989)는 다음의 7가지로 제시하고 있다.

- 복지서비스 기관, 서비스 영역, 공식적·비공식적 서비스 부분들의 경계를 가로질러 수요자 관점에서의 목적, 서비스, 정보의 조정 역할을 담당
- 서비스 수요자로서는 어떠한 서비스의 욕구가 있을 때도 정해진 한 사람(즉, 사례관리자)에게 갈 수 있는 통로를 마련해 주는 것. 즉, 사례관리자가 서비스 책임의 거점이 되는 것. 서비스 제공자들로서는 클라이언트 욕구에 대한 정보와 그러한 욕구를 충족시키기 위해서 제공되고 있는 서비스들에 관한 정보가 필요로 할 때는 역시 한 사람의 담당자(즉, 사례관리자)로부터 그러한 정보를 기대할 수 있는 것
- 서비스와 사회적 지지의 적절성과 효과에 대한 평가적인 피드백을 제공하여 서비스 제공자들과 클라이언트의 사회적 지지체계 구성원들이 자율적으로 개선해 나갈 수 있는 기제를 제공하는 것
- 범주화된 서비스 전달체계에서 범주화된 서비스 간의 공백 사이에 빠져 서비스가 빠지거나 복합적인 문제로 기존의 서비스 범주를 바로 적용할 수 없는 경우의 서비스 수요자들에게 서비스를 연계해 주는 것
- 서비스 이용자의 기능을 향상하고 자립도를 증진하기 위하여 서비스 이용자

의 능력 개발을 지원하는 것
- 지역사회 내의 서비스 기관들의 계획 수립과정에 서비스 이용자 수준에서나 혹은 사례 수준에서의 욕구에 관한 정보를 제공하는 것
- 중복적인 서비스를 확인하고 제거하여 서비스 전달의 비용효과성을 증진하는 것

3) 사례관리의 유형과 서비스 전달체계

사례관리의 유형은 서비스 체계의 환경에 따라 다른 형태를 띠게 된다. 서비스 체계의 환경은 여러 가지 요소로 파악될 수 있지만, 여기서는 환경을 지역사회 내의 서비스 통합의 정도와 자원의 수준으로 파악하고 그러한 요소들에 따라 사례관리의 유형이 어떻게 달라지는지를 살펴보고자 한다.

[그림 5-3]은 서비스 통합의 정도와 자원의 양에 따라 구분된 네 가지 사례관리의 유형을 보여 준다. 그림에서 볼 수 있듯이, 서비스 통합의 정도가 높고 가용 가능한 자원의 양이 적으면 사례관리는 부족한 자원을 가장 효율적으로 할당하는 역할을 담당하게 된다. 서비스 통합의 정도가 높고 자원의 양도 많을 때 사례관리는 어떤 서비스들이 이용자의 욕구에 적합한가를 결정하고 그러한 서비스들의 전달을 주선

그림 5-3 네트워크의 유형과 사례관리체계의 역할

출처: Moore (1992).

하는 다소 단순한 역할을 담당하게 된다. 여기서 마케팅이라는 용어는 서비스를 판다는 뜻이 아니라 클라이언트의 욕구에 적합한 서비스를 주선한다는 의미이다.

적절한 수준의 자원은 존재하나 서비스 전달체계의 분절성이 높은 경우에 사례관리자는 다양한 서비스 제공자들로부터 서비스를 중개하여 서비스를 개발하는 역할을 담당하게 된다. 이러한 중개자 유형이 서비스 통합 정도가 낮은 전달체계의 환경에서 서비스 조정을 통한 통합적 서비스를 제공하는 모델이다. 서비스 전달체계의 물리적인 통합 정도도 낮고 자원도 불충분한 경우에 사례관리자는 지역사회 내에서 자원을 개발하여 개발된 서비스 자원을 조정하는 역할을 동시에 수행하게 된다.

현재 우리나라의 복지자원의 양과 서비스 통합 정도에 비추어 보아 한국형 사례관리 유형은 개발형과 중개형의 중간쯤에 있다고 판단된다. 이러한 유형은 지역사회 자원의 발굴과 파편화된 서비스 전달체계를 보완하여 통합적 서비스 공급의 임무를 수행할 수 있는 모델로 적용될 수 있을 것이다.

4) 통합적 사례관리 체계 구성의 원칙

지역사회에서 사례관리체계가 통합적 서비스를 주도하는 실질적인 임무를 수행하기 위해서는 사례관리체계 구성에 몇 가지 원칙이 있어야 한다. 첫째, 사례관리자는 사례관리의 중요한 기능, 즉 사정, 계획, 서비스의 발굴과 확보, 모니터링의 기능을 모두 수행할 때만이 사례관리자라 불릴 수 있다. 물론 다른 기능들도 효과적인 사례관리를 위해서는 중요할 수 있지만, 이 네 가지 기능은 최소한 모두 전문적으로 수행되어야 한다. 네 가지 기능 중 몇 가지를 지엽적으로 수행하는 것도 서비스 이용자에겐 도움이 되겠지만 통합적인 서비스의 기능을 담당하는 사례관리는 네 가지 기능을 모두 수행하는 체계여야 한다.

둘째, 사례관리의 기능을 전담하는 인력과 기구가 있어야 한다. 기관별로 비공식적·비상시적으로 이루어지는 사례관리로는 지역사회 전체를 아우르는 통합적 서비스 체계의 성립을 기대할 수 없다. 기관별로 비상시적으로 행하여지는 사례관리가 이용자에게는 중요한 서비스임에는 틀림이 없으나 전담 인력이 정해진 절차에 따라 개인이나 가족과 계속해서 수행하는 체계가 없이는 전반적인 서비스 전달체계를 통한 통합적인 서비스를 기대할 수 없다.

셋째, 사례관리자는 기관의 경계를 넘어 일해야 한다. 즉, 사례관리자는 자기 자신이 속한 기관의 서비스뿐만 아니라 다른 기관에서 제공하는 서비스들도 다루어야 한다. 제한된 자원 상황에서 서비스 수요자의 복합적인 서비스 욕구를 충족시키기 위해서는 지역사회에 존재하는 모든 관련 기관들의 서비스가 사례관리자의 관심 대상이어야 한다.

넷째, 서비스 진입단계에서는 서비스 이용자가 개인으로 규정될 수도 있지만, 궁극적으로는 사례관리의 대상은 서비스 이용자의 전체 가족이어야 한다. 개인의 문제는 많은 경우에 가족에 직접적인 영향을 미치며, 개인의 문제해결을 위해서는 가족 단위의 서비스와 개입이 필요하다는 점에서 볼 때, 가족 단위의 사례관리 체계의 수립이 중요하다.

5) 통합적 사례관리체계의 역할

통합적 사례관리체계에서는 서비스 조정의 역할이 중요하다. 서비스 조정자는 서비스 네트워크와 다양한 지역주민의 복지 욕구를 연결해 맞춤형 서비스의 제공을 담당하는 사례관리 기능을 담당한다. 서비스 조정은 이용자의 관점에서 보면 더 폭넓은 서비스들을 사용할 수 있게 해 준다. 서비스 조정을 통하여 중복적인 서비스의 공급이 줄어들면, 그 여력으로 새로운 서비스나 수요에 공급이 못 미치던 서비스를 확충할 수 있거나 더욱 심층적인 서비스를 개발할 수 있으므로 궁극적으로는 그 혜택이 이용자에게 돌아가게 된다. 서비스 접근성을 통한 이익도 기대될 수 있는데, 간편화된 사례의뢰 과정을 통하여 서비스 접근에 드는 비용과 시간을 절감하는 효과를 볼 수 있다.

기관으로서는 서비스 조정은 타 기관들과 중복되는 서비스를 감축함으로써 제한된 자원을 새로운 서비스나 필요한 서비스의 확충에 투자할 수 있도록 도와준다.

기관은 서비스 조정 네트워크에 속하게 되면서 추가적인 자원을 얻을 기회를 가질 수도 있게 된다. 서비스 조정을 통하여 다른 기관들과 네트워크를 이루게 되어 보다 유연하게 재원을 사용할 수도 있으며, 이용자 욕구에 초점을 둔 다양한 종류의 서비스를 제공할 수 있게 된다. 서비스 조정 네트워크를 통하여 기관 종사자들의 의사소통과 지식을 향상할 수 있으며, 다른 목표 집단들에 대한 서비스 제공 능력을 향상할 수 있게 된다.

통합적 사례관리체계의 서비스 조정자들은 이러한 서비스 조정자의 역할뿐만 아니라 서비스 계획에 따라 지역사회의 다양한 서비스를 연결하고 관리하는 서비스 중재자의 역할을 담당한다. 그리고 서비스의 발굴과 마케팅이라는 기능도 담당하여 서비스 구매자의 역할 역시 담당하게 된다. 서비스를 조정 · 중재 · 구매하는 일련의 역할들을 위해서는 이를 담당하는 서비스 조정자들이 다양한 영역의 서비스들을 아우르는 전문가 팀을 이루어 활동하는 것이 필요하다.

요점 정리

- 전달체계는 지역사회라는 맥락 내에서 서비스 공급자들과 또 서비스 공급자와 수요자 사이에 존재하는 조직적 연결체계이다.
- 사회복지 전달체계는 복지제도가 추구하는 목표를 실현하는 기제이며, 정책수단으로 복지제도와 수혜자를 연결하는 조직 혹은 조직적 결합이다.
- 사회복지 전달체계는 수행 주체의 성격에 따라 크게 공공 전달체계와 민간 전달체계로 나눌 수 있다.
- 사회복지서비스 수요자가 직접 서비스를 접하게 되는 기초자치단체(시 · 군 · 구)의 사회복지서비스 전달체계는 크게 시 · 군 · 구청과 읍 · 면 · 동 행정복지센터로 연결되는 공공 전달체계와 각종 복지시설이 포함된 민간 전달체계로 구성되어 있다.

- 사회복지 전달체계 구축의 주요 원칙으로는 전문성, 적절성, 포괄성, 지속성, 통합성, 평등성, 책무성, 접근 용이성을 들 수 있다.
- 네트워크는 사회적 교환을 위한 구조를 제공하는 지지체계이다. 사회복지 네트워크는 사회복지적인 목적을 달성하기 위하여 상호작용을 통한 교환에 참여하는 개인, 집단, 기관 등의 사회적 단위들의 집합체로 정의될 수 있다.
- 네트워크의 특성을 규정짓는 요인으로는 영역에 대한 합의 정도, 크기와 밀도, 호혜성과 응집력, 균형도, 중심성과 도달 가능성 등을 들 수 있다.
- 사회복지조직이 네트워킹하는 궁극적인 이유는 자원의 교환을 통해 서비스 이용자의 다양하고 복잡한 욕구를 해결하기 위해서이다. 건강한 네트워크는 갈등이 없는 네트워크라기보다는 갈등을 잘 해소하는 네트워크이다.
- 네트워크를 이용해서 실제로 서비스 수요자의 욕구를 파악하고 그러한 욕구에 맞는 자원들을 끌어올 수 있는 장치로서 통합적 사례관리 체계의 중요성이 강조된다.
- 사례관리는 분절된 서비스들을 개인마다 독특하고 변화하는 서비스 수요자의 욕구에 결합하는 접착제의 역할을 담당한다. 지역사회의 다양한 서비스 기관들의 서비스들을 연계 · 조정하여 맞춤형 서비스를 제공하기 위해서는 경계 확장자로서의 사례관리자의 역할이 중요하다.
- 통합적 사례관리체계에서는 서비스 조정의 역할이 중요하다. 서비스 조정자는 서비스 네트워크와 다양한 지역주민의 복지 욕구를 연결해 맞춤형 서비스를 제공하는 사례관리 기능을 담당한다.

더 읽어 보기

김영종, 홍현미라, 이현주, 이혜원, 이민영, 진재문(2008). **사회복지 네트워킹의 이해와 적용**. 서울: 학지사.

이봉주, 김용득, 김문근(2008). **사회복지서비스와 공급체계: 쟁점과 대안**. 서울: EM커뮤니티.

이봉주, 황경란(2011). 복지와 경영의 융합: 공급자 중심 복지에서 수요자 중심 복지로. 서상목, 양옥경 편. **그들이 아닌 우리를 위한 복지** (pp. 69-109). 서울: 학지사.

정홍원 외(2014). **복지전달체계 효율성 및 효과성 제고 방안**. 한국보건사회연구원.

최성재, 남기민(2000). **사회복지행정론**. 서울: 나남출판.

Gilbert, N., & Terrell, P. (2002). *Dimensions of social welfare policy*. Boston, MA: Allyn & Bacon.

Hardcastle, D. A., Powers, R. R., & Wenocur, S. (2004). *Community practice: theories and skills for social workers*. New York: Oxford University Press.

Lewis, J. A, Packard, T. R., & Lewis, M. D. (2007). *Management of human service programs* (4th ed.). Belmont, CA: Books/Cole.

Moore, S. (1992). Case management and the integration of services: how service delivery systems shape case management. *Social Work, 37*(5), 418-423.

Moxley, D. P. (1989). *The practice of case management*. Thousand Oaks, CA: Sage Publications.

Rubin, A. (1992). Case management. In S. M. Rose (Ed.), *Case management and social work practice* (pp. 5-20). New York: Longman.

제6장

의사결정과 기획

학습목표

- 사회복지행정에서 의사결정의 중요성을 생각해 보고, 그 개념과 방법에 대해 알아본다.
- 의사결정의 모형과 과정에 대해 알아본다.
- 의사결정의 합리성 모형과 제한된 합리성 모형에 대해 학습한다.
- 기획의 중요성과 개념을 알아본다.
- 전략적 기획, 운영 기획, 프로그램 기획 등 다른 수준에서의 기획에 대해 학습한다.
- 목표에 의한 관리기법의 개념을 익히고 활용할 수 있는 능력을 기른다.

우리의 생은 거의 매 순간 우리가 한 결정들로 이루어진다. 몇 시에 일어날 것인지, 무엇을 먹을 것인지, 버스를 탈 것인지 지하철을 탈 것인지, 강의 시간에 맞춰 갈 것인지 조금 늦을 것인지, 친구를 만날 것인지 말 것인지 등 당신은 오늘 하루에만도 이미 이루 셀 수 없이 많은 결정을 내렸을 것이다. 이 모든 것이 의사결정이다.

우리가 일상적인 생활에서 내리는 결정은 우리의 삶의 방향을 좌우한다. 그래서 우리는 좋은 결정을 내리고자 내심 노력한다. 그런데 사회복지조직의 행정가가 내리는 의사결정은 개인적인 차원이 아니라 기관 전체에 영향을 주고 서비스 이용자의 복지상태에도 영향을 준다. 더 나아가서는 지역사회 전체에도 영향을 준다. 그만큼 의사결정의 책임이 크다. 그렇다면 어떻게 하면 보다 체계적으로 기관의 목적 달성에 도움이 되도록 의사결정을 내리느냐는 사회복지 행정가의 중요한 과제이다.

당면한 문제에 대해서도 의사결정을 내리지만, 미래의 상황을 예측하고 그에 대한 행동 방향을 미리 정해 놓기 위해서도 의사결정을 내린다. 이번 여름방학을 어떻게 보낼 것인지, 다음 학기에는 무슨 활동을 할 것인지, 모두 미래에 대해 일련의 의사결정을 하는 기획의 과정이다. 기획은 기관의 일상 업무에서 내리는 의사결정의 차원을 넘어 미래의 활동 방향이나 프로그램에 대해 의사결정을 내리는 과정이다.

기획은 여러 차원에서 이루어진다. 전략적 기획은 기관이 미션을 수행하기 위해 장기적인 차원에서 기관의 전체적인 활동 방향을 정한다. 운영 기획은 전략적 기획에서 설정한 목표를 성취하기 위해 시간 단위에 따라 보다 구체적인 차원에서 하는 기획이다. 기관 단위의 운영 기획은 보통 1년 단위로 짠다.

이 장에서는 의사결정과 기획에 대해 살펴본다. 의사결정의 개념과 방법에 대해서 알아본 후, 기획의 개념과 과정을 살펴본다.

1. 의사결정의 개념과 방법

행정은 의사결정을 하고 그 결정을 실행에 옮기는 과정이라고 할 만큼 의사결정은 중요하다. 사회복지기관의 행정가가 내리는 의사결정은 기관 전체에 영향을 준다. 매순간 행정가는 의사결정을 내리고 그 결정은 기관의 서비스에 직간접적인 영향을 준다. 의사결정은 기관 직원들의 사기에 영향을 주고, 궁극적으로는 서비스에 영향을 미쳐 서비스 이용자의 복지 수준에 영향을 준다.

의사결정은 정해진 목표를 달성하기 위한 여러 가지 대안 중 가장 적절한 대안을 선택하는 과정이다. 이러한 의사결정의 개념을 놓고 보면 좋은 의사결정을 하기 위해서는 목표가 무엇인지를 명확히 알아야 하고, 그런 목표를 달성하기 위한 대안들을 파악해야 하며, 그러한 대안 간의 장단점을 비교해서 가장 장점이 많은 대안을 선택해야 하리라는 것이 짐작이 갈 것이다.

의사결정은 바람직한 결과를 달성하기 위해서 여러 개의 대안 중 하나를 선택하는 과정이다. 이러한 의사결정의 정의는 세 가지의 요소를 포함한다. 첫째, 의사결정은 복수의 선택지 중 하나를 선택하는 행동이다. 사회복지기관이 어르신 컴퓨터 교실의 수강생 수를 늘릴 것인지 줄일 것인지, 혹은 자활 프로그램으로 이·미용 교실을 운영할 것인지 아니면 바리스타 교실을 운영할 것인지 결정하는 것이다. 둘째, 의사결정은 단순히 복수의 대안으로부터 하나를 선택하는 것만은 아니다. 최종적으로 어떤 선택이 이루어졌을 때 우리는 어떻게 그런 결정이 이루어졌는지 알 수 있어야 한다. 셋째, 앞서 의사결정의 정의에서 언급한 '바람직한 결과'는 의사결정자가 최종 결정을 내리기 위해 설정한 목적이나 목표를 바탕으로 한다.

하지만 의사결정에는 보통 '사실'과 '감정'이 모두 개입된다. 우리는 의사결정을 사실에만 기초해서 합리적으로 내리기를 원하지만, 현실은 꼭 그렇지 않다. 오히려 내가 내린 의사결정에는 '비합리적인' 요소도 틀림없이 개입될 수 있다는 것을 인식하고 되짚어 볼 수 있는 자세가 보다 '좋은' 의사결정을 내리는 데 도움이 될 수 있다.

의사결정을 하는 방법은 여러 가지가 있다. 직관적 방법, 기계적 방법, 문제해결적 방법이다.

1) 직관적 방법

직관적 방법은 합리성보다는 감성에 치중하는 방법이다. 일상생활에서 어떤 문제에 닥쳤을 때 뭔가 '감'이 좋다거나 그렇지 않다거나 하는 경험을 하고 그런 '감'에 의존해서 결정을 내린 적이 있다면, 직관적인 방법을 이용한 것이다. 물론 직관적 방법에서도 정보를 활용한다. 하지만 그 활용방법이 과학적이라기보다는 육감에 의존한다. 행정가 중에는 직관적인 의사결정 능력이 탁월한 사람도 있다. 또 직관적인 의사결정 능력이 상당히 중요할 수도 있다.

하지만 그때그때 '감'에 의존하는 방식이기 때문에 의사결정에 일관성을 확보하기가 힘들고 논리성이 부족해서 교육하거나 훈련하기가 어렵다는 단점이 있다.

2) 기계적 방법

기계적 방법은 판단적(judgemental) 방법이라고 불리기도 한다. 이 경우는 기존에 행정가가 가지고 있는 지식과 경험에 의존해 상황이 발생했을 때 거의 기계적으로 결정을 내리는 방법이다. 결정을 내리는 판단의 경로가 공식화되어 있는 경우에 이런 방법이 가능하다. 기관에서 경험이 많은 행정가가 결정이 필요한 상황에 닥쳤을 때 과거의 상황에 대입하고 '이런 경우는 결과가 이런 방식으로 나온다.'는 경험을 바탕으로 결정을 내리는 방식이 이 방식에 속한다. 간단히 이야기하면, 과거의 경험과 지식을 근거로 '의사결정 공식'이 프로그램화되어 있고 상황의 변수를 그 공식에 넣으면 거의 기계적으로 판단이 되는 경우이다. 이 방법은 의사결정에 큰 노력과 시간이 들지 않는다는 면에서 일상적이고 반복적인 업무에는 상당히 유용한 방법이다.

하지만 새로운 상황이나 돌발상황에는 적절히 대처할 수 없다는 단점이 있다. 의사결정을 내리는 사람의 경험과 지식에 의존하므로 다소 독단적인 의사결정 패턴에 빠질 수 있는 단점도 있다. 가령, '내가 다 해봐서 아는데…….' 식으로 내리는 결정은 빠르게 변화하는 환경에 적절히 대처할 수 없는 방식이다.

3) 문제해결적 방법

문제해결적 방법은 의사결정 과정에 더 많은 합리성을 부여하기 위해 노력하는 방법이다. 이 방법은 비교적 새로운 상황이나 중요한 문제에 대한 의사결정이 기관에 미치는 영향이 큰 경우에 시간과 노력을 들여 보다 체계적이고 합리적으로 의사결정을 하려는 방법이다. 이 방법에서는 문제에 대한 정보를 수집하고 분석한

후에 문제해결의 대안들을 모색하고, 그 대안들에 대한 비교 검토를 통해 적절한 대안을 선택하게 된다. 비교적 객관적인 정보들을 체계적으로 수집 · 분석하고 결정을 내리기 때문에 앞의 두 방법보다는 합리성을 더 추구하는 방법이다.

하지만 이 방법은 의사결정까지 시간이 오래 걸려 신속한 결정을 내릴 수 없다는 단점이 있다. 이 방법에서도 최종 의사결정은 사람이 내린다. 외관상으로 합리적인 절차를 거쳤다는 것이 꼭 합리적인 결정을 보장하는 것은 아니라는 사실도 명심할 필요가 있다.

2. 의사결정 모형

의사결정 모형은 크게 합리성 모형과 제한된 합리성 모형으로 나누어 볼 수 있다.

1) 합리성 모형

행정적 의사결정은 합리적이라고 가정한다. 즉, 사회복지행정가는 확실성 아래 의사결정을 한다. 여기서 '확실성 아래'라는 전제 조건은 다음의 상황들을 의미한다. 행정가는 대안들을 알고 있으며, 대안들의 결과도 알고 있고, 결정의 기준을 알고 있으며, 최적의 선택을 할 수 있는 능력을 가지고 있으며, 실행에 옮길 수 있다. 이러한 합리성 모형에 따르면 의사결정 과정은 크게 6개의 단계로 나누어진다. 문제를 파악하고, 그 문제에 대한 대안적 해결방안들을 형성한다. 대안들을 세심하게 평가하고 그들 중 최선의 대안을 선택해 실행한다. 실행한 대안은 즉각적이고 계속된 효과성을 담보하기 위해 장기적으로 평가한다. 이 과정에서 문제가 발생하면 과정을 다시 반복한다.

의사결정은 논리적으로 순서에 따라 연결된 행동들의 집합체이다. 즉, 대안들을 고려하기 전에 문제에 대한 파악이 이루어져야 한다. 다음 [그림 6-1]에서 보여 주듯이, 의사결정은 일련의 반복되는 사건이다.

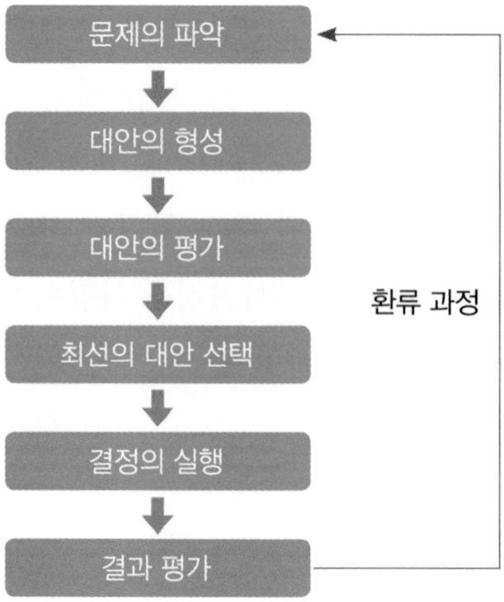

그림 6-1 의사결정 과정

의사결정 과정의 6단계를 자세히 살펴보면 [그림 6-1]과 같다.

(1) 문제의 파악

문제를 잘못 파악하면 결코 좋은 해결책을 낼 수 없다. 문제를 잘 파악하고 그 문제를 적확하게 정의 내리는 일은 의사결정의 첫 단계이자 결정적인 단계이다. '시작이 반'이라는 말이 있듯이, 문제를 잘 파악하고 정의하는 일은 의사결정에서 그만큼 중요하다.

상황과 문제의 파악에서 중요한 것은 문제의 핵심을 파악하는 것이다. 많은 경우 우리는 문제의 피상적인 현상이나 부수적인 요소들을 문제로 파악하고 해결을 꽤한다. 그런 경우 근본적인 문제의 해결은 힘들다.

예를 들어 보자. 기관의 '이 · 미용 기술 훈련 프로그램'이 최근 들어 수강생이 줄어들고 만족도도 떨어지는 경향을 보인다. 기관의 행정가는 문제가 있음을 파악하고 문제를 '강사의 역량 문제'로 정의하고, 강사를 교체한다. 그래도 수강생은 계속 줄고 만족도도 개선되지 않는다. 오히려 기관 내에 강사 교체가 근거 없이 이루어졌다는 말이 돌아 강사진들의 분위기만 나빠졌다. 그런데 알고 보니, 최근 '이미용직'에 대한 수요가 거의 없어 그 기술을 가지고는 취업이 거의 되지 않는다. 당연히 수강생도 줄고 만족도도 떨어진 것이다. 문제는 '이·미용직의 시장성 저하'다. 만약 문제 파악과 정의가 이렇게 이루어졌다면 해결방법은 강사의 교체가 아니라 최근 노동시장에서 인기 있는 새로운 직종에 대한 교육·훈련 프로그램의 개발일 것이다. 문제의 파악과 정의가 의사결정 과정에서 얼마나 중요함을 잘 보여 주는 예이다.

문제의 파악과 정의에는 문제의 핵심을 파악하려는 노력이 필요하다. 또한 문제의 현상과 원인을 짚어 보는 자세도 필요하다. 드러나는 현상에 대한 정보뿐이 아니라 원인과 드러나지 않는 것들에 대한 정보 파악도 중요하다.

문제의 핵심을 파악하는 데는 자료의 수집과 수집된 자료를 분석하는 것이 중요하다. 자료는 관련된 사람들, 기록, 통계자료, 인터넷 등 다양한 경로를 통해 수집한다. 자료는 사실관계에 관한 것일 수도 있고, 감성적인 차원의 것일 수도 있다. 자료의 수집단계에서는 그 자료가 얼마나 객관적인가를 가려내는 것이 중요하다. 이때 명심할 사항은 모든 경우에 필요한 자료를 완벽히 수집하는 것은 불가능하다는 것이다. 모든 자료를 다 수집한다는 태도보다는 적어도 의사결정을 위해 필요한 기본적인 자료를 수집하였는가를 확인하는 것이 보다 중요할 수 있다.

수집된 자료는 분석을 통해서 비로소 의사결정에 필요한 정보가 된다. 자료 자체가 정보는 아니다. 아무리 훌륭한 자료도 분석되어서 의사결정에 참고할 수 있는 정보로 가공될 때만 도움이 된다. 자료를 분석할 때는 그 자료의 객관성을 확인하고 우선순위를 매기는 것이 중요하다. 자료의 중요성은 상대적이다. 자료의 상대적인 중요성을 파악하고 고려하는 것이 의사결정에서 우선순위를 정하는 데 도움이 된다. 분석과정에서 추가적인 자료가 필요하다면 그 필요한 자료를 수집하기 위해서 노력한다.

문제 분석의 방법은 크게 4개의 과정으로 이루어진다. 첫 번째 단계는 문제를 파악하는 것인데, 문제 분석에서 가장 중요한 단계이다. 두 번째 단계는 문제의 정의이다. 문제를 잘 정의하는 것 자체가 결정의 질을 좌우한다. 한 가지 효과적인 방법은 무엇이 문제인가를 정의하기보다는 무엇이 문제가 아닌가를 정의해 보는 것이다. 세 번째 단계는 문제의 우선순위를 가려 문제의 상대적인 중요성을 명확히 하는 것이다. 마지막 단계는 문제의 인과관계를 찾는 것이다. 요약하면, 문제 분석의 단계는 ① 문제의 파악, ② 무엇이 문제이고 문제가 아닌지 정의하기, ③ 문제의 우선 순위 결정, 그리고 ④ 문제의 인과관계 검토 순으로 이루어진다.

(2) 대안의 형성

의사결정은 여러 개의 선택 가능한 대안 중 하나의 대안을 선택하는 과정이다. 선택 가능한 대안의 범위를 잘못 파악했다면, 좋은 의사결정을 내릴 수 없다. 각 대안의 장단점과 실행가능성을 면밀히 검토해야 한다. 모든 대안이 같은 목적을 성취할 수 있지만, 각 대안은 각기 다른 비용과 노력을 필요로 할 수 있다. 대안의 모색과 검토에서 효율성과 효과성의 고려가 중요한 이유이다.

대안을 형성하기 위해서 사회복지행정가는 의사결정을 통해 성취하고자 하는 목적을 먼저 구체화해야 한다. 이루고자 하는 목적을 분명히 했다면 그러한 목적을 달성하기 위한 대안적인 방법들을 찾을 수 있다. 각 대안과 그 대안을 선택했을 때 일어날 일들에 대한 정보를 수집해야 한다.

이상적으로는 가능한 한 많은 대안을 고려하고 그 대안들의 범위가 다양할수록 좋다. 하지만 현실에서는 대안을 찾는 과정은 의사결정의 중요성, 대안의 검토에 필요한 추가적인 정보의 비용과 가치, 의사결정에 영향을 받게 되는 사람들의 수 등에 따라 제한된다. 의사결정의 중요성이 높을수록 대안 형성에 더욱 큰 노력을 기울이게 된다. 더 좋은 해결책의 가치는 그 해결책을 찾는 과정의 비용보다는 커야 한다. 문제에 더 많은 사람이 영향을 받을수록 사회복지기관은 대안들을 찾는 데 더 많은 시간과 비용을 투자할 것이다.

(3) 대안의 평가

의사결정의 세 번째 단계는 2단계에서 형성한 각 대안을 평가하는 과정이다. 각 대안을 평가할 때, 사회복지행정가는 다음의 세 가지 질문을 해야 한다.

- 질문 1. 대안이 현실적으로 가능한가? 간단히 말하면, '할 수 있는가?'의 문제이다.

가령, 사회복지기관의 예산이 한정되어 있는데 많은 예산이 드는 사업은 가능하지 않다. 물론 이 경우에도 어디서 추가로 예산을 조달해 온다면 가능해질 수도 있다.

- 질문 2. 대안은 충분성의 기준을 충족하는가? 여기서 충분성이란 그 대안이 문제해결에 어느 정도 도움이 되는가의 문제이다. 가령, 사회복지기관에서 사회교육 프로그램의 커리큘럼을 25% 증가하고자 한다. 하지만 선택된 대안은 커리큘럼을 15% 정도 증가하는 것으로 나타난다. 이 경우 그 대안은 원래 목표 25% 증가가 이루어지기에는 충분하지 않은 대안이다.
- 질문 3. 대안은 사람들에게 어떤 영향을 미칠 것인가? 이는 그 대안이 조직의 구성원에게 미치는 영향에 관한 것이다. 선택된 대안은 그 결정의 결과와 같이 살아가야 하는 사람에게 받아들여져야 한다. 이 조건을 충족시키지 못하는 것이 문제해결을 위한 의사결정이 실패하는 가장 중요한 이유이다. 이런 이유로 사회복지기관 행정가에게는 제안된 대안의 수용성 문제가 매우 중요하다. 그렇고 그런 해결책도 조직구성원이 열정과 의지를 갖추고 실행한다면 효과가 좋을 것이다. 반면에 아주 훌륭한 대안도 구성원의 환영을 받지 못하면 실패할 수 있다.

(4) 최선의 대안 선택

이제 행정가는 의사결정을 하게 된다. 초점은 최선의 대안을 합리적으로 선택하는 것이다. 이때 합리적인 선택은 현실적이고, 충분하며, 구성원들에게 받아들여질 수 있는 것을 선택하는 것이다. 대부분은 대안의 비교가 정교한 수학적 계산으로 이루어질 수 없어서, 사회복지행정가는 사용 가능한 정보와 판단력과 직관력을 같이 사용해서 결정을 내려야 한다. 이때 판단의 근거는 역시 대안의 결과가 조직이 이루고자 하는 목적을 달성하는 데 얼마나 도움이 될 것인가이다.

결정을 위해 거친 일련의 과정은 합리성을 확보하기 위한 과정이었다. 하지만 현실에서는 이성과 합리성이 100% 보장되는 것이 아니라는 사실을 명심해야 한다. 결국 사람이 내리는 의사결정에는 감정도 개입될 여지가 크다. 감정 그 자체를 부정하기보다는 감정의 개입 가능성을 인식하고 영향을 미칠 수 있는 감정 상태를 자세히 들여다보는 것도 의사결정에서는 중요하다. 어느 결정도 완벽한 결정일 수는 없다. 실수를 할 수도 있고 잘못된 결정을 했을 수도 있다는 열린 자세를 갖는 것도 효과적인 행정가의 한 덕목이다.

의사결정을 하는 과정에서 또 하나 신경 쓸 점은 너무 시간을 오래 끌 때 생길 수 있는 부작용이다. 신중한 의사결정은 중요하지만, 의사결정을 미루는 우유부단한 행정가는 무능한 행정가이다. 또한 결정 자체가 너무 늦어지면 변화에 신속히 대응할 수 없다.

(5) 결정의 실행

일단 의사결정이 이루어지면 그 의사결정이 의도한 목적을 달성할 수 있도록 최대한의 관심과 노력을 기울여야 한다. 결정을 내려놓고 그 결정에 대해 미지근한 반응을 보이면 그 의사결정에 대한 조직구성원들의 동의와 지지를 끌어내기 힘들다. 그 의사결정이 성공할 수 있도록 수행과정을 끝까지 지원하고 지지하는 노력이 필요하다.

효과적인 실행을 위해서는 조직구성원들이 선택한 대안을 정확히 이해하는 것이 중요하다. 이를 위해서 행정가는 결정된 사항을 구성원들에게 정확히 의사소통해야 한다. 대안에 대한 구성원의 수용성을 높이기 위해서는 의사결정 과정에 위원회 등의 과정에 조직구성원을 참여하게 하는 것도 하나의 방법이다. 성공적인 실행을 위해서는 행정가가 충분한 자원을 투입하고, 실행 가능한 일정을 제시하는 것도 중요하다. 마지막으로, 행정가는 수행에 필요한 책임을 명확히 배분해야 성공적인 실행을 기대할 수 있다.

의사결정을 한 후에도 열린 마음의 자세를 갖는 것이 중요하다. 내린 의사결정이 잘못된 것일 수 있다는 유연한 사고를 할 필요가 있다. 만약 수행과정에서 문제가 노출되어 의사결정의 내용을 수정 · 보완하는 과정이 생기더라도 실패가 아니다. 내린 의사결정을 완강히 고수하는 것이 성공적 의사결정이 아니라 원래 의도했던 목적을 달성하는 것이 성공한 의사결정이다.

(6) 결과 평가

의사결정 과정의 마지막 단계는 내린 결정의 효과성을 평가하는 것이다. 실행에 옮긴 결정이 기대했던 결과를 내지 못한다면 거기에는 문제의 부정확한 정의, 잘못된 대안의 평가, 실패한 실행 등 몇 가지 이유가 있을 것이다. 이러한 이유 중에 가장 자주 일어나는 중요한 실수 중의 하나는 문제의 잘못된 정의이다. 문제의 정의가 잘못됐다면 선택하고 실행한 대안은 원하는 결과를 내지 못할 것이다.

의사결정은 계속적이고 끝이 없는 과정이기 때문에 평가가 중요하다. 평가는 행정가에게 새로운 의사결정 주기를 시작하는 정보를 제공한다. 선택한 대안이 실패하면 문제 분석을 새로 하게 되고, 대안을 평가하고 새로운 대안을 선택하게 된다. 내린 의사결정의 결과를 평가하는 것은 그 의사결정의 영향을 파악하는 데도 중요하지만, 나중에 비슷한 상황에서 내릴 의사결정의 참고자료로도 중요하다. 평가를 통한 환류(feedback)는 의사결정 과정의 중요한 요소이다.

2) 제한된 합리성 모형

앞서 살펴본 합리성 모형은 의사결정자가 완전히 합리적이라고 가정한다. 만약 의사결정자가 100% 합리적이라면 그 의사결정자는 완전한 정보를 가지고 있고, 모든 대안을 알고 있으며, 모든 결과를 예측하고, 완전한 의사결정 모형을 가지고 있어야 한다. 또한 의사결정 과정은 문제해결의 가능성이 가장 큰 대안을 선택할 것이다.

하지만 대부분의 경우에 현실은 그렇지 않다. 사회복지행정가는 문제 자체가 있는지를 인지하지 못하고 있을 수도 있다. 문제를 알고 있다 해도, 모든 가능한 대안을 찾아보기는 쉽지 않다. 대부분은 시간적 제한, 비용, 정보처리 능력의 한계에 부딪힌다. 그래서 현실에서는 행정가의 경험, 직관, 다른 사람의 충고 등에 기초해서 몇 가지 대안을 도출해 본다. 그래서 합리성은 제한된다. 허버트 사이먼(Herbert Simon)은 최선을 결정을 의도하기는 하지만 최적이 아닌 결정을 할 수밖에 없는 의사결정자를 설명하기 위해 '제한된 합리성'이라는 용어를 만들었다.

합리성 모형에 비교해서 제한된 합리성 모형은 다음과 같은 전제를 기초로 한다.

- 의사결정은 문제의 정확하지 않은 진단에 기초해서 이루어질 수밖에 없다.
- 의사결정자는 모든 가능한 대안을 모두 고려할 수 없다.
- 모든 대안의 결과를 정확하게 예측할 수 없으므로 대안의 평가는 언제나 불완전할 수밖에 없다.
- 어떤 대안이 최적인가를 결정하는 것은 불가능하므로, 대안의 최종적인 선택은 최적이나 최대화 기준 외의 다른 기준에 따라 이루어진다.

(1) 만족모형

제한된 합리성 모형의 하나는 만족의 원칙이다. 이 방법은 모든 가능한 대안을 다 고려하는 것이 아니라 최소 기준을 만족하는 첫 번째 대안을 선택하는 것이다. 현실에서, 많은 행정가는 이런 방법을 사용하기도 한다. 제한된 합리성 모형은 대부분 경우의 의사결정은 만족스러운 대안을 찾는 과정이며, 최적의 대안을 찾는 것이 오히려 예외라고 설명한다.

(2) 경험적 규칙의 활용

사회복지행정가가 만족스러운 결정을 내릴 때, 그 판단 근거로 경험적 지식을 활용하기도 한다. 경험적 규칙은 복잡하고 불확실한 상황에서 의사결정자가 해결책을 찾는 데 도움을 줄 수 있다. 사회과학과 행동과학 분야에서 이런 경험적 규칙을 쉽게 찾아볼 수 있다. 가령, "고객은 왕이다." "종사자들을 성인으로 대우하라." "불확실할 때는 네가 가장 잘 아는 방식을 고수하라." 등은 이런 경험적 지식에 근거한다. 경험적 규칙은 복잡한 의사결정 상황을 단순화하는 데 도움이 된다. 경험적 규칙은 사회복지행정가가 만족스러운 의사결정을 하는 데 도움을 주기도 한다. 하지만 경험적 규칙 방법은 복잡한 문제를 너무 단순화하는 오류를 범하거나 의사결정 과정에 편견을 주기도 한다.

(3) 초두 효과와 최근 효과

사회복지행정가의 정보 검색 행동의 효과성에 영향을 줄 수 있는 편견 중 하나는 초두 효과와 최근 효과이다. 의사결정 과정 중에 결정 환경은 다음과 같은 목적으로 검색된다. 즉, 문제를 찾고, 결정의 대안을 가려내고, 대안의 결과를 예측하고, 평가 기준을 만든다. 의사결정자는 이러한 목적을 이루기 위해 다른 전략들을 가질 수는 있지만, 검색과정에서 먼저 발견되었거나(초두 효과) 가장 최근에 발견된(최근 효과) 정보에 더욱 영향을 받게 된다. 그래서 다른 조건이 같다면 정보에 부여된 중요성은 검색 순서에서 그 정보가 점하고 있는 순위에 영향을 받을 수 있다.

(4) 대안에 대한 편향 공고화

정보 검색과정에 편견을 주고 최적의 결정을 방해하는 또 다른 방법으로 대안에 대한 편향을 공고화하는 현상을 들 수 있다. 결정을 하기 위한 정보를 모두 수집하기도 전에, 사회복지행정가는 다른 대안들에 비해 어떤 한 가지 대안을 선호할 수 있다. 그런 상황에서 의사결정자는 그 선택을 합리화하는 정보만을 받아들인다. 의사결정자가 선호하는 대안에 부합하는 정보만이 좋은 정보로 받아들여진다. 이런 현상이 일어나면 '합리적인' 의사결정이 일어나기 힘들게 된다.

(5) 직관

제한된 합리성의 또 하나의 영역은 직관이다. 직관은 의식적인 생각 없이 과거의 경험에 근거하여 결정 상황을 빨리 이해하는 것이다. 가령, 운전 중에 브레이크를 밟는다는 결정은 거의 자동으로 이루어지므로 직관에 의한 것이다. 몇 년에 걸친 운전 경험은 정확히 언제 브레이크를 밟아야 하는지 알려 준다. 사회복지행정가의 의사결정도 직관에 의한 경우가 종종 있다. 이런 직관은 합리적인 의사결정이라고 볼 수는 없지만, 빠른 판단을 요구하는 급변하는 환경 속에서는 사회복지행정가가 의사결정을 할 때 사용하는 중요한 방법이기도 하다.

(6) 조금씩 해 나가기

의사결정의 또 다른 방법의 하나는 현재 상황에서 작은 변화를 조금씩 해 나가는 것이다. 마치 진흙밭에서 조금씩 전진하는 것과 같다고 해서 영어로는 '진흙밭 헤쳐 나가기(muddling through)'라고 표현하기도 한다. 합리성 모형과는 다르게 '조금씩 해 나가기' 방식의 의사결정은 목적에 대한 합의나 모든 가능한 대안의 고려와 평가, 최적 대안의 선택 등을 필요로 하지 않는다. 대신에 마치 진흙밭을 헤쳐 나가는 것처럼 작은 점진적인 변화만이 가능하다. '조금씩 해 나가기' 접근은 의사결정자들이 합의하는 대안을 도출할 때까지 대안들을 몇 개씩 제한적으로 연속적으로 비교해 나가는 방식이다.

(7) 쓰레기통 모형

사회복지행정가가 합리적 모형에 근거해 최적의 결정을 하고 싶어도, 복잡한 사회복지조직 환경은 그러한 합리적 의사결정을 할 수 없게 만들 수도 있다. 시간적 제한, 예산의 제한, 미숙한 정보처리, 다양한 이해관계자의 갈등 등은 모두 합리적 의사결정을 어렵게 만드는 환경요인이다. 특히 사회복지조직은 합리적 의사결정 모형이 적용되기에 어려운 환경이다. 사회복지 개입방법은 상당히 다양하고 이론적으로 정립이 잘 안 된 부분도 많다. 사회복지조직은 모호하고 구체적이지 않은 복수의 갈등적인 목적을 가지고 있기도 하다. 이런 상황에서는 합리적 의사결정 모형에 따른 의사결정이 어렵다.

이러한 모호한 복잡한 환경에서의 의사결정 모형으로 쓰레기통 모형을 들 수 있다. 사회복지조직의 구성원들이 문제와 문제해결의 대안들을 고안해 내면, 그것들을 모두 쓰레기통에 저장한다. 이렇게 쓰레기통에서 섞인 것은 대안들의 집합체로 문제들과 연결된다. 더 나가서 의사결정 참여자들도 쓰레기통에 넣어진다. 문제와 해결책, 의사결정 참여자를 섞으면 그 자체가 하나의 상호작용 유형으로 나타난다. 그 상호적용 유형이 의사결정을 만들어 낸다. 그 의사결정은 완전한 합리적 의사결정 모형을 따르지 않은 쓰레기통 모형에 의한 의사결정이다.

3. 의사결정 방법

의사결정을 하는 방법은 여러 가지다. 의사결정을 하는 주체가 누구냐에 따라, 그리고 의사결정에 사용하는 기술에 따라 의사결정의 방법을 나누어 볼 수 있다.

1) 개인 의사결정과 집단 의사결정

의사결정은 개인이 내릴 수도, 집단이 내릴 수도 있다. 집단이 내리는 의사결정은 회의를 통하거나 혹은 더 공식적으로 위원회 같은 기구를 통해서 내리는 결정이다. 의사결정을 개인이 내리건 집단이 내리건 간에 앞에서 살펴본 의사결정에 관한 사항들은 공통으로 적용될 수 있다. 다만 집단 의사결정의 경우는 조금 더 고려되어야 할 사항이 있다. 사회복지기관은 상대적으로 집단 의사결정을 많이 하는 조직의 하나이기 때문에 집단 의사결정의 추가적인 특성을 숙지하는 것이 사회복지기관 행정가에게 중요하다.

집단 의사결정의 장점은 다양한 의견이 제시될 수 있고 이견을 조율해 나가는 과정에서 결정된 사항에 대한 공감대와 당위성을 끌어낼 수 있다는 점이다. 하지만 집단 의사결정 과정이 효과적으로 되기 위해서는 집단 내의 역학관계에 대한 이해와 적절한 대처가 필요하다. 집단 내의 관력 관계는 자칫 생산적이지 못한 결과를 초래할 수도 있다. 회의를 위한 회의를 하는 비효율성의 덫에 빠지는 것도 피해야 할 일이다.

집단 의사결정의 장점은 다음과 같다. ① 의사결정 과정에 다양한 구성원의 참여를 통해 결정된 사항에 대한 수용성을 높일 수 있고, ② 그 자체가 훌륭한 소통의 도구이며, ③ 다양한 대안을 도출할 수 있고, 그리고 ④ 많은 정보를 모을 수 있다. 반면, 단점은 ① 시간이 오래 걸릴 수 있고, ② 우유부단할 수 있으며, ③ 최선의 대안을 선택하기보다는 타협하기 쉽고, ④ 민주적인 것 같지만 실상 권력을 가진 소수가 집단을 좌지우지할 수 있고, ⑤ 집단구성원들 간의 일종의 권력 경쟁의 게임이 될 수 있으며, 그리고 ⑥ 집단 자체가 자신만의 생각의 범주에 몰입될 수 있다. 이러한 장단점을 잘 인식한 상태에서 집단 의사결정 방법을 사용할 필요가 있다.

기관 안팎에서 더 많은 사람의 의견을 취합하여 의사결정을 내리는 방식으로는 델파이(Delphi) 방식이 쓰이기도 한다. 델파이 방식은 일단의 전문가들에게 문제의 파악이나 대안에 대한 설문지를 우편이나 이메일로 보내 의견을 취합한다. 취합된 의견을 분석해서 그 결과(예, 대안들에 대한 전문가들의 선호도 순위 등)를 반영한 설문지를 다시 같은 전문가 집단에 보낸다. 전문가 집단은 다른 전문가들의 취합된 의견을 반영해서 다시 각자 자신의 의견을 보낸다. 이런 과정을 두세 차례 반복함으로써 의견을 수렴하는 방식이 델파이 방식이다.

2) 정형적 의사결정과 비정형적 의사결정

의사결정의 기술을 상황과 결정방식을 기준으로 나누어 보면 정형적(programmed) 방식과 비정형적(non-programmed) 방식으로 나누어 볼 수 있다. 정형적 의사결정 방식은 일상적이고 반복적인 상황에 대해 조직이 미리 정해 놓은 일정한 과정을 통해 의사결정을 내리는 방식이다. 앞에서 설명한 기계적인 의사결정 방식은 정형적 방식이다. 정형적 의사결정은 의사결정 과정을 프로그램화하는 것이 가능해서 컴퓨터 같은 도구를 사용한 의사결정이 가능하다. 정형적 의사결정은 주로 조직의 말단 업무 프로세스에서 사용된다. 가령, 각 요건을 대입하면 자동적으로 수급자격 여부를 판정하는 방식은 정형적인 의사결정 방식이다. 비정형적 의사결정 방식은 자주 일어나지는 않지만, 그 의사결정이 조직에 미치는 영향이 큰 경우에 문제해결 방식으로 내리는 의사결정이다. 비정형적 의사결정 방식은 조직의 상부로 갈수록 그 필요성이 커진다.

4. 기획의 개념과 유형

기획은 미래에 대한 의사결정 과정이다. 기획은 미래의 활동 방향이나 프로그램에 대해 의사결정을 내리는 것으로 의사결정의 수준에 따라 나뉠 수 있다.

1) 기획의 개념

기획은 현재 주어진 상황에 대한 평가에 근거하여 목적달성을 위해 미래에 수행해야 할 과업과 그 과업의 결과에 대한 추정과 전망을 현재의 시점에서 수행하는 작업이다(이봉주, 김기덕, 2008). 기획은 미래에 수행할 과업에 대해 의사결정을 내리는 과정이기 때문에 미래 지향적이다. 또한 일련의 체계화된 의사결정 과정이기 때문에 과정지향적이다. 기획을 하는 이유는 목적을 달성하기 위한 것이므로 목표 지향적이다. 기획은 목표의 달성을 위해 어떤 수단을 활용할 것인가를 선택하는 작업이기 때문에 목표와 수단을 연결하는 작업이다. 이러한 일련의 과정에서 계속적인 의사결정을 내려야 하기 때문에, 기획은 의사결정 지향적이다.

2) 기획의 유형

사회복지기관에서의 기획은 크게 전략적 기획, 운영 기획, 프로그램 기획으로 나눌 수 있다.

(1) 전략적 기획

전략적 기획은 조직 차원에서 이루어지는 장기적이고 거시적인 기획이다. 현대사회의 급변하는 복지환경 속에서는 조직의 큰 방향을 점검해 보고 변화를 추구하는 작업이 필요하다. 전략적 기획은 때로는 변화하는 환경에서 조직이 도태되지 않고 생존할 수 있는 전략을 짜는 과정일 수도 있다. 예를 들면, 현재 우리나라의 아동양육시설은 과거의 고아원이 명칭을 변경한 것이다. 1960~1970년대에는 한국전쟁의 고아들을 위한 시설로 사회복지의 중추적인 역할을 담당했다. 하지만 대규모 시설에서의 아동의 장기간 보호는 아동의 건강한 발달을 위해 바람직하지 않다는 '탈시설화' 정책방향이 가속화되는 현재의 시점에서는 새로운 역할을 모색할 필요가 있다. 그러한 방향 전환의 일환으로 소규모 그룹홈 방식을 도입하고 단기 아동치료센터로 조직의 성격을 변화시키려는 모색을 한다면 그러한 과정은 전략적 기획에 해당된다.

전략적 기획은 조직의 미래를 결정하는 작업이다. 전략적 기획은 조직의 목적과 목표를 세우고 그러한 목적과 목표를 달성하기 위해서는 어떤 자원들이 필요한가를 파악하는 과정이다. 또 필요한 자원들을 확보하기 위해서는 어떤 수단이 필요한지를 결정하는 과정이기도 하다. 전략적 기획은 보통 10년 정도 조직의 미래를 내다보는 장기적인 차원의 기획이다.

전략적 기획은 보통 다음의 단계로 이루어진다.

① 조직의 미션을 점검하고 설정한다. 조직의 가치는 무엇이고 존재하는 이유가 무엇인지를 재점검한다.

② 현재 조직이 수행하는 활동과 그를 둘러싼 환경을 체계적으로 분석한다. 환경분석은 사회적 · 정치적 · 경제적 환경과 그 변화 추이에 대한 분석을 포함한다.

③ 조직의 강점과 약점을 평가한다. 조직과 환경의 분석과 강점 · 약점 분석에는 SWOT[Strengths(강점), Weaknesses(약점), Opportunities(기회), Threats(위협)] 분석기법이 유용한 방법으로 활용된다. SWOT 분석은 조직의 강점과 약점, 그리고 현재 환경변화가 주는 기회와 위협 요인들을 점검하는 기법이다. 보통 [그림 6-2]와 같은 도표를 이용해서 각 셀에 분석 내용을 적어서 간결하고도 체계적으로 현재 조직이 처한 상황을 진단하는 기법이다.

④ SWOT 분석을 기반으로 해서 미션을 성취하기 위한 조직의 목적과 목표를 설정한다.

강점요소 (S)	약점요소 (W)
기회요소 (O)	위협요소 (T)

그림 6-2 SWOT 분석표

⑤ 시간 계획을 세우고 그에 따라 목표를 달성하기 위한 전략을 설정한다. 전략에는 조직의 구조나 운영체계를 변경하는 계획도 포함된다.

⑥ 전략을 수행해 나가는 과정에서 발생할 수 있는 예상하지 못한 문제나 응급상황에 대비한 대책을 세운다.

⑦ 전략을 수행해 나가고 계속적으로 목표달성 상황을 점검해 나간다.

(2) 운영 기획

운영 기획은 기관의 행정가들이 설정된 전략목표를 달성하기 위해 조직의 자원을 보다 효과적 · 효율적으로 쓰기 위한 기획이다. 운영 기획은 보통 1년 주기로 짜며, 전체 조직을 대상으로 하기 때문에 전략목표 달성을 위해 조직이 가지고 있는 프로그램 구성을 재설계하는 작업도 포함된다. 새로운 프로그램을 시작하거나, 기존의 프로그램을 확대 · 수정 · 중단하는 결정을 내리기도 한다. 보통 운영 기획은 조직의 예산을 어떻게 관리하느냐에 대한 계획도 포함한다.

(3) 프로그램 기획(설계)

전략적 기획과 운영 기획이 기관 전체 차원에서의 계획이라면, 프로그램 기획은 단위 사업별 계획이다. 프로그램 설계의 상세한 사항은 제7장에서 따로 다룬다.

5. 목표에 의한 관리(MBO)

목표에 의한 관리(Management by Objectives: MBO) 방식은 현대 사회복지기관에서 가장 대표적으로 사용되는 기획방식이다. MBO 방식에서는 초점을 기관의 목표에 두고 그 목표를 달성하기 위한 세부목표를 세우고 세부목표를 달성하기 위한 구체적인 활동을 기획한다. 최근 이러한 방식이 더욱 강조되는 이유 중 하나는 사회복지 프로그램에 대한 책무성(accountability)의 요구가 증가하고 있기 때문이다. 사회복지기관은 이제 좋은 뜻을 가지고 열심히 일했다는 것만으로는 충분한 책무성을 확보할 수 없다. 구체적으로 어떤 성과를 냈고 그 성과가 투입된 자원에 비해 얼마나 효율적인가에 대한 입증을 요구하는 목소리가 점점 커지고 있다. MBO 방식은 기획단계에서부터 그러한 성과에 대한 모니터링을 가능케 하는 방식이기 때문에 많이 활용된다.

목적은 큰 틀에서 추상적으로 기관이나 프로그램이 달성하고자 하는 결과의 설정이다. 목표는 그러한 결과를 달성하기 위해서 성취해야 하는 구체적이고 측정 가능한 설정치이다. 목표는 크게 세 가지 차원으로 구별된다.

- 조직 및 행정 차원의 목표: 조직 전체의 발전이나 개선방향에 대한 설정치이다. 가령, "후원금을 2012년 12월 31일까지 3억 원 모금한다."라고 세운 목표는 조직 차원의 목표이다.
- 활동 및 과정에 대한 목표: 프로그램 차원에서 수행할 활동이나 제공할 서비스의 종류와 수량에 대한 설정치이다. 가령, "매주 어르신들에 대한 무료급식을 100끼 제공한다." 혹은 "아동 양육실천기술 향상을 위해 올해 가정방문서비스를 가구당 총 10회 실시한다." 등은 활동이나 과정에 대한 목표이다.
- 결과 목표: 서비스 이용자의 구체적인 변화로 측정한다. 가령, "연말까지 자활사업 참여자의 60%가 정규직 취업에 성공한다." 혹은 "자아존중감 향상 프로그램에 참여한 아동들의 80%가 로젠버그 척도로 측정했을 때 자아존중감의 향상을 보인다." 등은 결과 목표의 예이다.

세 가지 차원의 목표 중 사회복지기관으로서 가장 중요한 목표는 결과에 대한 목표이다. 사회복지기관의 궁극적인 존립 이유는 서비스 이용자의 삶의 질의 향상이다. 무료급식을 100끼 제공하고 가정방문 서비스를 가구당 10회 실시한 것은 대상자의 삶의 질을 향상하기 위한 수단이다. 만약 어르신들의 영양상태가 개선되지 않고 부모의 아동 양육실천기술이 향상되지 않았다면 무료급식 100끼나 가정방문 서비스 10회는 존재 근거가 없는 것이다. 특히 사회복지기관의 책무성에 대한 요구가 거세지고 있는 환경을 고려하면 결과에 대한 목표의 중요성은 날로 커지고 있는 것이 현실이다.

잘 설정된 목표는 SMART해야 한다. SMART의 구체적인 내용은 다음과 같다.

- Specific: 명확하고, 구체적이어야 하며, 조작적으로 정의되어야 한다.
- Measurable: 측정 가능해야 한다.
- Achievable: 보유한 자원을 이용해서 달성 가능해야 한다.
- Realistic: 현실적이어야 한다. 너무 낮거나 높은 목표는 현실적이지 않다.
- Timely: 달성을 위한 기간이 명확히 설정되어야 한다.

요점 정리

- 의사결정은 정해진 목표를 달성하기 위한 여러 가지 대안 중 가장 적절한 대안을 선택하는 과정이다.
- 의사결정을 하는 방법은 여러 가지가 있다. 직관적인 방법은 합리성보다는 감성에 치중하는 방법이다. 기계적인 방법은 결정을 내리는 판단의 경로가 공식화되어 있을 때 가능하다. 문제해결적 방법은 비교적 새로운 상황이나 중요한 문제에 대한 의사결정이 기관에 미치는 영향이 큰 경우에 시간과 노력을 들여 보다 체계적이고 합리적으로 의사결정을 하려는 방법이다.

- 합리성 모형에 기초한 의사결정은 문제의 파악, 대안의 형성, 대안의 평가, 최선의 대안 선택, 결정의 실행, 결과 평가의 과정을 통해 이루어진다.
- 제한된 합리성 모형은 만족모형, 경험적 규칙의 활용, 초두 효과와 최근 효과, 대안에 대한 편향 공고화, 직관, 조금씩 해 나가기, 쓰레기통 모형과 같은 방식으로 합리성 모형이 현실에서 적용되기 어려울 때 사용하는 의사결정 방식이다.
- 조직 내에서 의사결정은 개인이나 집단이 내릴 수 있으며, 각각 장단점이 있다. 사회복지조직에서는 집단 의사결정 방법도 많이 사용된다.
- 정형적 의사결정은 일상적이고 반복적인 상황에 대해 조직이 미리 정해 놓은 일정한 과정을 통해 의사결정을 내리는 방식이다. 비정형적 의사결정 방식은 자주 일어나지는 않지만, 그 의사결정이 조직에 미치는 영향이 큰 경우에 문제해결 방식으로 채택될 수 있다.
- 기획은 현재 주어진 상황에 대한 평가에 근거하여 목적 달성을 위해 미래에 수행해야 할 과업과 그 과업의 결과에 대한 추정과 전망을 현재의 시점에서 수행하는 작업이다.
- 사회복지기관에서의 기획은 크게 전략적 기획, 운영 기획, 프로그램 기획으로 나눌 수 있다. 전략적 기획의 방법으로 SWOT 분석기법이 자주 활용된다.
- 목표에 의한 관리(MBO) 방식에서는 초점을 기관의 목표에 두고 그 목표를 달성하기 위한 세부목표를 세우고 세부목표를 달성하기 위한 구체적인 활동을 기획한다. 목표는 SMART해야 한다.

더 읽어 보기

Cohen, D. M., March, J. G., & Oldsen, J. D. (1972). A garbage can model of organizational choice. *Administrative Science Quarterly, 17*, 1-25.

March, J. G. (2010). *Primer on decision making: how decisions happen.* New York, NY: Simon & Schuster.

Poertner, J., & Rapp, C. A. (2007). *Textbook of social administration: the consumer-centered approach*. Binghamton, NY: The Haworth Press.

Simon, H. A. (1982). *Models of bounded rationality*. Cambridge, MA: MIT Press.

제7장

프로그램의 개발과 관리

학습목표

- 사회복지 프로그램 개발의 개념과 과정에 대해 알아본다.
- 개입 논리 개발의 중요성과 개념을 학습하고, 증거기반 실천의 중요성에 대해 생각해 본다.
- 논리모델의 개념에 대해 이해하고 논리모델의 구성요소에 대해 학습한다.
- 논리모델을 활용한 프로그램 평가를 형성평가와 결과평가로 구분하여 알아본다.
- 논리모델을 실제로 작성해 본다.
- 프로그램 수행과정과 평가의 기획방법에 대해 학습한다.

사회복지 프로그램의 개발은 프로그램 참여자의 삶의 질을 향상하는 목적을 효과적으로 달성할 수 있도록 프로그램의 내용과 과정을 설계하는 과정이다(이봉주, 김기덕, 2008). 프로그램 개발의 첫 단계는 문제에 대한 정확한 이해를 바탕으로 한 개입 논리의 개발이다. 다음 단계는 논리모델(logic model)을 이용한 프로그램의 개념화이다. 논리모델이 개발되면 실제로 프로그램을 이행하기 위한 수행과정 기획이 필요하다. 마지막으로, 프로그램을 어떻게 평가할지에 대한 평가 기획을 하게 된다.

1. 개입 논리의 개발: 증거기반 실천의 중요성

많은 경우에 우리는 담당 사회복지사의 감이나 예전 프로그램 경험으로 프로그램 기획이 이루어지는 것을 볼 수 있다. 왜 이 프로그램을 '돌리고' 있냐고 담당 사회복지사에게 물으면 의례적으로 '작년에도 했던 프로그램이라서'라는 대답이 돌아오는 경우가 많다. 왜 작년에 그 프로그램을 했냐고 묻는다면 아마 대답은 '그전에도 했기 때문'이라고 할 것이다. 이런 현상은 프로그램이 왜 그리고 어떻게 개입하고자 하는 문제의 해결에 도움이 될 것인지에 대한 개념이 불확실해서 생긴다. 사회복지 프로그램의 결과에 대한 책무성의 요구가 거세지고 있는 현재의 환경에서는 이제 이러한 접근법으로는 프로그램에 투입되는 자원의 정당성을 확보하기가 힘들다.

프로그램이 왜 그리고 어떻게 해결하고자 하는 문제에 도움이 될 것인지에 대한 기대와 예측을 명확히 하는 것은 프로그램 기획의 첫 번째 중요한 단계이다. 프로그램 기획에서 개입방법이 이론에 근거해야 하는 중요성을 강조하면서 '도움의 이론(theory of helping)'이라는 개념이 제시된다. 도움의 이론은 이론적인 차원에서뿐만 아니라 개입방법의 효과성이 실증적 연구결과나 시범사업을 통해 입증된 수준까지를 요구한다. 사회복지행정가가 관련 분야의 연구 동향을 학술지 등을 통해서 꾸준히 파악하고 있어야 할 필요성이 강조되는 대목이다.

프로그램의 이론을 명확히 하는 과정은 프로그램 가설의 개발과정으로도 설명된다. 첫 번째 단계는 문제의 현황 파악이다. 이때 문제의 크기와 특성 등에 대한 분석도 중요하지만, 문제의 원인에 대한 파악도 필수적이다. 가령, 지역사회 아동학대 예방을 목적으로 하는 프로그램을 기획한다고 하자. 이때 지역사회의 아동 가구 수, 그중 아동학대의 위험요인을 가지고 있는 가구 수 등을 파악할 필요가 있다. 그에 더해서 구체적인 개입방법의 고안을 위해서는 아동학대가 발생하는 주요 원인에 대한 파악이 필요하다. 최근 아동학대 연구결과를 살펴본 결과 저소득 부모의 낮은 아동 양육실천기술 수준이 아동학대의 주요 원인으로 제시되고 있다. 그렇다면 낮은 아동 양육실천기술 수준은 아동학대 예방 프로그램의 중요한 개입 지점을 제시해 준다. 이런 과정을 거쳐 설정된 프로그램 가설은 '만약 프로그램 참여를 통해 저소득층 부모들의 아동 양육실천기술이 높아진다면 아동학대 발생률은 감소할 것이다.'가 된다.

효과적인 개입방법의 모색에는 모범실천(best practice)의 발굴이 중요하다. 모범실천은 해당 분야에서 연구와 평가 결과를 통해 효과성이 입증된 프로그램이다. 모범실천을 발굴하는 데는 비슷한 문제에 개입하고 있는 다른 기관들의 사례를 벤치마킹(benchmarking)하는 것도 좋은 방법이 될 수 있다.

모범실천은 증거기반 실천이라는 개념으로도 이해될 수 있다. 증거기반 실천은 관련 분야의 연구결과와 실천 경험 그리고 서비스 대상자의 경험을 종합하여 가장 효과적인 실천 방법을 찾아내는 방법이다. 증거기반 실천방법의 모색에도 관련 분야의 프로그램 효과성 연구는 중요한 단서를 제공한다.

2. 논리모델의 개발

프로그램 기획의 방법 중 사회복지 분야에서 널리 쓰이는 것으로 논리모델을 들 수 있다. 논리모델이 사회복지 분야에서 자주 활용되는 이유는 다음과 같다. 첫째, 논리모델은 사회복지사들에게는 친숙한 체계이론(system theory)에 기초하고 있다. 체계이론은 환경 내에서 투입과 산출의 지속적인 관계를 설명하는 이론으로 환류의 기능을 중시한다. 둘째, 논리모델은 투입–활동–산출–결과로 이루어져서 간단하고 이해하기 쉽다. 셋째, 논리모델을 활용해서 프로그램을 기획하면 그 논리모델을 다시 프로그램 평가의 틀로도 사용할 수 있다.

1) 논리모델의 정의

논리모델은 간단히 정의하면 프로그램이 어떻게 작동할 것인지에 대한 우리의 기대와 예측을 도표로 나타내는 것이다. 프로그램 기획은 하나의 프로그램(혹은 사업)이 대상자의 삶의 질을 향상하는 목적을 효과적으로 달성할 수 있도록 그 내용과 과정을 개발하는 과정이다. 그러한 프로그램 기획을 통하여 우리는 프로그램이 해결하고자 하는 사회문제를 명확히 이해하고, 문제해결의 목표를 설정하고, 그러한 목적을 달성하기 위한 프로그램의 활동 내용을 구성하고, 그러한 활동을 가능하게하기 위한 자원(예산)을 편성한다.

이러한 일련의 프로그램 기획 과정은 우리가 알고 있는 지식을 총동원하여 어떤 프로그램을 한다면 이러한 목표를 달성할 수 있을 것이라는 예측을 하는 과정이다. 사실 아무도 우리가 기획한 프로그램이 의도한 결과를 달성할 것이라고 100% 확신을 하고 이야기할 수는 없다. 다만, 실무자로서 우리가 알고 있는 지식을 총동원하여 이렇게 한다면 이런 목표가 달성될 것이라는 최선의 예측을 할 수 있을 뿐이다. 즉, 이러한 자원을 이용하여 이러이러한 프로그램 활동을 한다면 기대하는 목표가 달성될 것이고 그러한 목표의 달성은 궁극적으로 우리가 해결하고자 하였던 사회문제를 완화해 사회구성원의 삶의 질의 향상을 가져올 것이라는 기대와 예측이다.

여기서 중요한 것은 그러한 기대와 예측이 막연하고 억지스러운 것이 아니라 논리적이고 과학적이어야 한다는 것이다. 즉, 이렇게 하면 이렇게 될 것이라는 논리를 정연하게 펼치는 과정이다. 그러한 프로그램의 논리, 즉 프로그램이 어떻게 작동할 것인지에 대한 기대와 예측을 도표로 나타내는 것이 프로그램의 논리모델이다. 그렇다면 프로그램 기획은 프로그램의 논리모델을 작성하는 것으로 이해될 수 있고, 프로그램의 평가는 프로그램이 논리모델에 따라 행해졌는가를 검증하는 것으로 이해될 수 있다.

논리모델은 프로그램에 필요한 자원과 시행하고자 하는 프로그램의 활동과 달성하고자 하는 변화나 결과 간의 관계를 체계적으로 도표화하는 것이다. 프로그램 논리모델에서는 도표와 문자를 이용하여 프로그램이 목표로 하는 변화를 가져오게 될 활동들의 순서를 기술하고 그러한 활동들이 프로그램의 목표와 어떻게 연결되는지를 보여 주게 된다. 지금까지 학습한 프로그램 기획의 과정을 통하여 기획한

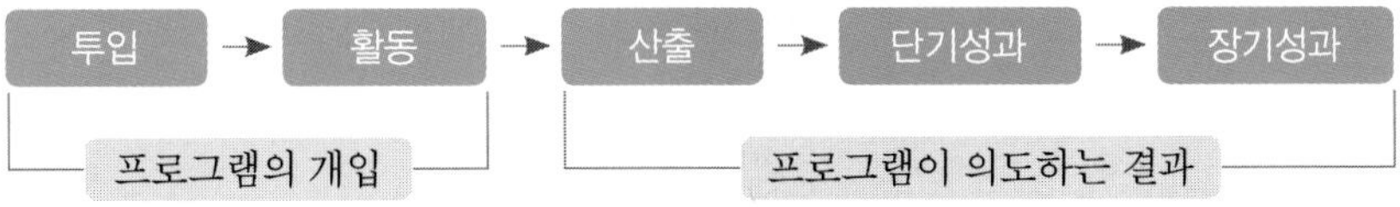

그림 7-1 논리모델의 틀

프로그램을 도표화해 보면 [그림 7-1]과 같다. 도표화하는 데는 여러 가지 방법이 있지만, 여기서는 가장 기본적인 논리모델의 틀을 이용하여 도표화해 본다.

그림에서 볼 수 있듯이, 프로그램의 논리모델은 프로그램의 개입과 프로그램이 의도하는 결과가 어떻게 연결되어 있는가를 보여 준다. 즉, 지금까지 학습해온 기획의 결과를 하나의 간결한 구조로 정리 · 요약하여 보여 주는 것이 프로그램의 논리모델이다. 이렇게 정리된 프로그램의 논리모델은 프로그램이 어떻게 작동하고 왜 의도하는 결과를 도출해 낼 수 있을 것인가를 프로그램에 관심이 있는 다양한 이해관계자들에게 일목요연하게 설명하는 데 매우 유용할 수 있다. 다음에서는 이러한 논리모델의 구성요소들을 더 자세히 살펴본다.

2) 논리모델의 구성요소

(1) 프로그램의 개입

프로그램의 개입은 프로그램을 수행하는 데 필요하다고 생각되는 자원들을 기술하고 그러한 자원들을 이용하여 어떤 활동들을 해 나갈 것인가를 제시한다.

① 투입

프로그램에 투입되는 자원을 표시한다. 프로그램이 필요로 하는 자원은 크게 인적자원, 재정적 자원, 조직적 자원 그리고 지역사회 자원으로 나누어 볼 수 있다. 투입은 프로그램을 위하여 사용될 수 있는 다양한 차원의 자원을 나타낸다.

② 활동

활동은 이러한 자원들을 가지고 프로그램이 하는 일들을 통칭한다. 이러한 프로그램의 활동은 프로그램 수행에서 목적을 달성하려고 의도적으로 행해지는 과정, 도구, 행사, 기술, 행위 등을 나타낸다. 이러한 개입을 통하여 의도하는 프로그램 변화나 결과를 이루고자 하는 것이다.

(2) 프로그램이 의도하는 결과

프로그램을 통하여 어떤 변화가 생길 것인가를 보여 준다. 이러한 의도하는 결과는 산출과 단기성과, 장기성과를 포함한다.

① 산출

프로그램 활동의 직접적인 생산물이다. 즉, 활동에 따라 그 결과로 바로 나타나는 프로그램의 산물이다. 이러한 산출은 흔히 프로그램을 통하여 대상자가 이용하거나 참여하는 서비스를 포함하게 된다. 가령, 방과 후 프로그램을 시행한다고 하자. 1주에 3회, 월 · 수 · 금요일 시행하는 프로그램이면 1주일 동안에 프로그램의 직접적인 산출은 3회 프로그램의 수행이다. 방과 후 프로그램을 수행하였기에 직접적으로 잡히는 성과는 프로그램을 수행한 횟수이다. 그런 식으로 생각해 보면, 프로그램에 참여한 아동의 수도 프로그램 활동의 직접적인 산물이어서 산출에 포함되는 것을 알 수 있다. 사회복지사업의 평가에서 흔히 이용하는 연인원, 실인원, 프로그램 실행 수 등의 지표는 모두 산출을 나타내는 방법이다.

② 단기성과

프로그램 참여자의 지식, 기술, 인식 등의 구체적인 변화이다. 산출과 성과를 구분하는 방법은 산출은 서비스의 제공에 초점을 두지만, 성과는 프로그램 참여자의 구체적인 변화에 초점을 둔다. 이때 단기성과는 시간적으로 비교적 짧은 시간에 나타나는 프로그램 참여자의 변화를 의미하기도 하지만, 내용상으로는 행동이나 상황의 변화 전에 오는 지식, 기술, 인식 등의 변화를 의미한다. 가령, 금연교육 프로그램의 궁극적인 목적은 담배를 끊는 것에 있지만 그러한 목적을 위하여 금연교육 프로그램을 통하여 프로그램 참여자가 흡연의 유해성을 인식하도록 한다면, 이때 흡연의 유해성에 대한 인식을 높이는 것은 단기성과이다.

③ 장기성과

장기성과는 프로그램이 궁극적으로 의도하는 목표의 달성 정도를 표시한다. 장기성과에서는 보통 프로그램 참여자의 궁극적인 상태의 변화, 즉 삶의 질의 향상 정도를 이야기한다. 이러한 성과는 단시일 내에 보기는 어려움으로 장기성과의 경우는 적어도 1~2년 이후에 볼 수 있는 성과를 나타낸다. 앞서 방과 후 프로그램의 예에서 단기적 성과로 아동의 심리정서기능 향상을 설정하였다면 장기성과로는 학업성취도의 향상으로 설정할 수 있을 것이다.

3) 논리모델을 읽는 방법

프로그램의 논리모델을 왼쪽부터 오른쪽으로 읽어 나가면 프로그램의 기획에서부터 결과까지 시간에 따른 기본적인 작동체계를 파악할 수가 있다. 이때, 프로그

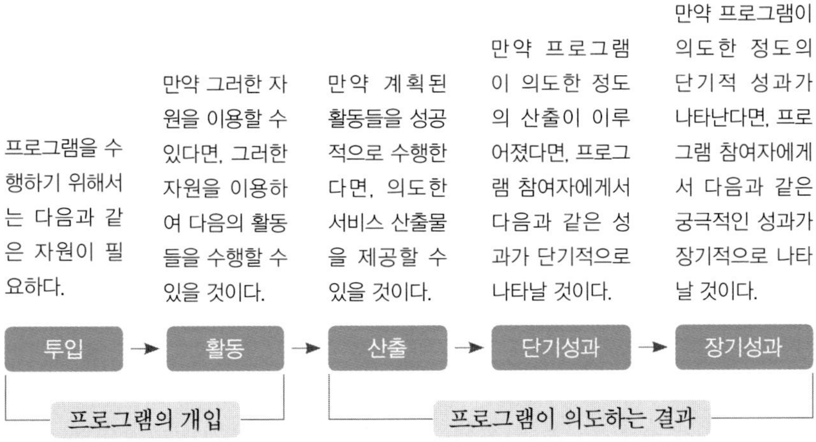

그림 7-2 논리모델을 읽는 방법

램의 논리모델을 '읽는다'는 것은 '만약 ~한다면, ~할 것이다.'라는 문장으로 구성된 프로그램의 구성요소들의 연결체계를 파악하는 것이다. 앞의 [그림 7-2]는 기본적인 프로그램 논리모델이 어떻게 읽히는지를 보여 준다.

[그림 7-2]에서 볼 수 있듯이, 논리모델은 프로그램의 작동체계를 일련의 프로그램 가정들의 논리적인 연결로 설명해 준다. 이러한 프로그램의 가정들은, 즉 프로그램이 어떻게 작동하고 어떤 목적을 가지고 의도적으로 작동하는가, 그리고 그러한 프로그램이 어떻게 의도하는 목표를 달성할 수 있는가를 설명하는 것을 프로그램 이론(program theory)이라 부른다. 그런 이유로, 논리모델은 흔히 프로그램 이론이라고 불리기도 한다.

4) 논리모델을 이용한 프로그램의 평가

앞에서 설명하였듯이, 논리모델은 프로그램의 기획을 도형화하여 설명하는 방법이다. 그렇다면, 그러한 논리모델을 이용한 프로그램의 평가는 어떤 것인가? 일단 논리모델이 작성되면 논리모델을 이용한 프로그램 평가는 아주 간단한 작업이다. 평가는 논리모델에서 상정한 대로 프로그램이 진행되었는가를 검증하는 것이다. 그런 면에서 보면 프로그램의 기획은 애초부터 프로그램 평가를 위한 기반 작업이라 볼 수 있다. 논리모델이 없는, 즉 잘 기획되지 않은 프로그램은 평가할 수 없는 프로그램이다. 논리모델이 프로그램이 어떻게 작동하고 어떤 결과를 도출할지를 가정하는 것이라면 프로그램의 평가는 그러한 가정이 과연 실현되었는가를 검증하는 것이다.

효과적인 프로그램 평가는 단순히 데이터를 수집하고 분석하여 제시하는 것만을 의미하지는 않는다. 효과적인 프로그램 평가는 프로그램에 관한 정보를 수집하고 이용하여 어떻게 프로그램을 향상시킬 수 있는가를 지속적으로 학습할 수 있도록 하여야 한다. 논리모델을 이용한 프로그램의 평가는 바로 그러한 프로그램 향상을 위한 학습의 훌륭한 도구로 이용될 수 있다. 즉, 논리모델을 이용한 프로그램 평가를 통하여 프로그램이 과연 계획한대로 진행되고 있는지를 점검할 수 있으며, 또한 프로그램의 결과를 검증할 수 있어 프로그램의 작동과 작동원리에 대한 지식을 축적할 수 있다. 그런 의미에서 보면 논리모델은 효과적인 프로그램 기획, 수행 및 평가를 촉진하는 유용한 프로그램 평가도구이다.

논리모델을 이용한 프로그램의 평가는 크게 형성평가(formative evaluation)와 결과평가(summative evaluation)의 두 가지 형태로 나누어 살펴볼 수 있다. 형성평가는 프로그램이 논리모델에 따른 개입이 계획한 대로 이루어졌는가를 점검하는 평가이다. 즉, 프로그램에 필요한 자원은 계획한 대로 적절히 확보되었는가, 그러한 자원을 이용하여 계획한 프로그램 활동들은 적절히 수행되었는가, 그리고 그러한 활동들이 계획한 프로그램의 산출물들을 적절히 생산해 내었는가를 점검하는 과정이 프로그램의 형성평가이다. 이러한 프로그램의 형성평가는 주로 프로그램을 보다 향상시키기 위하여 필요한 정보를 제때에 바로 제공하는 기능을 담당한다. 그런 의미로 형성평가는 흔히 수행평가(implementation evaluation)라고 불리기도 한다.

형성평가가 프로그램의 향상을 돕기 위한 평가라면, 결과평가는 프로그램의 의도한 궁극적인 목표를 달성하였는가를 입증하는 평가이다. 즉, 설정된 프로그램의

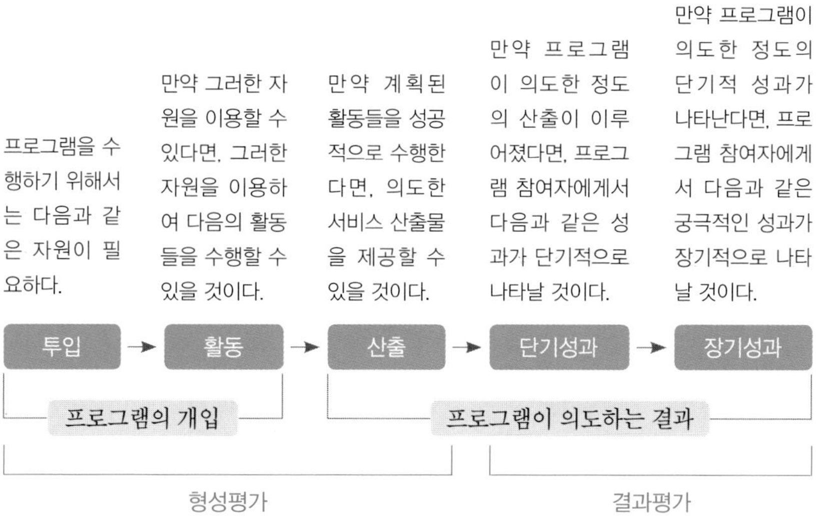

그림 7-3 논리모델의 구성요소와 평가의 형태

단기성과가 프로그램 때문에 나타났는가, 그리고 프로그램의 결과로 장기성과가 나타났는가를 입증하는 과정이 프로그램의 결과평가이다. 앞의 [그림 7-3]은 형성평가와 결과평가가 논리모델과 어떻게 연관되는지를 보여 준다.

[그림 7-3]에서 보여 주듯이, 형성평가와 결과평가가 답하고자 하는 평가의 질문은 다르다. 형성평가는 평가의 질문이 주로 프로그램이 계획한 대로 수행되었는가와 관련되어 있다. 결과평가를 통하여 대답하고자 하는 질문은 주로 프로그램이 의도한 성과가 도출되었는가와 관련되어 있다. 이 두 가지 평가의 질문은 여러분이 기획하고 실행한 프로그램이 기대한 만큼 성공적이었는가를 알아보는 데 유용한 정보를 제공해 준다. 또한 프로그램의 성공과 교훈을 다른 이해관계자, 즉 프로그램 재정지원자, 기관장, 정부 기관의 관료들에게 이해시키는 기반을 제공해 준다. 형성평가와 결과평가가 제공하는 정보의 차이점을 제시하면 〈표 7-1〉과 같다.

표 7-1 형성평가와 결과평가가 제공하는 정보의 차이점

형성평가	결과평가
• 목적: 프로그램의 향상을 돕기 위해	• 목적: 프로그램 효과성을 입증하기 위해
• 프로그램을 보다 향상시키기 위한 정보를 제공한다. 주로 정기적인 보고서의 작성을 통하여 필요한 정보를 제공한다. 작성된 정보는 적시에 제공되어 프로그램의 운영상에 수정과 보완이 가능하도록 한다.	• 프로그램에 펀딩을 제공한 사람들이나 지역사회에 프로그램의 성과를 제시한다.
• 프로그램 활동, 산출의 모니터링에 초점을 둔다. 이러한 모니터링을 통해 환류 정보(feedback information)을 제공한다.	• 프로그램의 단기적 성과와 장기적 성과를 밝혀내는 데 초점을 둔다. 이러한 프로그램의 성과를 통하여 프로그램이 과연 그만한 가치가 있는 것인가를 검증하고 입증한다.
• 기관 내에서 프로그램과 관련된 사람들에게 어떻게 프로그램이 더욱 향상될 수 있는가에 대한 정보를 제공한다.	• 프로그램 참여자와 지역사회에 미친 프로그램의 영향을 점검함으로써 프로그램의 질과 효과성을 제시한다.

3. 논리모델의 연습: 사회복지행정 강좌에의 적용

앞에서는 논리모델의 개념과 구성요소를 살펴보고 논리모델을 이용한 평가가 어떻게 행해지는가를 살펴보았다. 이 절에서는 논리모델을 실제로 작성하는 연습해 본다. 어느 프로그램을 선택해도 좋겠지만, 아마도 여러분이 가장 관심이 있을 '사회복지행정 강좌'를 예로 선택하여 프로그램 논리모델을 작성해 보기로 하자. 다음 [그림 7-4]에 제시된 논리모델 작성양식을 이용하여 논리모델을 작성해 보기로 하자.

우선, 사업명은 '사회복지행정' 강좌 프로그램으로 설정한다. 해결하고자 하는 문제는 어떤 것인가? 현재 우리 지역사회의 사회복지행정 실천현장을 살펴보면, 사회복지 기관과 프로그램은 성장하여 무수히 많은 사업이 수행되고 있지만 그러한 사업들의 효과성이 상당히 떨어져 그저 단순 반복적으로 사업을 수행하고 있다는 인식이 팽배해 있다. 사회복지기관을 지원하는 정부 관련 부처나 민간재단의 관련자들도 도대체 그러한 기관들과 사업이 어떤 소용이 있는가를 심각하게 질문하고 있어 이 상태가 지속된다면 사회복지 기관과 사업 무용론이 대두될 형편이다.

간단히 정리하면, 해결하고자 하는 문제는 지역사회 사회복지행정 역량의 질이 낮다는 것이다. 그러한 문제가 왜 발생하는가를 예비조사와 문제의 분석을 통하여 살펴보니, 기관과 사업 운영을 담당하는 실무자들의 사회복지행정 역량이 상당히 낮은 것으로 나타났다. 그래서 우선순위 측면에서는 실무자들의 사회복지행정 역량을 향상하는 것이 시급한 것으로 나타났다. 이러한 문제의 현황 파악을 바탕으로 '사회복지행정' 강좌를 개설하여 사회복지기관 실무자들의 사회복지행정 역량을 높이기로 하였다.

이러한 문제의 분석에 근거하여 이번에 개설되게 될 '사회복지행정' 강좌는 쉽고 실천 사례를 많이 포함한 매뉴얼 형태의 교재를 이용하여 강의를 진행하기로 하였다. 이제, 이러한 기초 작업을 기반으로 프로그램 논리모델을 작성해 보도록 하자.

우선, 투입 요소로는 어떤 것들이 필요한가? 먼저, 강의를 수강할 실무자들이 필

사업명:	
해결하고자 하는 문제의 현황:	

문제의 현황

우선순위

투입	활동	산출	단기 · 장기 결과
계획된 활동들을 달성하기 위해서 아래의 사항들이 필요함	문제해결을 위해서는 아래의 활동들을 달성할 필요가 있음	옆에 제시된 활동들을 달성한다면 아래와 같은 활동의 증거나 서비스 전달이 일어날 것임	옆에 제시된 활동들을 달성한다면 다음과 같은 단기적 · 장기적 변화가 일어날 것임

그림 7-4 논리모델 작성 양식의 예시

요하다. 너무나 당연한 이야기인 것 같지만, 우리는 프로그램 대상자가 중요한 투입 요소임을 자주 잊게 된다. 프로그램의 주요한 투입 요소 중 하나가 바로 프로그램 참여자들이라는 것을 명심하여야 한다. 여기서는 수강을 할 사회복지기관 실무자들이 프로그램의 대상 집단이다.

다음으로, 강좌를 담당할 강사가 필요하다. 강사 없이는 강좌가 진행될 수 없다. 그런데 프로그램의 성공을 위해서는 강사 중에서도 사회복지행정을 전문적으로 다룰 수 있는 역량이 있는 강사가 필요하다. 역량이 있는 강사를 어떻게 가려내는가? 여러 가지 방법이 있을 수 있지만, 가령 사회복지행정의 실천 경험이 있으며 적어도 과거 3년 동안 그러한 과목을 가르친 경험이 있는 강사라고 설정을 하자.

그다음으로 필요한 것은 무엇인가? 당연히 '강좌'이기 때문에 수강생이 필요할 것이다. 어떤 조건의 수강생이 '사회복지행정'이라는 강좌의 성공을 위해서 필요한가? 사회복지행정 역량을 함양하고자 하는 의지가 큰, 즉 학습 동기가 잘 되어 있는 수강생이 필요할 것이다. 이 점은 논리모델의 개발에서 유의할 부분인데, 프로그램의 투입 요소에서 '프로그램 참여자', 즉 이용자도 중요한 투입 부분이라는 점이다.

또 어떤 자원들이 필요한가? 강의실, 책상, 의자, 칠판 등을 생각해 볼 수 있을 것이다. 앞에서 언급하였듯이, 쉽고 실천 사례가 많은 교재도 필요하다. 이러한 모든 것들이 바로 프로그램에 필요한 자원이다. 논리모델에서 투입 부분은 바로 이러한 과정을 거쳐 설정된다.

그렇다면 활동은 어떤 것들인가? 누군가가 역량이 있는 강사를 초빙하여 확보하여야 할 것이다. 누군가는 강의실을 예약하여 확보하여야 한다. 그리고 강좌가 시작되면 15주에 걸쳐 매주 강의가 이루어진다. 강사의 강의가 활동이고, 강의에 참여하는 수강생들의 학습도 활동이다.

이러한 활동을 통하여 즉각적으로 생산되는 산물은 무엇인가? 우선, 매주 진행되는 강의의 횟수가 산출이다. 강의에 참여하는 수강생들의 수도 산출이다. 그렇다면, 그러한 산출을 통하여 기대되는 단기적 성과는 수강생들의 사회복지행정에 대한 지식이 향상되는 것이다. 장기적인 성과는 이렇게 향상된 지식을 갖춘 수강생들이 사회복지행정업무를 담당하게 될 때 지역사회 사회복지 기관들과 사업들의 질 향상과 효과성 제고이다.

지금까지 간략히 살펴본 것은 실제 프로그램의 논리모델을 작성하는 방법이다. 그렇다면 평가는 어떻게 하는가? 작성된 논리모델에 따라 프로그램이 진행되고 있는지를(혹은 진행되었는지를) 검증하는 것이 평가이다. 앞에서 설명하였듯이, 프로그램이 계획된 대로 수행되었는지를 검증하는 것은 형성평가이고, 기대하는 성과가 도출되었는지를 검증하는 것은 결과평가이다.

형성평가의 예를 들어 보자. 투입에서 역량이 있는 강사가 프로그램의 성공을 위해서는 필요한 자원이라고 설정하였다. "역량이 있는 강사를 확보하였는가?"라고 묻고 그 질문에 대한 답을 구하는 것이 형성평가이다. 결과평가는 어떤 것인가? 과목을 수강한 실무자들의 사회복지행정에 대한 지식이 높아졌는가를 검증하는 것은 단기성과 평가이고, 궁극적으로 그러한 실무자들을 통하여 지역사회 사회복지기관과 사업 운영의 질과 효과성이 향상되었는가를 묻는 것이 장기성과 평가이다.

4. 프로그램 수행과정 기획

프로그램 논리모델이 완성됐다면 이제는 실제로 프로그램을 실행에 옮겨야 한다. 프로그램을 성공적으로 실행에 옮기기 위해서는 구체적인 실행계획이 필요하다. 프로그램의 최종 목표를 달성하기 위해서는 세부적으로 하위단계에서의 여러 개의 하위목표가 성취되어야 한다. 각 하위목표를 달성하기 위해서는 그 목표달성에 필요한 다양한 활동들이 성공적으로 수행되어야 한다. 이처럼 최종 목표의 달성을 위해서는 다양한 하위목표와 활동들이 어떤 순서로 언제까지 어떻게 완수될 것인가에 대한 기획이 필요하다.

수행과정에 대한 기획은 보통 다음 요소들을 포함한다.

- 참여자(들)
- 완수되어야 할 활동들

표 7-2 프로그램 수행 시간표 예시

활동활동	책임자	주									
		1	2	3	4	5	6	7	8	9	10
전문강사 모집	복지사 A	■	■	■	■						
전문강사 훈련 프로그램 설계	복지사 B	■	■	■	■						
전문강사 채용	관장 복지사 A					■					
전문강사 훈련	복지사 B					■	■	■	■	■	
프로그램 참여자 모집	복지사 C	■	■	■	■	■					
프로그램 참여자 오리엔테이션	복지사 C					■					
참여자 스크리닝	복지사 C							■	■	■	
프로그램 개시	복지사 A, 전문강사									■	■

- 각 활동을 완수할 책임자
- 시간표
- 활동에 필요한 자원들(직원들의 시간, 예산, 기구, 공급품 등)

많은 경우는 간단한 시간표가 수행과정 기획에 쓰일 수 있다. 〈표 7-2〉는 지역사회복지기관의 아동학대 예방 프로그램 시간표의 예를 보여 준다.

〈표 7-2〉의 시간표는 필요한 각 활동과 그 활동들을 수행할 책임자, 그리고 각 활동에 들 것으로 예상되는 시간을 주 단위로 표시함으로써 전체 프로그램 수행의 과정을 일목요연하게 보여 준다.

더욱 복잡한 프로그램 수행과정 기획을 위해서는 프로그램 평가 검토기법(Program Evaluation and Review Technique: PERT) 방식이 쓰이기도 한다. PERT는 각 활동들이 시작하기 위해서 그 전 단계에 어떤 활동들이 완수되어야 하는지를 연결된 도표로 표시해서 전체 프로그램이 지연 없이 수행될 수 있도록 하는 데 도움이 된다.

다음 [그림 7-5]는 〈표 7-2〉의 시간표를 PERT 도표로 표시한 것이다. 그림에서 각 원은 완수되어야 할 사건들을 표시한다. 각 원 위의 숫자는 그 사건이 완료될 때까지 걸릴 것으로 예상되는 시간을 표시한다. 선 위의 숫자들은 한 사건에서 그다

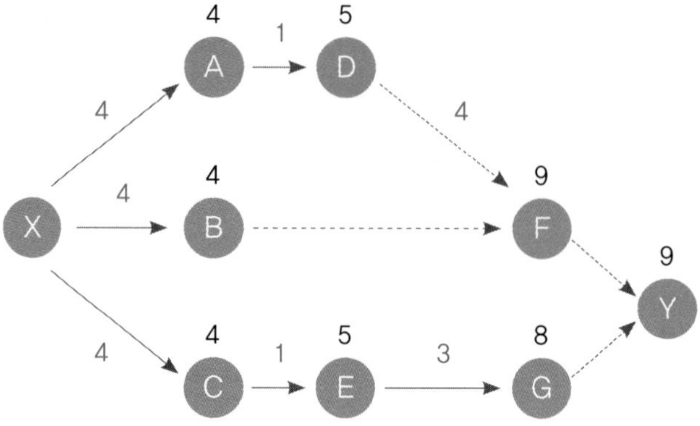

사건 X = 프로젝트 시작

사건 A = 전문강사 모집 완료

사건 B = 전문강사 훈련 프로그램 설계 완료

사건 C = 프로그램 참여자 모집 완료

사건 D = 전문강사 채용 완료

사건 E = 프로그램 참여자 오리엔테이션 완료

사건 F = 전문강사 훈련 완료

사건 G = 프로그램 참여자 스크리닝 완료

사건 Y = 프로그램 시작

그림 7-5 PERT 도표 예시

음 사건까지 걸릴 것으로 예상되는 시간이다.

예시된 PERT 도표를 보면 사건 A, B, D 모두가 완수되어야 사건 F(전문강사 훈련)가 시작될 수 있음을 알 수 있다. 그동안에 프로그램 참여자 모집(C)과 오리엔테이션(E)도 완료되어야 한다.

[그림 7-5]에서 지연 없이 수행되어야 예정된 시기에 프로그램을 시작할 수 있는 주요 경로는 A–D–F이다. 왜냐하면 그 경로의 기간은 프로그램 시작 사건까지 여지가 전혀 없기 때문이다. 가령, C–E–G 경로는 전체적으로 8주로 예상되어 있어 프로그램 시작까지 약 1주일 정도 여지가 있음을 알 수 있다. 이처럼 PERT는 전체 프로그램을 예정대로 수행하기 위해서 선행되어야 할 활동들과 그 활동들의 예

정된 시간을 체계적으로 표시하는 수행과정 기획 방법이다.

5. 프로그램 평가 기획

프로그램을 어떻게 평가할 것인지는 프로그램 기획 단계에서 결정되어야 한다. 우리는 흔히 프로그램 평가는 프로그램 주기의 가장 마지막 단계에 이루어진다고 생각해서 프로그램 평가에 대한 기획도 나중으로 미루는 경향이 있다. 하지만 아니다. 프로그램 평가의 기획은 프로그램이 시작되기 전에 마련되어 있어야 한다. 그래야만 실제 프로그램이 수행되는 과정에서 평가에 필요한 자료를 수집할 수 있고, 그 자료들이 평가에 어떻게 쓰이는지를 이해할 수 있다.

프로그램 평가 기획의 기본이 되는 것은 논리모델 단계와 수행과정 기획 단계에서 설정한 결과 목표와 각 세부목표, 활동 계획이다. 평가는 실제 프로그램의 수행과 결과가 원래 기획했던 대로 성취됐는지를 가늠하는 과정이다. 앞의 프로그램 수행과정 기획에서 원래 의도했던 대로 역량 있는 전문 강사를 5주 이내에 선발하였는지를 확인하는 것은 수행평가의 일종이다. 최종 결과 평가는 프로그램 참여자의 삶의 질 변화 여부를 확인하는 것이다. 프로그램 평가 기획은 이러한 평가들이 어떤 방법과 절차, 자료, 지표들로 이루어질 것인지를 미리 정해 놓는 과정이다.

요점 정리

- 사회복지 프로그램의 설계는 프로그램 참여자의 삶의 질을 향상하는 목적을 효과적으로 달성할 수 있도록 프로그램의 내용과 과정을 개발하는 과정이다
- 프로그램의 이론을 명확히 하는 과정은 프로그램 가설의 개발과정이다. 효과적인 개입방법의 모색에는 모범실천(best practice)의 발굴이 중요하다.

- 증거기반 실천은 관련 분야의 연구결과와 실천 경험, 서비스 대상자의 경험을 종합하여 가장 효과적인 실천방법을 찾아내는 방법이다.
- 논리모델은 간단히 정의하면 프로그램이 어떻게 작동해서 목표를 달성할 것인지에 대한 우리의 기대와 예측을 도표로 나타낸 것이다. 논리모델은 체계이론(system theory)에 기반을 두고 프로그램의 내용을 크게 투입, 활동, 산출, 단기성과, 장기성과로 정리한다.
- 투입은 프로그램을 위하여 사용될 수 있는 다양한 차원의 자원을 나타내고, 활동은 그 자원들을 가지고 프로그램이 하는 일들을 통칭한다.
- 산출은 활동에 따라 그 결과로 바로 나타나는 프로그램의 산물이다. 단기성과는 프로그램 참여자의 지식, 기술, 인식 등의 구체적인 변화이고, 장기성과는 프로그램 참여자의 궁극적인 상태의 변화, 즉 삶의 질의 향상 정도를 나타낸다.
- 논리모델을 이용한 프로그램 평가는 형성평가와 결과평가로 이루어진다.
- 프로그램 수행과정의 기획에는 시간표나 PERT 등의 도구가 유용할 수 있다.
- 프로그램을 어떻게 평가할 것인지는 프로그램 기획 단계에서 결정되어야 한다.

더 읽어 보기

이봉주, 김기덕(2008). 사회복지프로그램 기획의 이해와 적용. 서울: 신정.

Kettner, P. M., Moroney, R. M., & Martin, L. L. (2008). *Designing and managing programs: an effectiveness-based approach* (3rd ed.). Thousand Oaks, CA: Sage Publications, Inc.

Poertner, J., & Rapp, C. A. (2007). *Textbook of social administration: the consumer-centered approach*. Binghamton, NY: The Haworth Press.

제8장

리더십

학습목표

- 리더십의 개념과 특성이론, 행태이론, 상황이론 및 통합 접근의 4세대 리더십이론에 대해서 배운다.
- 블레이크와 무톤의 관리격자이론, 허시와 블랜차드의 상황적 리더십이론, 번즈의 변혁적 리더십, 그리고 섬김 리더십에 대해서 배운다.
- 사회복지조직의 새로운 리더십으로 공유 리더십의 가능성을 조망한다.

1. 리더십의 이론

모든 조직에서 리더십은 언제나 관심의 대상이다. 특히 변화하는 환경, 위기 속에서 리더십의 중요성은 커질 수밖에 없다. 사회복지조직도 변화하는 환경 속에서 어떤 리더십이 좋은 리더십인지 관심을 가질 수밖에 없다. 여기에서는 4세대 리더십의 이론에 대해서 살펴봄으로써 현재의 상황에서 사회복지조직에 적합한 리더십은 어떤 리더십일지 생각해 볼 기회를 갖는다.

1) 리더십의 필요성과 개념

리더십은 오랫동안 기업, 정부 및 사회복지조직 등 어떤 조직에서든 중요한 주제로 여겨져 왔다. 더욱이 최근에는 조직을 둘러싼 급격한 환경의 변화로 인해 리더십은 더욱 관심을 끌고 있다. 사회복지조직도 급격한 변화를 경험하고 있는데, 그중에서도 사회복지분야에 경쟁을 도입하는 정부 정책을 심각한 변화로 받아들이고 있다. 노인장기요양보험제도와 바우처제도는 많은 사회복지조직이 시장의 경쟁에 참여하도록 압력을 가하는 대표적인 정책이다.

리더십은 사회복지조직들이 조직에 영향을 미치는 환경 변화에 대응하는 과정에서 가장 중요하게 대두되고 있는 요소이다. 사회복지기관들은 기존에는 일단 정부 보조금을 지원받는 시설이 되면 보조금이 큰 변화 없이 유지되었기 때문에 특별한 리더십이 없어도 조직의 현상 유지가 충분히 가능했다. 그러나 정부의 사회서비스정책의 변화로 인해 사회복지조직은 더 이상 현상 유지에 안주하기 어렵게 되었다. 변화하는 상황에 조직의 리더십이 제대로 대응하지 못하면 더 이상 조직을 현재 상태로 유지할 수 없게 되었다. 따라서 사회복지조직은 급변하는 상황에서 변화에 대처하여, 조직의 목적을 제대로 달성하기 위해 어떤 리더십이 필요한지 논의하고 결정해야만 한다.

여러 리더십의 개념이 리더의 핵심 행동으로 영향력 과정을 정의하고 있다. 사회심리적 관점에서 호간 등(Hogan et al., 1994)은 리더십이란 일정 기간 개인적 관심을 미뤄 두고 집단의 책임과 복지에 중요한 공동 목표를 추구하도록 다른 사람들을 설득하는 과정이라고 하였다. 따라서 리더십은 응집력 있고 목표지향적인 팀을 만드는 데 관심을 갖는다. 반면, 번즈(Burns, 1978)는 전체론적 · 인본주의적 · 거래적 관점에서 리더는 추종자가 양자 모두의 가치와 동기부여—필요와 욕구, 열망과 기대를 나타내는 목표를 위해 행동하도록 유인한다고 설명하였다. 리더십의 본질은 리더가 자신과 추종자의 가치 및 동기부여를 정의하고 행동하는 방법에 있다.

2) 리더십이론

리더십이론은 크게 특성이론(trait theories), 행태이론(behavioral theories), 상황이론(contingency theories) 및 통합 접근 등 4세대로 나누어 볼 수 있다.

(1) 특성이론

특성이론은 지도자가 갖추어야 할 개인적 특성을 중요시하는 이론들이다. 예를 들어, 리더십은 판단력, 설득력, 과단성, 지적 능력 등과 관련되어 있다는 것이다.

연구자들은 지도자가 되기 위해 있어야 한다고 판단되는 일반적 특성을 정하고자 하였는데, 스톡딜(Stogdill, 1948)과 맨(Mann, 1959)은 리더와 추종자를 구분하는 성격 특성을 제시하였다. 가드너(Gardner, 1989)도 리더십의 특성으로 강한 체력, 지적 능력과 행동지향적 판단, 책임감, 과업수행 능력, 추종자에 대한 이해, 사람들을 다루는 기술, 성취 욕구, 사람들에게 동기를 부여하는 능력, 용기와 결단력, 신뢰감, 과단성, 자신감, 자기주장 및 적응성/유연성이라고 제시하였다. 그러나 리더와 추종자 간 성격 특성의 차이가 없으며, 이들이 발견한 성격 특성을 가진 사람들이 리더가 될 가능성이 오히려 낮은 것으로 나타났다. 그럼에도 불구하고 아직 많은 사람이 특정한 특성을 소유한 사람만이 리더가 될 수 있다는 접근에 관심을 갖고 있다.

초기 특성이론의 문제는 어떤 상황에서든 지도자로 만드는 일정한 특성들이 있다고 가정한 것이다. 전쟁터에서나 학교에서나 동일한 특성으로 추종자를 이끌 수 있으며, 상황이 미치는 영향은 매우 작다고 보았다. 또한 서로 다른 특성들을 혼합하는 경향이 있었는데, 가드너가 제시한 지도자의 특성에서도 인간의 행동, 기술, 기질 및 지적 능력과 관련한 특성이 혼재해 있다. 사회복지조직의 리더십은 공감, 도덕적 판단력, 높은 자기효능감 등의 특성을 강조할 수 있을 것이다.

(2) 행태이론

1950년대와 1960년대 초 미국의 조직에서는 지도자의 특성이 아니라 지도자의 행동, 즉 어떻게 행동했는가에 초점을 두었다. 관심은 리더에서 리더십으로 이동하였다. 지도자의 다양한 행동 양식을 구분하여 범주화하고 유형으로 분류하였는데, 그중 가장 잘 알려진 이론은 블레이크와 무톤(Blake & Mouton, 1964)의 관리격자(managerial grid)이론으로, 다음의 4가지 특성을 제시하였다.

- 과업에 대한 관심: 지도자는 구체적인 목표의 달성을 강조한다. 지도자는 높은 수준의 생산성을 추구하며, 목표를 달성하기 위해 추종자들과 활동을 조직하는 방법을 찾는다.
- 인간에 대한 관심: 지도자는 추종자를 인격체로 존중한다. 그들의 욕구, 이해관계, 문제, 발전 등을 존중하며, 추종자는 단순한 생산단위나 목적을 위한 수단이 아니라고 본다.
- 지시적 리더십: 지도자는 다른 사람들을 위해 결정을 내리며, 추종자 또는 하급자가 지시를 따를 것을 기대한다.
- 참여자 리더십: 지도자는 다른 사람들과 의사결정 과정을 공유한다.

블레이크와 무톤의 모형은 생산(또는 결과)에 대한 관심과 인간에 대한 관심이라는 두 가지 차원에서 5가지 리더십 유형을 제시하였다. 다음 [그림 8-1]의 그리드(격자) 그래프에서 수직축은 인간에 대한 관심, 수평축은 생산에 대한 관심을 나타내며, 양 축은 독립적이어서 한 요소가 다른 요소에 영향을 미치는 것은 아니다. 양 축의 점수는 1~9점에 분포하며, 1점은 최소 관심, 9점은 최대 관심을 표시한다. 인간과 생산에 대한 관심의 정도에 따라 서로 다른 리더십 유형이 나타나는데, 생산(결과, 과업)에 주로 관심이 있고 인간에게 관심이 없는 지도자(9.1), 인간에게 관심이 많고 생산에 관심이 없는 지도자(1.9)가 양극단이라고 할 수 있다.

리더십의 유형을 구체적으로 살펴보면, 생산과 인간관계 모두에 관심이 높은 팀관리형(9.9)(team management)은 조직의 목적에 동의하는 헌신적인 직원들의 상호의존을 통해서 과업을 달성한다. 지도자와 직원들의 관계를 신뢰와 존경의 관계, 가장 효과적인 관계로 만드는, 이상적이며 지도자가 추구해야 하는 리더십 유형이

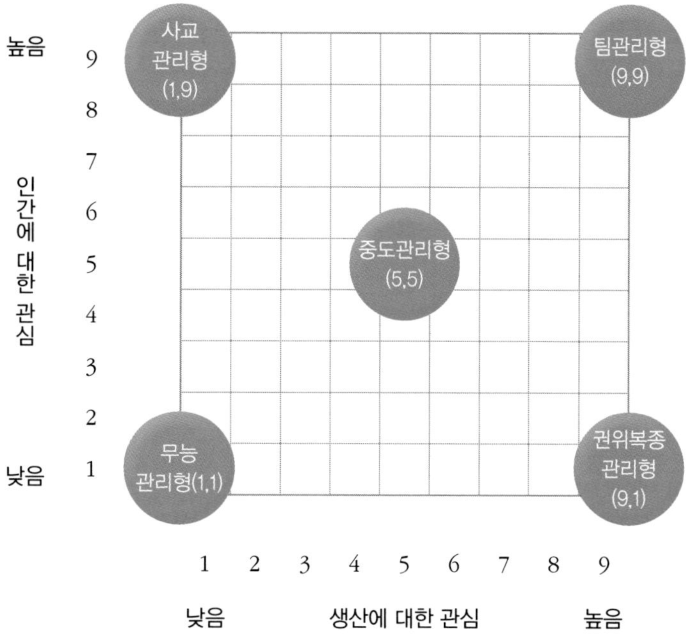

그림 8-1 관리격자이론

라고 할 수 있다. 팀관리형에서 인간에 대한 관심과 생산에 대한 관심은 상호 보완적으로, 모든 인간이 잠재적으로는 생산적이라고 보며, 헌신과 상호 책임성을 구축하여 생산성을 향상시킬 수 있다. 스키드모어(Skidmore, 1995)는 사회복지분야에서는 인간으로서 클라이언트에 대한 관심과 문제해결에 대한 관심으로 양 축을 설정할 수 있다고 보았다. 이때 (9,9)의 리더십 유형은 상호 문제해결 지향 유형이며, 클라이언트와 상의하여 문제를 해결하고자 공통 목표를 향해 일하게 한다.

사교관리형(1,9)(country club management)은 인간에 대한 관심은 높으나 생산에 대한 관심은 낮은 리더십 유형이다. 이 유형의 지도자는 인간관계를 만족시키는 데 관심을 두고 있기 때문에 직원에 대한 관심이 높다. 따라서 편안하고 친절한 조직 분위기를 만드는 데 우선순위를 두고, 때로는 업무의 속도나 과업을 희생하면서도 직원의 보호와 사기 진작을 위한 지지를 제공하는 데 관심을 둔다.

권위복종관리형(9,1)(authority-compliance management)은 사교관리형과 반대로

생산에 대한 관심은 높으나 인간에 대한 관심은 낮은 리더십 유형이다. 이 유형의 지도자는 인적 요인의 방해를 최소화하는 방법으로 업무를 배치하여 효율성을 향상시키는 데 관심을 둔다. 지도자는 강력한 권위에 의존하는 일 중심적인 과업 지도자이다.

중도관리형(5,5)(middle of the roadl)은 인간에 대한 관심과 생산에 대한 관심이 모두 중간 정도인 리더십 유형이다. 이 유형에서는 직원들의 사기를 만족스러운 수준으로 유지시키면서 업무 수행의 필요성과 균형을 유지하는 데 관심을 갖는다. 따라서 이 유형의 지도자는 일과 인간관계에 적당히 관심을 갖고 있으면서 타협하고자 한다. 중도관리형 리더십에서는 생산에 대한 관심과 인간에 대한 관심을 상호 배타적인 것으로 보아 생산에 대한 관심을 높이면 인간에 대한 관심이 줄어들고, 반대로 인간에 대한 관심을 높이면 생산에 대한 관심이 줄어든다고 본다. 따라서 양자에 대한 관심 모두를 최대로 증대시킬 수 없기 때문에 균형을 맞추는 것이 중요하다.

무능관리형(1,1)(impoverishedl)은 인간에 대한 관심과 생산에 대한 관심이 모두 낮은 리더십 유형이다. 이 유형은 필요한 업무를 수행하기 위해 최소한의 노력을 수행하는 것이 조직구성원을 유지하는 데 적합하다고 본다. 실제 무능관리형은 리더십 철학이 없는 상태로, 일과 사람 어디에도 노력을 기울이지 않는 유형이다. 인간과 결과 모두에 관심이 거의 없으며, 리더십 기능을 포기한 상태로 볼 수 있다. 스키드모어(1995)는 사회복지분야에서 (1,1)의 리더십 유형은 클라이언트보다 기관의 기대를 우선시하고, 문제해결 여부를 결정하는 것은 클라이언트에게 달렸다고 본다고 지적하였다.

블레이크와 무톤의 리더십이론 외에도 여러 행태이론에서 인간중심의 리더십과 참여적 리더십이 추종자/하급자의 만족을 높인다고 주장하였으나, 실제 연구에서 그러한 주장이 충분히 입증되지는 않았다. 또한 리더십 유형을 사용하는 맥락 또는 상황을 충분히 고려하지 않았다는 비판을 받았다. 예를 들어, 사회복지기관의 리더십 유형과 청소년 집단의 리더십 유형은 다를 가능성이 높지만 행태이론에서는 그 차이를 고려하지 않는다.

(3) 상황이론

상황이론은 특성이론이나 행태이론과 달리 리더십을 행사하는 상황에 관심을 두고, 상황에 따라 리더십 유형의 변화가 필요하다고 보았다. 일부 상황이론은 지도자가 나타나는 여러 상황, 예를 들어 위기 상황 또는 공백 상황의 과정에 관심을 두었다. 다른 상황이론은 다양한 조직(맥락) 유형, 예를 들어 군대, 정당 또는 기업 등의 다양한 조직에서 지도자와 추종자가 서로 지켜보는 방법에 관심을 두었다. 다시 말해서, 특정 상황은 특정한 형태의 리더십을 요구한다고 보았다.

리더십의 행동 양식은 조직의 상황에 맞게 변화하며, 리더십의 특성 또는 지도자의 행위는 상황변수에 따라 변화한다. 즉, 지도자의 행동과 유형이 상황에 따라 변화한다. 따라서 효과적인 리더십 유형은 상황요인들을 포함한 여러 요인에 의해 영향을 받는다.

피들러(Fiedler, 1967)의 상황이론(contingency theory)에서는 2가지 요인에 따라 리더십의 효과성이 달라진다고 보았다. 첫 번째 요인은 리더십의 유형이며, 두 번째 요인은 상호 우호성, 즉 특정 상황에서 지도자가 통제하고 영향을 미치는 정도이다.

먼저, 리더십 유형은 관계지향적 리더십과 과업지향적 리더십으로 구분된다. 관계지향적 리더는 사람에게 관심이 많으며, 상호 신뢰, 존경, 직원의 욕구 충족에 주된 관심을 두는 반면, 과업지향적 리더는 과업성과에 관심을 두는 경향이 있다.

또 다른 요인은 상황 우호성이라고 부르는데, 3가지 요인에 의해 영향을 받는다. 첫째, 리더-구성원 관계(leader-member relations)이다. 구성원이 리더에 대해 갖는 신뢰, 존경, 자신감의 정도가 높으면 리더와 구성원 간의 관계가 우호적이 되고, 그 정도가 낮으면 비우호적이 된다. 둘째, 과업구조(task structure)이다. 과업의 요건이 명백하고 세부적인 진행과정과 뚜렷한 목표가 있을 때 과업은 원활하게 수행된다. 또한 과업구조가 명백하고 높으면 리더에 대한 우호성이 상승하고, 과업구조가 불분명하고 낮으면 리더에 대해 비우호적이 된다. 셋째, 직위에 따른 권한(position power)이다. 이는 구성원들을 지도하고 평가하고 보상과 징계를 줄 수 있는 리더의 권한이다. 리더의 직위 권한이 높을 때 직원들은 리더에게 우호적이 되고, 직위 권한이 낮을 때 리더에게 비우호적이 된다.

따라서 과업지향적 리더는 구성원 모두가 잘 따르고 과업도 명확하며 권한이 많아서 상황이 아주 우호적이거나 아주 비우호적일 때, 과업 지시가 필요하므로 효과적이다. 반면, 관계지향적 리더는 중간 정도의 우호적 상황일 때, 인간관계가 높은 성과를 가져오는 데 중요한 상황에서 효과적이다. 이 상황에서 관계지향적 리더는 관계를 개선시키고 뚜렷한 과업구조와 직위 권한을 갖고 조직 분위기를 긍정적으로 만든다.

허시와 블랜차드(Hersey & Blanchard, 1988)의 상황적 리더십(situational leadership) 이론에서는 리더의 행동유형과 하급자의 특성을 상황의 중요한 요인으로 보았다. 다시 말해서, 리더의 행동유형을 하급자의 준비성(성숙도) 수준에 맞추어서 리더십의 효과성을 증대시킬 수 있다고 보았다.

허시와 블랜차드는 지도자의 행동차원을 과업행동(task behavior)과 관계행동(relationship behavior)으로 구분하여, 다음 [그림 8-2]와 같이 과업행동과 관계행동을 두 축으로 4가지 리더십 유형을 제시하였다.

첫째 유형은 S1(명령형)로, 높은 수준의 과업행동과 낮은 수준의 관계행동을 보인

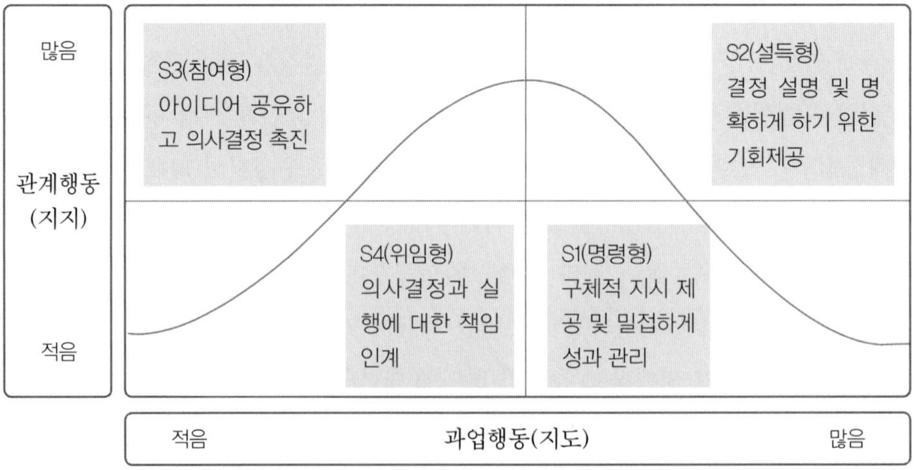

그림 8-2 허시와 블랜차드의 상황적 리더십이론

다. 이 리더십 유형는 매우 지시적으로, 하급자들이 능력도 없고 의지나 자신감도 부족한 상황에서는 지도자의 지시와 감독에 의한 방법이 가장 적합한 것으로 본다. 하급자들이 목표를 정하는 방법과 목표를 달성하는 방법 등 과업행동을 중시한다.

둘째 유형은 S2(설득형)로, 높은 수준의 과업행동과 높은 수준의 관계행동을 보인다. 이 리더십 유형은 하급자가 지도자의 지시를 받기도 하지만, 의사결정 전에 하급자를 참여시키는 유형이다. 하급자들은 지도자의 능력개발에 힘입어 능력이 모자라다 하더라도 어느 정도 의지와 자신감을 갖게 된다. 지도자는 하급자들의 참여를 유도하며, 적극적으로 아이디어를 제안하도록 유도한다.

셋째 유형은 S3(참여형)으로, 낮은 수준의 과업행동과 높은 수준의 관계행동을 나타낸다. 이 유형의 지도자는 충고나 정보를 활용해 직원들의 수준을 향상시키고 직원들의 성장을 유도한다. 이 유형은 하급자들이 능력은 갖추었으나 의지가 낮은 단계의 상황에 적합하다. 지도자는 하급자들을 의사결정에 참여시키고 지지하여 의지를 북돋우고자 노력한다. 또한 하급자에게 동기를 부여하여 의사결정을 할 수 있도록 돕고, 문제를 해결하기 위해 함께 노력한다.

넷째 유형은 S4(위임형)로, 낮은 수준의 과업행동과 낮은 수준의 관계행동을 나타낸다. 하급자들은 능력과 의지 차원에서 완전히 성숙한 단계에 있어서, 최소한의 지시만을 받고 지도자의 간섭을 배제한다. 지도자는 통제권을 하급자에게 위임하고, 하급자의 자신감과 자율성을 유지 · 향상시키고, 하급자의 동기유발을 촉진하고 과업행동에 대한 개입을 최소화한다.

적절한 리더십 유형을 결정하기 위해서는 하급자의 준비성(성숙도)을 측정할 필요가 있다. 준비성의 수준은 과업의지(willingness: 자신감, 헌신, 동기부여)와 과업능력(ability: 지식, 경험, 기술)으로 나누어 측정할 수 있다.

다음 [그림 8-3]에서 R1～R4는 하급자의 과업능력과 과업의지에 따른 준비성(성숙도)의 정도를 나타낸다.

- R1: 낮은 수준의 과업능력과 낮은 수준의 과업의지
- R2: 낮은 수준의 과업능력과 높은 수준의 과업의지

높음	중간		낮음
R4	R3	R2	R1
능력 있고 의지가 있거나 자신 있는	능력이 있으나 의지가 없거나 안전하지 않은	능력이 없으나 의지가 있거나 자신 있는	능력이 없으며, 의지가 없거나 안전하지 않은
추종자 주도		리더 주도	

그림 8-3 추종자(하급자) 준비성

- R3: 높은 수준의 과업능력과 낮은 수준의 과업의지
- R4: 높은 수준의 과업능력과 높은 수준의 과업의지

하급자의 준비성(성숙도) 수준인 R1, R2, R3, R4 각각에 대해 적합한 리더십 유형은 S1, S2, S3, S4가 된다. 이와 같이 하급자의 준비성과 리더십 유형이 맞을 때 리더십의 효과성이 극대화된다.

상황적 리더십이론은 직원의 준비성 수준이 매우 다양한 사회복지서비스 기관에서 유용하게 활용될 수 있다. 예를 들어, 신입 사회복지사는 S1(명령형)의 리더십이, 경험이 풍부한 사회복지사는 S4(위임형)의 리더십이 효과적일 가능성이 높다.

(4) 통합 접근

최근에는 특성이론과 행태이론, 상황이론을 모두 통합하는 통합 접근이 강조되는 현상을 보이고 있다. 변혁적 리더십, 섬김 리더십 등이 여기에 해당한다.

① 변혁적 리더십

번즈(Burns, 1978)는 변혁적 리더십(transformational leadership)의 개념을 소개하면서 기존의 리더십을 거래적 리더십(transactional leadership)으로 구분하였다. 거래적 리더십은 지도자와 추종자가 공동 목표를 가질 필요는 없으며, 오히려 다양한 이익을 인정한다. 리더십 과정은 서로를 보완하는 목적을 추구하는 거래이며, 본질

적으로 지도자와 추종자 간의 교환관계이다.

거래적 리더십의 주된 가정은 인간은 보상과 징계로 업무동기를 부여할 수 있다는 것이다. 명확한 명령체계가 있으면 사회체계는 가장 잘 작동한다는 가정에 따라 거래적 리더는 자신이 하급자에게 요구하는 것을 분명히 밝히고, 명령을 따를 경우 얻게 되는 보상을 명확히 제시한다. 반면, 하급자가 명령을 따르지 않을 경우 받게 될 징계를 충분히 알게 하며, 일반적으로 공식적인 징계 절차를 갖추고 있다.

거래적 리더십의 초기 단계는 상급자가 하급자에게 급여를 주는 대가로 하급자에 대한 권한을 갖게 되는 계약을 협의하는 것이다. 지도자가 하급자에게 특정 업무를 배정하면 하급자는 그 업무에 대한 절대적인 책임을 진다. 따라서 일이 잘못되면 하급자 자신이 개인적으로 잘못한 것이며, 실패에 대한 징계를 받는다. 반대로 성공하게 되면 하급자는 보상을 받는다.

거래적 리더십은 성과를 조건으로 보상 또는 징계를 한다는 점에서 조건에 기초하고 있다. 거래적 리더십의 주된 한계는 금전과 같은 단순한 보상으로 동기부여가 되는 '합리적 인간'을 가정한다는 것이다. 합리적 인간의 행동은 예측이 가능하다는 행동주의 이론은 주로 통제된 상황에서의 실험에 근거를 두고 있어서, 복잡한 감정 요인들과 사회적 가치를 무시한다는 비판을 받아 왔다. 이처럼 거래적 리더십의 한계에 대해 많은 논의가 진행되었지만, 거래적 리더십은 여전히 관리자들에게 인기 있는 리더십 유형이다.

전통적인 리더십인 거래적 리더십이 '명령(telling)' 유형으로 지시를 한다면, 새로운 리더십인 변혁적 리더십은 일종의 '판매(selling)' 유형으로 지도자가 자신의 시각을 받아들이도록 추종자를 설득하는 것이라고 할 수 있을 것이다. 변혁적 리더는 하급자가 더 높고 보편적인 욕구를 향해 행동하도록 촉구하는 변화의 매개자이다. 변혁적 리더십은 지도자와 추종자가 서로 합의하는 목표를 위해 함께 일하는 일치된 노력이라는 이상에 근거를 두고 있다. 변혁적 리더십은 지도자와 하급자가 서로 업무 동기와 사기를 더 높은 수준으로 끌어올리고자 관계를 형성할 때 나타난다.

변혁적 리더십은 사람들이 자신에게 영감을 주는 지도자를 따르며, 비전과 열정이 있는 사람이 훌륭한 과업을 달성할 수 있다는 가정에 기초하고 있다. 따라서 과업을 달성하는 방법은 비전과 열정을 투입하는 것이다. 변혁적 리더는 모든 것에 열정과 에너지를 쏟는 지도자로, 하급자에게 관심이 있고, 성공하기를 원한다.

변혁적 리더십은 비전의 개발에서부터 시작한다. 이는 미래에 대한 시각으로, 잠재적 추종자들을 열광시키고 변하게 한다. 비전은 리더나 조직 내의 팀이 개발하거나, 또는 리더와 직원들이 오랜 기간 토론하는 과정에서 나타날 수도 있다. 중요한 것은 리더가 이를 받아들여 정교하게 만드는 것이다. 비전이 개발되면 다음 단계는 지속적으로 비전을 알리는 것이다.

변혁적 리더는 모든 기회를 활용하며, 다른 사람들을 참여시키는 데 필요한 모든 일을 한다. 변혁적 리더는 추종자를 만들어 내기 위해 신뢰 형성에 주의를 기울여야 하고, 이때 지도자의 개인적 성실성이 알리려는 내용의 중요한 부분을 차지한다. 실제로 지도자는 비전과 함께 자기 자신을 팔고 있다고 할 수 있다.

변혁적 리더가 선두에서 책임을 진다. 변혁적 리더는 항상 눈에 띄고, 행동 중에 무리 뒤에 숨기보다는 계속 앞에 서서 중심에 있는 것이다. 변혁적 리더는 태도와 행동으로 다른 사람들이 어떻게 행동해야 하는지 보여 준다. 또한 변혁적 리더는 항상 듣고, 보듬고, 열정을 불어 넣으며, 추종자들에게 동기를 부여하고 결집시키는 노력을 한다. 사람들이 지속적으로 참여할 수 있게 만드는 것은 리더의 확고한 헌신이다. 특히 일부 추종자들이 비전의 달성에 의문을 품을 때 리더의 헌신은 중요하다. 사람들이 성공할 수 있다고 믿지 않으면 그들의 노력은 시들해지게 된다. 변혁적 리더는 비전에 대한 열정적인 헌신으로 추종자들을 물들이고자 한다.

변혁적 리더는 추종자들에게 동기를 부여하고자 기념식, 의례 등 문화적 상징을 사용한다. 조그만 변화에 크게 환호하면서 진정한 발전의 지표로서 갖는 중요성을 강조한다. 또한 변혁적 리더는 인간지향적이며, 시종 일관성 있고 한결같은 헌신을 통해 성공이 온다고 믿는다.

변혁적 리더십에서 빠지기 쉬운 함정은 열정과 자신감을 진실과 실제로 오인하기 쉽다는 것이다. 열정적 리더십으로 대단한 성과를 거두기도 하지만, 많은 열정적 리더들이 추종자들을 절벽에서 밀어서 끝도 없는 심연으로 빠뜨리는 것과 같은 좌절 속에 밀어 넣기도 한다.

변혁적 리더의 에너지는 추종자들이 지속적으로 참여하게 만들기도 하지만 동시에 포기하게 만들 수도 있다. 변혁적 리더는 많은 경우 높은 열정을 갖고, 쉬지 않고 열정을 쏟지만 오히려 이로 인해 추종자들을 지치게 만들 수도 있다. 또한 변혁적 리더는 큰 그림만 보고 구체적인 내용을 보지 않는 경향이 있다. 따라서 세부 내용에 대한 책임을 맡은 사람이 없으면 변혁적 리더의 시도는 실패할 가능성이 높다.

기관의 상황에 따라 효과성을 달성하는 데 필요한 리더십이 있다. 최근 사회복지서비스기관은 활용할 수 있는 자원이 상당히 불확실한 환경에서 운영되고 있다. 각 기관은 높은 수준의 서비스를 제공하기 위해 필요한 자원을 확보하고자 다른 기관들과 경쟁해야 하는 상황이다. 따라서 사회복지서비스기관은 역동적이면서 불확실하고 급격히 변화하고 있는 정치적인 환경에서 놓여 있다고 할 수 있으며, 이때 적합한 지도자의 유형은 변혁적 리더이다. 이 유형의 지도자는 비전과 결단력을 갖고 있으며, 추종자들에게 지적 자극을 제공하는 한편, 추종자들로부터 지지를 이끌어 낼 능력을 갖고 있기 때문에 이러한 상황에서 가장 잘 역할을 수행할 수 있다. 부족한 자원을 확보하기 위해 타 기관들과 경쟁하면서 지도자는 환경 및 환경을 둘러싼 정치적 역동성을 더 잘 이해할 필요가 있는데, 변혁적 리더는 그것이 가능한 지도자의 유형이다. 지도자는 이런 상황에서 환경을 관리하고, 기관의 장점과 단점, 기회와 위기를 파악하는 것도 중요하다.

② 섬김 리더십

전통적인 리더십이 리더 관점이라면, 섬김 리더십은 타인 관점을 갖고 있다. 리더십의 초점은 통제를 중시하는 권위적 리더십에서 참여를 중시하는 참여형 리더십, 권한 위임을 중시하는 청지기 리더십(stewardship), 서비스를 중시하는 섬김 리더십으로 변했다(오단이, 2013).

섬김 리더십(servant leadership)은 "조직구성원에게 창의성과 잠재력을 드러낼 수 있는 기회를 제공하여 그들의 성장을 돕고, 조직이 진정한 공동체를 이룰 수 있도록 지원하는 리더십"(오단이, 2013)으로, 추종자의 건강과 장기적인 복지와 일치하는 개개인의 개발, 역량 강화, 집단적 업무를 촉진함으로써 다른 사람들이 공유된 목표를 달성할 수 있도록 돕는다. 섬김 리더는 추종자들의 요구에 귀를 기울이고, 그들이 더 건강하고, 현명하며, 자신들의 책임을 기꺼이 받아들이도록 돕는다. 섬김에는 추종자를 양성하고, 지키고, 역량 강화를 하는 것이 포함된다.

섬김 리더십은 상하의 입장이 바뀐 리더십으로 리더십의 근원이 조직 상부에서 하부로 이동하는 것을 의미한다. 그렇기 때문에 섬김 리더십은 구성원들에게 권한을 위임하고 공유하여 참여시키고 공동체로서 신뢰를 구축하는 데 중점을 두는 것이다(오단이, 2013). 섬김 리더는 추종자들을 이해함으로써 그들의 요구에 가장 잘 부응하는 방법을 결정할 수 있게 된다. 섬김 리더는 추종자들의 말을 경청하고, 그들의 필요와 포부를 알게 되고, 그들의 고통과 좌절을 기꺼이 나눠야 한다. 섬김 리더는 추종자들을 지배하기 위해 권력을 사용하는 대신 그들에게 힘을 실어 줘야 한다. 리더의 진실성과 부하에 대한 관심은 리더에 대한 신뢰와 충성심, 만족도를 높일 수 있다. 리더가 부하 직원과 우호적인 관계를 갖고 그들에 대한 영향력이 높아지면 부하 직원이 리더의 요구를 수행하도록 영향을 미치는 것이 더 쉽게 된다(Yukl, 2013).

섬김 리더는 선하고 옳은 것이 조직의 재정에 이익이 되지 않을지라도 그것을 옹호해야 한다. 사회적 불평등은 가능할 때마다 반대해야 한다. 사회의 약하고 소외된 구성원들도 존경과 감사로 대해야 한다.

섬김 리더십은 추종자의 복지를 재정적 성과보다 더 중요하게 여기기 때문에 재정적으로 어려운 시기에 문제가 될 수 있다. 재정적 목표와 직원 복지 간의 갈등이 비영리단체, 자원 단체, 공공조직 등에서는 민간 영리조직에 비해서 덜 할 수 있지만 이들 조직에서도 경제가 어려울 때에는 직원 복지의 축소가 필요할 수 있지만 섬김 리더십은 그 같은 업무를 어려워할 수 있다.

2. 리더십의 요소와 기술

사회복지조직에서 필요한 리더십의 요소와 기술은 무엇일까? 여기에서는 스키드모어가 제시한 사회복지실천에서 지도자에게 중요한 요소와 기술들을 살펴본다.

1) 리더십 요소

스키드모어(1995)는 사회복지실천에서 효과적인 지도자가 되기 위한 중요한 요소들을 제시하였다. 첫째, 지도자는 신뢰를 갖는다. 신뢰는 신뢰를 낳고 불신은 불신을 낳는다. 지도자와 추종자 모두가 서로에 대해 신뢰를 갖고 있을 때 사기가 높고, 서로를 불신할 때 사기는 떨어진다. 효과적인 지도자는 함께 일하는 사람들을 진정으로 수용하고 믿으며, 그에 따라 생활하고 행동한다.

둘째, 의식적으로 직원의 사기를 진작시키고자 노력한다. 지도자는 필요할 때 직원을 칭찬하고, 직원이 거둔 성과에 대해 고마움을 표시하며, 직원들 자신이 얼마나 중요한지 알게 한다. 효과적인 지도자는 직원의 업무성과를 인정하며, 진정으로 고마움을 표시하여 직원의 사기를 높인다.

셋째, 지도자는 직원들을 마음으로 감싸 안고, 지도자와 직원들이 같은 운명이라는 것을 알린다. 이는 지도자가 직원들이 말하고 행동하는 것에 동의하지 않는 경우에도 직원들이 해야 하는 일을 최선을 다해 수행하면 지도자가 지원한다는 의미이다. 능력 있는 지도자는 직원들에 대한 비판 속에서도 직원들의 업무수행을 돕고 직원들을 저버리지 않는다.

넷째, 지도자는 일관성이 있어서 말과 행동이 일치한다. 지도자는 모순되는 메시지를 보내지 않는다. 아침에 한 얘기와 저녁에 한 얘기가 다르거나, 한 직원에게 한 얘기와 다른 직원에게 한 얘기가 반대되는 것과 같이 일관성이 떨어지는 말과 행동을 하지 않아야 한다.

다섯째, 효과적인 지도자는 직원들에 대한 보살핌과 사랑을 보여 준다. 직원은 상급자가 자신을 진정으로 보살핀다고 느끼는 것이 중요하다. 또한 상급자가 직원을 보살피는 것처럼 행동하는 것이 중요하다. 관심을 갖거나, 직원을 위해서 무언가 하거나 직원과 함께 일을 하거나, 직원이 하고 싶은 일이나 해야 할 일이 진행되도록 지원하는 행동이 필요하다. 지도자는 직원들을 돕기 위해 시간을 할애해야 한다.

2) 리더십 기술

스키드모어(1995)는 효과적인 리더십을 수행하기 위해 필요한 리더십 기술들을 제안하였다.

첫째, 인내가 필요하다. 효과적인 지도자는 사려 깊고, 계획을 잘 세우고, 적절한 제안을 하며, 결정과 계획을 실행에 옮긴다. 또한 직원이 제안하면 가능한 한 긍정적으로 생각한다.

둘째, 시간의 관리가 필요하다. 효과적인 지도자는 시간의 가치를 알고, 시간의 역동성을 이해하며, 직원들의 능력을 활발히 이용하기 위해 시간을 활용한다. 자신뿐 아니라 다른 사람들의 시간이 중요하다는 것을 알고 기관 내 회의가 지나치게 길어져 시간을 낭비하지 않도록 한다. 효과적인 지도자는 기관의 전체 운영을 계획하여 각 직원이 최선의 서비스를 전달하는 데 시간을 사용하도록 한다. 또한 자신의 시간도 현명하게 사용하여, 효율적으로 자신의 업무를 계획하고 가능한 한 신속하게 수행한다.

셋째, 타협이 필요하다. 능력 있는 지도자는 마음을 열고 반대 입장도 들을 준비가 되어 있어야 한다. 또 자신이 틀렸거나 자신의 정보가 잘못되었다는 것을 알았다면 양보할 수 있어야 한다. 지도자는 직원들과 의견이 다를 때 양보할 준비가 되어 있어야 한다. 효과적인 지도자는 자신이 옳다고 생각하는 것이 반드시 기관을 위해 최선책이 아니라는 것을 인정해야 한다.

넷째, 섬세한 접근이 필요하다. 효과적인 지도자는 기관의 목표, 요구 및 규정의 틀 내에서 직원들에게 가능한 한 많은 자유를 허용한다. 직원들에게 지시를 내리기보다는 기회를 제공하고 함께 일한다.

다섯째, 창의성이 필요하다. 지도자는 주기적으로 기관의 서비스를 개선할 수 있는 새로운 효과적인 방법을 생각하고 계획하는 시간을 가져야 한다. 또한 모든 직원에게도 그렇게 하도록 시간과 기회를 주고 격려한다.

3. 사회복지조직을 위한 새로운 리더십

리더십에는 여러 가지 유형이 있다는 것을 살펴보았다. 그렇다면 앞으로 사회복지조직에서는 어떤 리더십이 필요한 것일까? 여기에서는 사회복지조직을 위한 새로운 리더십으로서 공유 리더십(shared leadership)의 가능성에 대해서 알아본다.

1) 공유 리더십의 배경

도일과 스미스(Doyle & Smith, 2001)는 지도자가 한 사람이 아니라 원하는 것을 성취하고자 함께 일하는 집단일 수도 있다고 보았다. 이 경우, 사람들이 리드한다기보다는 이상과 생각이 리드한다고 보는 것이다. 또한 한 개인을 따르는 것이 아니라 그 개인과의 대화를 따른다. 생각과 감정은 경청과 기여를 통해 일어나고 발전한다. 집단을 이끄는 것은 개인이 갖고 있는 성격의 힘이 아니라 그 개인이 말한 내용의 진실성이라고 본다.

여기에서 중요한 것은 구성원들의 입장이 아니라 구성원들의 행동이다. 문제는 집단구성원들의 행동이 집단과 집단 내 구성원들이 활동하고 성취하게 돕느냐 하는 것이다. 그렇게 이끄는 행동을 리더십이라고 부를 수 있으며, 집단구성원 중 누구라도 그렇게 행동할 수 있다. 리더십은 명확한 비전이 있는 한 개인에게 있다기보다는 리더십을 만드는 과정에서 함께 일하는 집단구성원들의 역량에 있다.

여기에는 자기 리더십(self-leadership)의 강점도 있는데, 이는 자신이 갖고 있는 자원에서 최대한으로 끌어내려는 것이다. 또한 자기 리더십은 집단구성원들이 성과를 올리는 데 필요한 자기동기부여와 자기방향성을 끌어내고자 자신에게 행사하는 영향력이라고도 할 수 있다. 자기동기부여와 자기방향성은 다른 사람들에게 영향을 미칠 수도 있다. 다른 구성원들도 자신들이 갖고 있는 자기자원(self-resources)을 발견하고, 자신의 잠재력을 깨닫도록 한다.

공유 리더십 과정은 일상생활의 경험으로서, 사람들은 자신과 다른 사람들을 이끌 수도 있고, 또는 다른 사람들이 그들을 이끌 수도 있을 것이다. 사람들은 다양한 관계 속에서, 여러 집단 내에서 자신의 역할을 수행한다. 때로 명백한 지도자가 있기도 하고, 그렇지 않은 경우도 많다. 또한 언제나 명백한 추종자가 있는 것도 아니다. 이런 측면에서 지도자와 추종자로 분명하게 나뉘는 것은 아니다. 그 과정에서 자신을 추종자로 여기는 사람들이 지도자이기도 하다는 것을 알도록 활동하는 것이 필요하다.

리더십의 자격을 갖추기 위해서 일어나는 상황에 대해 판단을 내려야 한다. 리더십은 집단구성원 모두가 공유한다는 의미에서 포용적(inclusive)이어야 한다. 또한 리더십은 집단구성원 모두가 참여를 통해 더 현명하고 더 나은 사람이 된다는 점에서 고무적(elevating)이어야 한다.

2) 리더십과 윤리적 특성

사회복지조직에서 적절한 리더십에 대해 판단을 내리기 위해서는 윤리적 특성을 고려할 필요가 있다. 리더십을 '집단 내 영향력의 행사'와 같이 단순하고 기술적으로 정의하면 히틀러와 같은 독재자도 위대한 지도자라고 할 수 있다. 히틀러는 비전도 있었고, 많은 사람들을 움직였으며, 조직의 효과성을 발전시켰다. 그러나 그의 행동은 포용적이지도 않았고, 집단구성원들을 고무시키지도 않았다.

존슨(Johnson, 2001)은 지도자는 추종자들의 삶을 빛나게 하거나 어둠 속에 빠뜨릴 수 있는 힘이 있다고 주장하였다. 지도자가 다음과 같이 행동할 때 추종자들을 어둠 속에 빠뜨릴 수도 있게 된다.

첫째, 권력을 남용할 때이다. 권력은 권력을 가진 당사자들을 잠식하는 경향이 있다. 지도자와 추종자 간의 상대적 권력의 차이가 크면 권력을 남용하게 할 수 있다. 권력이 부족하면 그 자체로 부정적인 영향력을 행사한다. 추종자들은 자신이 가진 작은 영향력에 집착하여 다른 사람들과 새로운 생각에 대해 의심하고, 방어적 · 비판적이 될 수 있다.

둘째, 특권을 몰래 누릴 때이다. 지도자는 거의 언제나 부수입, 급여 및 접근성 등의 특권을 더 누린다. 특권을 몰래 누리는 지도자는 부와 지위도 몰래 누릴 가능성이 높다. 그렇게 되면 가진 자와 갖지 못한 자 간의 격차는 더 커지게 된다.

셋째, 속임수를 사용할 때이다. 지도자는 조직 내 다른 사람들보다 정보 접근성이 더 높다. 지도자는 의사결정 과정에 더 많이 참여하고, 권력이 있는 사람들과 더 연계되어 있으며, 인사서류와 같은 정보에 대한 접근성이 더 높다. 거짓말을 하거나 정보를 감추거나 왜곡시키는 등 어떤 속임수이든 지도자와 추종자를 함께 묶어주는 신뢰를 파괴한다.

넷째, 일관성 없게 행동할 때이다. 다양한 추종자들, 여러 관계 그리고 상황 요인들로 인해 리더십에서 지키기 쉽지 않은 윤리적 문제가 일관성이다. 그러나 지도자가 자의적이고 공평하지 않게 행동하면 지도자는 추종자의 삶을 어둠에 빠뜨릴 가능성이 높아진다.

다섯째, 충성을 배반할 때이다. 지도자는 선택을 할 때 충성 또는 의무감의 정도를 고려해야 한다. 지도자가 추종자들과 지역사회의 충성을 저버릴 때 추종자의 삶을 어렵게 만든다.

여섯째, 책임을 지지 않을 때이다. 지도자가 추종자의 잘못된 행동을 막기 위해 충분한 노력을 하지 않으면 무책임하게 행동하는 것으로 보일 수 있다. 또한 윤리적 문제를 무시하거나 부인할 때, 자신이 지시하여 발생한 결과에 대해 책임지지 않을 때, 추종자들에 대한 의무를 부인할 때, 그리고 자신보다 추종자들에게 더 높은 기준을 요구할 때 무책임하게 행동하는 것이 된다.

3) 공유 리더십의 특성

도일과 스미스(2001)는 공유 리더십을 발전시키기 위해 주인의식, 학습 및 공유의 3가지 측면에 특히 관심을 기울일 필요가 있다고 지적하였다.

(1) 주인의식

주인의식(ownership)을 장려할 필요가 있다. 구성원들이 함께하고 참여하는 기회를 제공하여 문제와 쟁점을 모든 구성원의 책임으로 만들 필요가 있다. 구성원들이 부딪히는 문제를 자신의 문제로 인식하는 주인의식을 갖도록 하는 데에는 실천적인 이유가 있다. 예를 들어, 일상적이지 않은 문제여서 예외적인 대응이 필요할 때, 정확한 정보를 갖는 것이 중요하다. 그런 상황에서 이해관계자들이 관여하도록 하는 것은 새로운 시각을 제시할 기회를 준다. 많은 사람들이 어떤 쟁점이나 문제를 자신의 것으로 여기고 대응방법에 대해 생각할수록, 직접 행동하고 일을 수행해 나갈 가능성이 높아진다. 사람들이 자신의 쟁점과 문제로 받아들여 대응방안에 대해 생각하면 일종의 투자를 한 것으로 보고, 자신의 해결방안으로 받아들이게 된다.

많은 상황에서 사람들은 단순히 관리자나 지도자가 시키는 대로 하며 고민하지 않는다. 그렇게 하면 일이 잘못되더라도 다른 사람에게 잘못을 돌릴 수 있다. 사람들은 다른 사람의 제안을 듣고, 그럴듯하다고 보지만 전적으로 받아들여 헌신하지는 않는다. 그 결과 어려움을 겪게 되면 그 제안에 매달릴 가능성은 낮다. 사람들은 일이 잘못되면 그 제안을 한 사람을 비난하게 된다.

반면, 집단구성원들이 어떤 문제를 자신의 문제로 인식하는 주인의식을 갖게 되면 자신의 책임이 된다. 따라서 해결방안을 찾고자 노력하여 일이 잘못되면 다른 사람을 비난할 수 없다. 이 이유만으로도 사람들은 책임을 떠맡는 것을 상당히 꺼릴 수도 있다.

집단구성원들은 겁이 나고 방향을 잃을 수도 있다. 때로 자신들 앞에 있는 쟁점이 너무 복잡하거나 규모가 커서 어디에서 시작할지조차 모를 수 있다. 일이 잘못되는 것은 아닐까, 쟁점이 무엇인지 이해하지 못하는 것은 아닐까, 또는 갈등을 심화시키는 것은 아닐까 하고 걱정할 수 있다. 위기에 부딪히거나 표면적으로 해결이 불가능한 문제에 접하면 강력한 리더십을 바랄 수 있다. 집단구성원들은 근심, 적대감 또는 무기력감 등을 느낄 때 해답을 가진 것으로 보이는 사람들에게 기대고 싶어 한다.

문제는 집단구성원들이 어떻게 자신들의 걱정을 이겨낼 수 있을 정도로 통제할 수 있느냐 하는 것이다. 사람들은 이를 위해 친구, 직장 동료의 도움을 얻는 경우가 많다. 사람들은 관심을 집중시킬 수 있고, 문제를 해결하기 시작할 수 있는 안정적인 환경이 필요하다. 예를 들어, '한 번에 한 가지씩 접근하면 해결방법을 찾을 수 있을 것'이라고 말하는 구성원이 있을 수 있다. 문제를 작은 조각으로 나누고 속도를 약간 늦추는 것과 같은 행동들도 복잡한 머리 속을 정리하게 해 주고 잠시 혼란에서 떨어져 있게 도와준다.

(2) 학습

학습(learning)을 장려할 필요가 있다. 학습은 사람들이 진행 상황을 공유하고, 이해하고, 기여하게 하는 데 필요하다. 최선을 다해 행동하기 위해 정보를 제공받을 필요가 있다. 조직구성원들은 자신들에게 다가올 상황과 가능성을 잘 알고 난 후에 행동해야 한다. 또한 실천 기술을 개발하고 자신의 감정에 주의를 기울일 필요가 있다. 조직구성원들은 자신을 깊이 이해하고 발전시켜서 다른 사람들과 공유할 필요가 있다. 리더십은 학습을 동반한다. 리더십은 더 지혜롭게 되고 지식이 더 많아지는 것을 의미한다.

지혜는 소유하는 것이 아니라 행동에서 나타나는 특성이다. 지혜로운 사람이 반드시 아는 것이 많은 사람은 아니다. 오히려 상황에 대해 숙고할 수 있고, 다른 사람들이 자신과 함께하도록 격려할 수 있는 사람이다. 특히 중요한 것은 지혜로운 사람들은 지혜를 상황에 맞는 실천 행동에 연결시킬 수 있다는 것이다. 여러 가지 많은 것을 알고 있다고 해도 우리가 마주하고 있는 문제와 연결될 수 없으면 별 소용이 없다. 지혜는 해야 할 일과 하지 않아야 할 일을 선택하는 것이다.

지혜는 도덕성을 동반한다. 지혜롭다는 것은 자기 자신과 다른 사람들을 배려하고, 모두가 더 만족스러운 삶을 사는 방법에 관심을 갖는 것이다. 그 방법을 생각하고 평가하려면 판단하는 기준을 갖고 있어야 한다. 판단기준에 포함되어야 할 내용을 둘러싸고 서로 다른 주장들이 있을 수 있다. 사람들은 서로 다른 삶의 경험이 있기 때문에 서로가 다른 사람들의 신념과 희망, 감정을 살펴볼 준비가 되어 있어야 한다.

행동하기 위해서는 만족스러운 삶을 가져다주는 것이 음식, 주거, 사회공헌의 기회 등 무엇인지 결정을 내려야 한다. 지혜란 고착된 생각을 갖는 것이 아니라 경험에 비추어 한 가지 입장을 정하고 조정하는 것이다. 여기에서 다른 사람들, 다양한 경험 그리고 비판에 개방적이어야 한다.

지도자의 과업은 지역사회가 어떤 문제에 직접 부딪히도록 함께 일하는 것이며, 또한 사람들이 특정 입장에 동의하도록 영향을 미치는 것이 아니라 스스로를 이끌도록 하는 것이다. 지도자는 사람들이 문제를 해결하고 목표를 달성하는 방법에 대해 깊이 생각할 수 있는 환경을 만들고자 한다. 또한 다른 사람들을 존중하면서 결정을 내리고, 함께 일하고, 생각하는 능력을 개발할 필요가 있다.

(3) 공유

공유(sharing)에서는 공개적인 대화, 존중하는 대화, 그리고 충분한 정보가 제공되는 대화가 중심이다. 주인의식을 퍼뜨리고 학습을 고양시키는 것과 함께 조직구성원들의 생각과 감정을 함께 나누는 공개적이고 생산적인 방법을 개발할 필요가 있다. 공유의 장려는 더 나은 결정을 할 수 있도록 해 주는 것뿐만 아니라 다른 사람들과 대화하고 함께 있게 해 준다. 공유를 통해 자기 자신과 다른 사람들에 대해 배울 수 있고, 자신의 위치를 찾게 해 준다. 공유는 사람들을 참여시키는 대화, 이해를 깊게 해 주는 대화, 그리고 올바른 판단과 결정을 내리도록 도와주는 대화를 발전시키는 것을 의미한다.

훌륭한 대화는 협력하게 하고, 다른 사람들의 감정과 경험을 생각하게 하고, 대화할 여지를 남겨 둔다. 강하고 건강한 지역사회와 조직을 건설하는 데 있어서 핵심은 다음과 같은 대화의 장점을 강화하는 것이다. 첫째, 관심이다. 사람들과 함께 하기 위해 대화에 참여하게 만드는 것은 서로에 대한 헌신이다. 둘째, 신뢰이다. 다른 사람들이 얘기하는 것을 성실하게 받아들여야 한다. 셋째, 존중이다. 대화 참여자들 간 입장 차이가 클 수 있지만 서로에 대한 존중이 있어야만 대화가 지속될 수 있다. 넷째, 고마움이다. 존중과 함께 고마움은 다른 사람들의 독특한 특성을 가치 있는 것으로 보게 한다. 다섯째, 사랑이다. 대화는 상대방과 함께 한다는 감정, 상대방을 위한 감정을 포함한다. 여섯째, 희망이다. 대화에 가능성이 있다는 신념을 갖고 대화에 참여한다. 때로 무엇을 얻을 것인지 또는 무엇을 배울 것인지 분명하지 않지만 대화과정에 대한 신념은 대화가 앞으로 나아가게 해 준다.

공유 리더십은 인터넷을 집단지성으로 보는 시각과 유사한 점을 갖고 있다. 사회복지조직에서 공유 리더십이 성장할 가능성은 높다. 이는 사회복지사라는 전문직에 대한 신뢰에 근거를 두고 있다. 사회복지사는 공유 리더십에서 중요한 세 가지, 즉 주인의식, 학습, 공유 요소를 비교적 쉽게 발전시킬 수 있는 전문교육을 받았다. 또한 공유 리더십이 추구하는 윤리적 특성은 사회복지전문직에는 매우 익숙한 가치임에 분명하다. 따라서 사회복지행정가들은 공유 리더십에서 사회복지조직의 새로운 리더십에 대한 가능성을 발견할 수 있을 것으로 보인다.

요점 정리

- 특성이론은 지도자가 갖추어야 할 개인적 특성을 중요시하여, 리더십은 판단력, 설득력, 과단성, 지적 능력 등이 관련되어 있다고 본다.

- 블레이크와 무톤의 관리격자이론은 생산(또는 결과)에 대한 관심과 인간에 대한 관심의 2가지 차원으로 팀관리형, 사교관리형, 권위복종관리형, 중도관리형, 무능관리형의 리더십 유형을 제시하였다.

- 피들러의 상황이론은 리더십의 유형과 상황 우호성이라는 2가지 요인을 중요시하며, 리더십 유형은 관계지향적 리더십과 과업지향적 리더십으로 구분하고, 상황 우호성은 지도자-구성원 관계, 과업구조, 직위에 따른 권한의 3가지 요인에 의해 영향을 받는다.

- 허시와 블랜차드는 과업행동과 관계행동이라는 두 축으로 하여 S1(명령형), S2(설득형), S3(참여형), S4(위임형)의 4가지 리더십 유형을 제시하였다.
- 변혁적 리더십은 지도자와 추종자가 서로 합의하는 목표를 위해 지도자와 추종자가 서로의 업무동기와 사기를 더 높은 수준으로 끌어올리고자 한다. 반면, 거래적 리더십은 다양한 이익을 인정하며 서로를 보완하는 목적을 추구하는 거래이며, 본질적으로 지도자와 추종자 간의 교환관계이다.
- 섬김 리더십은 조직구성원에게 창의성과 잠재력을 드러낼 수 있는 기회를 제공하여 그들의 성장을 돕고, 조직이 진정한 공동체를 이룰 수 있도록 지원하는 리더십이다.
- 스키드모어는 효과적인 리더십을 수행하기 위해 필요한 리더십 기술로 인내, 시간의 관리, 타협, 섬세한 접근, 창의성이 필요하다고 지적하였다.
- 공유 리더십을 발전시키기 위해 주인의식, 학습, 공유의 세 가지 측면에 특히 관심을 기울일 필요가 있다.

더 읽어 보기

박영기, 정영윤(2007). 리더십 효과성 모형 연구: 상황적 리더십 모형에 대한 비판적 고찰과 대안의 모색. 공공행정연구, 8(2), 83-102.

배귀희, 민소정(2006). 21세기 새로운 거버넌스를 위한 리더십 연구. 서울: 한국행정연구원.

Doyle, M. E., & Smith, M. K. (2001). "Shared leadership". the encyclopedia of informal education, http://www.infed.org/leadership/shared_leadership.htm

Yukl, G. (2013). *Leadership in Organizations* (8th ed.). Boston: Pearson Education, Inc.

제9장

인적자원관리

학습목표

- 인사관리의 과정으로 직무설계, 채용, 신입직원교육 및 승진에 대해 알아본다.
- 직무수행평가의 개념과 다양한 방법들에 대해 알아본다.
- 동기부여이론 중 내용이론과 과정이론에 대해 알아본다.
- 직원개발의 개념, 목적 및 다양한 직원개발 방법에 대해서 알아본다.
- 슈퍼비전의 세 가지 요소로 행정적 슈퍼비전, 교육적 슈퍼비전, 지지적 슈퍼비전에 대해서 배운다.
- 슈퍼바이저의 리더, 관리자, 중개자 및 멘토로서의 역할 등 다양한 역할에 대해서 배운다.
- 소진의 개념과 원인을 알아보고, 직무가치와 직무만족의 개념을 학습한다.

사회복지행정에서 가장 중요한 부분을 하나만 꼽으라면 아마도 인적자원관리가 될 것이다. 인적자원관리는 말 그대로 조직을 위해서 일하는 직원들의 관리이다. 직원들의 관리가 특히 사회복지행정에서 중요한 이유는 무엇인가? 그 이유는 사회복지기관은 휴먼서비스 기관이기 때문이다. 휴먼서비스는 그 서비스가 사람을 대상으로 하는 서비스이며 동시에 사람에 의해서 제공되는 서비스를 의미한다. 그렇기 때문에 일반적으로 사회복지서비스는 인적자원 집약적인 분야이다. 사회복지기관의 예산에서 인건비가 대부분의 비중을 차지하고 있는 것은 바로 이러한 인적자원 집약적인 사회복지행정의 특성을 보여 준다.

사회복지행정의 궁극적인 목적은 사회복지기관의 원활한 작동을 통하여 서비스 이용자에게 가장 효과적인 서비스를 제공하는 것이다. 그렇다면 결국 서비스를 직접 제공하는 인력의 관리가 무엇보다 중요할 수밖에 없다. 서비스를 제대로 전달할 수 있는 능력이 없거나, 자기 일에 대해서 별로 보람을 느끼지 못하거나, 혹은 직장에 대해서 불만이 있는 사회복지사가 전달하는 서비스가 좋은 서비스일 경우는 거의 없을 것이다. 즉, 능력이 있고, 자기 일에 보람을 느끼며, 직장생활에 만족하는 사회복지사를 채용하고 길러 내는 것이 서비스 이용자에게 질 좋은 서비스를 제공하기 위한 첫 번째 필요조건인 셈이다. 이 장에서는 인적자원관리의 주제로 인사관리와 능력개발, 슈퍼비전에 대해서 다룬다.

1. 인사관리

사회복지조직이 달성하고자 하는 목적을 간단히 표현하면 사회복지서비스 이용자의 삶의 질 향상이다. 어떤 영역의 사회복지조직이든, 크기가 작든 크든, 궁극적인 목적은 조직의 서비스를 통한 이용자 삶의 질의 향상이다. 가령, 사회복지관의 목적은 지역사회 주민의 삶의 질의 향상이라고 할 수 있고, 장애인복지관의 목적은 장애인의 삶의 질의 향상이 될 수 있고, 아동양육시설의 목적은 보호하는 아동들의 삶의 질의 향상이 될 수 있을 것이다. 즉, 어떤 사회복지조직이든지 그 궁극적인 목적은 이용자의 삶의 질의 향상으로 귀결된다.

사람들은 다양한 이유로 일자리를 찾는다. 어떤 사람에게는 경제적인 보상이 첫 번째 이유일 것이다. 다른 사람은 자기 성장을 위해 일을 한다. 어떤 사람은 돈을 벌기 위해 마지못해 일하기도 하며, 또 어떤 사람은 일을 출세의 통로로 생각한다.

또 다른 사람에게는 일을 통해 보람을 느끼는 것이 더 중요하다. 특히 사회복지 분야에서는 남을 돕는 것에서 보람을 느끼는 사람이 많다.

사회복지조직은 그곳에서 일하는 사람들로 이루어진다. 이때 문제는 사회복지조직도 자체 목적이 있고, 일하는 직원들도 각자 자신들의 목적이 있다는 것이다. 특히 직원들의 경우는 상당히 다양한 목적을 가지고 일자리를 찾는다. 행정은 문제해결 과정이다. 그렇다면 여기서 문제는 어떻게 하면 조직의 목적과 그 조직에서 일하는 각 개인의 목적을 연결시켜 융합시킴으로써 조직의 목적을 달성하고 그 과정에서 각 개인도 그들 자신의 목적을 달성할 수 있도록 하는가이다. 이것이 바로 인적자원관리의 목적이다.

인적자원관리는 조직의 목적달성에 적합한 직원을 선발하고 훈련시키고 업무의 효과성을 높이는 인사관리에서 시작한다. 사회복지조직의 인사관리에서 필요한 사항들은 다음과 같다. 첫째, 사회복지 프로그램의 목표가 잘 수행될 수 있으면서 동시에 직원들이 그들의 훈련, 지식, 기술, 창의력 등을 충분히 발휘할 수 있도록 직무를 설계해야 한다. 둘째, 직원들의 채용, 직무교육, 승진에 대한 효과적·효율적인 방법을 개발해야 한다. 셋째, 직원들의 업무의 효과성을 높이기 위한 적절한 업무평가 체계를 활용해야 한다. 넷째, 활용 가능한 인력풀을 넓히기 위해 자원봉사자의 참여를 장려해야 한다. 다섯째, 직원들의 소진을 예방하고 직장생활의 질을 높이기 위한 방법을 강구해야 한다.

다음에서는 이와 같은 사항들에 대해서 조금 더 자세히 살펴본다.

1) 직무의 설계

직무설계는 간단히 이야기하면 직원이 무슨 일을 할 것인지, 즉 조직 내에서 그 직원의 역할이 무엇인지를 명확하고 체계적으로 미리 계획해 놓는 일이다. 조직의 과업은 결국 그 조직에서 일하는 사람들이 성취해 나가는 것이기 때문에 조직이 이루고자 하는 목표를 달성하기 위해 필요한 일(역할)을 구분하고 그 일의 내용을 정해 놓는 작업이 필요하다. 이러한 일련의 과정이 체계적으로 일어나기 위해서는 일의 내용을 파악하는 직무분석과 그 내용을 일목요연하게 정리하는 직무기술이 필요하다.

(1) 직무분석

직무분석(job analysis)은 어느 한 직무를 다른 직무들과 구별할 수 있도록 그 직무와 관련된 서술 가능한 중요한 정보를 제공하는 의도적이면서 체계적인 과정이다(Foster, 1998: 322-323). 가령, 사회복지관에서 일하는 사회복지사가 다음 달부터 재가복지서비스를 담당해야 한다고 생각해 보자. 재가복지서비스 프로그램의 목표를 달성하기 위해서는 어떤 일을 해야 하는지 명확하게 미리 규정되어 해당 사회복지사가 업무를 맡기 전에 미리 설명해서 이해되어야 할 것이다. 만약 사회복지사에게 "그냥 알아서 잘 처리하라."라고 한다면 아마 그런 사회복지관이 질 좋은 복지서비스를 제공할 가능성은 상당히 낮을 것이다. 이렇게 직무분석은 업무의 내용이 무엇인지를 파악하는 과정이다.

직무분석을 위해서는 전임자나 현재 직무를 수행하는 직원들에게 그 직무에 대해서 물어보는 것이 중요하다. 그 과정을 통해서 다음 사항들을 파악할 필요가 있다(Coulshed & Mullender, 2006).

- 해당 직무를 수행하는 데 필요한 모든 업무 활동과 따라야 하는 절차, 그리고 구체적으로 책임져야 할 사항들
- 해당 직무를 수행하는 데 요구되는 특정한 글쓰기나 컴퓨터 기술, 신체적인 조건이나 손재주, 논리적 사고나 계획 능력 등
- 구체적인 지식이 필요한지, 만약 필요하다면 어떤 영역인지에 대한 정보
- 특별한 성격 혹은 인간관계 특성이 요구되는지에 대한 사항. 가령, 혼자서 일을 하는 스타일이 필요한지, 아니면 팀으로 일해야 하는지. 관계 형성에 능해야 하는지 등에 대한 정보
- 시간 외 근무나 출장의 빈도 등을 고려한 근무조건에 관한 사항

직무분석을 하는 담당자는 대상 업무를 성공적으로 수행하는 데 필요한 자격요건이나 경험 등이 필요한지도 확인해야 한다. 그 과정에서 기관 내에서 해당 업무를 위해서 요구하는 특수한 자격요건이 있는지도 확인할 필요가 있다.

(2) 직무기술

직무분석을 한 후에는 직무기술을 하게 된다. 직무기술(job description)이란 직무분석을 통하여 얻은 해당 직무에 대한 정보를 간명하게 요약하는 작업이다. 보통 직무기술은 직무의 개요, 직무와 연관된 책임, 직무를 맡기 위해서 요구되는 능력과 기술, 채용조건 등을 포함한다. 좀 더 상세하게는 직무명(예, 사회복지사, 재활치료사, 간호사 등), 직급(선임 사회복지사, 과장, 부장 등), 요구되는 경험이나 자격요건, 근무시간, 보수수준 등을 포함한다. 직무기술은 조직의 입장에서는 직원에게 무엇을 기대하는지를 명확히 하고 직원의 입장에서는 어떤 일을 해야 하는지를 명확히 이해하는 기준을 제공한다.

2) 채용, 신입직원 훈련과 교육, 직무수행평가, 승진

(1) 채용

채용은 모집과 선발로 이루어진다. 모집은 조직이 적당한 수의 자격요건을 갖춘 지원자를 확보하는 과정이다. 선발은 지원자의 자격을 검토하고 평가해서 누구를 채용할 것인지를 결정하는 과정이다(Lewis, Packard, & Lewis, 2007).

① 모집

모집의 첫 번째 단계는 직무기술로, 앞 단계에서 작성했다면 해당 직무에 필요한 지식, 기술, 능력이 이미 파악되었을 것이다. 직무기술서를 바탕으로 모집공고를 하게 된다. 현재 대부분의 사회복지기관은 공개모집을 원칙으로 하여 공개 모집공고를 한다. 전통적인 공개모집 공고방법은 지역신문, 관련 협회지 등 인쇄 매체를 이용하는 것이지만, 최근에는 인터넷의 발달로 다양한 취업사이트를 사용하는 것이 더 일반적이다. 현재 이용되는 다양한 취업사이트들 중에는 사회복지사 채용에 특화된 곳들도 여럿 있으니 참고할 필요가 있다.

모집공고의 내용은 거의 직무기술서의 내용을 요약한 것이다. 보통 모집공고에는 다음의 사항을 수록한다. 즉, 직무명, 직급, 직무내용, 요구되는 학력, 자격증이나 그 외 자격요건, 경력, 근무시간, 근무장소, 그 외 특별히 요구되는 사항(예, 운전이 가능한 자, 잦은 출장이 가능한 자 등), 보수수준, 직원 복리후생제도, 근무 시작일, 지원 절차와 지원 마감일 등이다. 모집공고를 작성할 때는 각 요구사항이 수행해야 할 업무와 명백한 상관관계가 있는지 확인해야 한다. 직무내용과 상관없는 자격이나 사항을 요구하는 모집공고는 차별적인 것이 될 수 있다. 가령, 성별이나 연령을 요구사항으로 명기할 경우는 그러한 사항이 수행할 업무와 상관이 없는 경우가 대부분이어서 고용차별에 해당할 수 있다. 특히 사회복지의 중요한 원칙 중 하나가 비차별적 대우임을 상기하면 사회복지조직의 채용에서 이런 점에 더욱 주의를 기울일 필요가 있다.

② 선발

자격요건을 갖춘 지원자 중에서 채용할 사람을 선발하는 것이 다음 과제이다. 흔히 선발하는 과정은 조직이 채용할 사람을 고르는 일방적인 행위라고 생각하기 쉽지만, 실제는 채용할 사람과 조직이 서로 잘 맞는지를 가늠하는 쌍방적인 행위이다. 조직만 지원자를 평가하는 것이 아니라, 지원자도 선발과정에서 조직의 문화, 직무, 슈퍼바이저뿐만 아니라 보수, 복리후생제도 등에 대해 평가를 하기 때문이다. 그런 의미에서 적합한 직원을 고르는 과정은 정보를 공유하는 과정이다. 조직은 직무와 조직에 관한 정보를 최대한 제공하고 지원자로부터는 지원자의 능력, 기술, 가치 등에 관한 정보를 최대한 얻는 과정이 선발이다.

선발의 첫 번째 과정은 지원서류 검토로, 제출된 이력서, 자기소개서를 검토하여 면접대상자를 추려 내는 과정이다. 이 과정은 채용할 직무의 슈퍼바이저가 담당하거나, 공정성을 기하기 위해 선발위원회를 구성하여 진행하기도 한다.

두 번째 과정은 추천서 확인으로, 지원자의 직무에 대한 적합성을 판단하는 데 중요한 과정이다. 경력이 있는 지원자의 경우는 이전 직장의 슈퍼바이저의 추천서를 통하여 많은 정보를 얻을 수 있으며, 학교를 갓 졸업한 지원자는 학교 지도교수의 추천서가 중요하다. 구체적으로 언제, 어디서, 어떤 일화를 통해 지원자의 적성이나 능력을 평가할 수 있었다고 적시해 주는 추천서가 애매하게 추상적으로 지원자를 추천하는 추천서보다 좋다.

세 번째 과정은 면접이다. 면접은 사회복지조직의 선발과정에서 가장 많이 쓰이는 방법이다. 공무원 및 공공기관 직원 채용의 경우에는 따로 시험을 보는 것이 보통이지만, 민간 사회복지기관에서는 대부분 면접이 중요한 선발방법이다. 면접은 지원자와의 면대면 질의응답을 통해 지원자를 가장 근거리에서 평가하는 방법이다. 또한 면접은 지원자가 조직에 대한 정보를 가장 직접적으로 얻을 수 있는 과정이기도 하다.

면접이 선발과정에서 상당히 효과적인 방법임에도 불구하고 문제점도 많다는 사실을 숙지할 필요가 있다. 가장 대표적인 문제점은 면접관이 가질 수 있는 편견이다. 세심한 주의를 기울이지 않으면 면접관이 업무능력이나 적성과 관련 없는 다른 요인(예, 지원자의 첫인상에 따른 호감이나 비호감, 학연이나 지연과 같은 면접관과 같은 배경의 유무 등)의 영향을 받아 판정하는 편견의 오류에 빠질 수 있다. 면접 시에 일어날 수 있는 편견의 오류를 줄이기 위해서 한 명의 면접관이 면접을 하기보다는 2~3명의 면접패널을 구성해서 면접을 하는 것도 한 방법이다. 지원자 모두에게 공통적으로 질문하는 등 공평한 기회를 주기 위한 노력도 편견을 줄이기 위한 방법이다.

사회복지분야에서는 아직 많이 사용되는 면접방식은 아니지만, 기업 채용면접에서 많이 사용하고 있는 방법은 '주요상황면접(critical incident interviewing)'이다. 이런 면접에서는 업무에서 일어날 수 있는 주요한 상황을 제시하고 지원자가 그런 상황에서 대처방법에 대한 답변을 근거로 지원자의 직무적성과 능력을 판단한다(Coulshed & Mullender, 2006).

(2) 신입직원 훈련과 교육

채용 못지않게 중요한 것은 채용한 직원을 빠른 시간 내에 기관에 적응시키는 것이다. 이 과정에서 중요한 단계는 초기에 신입직원을 대상으로 한 오리엔테이션이다. 오리엔테이션에서는 기관의 조직, 규정 등에 대해서 설명한다. 또한 신입직원 부서의 부서장이 부서 업무와 업무 배분, 그리고 신입직원의 업무가 무엇인지 설명한다. 이때 직원의 직무수행평가 방법을 설명하는 것도 빼놓을 수 없는 사항이다.

신입직원이 맡은 직무에 필요한 기술이나 지식에 관한 교육도 필요한데, 최근에는 강의나 책자보다는 실제 직무를 수행하면서 교육을 받는 방법(On the Job Training: OJT)이 많이 사용되고 있다. 보통 신입직원에 대한 현장교육은 채용 후 6개월 정도까지 지속된다.

(3) 직무수행평가

직무수행평가(performance appraisal)는 직원의 업무성과를 평가하는 과정이다. 모든 조직은 공식적이든 비공식적이든, 명시적이든 은연중이든, 객관적이든 주관적이든, 직원의 직무수행을 평가하는 방법을 사용한다. 이러한 직무수행평가는 조직 전체의 효과성에 중요한 영향을 미친다.

논리적으로 보면, 직무수행평가는 확실한 기준과 기대치가 있는 명확히 정의된 직무에서부터 비롯된다. 좋은 직무수행평가 체계는 타당성, 신뢰성, 실용성의 세 가지 요건을 충족해야 한다(Millar, 1998). 즉, 직무수행평가는 평가할 것을 평가해야 하고, 모든 사람에게 일관된 평가를 해야 하며, 모든 직원이 받아들일 수 있고, 실시하기가 비교적 쉬워야 한다는 것이다.

직무수행평가의 기능은 크게 보면 심판과 성장지원의 두 가지로 요약될 수 있다. 그런데 이 두 가지 기능은 상충적으로 보일 수도 있다. 둘 다 직원의 업무수행 실적을 대상으로 하지만, 성장지원 기능은 직원의 성장을 지원하고 기술을 향상시키는 것이고, 심판은 조직의 기대치와 비교해서 업적을 평가하여 보상이나 처벌을 주는 기제이다. 이러한 딜레마를 해결하기 위해서는 복수의 평가, 즉 다른 시점에 성장을 위한 평가와 심판을 위한 평가를 따로 실시하는 것도 좋은 방법이다(Lewis, Packard, & Lewis, 2007).

직무수행평가가 편견 없이 보다 공정하게 이루어질 수 있도록 여러 가지 방법이 제시되고 있다. 우선 평가과정에 평가대상 직원을 적극적으로 참여시키는 방법이다. 평가기준의 설정과 평가방법의 설계 단계부터 직원들을 참여시켜 평가과정의 공감대와 공정성을 확보하는 방법이다. 또한 실제 평가에서도 상급자만 평가하는 것이 아니라 평가대상 직원이 스스로 하는 자기평가도 같이 고려해서 평가를 시행하는 방법이다.

직무수행평가에는 다음과 같은 다양한 방식이 사용될 수 있다.

① 행동기준평가 방식

행동기준평가척도(Behaviorally Anchored Rating Scale)는 약자를 따서 BARS라고 알려진 직무수행평가 방식이다. 이 방식에서는 평가의 기준을 구체적인 측정 가능한 업무와 관련된 행동을 기준으로 평가한다. BARS는 다음과 같은 과정을 통해 개발된다. 먼저, 해당 업무를 잘 알고 있는 사람들이 업무와 관련된 중요한 사건을 발굴해 낸다. 평가에 사용되는 사건들은 평가대상 직원의 사건 대처방식을 통해 직원의 업무능력을 매우 우수에서 매우 미흡으로 평가할 수 있는 것들이어야 한다. 다음으로, 사건에 대한 대처방식을 매우 우수에서 매우 미흡으로 점수를 매길 수 있게 척도화한다. 이렇게 중요한 사건과 그 사건에 대한 대처능력이 '행동기준'이 되는 것이다. 다음 〈표 9-1〉은 서비스 이용자의 문제 사정에 대한 BARS의 한 예시이다.

표 9-1 서비스 이용자 문제사정에 대한 BARS 예시

행동기준	척도
서비스 이용자의 문제를 파악하고 정보를 수집하는 데 탁월한 능력이 있다. 또 그 문제가 서비스 이용자의 기능을 어떻게 저해하고 있는지에 대해서 전문적인 판단을 하고 있다.	매우 우수 7
서비스 이용자의 문제를 파악하고 정보를 수집하는 데 우수한 능력이 있다. 또 그 문제가 서비스 이용자의 기능을 어떻게 저해하고 있는지에 대해서 기술적인 판단을 하고 있다.	6
서비스 이용자의 문제를 파악하고 정보를 수집하는 데 보통 이상의 능력이 있다. 또 그 문제가 서비스 이용자의 기능을 어떻게 저해하고 있는지에 대해서 적절한 판단을 하고 있다.	5
서비스 이용자의 문제를 파악하고 정보를 수집하는 능력이 있다. 또 그 문제가 서비스 이용자의 기능을 어떻게 저해하고 있는지에 대해서 판단하고 있다.	4
서비스 이용자의 문제를 파악하고 정보를 수집하는 약간의 능력이 있다. 또 그 문제가 서비스 이용자의 기능을 어떻게 저해하고 있는지에 대해서 어느 정도 판단하고 있다.	3
서비스 이용자의 문제를 파악하고 정보를 수집하는 능력이 떨어진다. 또 그 문제가 서비스 이용자의 기능을 어떻게 저해하고 있는지에 대해서 판단하는 데 어려움이 있다.	2
서비스 이용자의 문제를 파악하고 정보를 수집하는 능력이 없다. 또 그 문제가 서비스 이용자의 기능을 어떻게 저해하고 있는지에 대해서도 판단하지 못한다.	매우 미흡 1

출처: Lewis, Packard, & Lewis (2007: 126).

BARS의 단점은 행동기준척도를 개발하기 위하여 여러 사람이 많은 시간을 투자해야 한다는 점이다. 하지만 일단 척도가 개발되면 해당 척도를 통해서 평가를 효율적으로 진행할 수 있다는 장점도 있다.

② 다면평가 방식

종래의 평가는 상급자만이 평가대상 직원을 상대로 하향식으로 하는 방식이 대부분이었다. 다면평가(Multisource Evaluation)는 상급자뿐이 아니라 평가대상자의

하급자, 그리고 경우에 따라서는 동료, 평가대상자의 서비스 이용자까지 평가에 포함하는 방식이다. 평가에 여러 주체가 각자의 시각으로 광범위하게 평가한다는 의미에서 다면평가는 360° 평가로 불리기도 한다. 여러 주체가 평가에 참여함으로써 평가의 객관성과 공정성을 높여 종래의 하향식 평가가 가질 수 있는 상급자의 편견과 주관성의 문제를 해결할 수 있는 장점이 있다. 또한 평가 결과에 대한 평가대상 직원의 반발을 줄일 수도 있다. 다면평가는 평가대상자의 심판 목적보다는 성장을 지원하는 목적에 더 적절하다.

③ 목표관리 방식

목표관리(Management by Objectives) 방식은 기관의 프로그램과 활동에 목표치를 부여하고 그에 따라 기관을 운영하는 방식이다. 프로그램별로 목표가 설정되면 그 프로그램의 세부과제마다 각 세부과제를 담당하고 있는 직원들이 달성할 목표를 설정하게 된다. 목표 대비 실제 업무수행실적을 비교해서 평가하는 방식이 직무수행평가에서 사용되는 목표관리 방식이다.

직무수행평가 기간(대체로 1년)이 시작할 때 각 세부과제를 담당하는 직원과 슈퍼바이저는 함께 직원이 달성할 주요 업무실적을 4~5개 정도 설정하고 그 내용을 목표로 설정해 문서화한다. 이때 설정된 목표는 측정 가능하고 그 달성을 위한 기간이 명시되어야 한다.

설정된 목표는 가급적 업무의 구체적 결과와 연결된 것이 바람직하다. 예를 들면, 지역자활센터의 사회복지사의 목표는 "1년 동안 서비스 대상 인원의 75%가 취업에 성공한다."는 식으로 서비스 이용자나 조직의 변화에 초점을 둔 결과지표로 설정하도록 노력한다. 물론 결과목표를 달성하는 데 과정지표도 필요할 수 있다. "1년 동안 취업박람회를 2회 개최한다."는 활동 부분의 지표를 설정했다면 그것은 결과를 이루기 위한 과정목표가 된다. 목표를 세울 때 또 하나 유의할 점은 그 목표가 직원의 업무에 새로운 도전을 주는 수준이면서도 실현 가능성을 고려해야 한다는 점이다.

목표관리 방식의 장점은 각 세부과제에서 평가의 기준이 될 목표를 세부과제를 담당하는 직원과 슈퍼바이저가 미리 논의하고 합의해서 설정한다는 것이다. 이때 목표를 달성하는 데 필요한 지원과 추가 자원에 대한 논의와 합의도 이끌어 낼 수 있다는 점이 장점이기도 하다.

④ 주요 사건 방식

주요 사건 방식(critical incident techniques)의 직무수행평가는 평가 기간 동안 슈퍼바이저가 중요한 사건이나 일이 발생했을 때 직원이 그 일에 대처하는 데 있어 장점과 단점을 기록하고 그 내용을 평가 때 활용하는 방식이다. 이때 유념할 것은 그 사건이나 일은 업무와 관련된 것이어야 하고, 구체적이어야 한다는 점이다.

이 방식의 활용을 위해서는 적절한 주요 사건을 가려내고 그것들을 기록하는 방법에 대해 슈퍼바이저가 교육을 받을 필요가 있다. 주의할 점은 슈퍼바이저가 주요 사건을 선택하고 기록하면서 편견을 가지고 평가할 수 있다는 점이다. 그렇기 때문에 보통 이 방식은 행동기준평가나 목표관리 방식 등과 같은 보다 객관적인 평가의 보충 자료로 사용된다.

(4) 승진

승진에는 내부승진과 외부승진이 있다. 내부승진의 장점은 현재 직원에게 커리어 발전을 할 수 있는 기회를 준다는 점이며, 기관의 입장에서도 그 직원에 대해서 많은 것을 이미 알고 있다는 점이다. 내부승진의 단점은 승진하지 못한 직원의 경우에 불만이 있을 수 있고, 그러한 불만이 그 직원의 직무에 부정적인 영향을 미칠 수 있다는 점이다. 이러한 단점을 줄이기 위해서는 승진을 결정짓는 기준사항들을 공정한 평가를 바탕으로 결정하여 모든 승진 대상자들이 인정할 수 있도록 하는 것이 중요하다.

한편, 외부승진의 장점은 외부의 새로운 시각을 도입할 수 있다는 점이다. 조직활동에서는 시간이 지남에 따라 자칫 잘못하면 일종의 관례와 타성에 빠질 수 있다. 외부승진은 새로운 관점이나 방법을 도입함으로써 조직이 그러한 타성에서 벗어날 수 있는 기회를 제공할 수 있다. 반대로 외부에서 승진하는 사람이 너무 자신의 관점이나 방법에 매몰되어 기관의 문화나 고유한 방법과 어울리지 못할 때는 외부승진이 단점으로 작용할 수도 있다.

3) 자원봉사자의 활용

사회복지분야는 전통적으로 자원봉사자의 활용이 많은 분야이다. 지금까지 사회복지기관에서의 자원봉사자의 활용은 주로 직접 서비스 제공 분야에 치중되어 왔다. 최근에는 행정관리분야에서도 자원봉사자의 활용이 늘어 가는 추세이다. 자원봉사 프로그램은 잘 기획되고 운영될 때는 기관 및 기관의 서비스 이용자들에게 상당한 도움을 줄 수 있는 중요한 자원이다.

여기서 한 가지 주목해야 할 사항은 자원봉사자의 활용도 직원의 인적자원관리와 마찬가지로 신중하게 계획되어야 한다는 점이다. 자원봉사자가 필요한지에 대한 심층적인 욕구조사와 조직이 자원봉사자를 활용할 수 있는 준비가 되어 있는지에 대한 세심한 평가가 필요하다. 이러한 평가과정에서 고려할 사항은 다음과 같다(Dunn, 1995).

- 자원봉사 프로그램을 통하여 무엇을 성취할 것인가?
- 자원봉사자가 정말 필요한가?
- 자원봉사 프로그램을 만들고 운영하는 데 기관 운영진이 얼마나 열성적인가?
- 과업을 나눌 수 있어서 파트타임 자원봉사자의 활용이 가능한가?

자원봉사자의 활용에서 이렇게 세심한 준비와 관심이 필요한 이유는 자원봉사 프로그램의 오남용이 현장에서 많이 일어날 수 있기 때문이다. 종종 기관에서는 자원봉사자에게 맡길 명확한 과업도 없이 선발하는 경우가 있다. 이 경우 자원봉사자의 만족도도 떨어지고, 기관의 입장에서도 자원봉사 프로그램이 도움보다는 오히려 짐이 될 수도 있다. 자원봉사자도 일반 직원과 마찬가지로 명확한 과업이 주어지고 그 일을 어떻게 할 수 있는지에 대한 구체적인 교육과 훈련이 필요하다.

그래야만 자원봉사자도 만족감을 느낄 수 있고 지속적인 봉사활동이 가능하기 때문이다.

자원봉사 프로그램의 운영에서 또 고려되어야 할 점은 자원봉사자의 훈련과 슈퍼비전에 필요한 자원이 충분한가이다. 이러한 고려 위에 자원봉사자 프로그램에서도 일반 직원들을 대상으로 한 인적자원관리와 비슷한 직무기술의 개발, 모집, 오리엔테이션, 교육, 슈퍼비전, 직무평가, 보상과 인정 등의 절차가 운영될 필요가 있다.

2. 능력개발

어떤 조직에서든 조직의 생산성은 상당 부분 근무하는 직원의 능력에 달려 있다. 사회복지조직과 같은 서비스 제공기관에서는 특히 서비스를 생산하고 전달하는 핵심 구성요소인 직원의 능력이 서비스 이용자와 지역주민의 삶의 질 향상이라는 조직의 궁극적 목표 달성을 크게 좌우한다. 여기에서는 먼저 직원에게 동기를 부여할 수 있는 요인에 대한 동기부여이론을 살펴본다. 이어서 사회복지조직 직원의 지식과 기술을 늘리고 전문적 태도를 심화시킬 수 있는 직원개발의 개념과 방법에 대해서 다룬다. 한편, 사회복지조직에서는 직원의 업무상 스트레스로 인한 소진이 지속적으로 심각한 문제로 제기되고 있는데, 그 원인과 대처 방안에 대해서 탐구한다.

1) 동기부여

정부, 기업 및 사회복지조직을 막론하고 어떤 조직이든 직원의 업무 성과를 높이고자 동기를 부여하는 데 많은 관심이 있다. 특히 사회복지조직에서는 조직의 가장 중요한 목적인 사회복지서비스의 효과성과 효율성과 함께 이용자의 만족도를 높이는 데 직원의 동기부여가 매우 중요한 것으로 보고 있다. 따라서 사회복지조직의 최고관리자 및 슈퍼바이저 등 사회복지행정가는 직원에게 동기를 부여할 수 있는 요인에 대한 관심이 높다. 동기부여요인을 파악하고, 이를 활용하여 직원에게 동기를 부여하는 활동은 슈퍼바이저의 중요한 역할 중 하나이다.

동기부여이론을 살펴봄으로써 직원에게 동기를 부여할 수 있는 요인들을 알아보도록 한다.

(1) 동기부여의 이론

사회복지조직의 슈퍼바이저는 직원의 업무 성과에 영향을 미치는 욕구를 이해할 필요가 있다. 동기부여(motivation)의 이론은 크게 내용이론과 과정이론으로 나눌 수 있다. 내용이론은 구체적인 동기부여요인들을 다루고 있는 반면, 과정이론은 동기부여요인보다는 욕구, 행동 및 보상이 서로 상호작용하는 과정에 초점을 둔다.

① 내용이론

동기부여의 내용이론 중에서 가장 잘 알려진 이론은 매슬로우(Maslow)의 욕구위계론(hierarchy of needs)이다. 욕구위계론에 따르면, 인간의 욕구에는 위계가 있어서 생리적 욕구, 안전의 욕구, 소속감 · 사랑 · 사회적 상호작용의 욕구, 자존감과 지위의 욕구, 자아실현의 욕구 순으로 배열되어 있다. 인간은 위계상 하위의 욕구를 충족시키면 그보다 높은 위계의 욕구를 충족시키고자 한다. 예를 들어, 가장 낮은 욕구인 생리적 욕구를 충족시키면 다음 단계인 안전의 욕구를 충족시키고자 한다.

욕구위계론은 최고관리직과 슈퍼바이저가 업무와 관련되어 직원에게 동기를 부여하는 데 중요한 함의를 제공한다. 과거 직원들이 충족시키고자 했던 욕구는 주로 경제적 욕구, 직업 안정의 욕구 등으로 자존감과 지위의 욕구였으며, 이 욕구들을 활용하여 직원들에게 동기를 부여할 수 있었다. 그러나 이 욕구들이 어느 정도 충족되면 더 이상 동기부여의 요인이 되지 못한다. 따라서 더 높은 단계의 욕구를 활용하여 직원에게 동기를 부여해야 하는데, 슈퍼바이저는 자존감과 지위의 욕구보다 더 높은 단계의 욕구에 해당하는 자아실현의 욕구를 충족시키는 방법으로 직원들에게 동기를 부여할 수 있다. 특히 사회복지조직의 사회복지전문가는 업무 자체가 어느 정도 창의성과 자율성을 제공하며, 본인의 능력을 발전시킬 수 있는 기회를 제공해야 동기를 부여받는 경우가 많다. 매슬로우의 욕구위계론이 사회복지조직에서 가치가 있는 이유는 자아실현의 욕구가 중요한 역할을 한다는 것이다. 5단계 욕구들 중에서 다른 욕구들이 모두 충족되면 자아실현의 욕구는 사회복지사들에게 동기를 부여하는 데 핵심적인 역할을 할 수 있다. 따라서 슈퍼바이저는 사회복지사들이 전문적으로 성장할 수 있도록 과제와 활동을 제공하고자 노력해야 한다.

또 다른 동기부여의 내용이론은 허즈버그(Herzberg)의 동기부여-위생이론(Motivation-Hygiene Theory)이다. 허즈버그는 근로자들에게 업무 만족을 야기하는 요인과 업무 불만족을 야기하는 요인이 다르다는 것을 발견하였다. 이를 설명하기 위해 동기부여-위생이론을 제시하였는데, 업무 만족의 요인을 동기부여요인(motivators), 업무 불만족의 요인을 위생요인(hygiene factors)이라고 하였다. 위생요인은 업무 불만족을 피하는 데 필요하지만 업무 만족을 주는 것은 아니라는 의미에서 유지요인(maintenance factors)이라고도 하였다. 결과적으로 허즈버그는 인간의

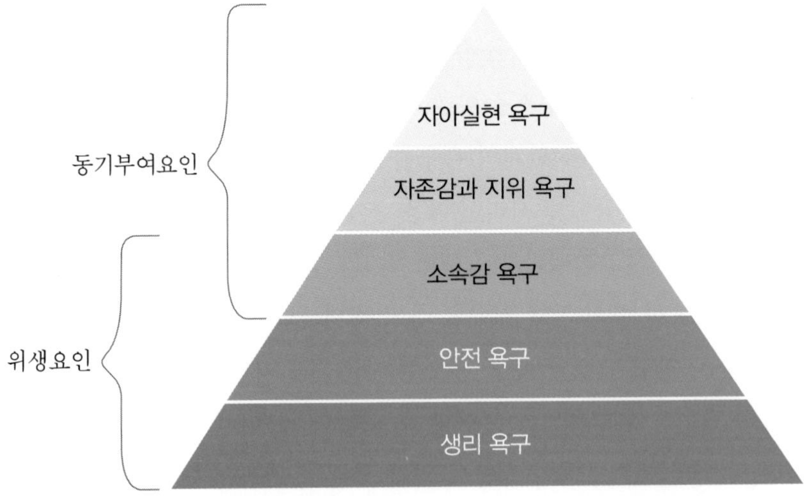

그림 9-1 매슬로우의 욕구위계론과 허즈버그의 동기부여-위생이론

출처: http://treesflowersbirds.com/2012/01/25/ah-that-pesky-motivation/

동기부여에서 인간의 욕구는 불쾌감을 회피하려는 욕구와 정신적으로 성장하고 자아실현을 추구하려는 욕구로 나뉘며, 양자의 욕구는 서로 다른 요인들에 의해 충족된다고 보았다.

위생요인으로는 조직 규정의 공정성, 슈퍼비전의 적절성, 슈퍼바이저 및 동료들과의 관계, 급여, 직업 안정성, 작업 조건과 같은 업무 환경 등이 있다. 이러한 요인들은 동기부여의 요인은 아니지만 업무 불만에 영향을 미치는 요인들이다. 반면, 동기부여요인은 업무 만족을 야기하는 요인으로 업무 자체의 특성이다. 사회복지조직에서는 업무를 통해서 사회복지사가 중요한 것으로 생각하는 목적을 달성하고, 자신의 성과를 인정받고, 성장 · 발전하고, 책임성이 증가하며, 앞으로 더 나아갈 기회를 갖는 것이 중요하다.

위생요인은 직원이 고통을 피하는 행동을 하도록 이끌 뿐이며, 동기부여요인이 직원의 성장과 발전을 위한 욕구와 관련되어 있다. 따라서 위생요인만으로는 사회복지전문가에게 제대로 동기를 부여하지 못할 가능성이 매우 높다. 그러므로 사회복지전문가에게 효과적으로 동기를 부여하기 위해서는 업무 자체가 사회복지전문가의 성장과 발전, 그리고 책임성을 증가시킬 수 있는 기회를 제공해야 한다.

허즈버그의 동기부여-위생이론에 따르면, 급여, 업무환경, 직업 안정성 및 지위 등의 위생요인이 동기부여에 미치는 영향은 그다지 크진 않지만 이 요인이 충족되지 않으면 사회복지사들은 업무에 만족하지 못하게 된다. 지역자활센터나 지역아동센터의 실무자들이 다른 사회복지기관의 실무자들에 비해 상당히 낮은 급여를 받기 때문에 업무만족도가 낮고, 결국 이직률이 매우 높게 나타나는 것은 당연한 결과이다. 반면, 동기부여요인은 실제 업무, 발전 및 책임성 등으로 직접적으로 동기부여에 영향을 미친다. 동기부여-위생이론은 업무 자체를 더욱 의미 있고 흥미롭게 만드는 것이 사회복지사에게 동기를 부여하는 데 중요하다는 점을 지적하였다.

맥클레랜드(McClelland)의 욕구이론은 또 다른 동기부여의 내용이론이다. 맥클레랜드(1965)에 따르면, 업무 환경에서 동기부여요인은 크게 성취(achievement)에 대한 욕구, 권력(power)에 대한 욕구, 연계(affiliation)에 대한 욕구로 나눌 수 있으며, 이 중 하나가 각 개인에게 가장 강한 동기 요인으로 작용한다. 따라서 성취동기가 강한 개인은 개인의 성공을 중요시하고, 업적을 성취하는 것을 성공으로 간주한다. 반면, 권력 동기가 강한 직원은 타인에게 영향을 미치는 데 주로 관심이 있으며, 이 욕구를 충족시킬 수 있는 환경에서 가장 크게 동기부여를 받는다. 권력이 동기요인이 되는 직원들은 추구하는 권력 유형에 따라 다른 행동을 한다. 개인화된 권력을 추구하는 직원은 조직의 목표를 고려하지 않으면서 개인의 권력과 타인에 대한 영향력을 증대시키기 위해 행동한다. 반면, 사회화된 권력을 추구하는 직원은 전체적으로 조직의 이익을 위해 타인에게 영향을 미치고자 하며, 이는 정당하고 가치 있는 동기 요인이 될 수 있다. 마지막으로 연계 욕구가 동기 요인인 직원들은 개인 간 관계에 가장 관심이 있다. 이 직원들은 긍정적 상호작용을 갖도록 지지하고, 긍정적 상호작용의 기회를 제공하는 환경에서 가장 효과적으로 업무를 수행한다.

사회복지사들은 각 개인의 동기 요인에 따라 다른 슈퍼비전 욕구를 갖는다. 루이스 등(Lewis et al., 2006)에 따르면, 사회복지사 중에서 일반적으로 연계 동기가 강한 사회복지사가 많으며, 이들은 관계지향적 유형에 반응한다. 반면, 성취동기가 강한 사회복지사는 자신이 성과를 끌어낼 수 있는 업무를 위임받았을 때 가장 효과적이다. 따라서 성취동기 요인은 높은 성과를 끌어낼 가능성이 높다. 그러나 사회복지조직에서는 전통적으로 연계를 강조하여 성취에 대한 관심은 떨어지는 경향이 있다. 또한 권력 동기가 강한 직원은 팀을 이끄는 등의 리더십 지위를 갖고 다른 사람들이 바람직한 과업을 달성하도록 영향을 미치는 기회를 갖게 되면 가장 효과적으로 업무를 수행할 가능성이 높다.

맥클레랜드의 욕구이론은 직원들의 자아실현 욕구가 어떻게 다른지 설명하고 있다. 사회복지사들도 일부는 과업을 달성하여 성공을 얻으려는 욕구를 갖고 있어서, 독립적이며 위험성이 높아도 선택하는 경향이 있다. 반면, 다른 사회복지사들은 연계에 대한 욕구가 강해서 사회적 관계를 성취감보다 더 중요하게 여긴다. 또 다른 사회복지사들은 권력에 대한 욕구가 강하여 다른 사람들을 통제하고자 할 수 있다. 따라서 각 사회복지사를 개인의 욕구에 맞는 업무에 배치하는 것이 중요하다. 예를 들어, 성취지향의 사회복지사에게는 업무 동기를 유지하기 위해 색다른 도전과 성공을 특별히 인정해 주는 것이 필요하다.

맥그리거(McGregor, 1989)는 조직구성원의 참여에 근거를 둔 인간에 대한 두 가지 상반된 관점을 제시하였다. 첫째, 조직구성원에 대한 부정적인 관점을 바탕으로 X이론을 제시하였는데, 대부분의 사람은 일과 책임을 싫어하고 지시받기를 선호한다고 가정하였다. 이는 노동자에 대한 전통적 관점으로 노동자들은 본질적으로 게으르고, 자기중심적이고, 야망이 부족하다고 보았다. 따라서 적절한 관리 방식은 강하고, 하향식 통제이다. 둘째, 인간의 본질에 대한 긍정적인 관점을 바탕으로 Y이론을 제시하였으며, 인간은 일을 즐기고 기꺼이 책임을 지고자 하며, 업적에 대하여 상당한 자기통제를 행사할 수 있다고 가정하였다. 적절한 관리방식은 긍정적 보상과 강화와 함께 생산적인 업무 환경을 조성하는 데 초점을 둔다.

② 과정이론

과정이론 중에 대표적인 이론으로는 브룸(Vroom, 1995)이 개발한 기대이론(expectancy theory)이 있다. 매슬로우와 허즈버그가 내적 욕구와 그 욕구를 충족시키기 위한 노력 간의 관계에 초점을 둔 반면, 브룸은 동기부여에서 나타나는 노력과 성과, 결과를 구분하였다.

브룸은 동기부여가 되기 위해서 노력과 성과, 결과(보상)가 서로 연결되어야 한다는 가설을 세웠다. 그는 이 관계를 설명하기 위해 기대(expectancy), 도구(instrumentality), 가치(valence)라는 세 요인을 제시하였다. 기대는 노력을 하면 좋은 성과가 나올 것이라는 믿음이다. 기대는 이용 가능한 자원, 업무 수행 기술, 업무 수행에 필요한 지원 등에 의해 영향을 받는다. 도구는 좋은 성과를 올리면 가치 있는 결과, 즉 보상을 받을 것이라는 믿음이다. 도구는 성과와 결과 간의 관계에 대한 명확한 이해, 보상의 대상과 내용을 결정하는 관리자에 대한 신뢰, 결정과정의 투명성이 영향을 미친다. 가치는 개인이 판단하는 결과, 즉 보상의 중요성이다. 예를 들어, 어떤 직원에게는 돈이 주된 동기부여요인이어서 휴가는 그다지 중요하지 않을 수 있다.

직원들은 이 과정에서 자신들이 받게 될 결과에 대한 가치, 노력과 결과의 연계성에 대한 인식에 따라 노력을 달리한다. 따라서 직원에게 동기를 부여하기 위해서는 다음의 세 가지 측면 모두가 필요하여, 한 가지라도 해당되면 동기부여는 되지 않는다.

a. 노력을 해도 높은 성과를 올릴 수 없을 것이다.
b. 높은 성과를 올려도 보상이 늘어나지는 않을 것이다.
c. 조직에서 제공하는 보상이 가치가 없다.

결과적으로 동기부여가 되기 위해서 직원들은 열심히 일하면 좋은 보상을 얻을 수 있다고 생각해야 한다. 그러나 직원들이 열심히 일한다고 좋은 보상을 얻는 것은 아니며, 직원의 능력과 성격, 그리고 역할에 대한 인식 등에 따라 다를 수 있다. 만약 직원이 어떤 일에 대해 '내 일이 아니야.'라고 느끼면 그 업무의 성과는 높지 않을 것이다. 또한 성과가 높을 때 받게 되는 보상도 성취감과 같은 내적 보상, 상급자의 인정 또는 휴가와 같은 외적 보상으로 연결될 수 있다.

조직에서 직원의 성과보다는 충성심 또는 적극적인 모습을 더 높이 평가하면 성과를 높이려는 동기부여는 제대로 되지 않는다. 또한 상급자가 자신을 좋지 않게 평가할 것으로 예상한다면 역시 직원에게는 제대로 동기부여가 되지 않을 것이다. 직원들이 성과가 좋아도 실제 보상으로 연결되지 않을 것으로 생각하는 경우도 많다. 또한 기관들 중에 급여체계나 보상체계를 운영하면서 성과보다는 연공서열이나 조직 충성도 등을 중요시하는 경우가 많다. 이러한 경우에 직원들의 성과를 높이고자 하면 동기부여는 제대로 되지 않는다.

따라서 직원들의 성과를 높이고자 동기부여를 하려면 의사전달 체계를 통해 직원들에게 성과를 보상으로 연결시키는 구체적인 계획을 알려야 한다. 또한 보상체계를 다양화해서 성과를 올린 직원이 자신의 개인 목표에 맞는 보상을 받을 수 있도록 하는 것이 중요하다.

사회복지조직의 슈퍼바이저가 기대이론을 활용한다면 직원의 인식과 능력을 이해할 필요가 있다. 직원의 역할 인식이 어떤지, 직원이 성과를 올릴 수 있는 능력을 갖고 있는지, 직원이 무엇을 공평하다고 보는지, 그리고 직원들의 노력이 보상으로 연결되는지 등을 파악할 필요가 있다.

브룸의 기대이론에 따르면, 각 직원이 좋은 성과는 더 나은 보상을 의미한다고 인지할 때 동기부여가 된다. 또한 주어지는 보상이 해당 직원에게 가치가 있어야 한다. 따라서 다양한 사회복지사들에게 개인에게 맞는 서로 다른 보상을 주는 것이 중요하다. 또한 성과의 수준은 도전 정신을 불러일으키지만 달성할 수 있을 정도여야 하고, 보상체계는 정확하며, 즉각적이고, 확인할 수 있고, 의미가 있어야 한다.

(2) 사회복지조직의 동기부여요인

사회복지조직의 슈퍼바이저는 업무 성과를 높이기 위해 한 가지 이론만을 사용하기보다는 다양한 동기부여 이론들을 이해하고 활용해야 한다. 슈퍼바이저는 다양한 동기부여 이론에서 유용한 함의를 얻을 수 있다(Brody, 2005). 첫째, 직원들은 성공할 수 있도록 지원하는 환경에서 일하면 성공하기를 원하고 업무를 잘 수행하기를 원한다. 둘째, 직원들은 자신들에게 의미 있는 목표가 있을 때 동기부여가 잘 되는 경향이 있다. 따라서 직원들이 각자의 목표와 성과 기준을 정하는 데 참여할수록 목표와 성과 기준을 달성할 가능성이 높다. 셋째, 직원들은 조직이 자신에게 갖는 기대를 알아야 한다. 직원들은 조직과 슈퍼바이저가 업무가 잘 수행되었다고 보는 기준을 이해할 필요가 있다. 넷째, 직원들이 동기부여를 받는 방식은 개별적이며 독특하다. 직원들은 지위, 연계, 성취감, 경제적 보상, 상급자의 인정 등 다양한 욕구를 가질 수 있다. 따라서 직원 각자가 원하는 것을 찾아서, 개별 동기부여에 맞추어 원하는 것을 성취할 수 있도록 도와야 한다.

스키드모어(Skidmore, 1995)는 다양한 이론들이 제시하는 사회복지조직의 일반적 동기부여요인을 개인적 관심, 시간 관리, 행정적 지지, 책임과 권한의 명확화, 인정과 감사, 그리고 성취의 기회의 6가지로 제시하였다. 첫째, 조직과 수행 업무에 대한 개인적 관심은 동기부여에서 가장 중요하다. 직원들이 원하는 일을 한다면 높은 품질의 서비스를 더 많이 제공할 가능성이 높다. 관리자는 개인적 관심을 높이고, 그 관심을 표현하도록 해야 한다. 이를 위해 사례와 경험을 공유하고, 조직의 중요한 계획 및 의사결정 과정에 직원들을 참여시킬 필요가 있다. 민주적이며 참여적인 조직의 분위기는 개인적 관심을 개발하고 풍부하게 하는 데 도움을 준다.

둘째, 사회복지사는 창의적이며, 계획을 세우고, 서비스 질을 향상시킬 수 있는 시간이 필요하다. 개별 직원의 시간을 귀중하게 여기는 조직에서는 직원의 사기와 생산성이 높다. 따라서 관리자는 스스로 모범을 보여야 하며, 최소한의 시간 내에 최대의 결과를 끌어내도록 위원회를 운영하고 의사결정 과정을 구축해야 한다.

셋째, 관리자는 직원들이 공동의 목표를 위해 함께 일한다고 느끼도록 한다. 그렇게 하면 기관의 생산성을 높이고, 사기를 북돋울 수 있다. 사회복지사를 지지한다는 것은 그들이 어떤 결정이나 행동 때문에 문제에 부딪혔을 때 관리자가 그들의 입장을 지지하는 것을 의미한다. 물론 사회복지사들의 모든 행동을 승인한다는 것이 아니라 발생한 일에 대해 이해하고 수용하는 태도로 지지한다는 것을 의미한다.

넷째, 사회복지사들은 구체적인 책임을 이해하고 실행할 권한을 갖고 있다고 느낄 때 긍정적인 감정을 갖고, 기관의 이익을 위해 일하고자 하는 동기를 부여받는다. 책임이 너무 포괄적이면 별 의미가 없으며, 책임이 구체적이고 목표가 분명할수록 책임을 완수할 가능성이 높다. 관리자가 책임을 부여하면서도 그에 따른 권한을 부여하지 않으면 오히려 사회복지사에게 어려운 상황이 된다.

다섯째, 사회복지사들은 언제나 관리자로부터 피드백이 필요하기 때문에 관리자는 사회복지사들이 수행한 일을 인정하고, 그에 대해 고마움을 표현할 필요가 있다. 사회복지사들은 자신의 업무처리가 기관의 목표와 서비스에 비교해 볼 때 만족스러운지 확인하기를 원한다. 따라서 관리자는 피드백을 자주 제공하여 사회복지사들에게 지속적으로 관심이 있다는 것을 보여 주는 것이 좋다. 또한 직원회의나 개인 면담에서 직원들의 업무 결과, 특히 우수한 성과에 대해 고마움을 표현하는 것이 좋다.

여섯째, 사회복지사의 동기부여와 기관의 사기를 위해 무엇인가 가치 있는 일을 할 기회가 있는 것이 매우 중요하다. 진정한 성취는 개인의 만족과 집단의 만족을 높이게 된다. 사람들은 가치 있는 것을 성취함으로써 진정한 만족과 긍정적 감정을 얻게 된다. 특히 사회복지기관에서는 사기 진작에 매우 중요하다. 사회복지사들은 문제가 있는 개인, 가족, 지역사회를 도울 기회가 있을 때 동기부여가 되고 만족을 얻게 된다.

2) 직원개발

(1) 직원개발의 개념 및 목적

사회복지조직의 직원개발이란 사회복지서비스를 제공하는 사회복지사의 지식을 늘리고, 전문적 태도를 심화시키며, 클라이언트와 함께 일하고 클라이언트를 돕기 위한 기술과 능력을 증대시키려는 목적으로 수행하는 다양한 활동과 학습경험을 말한다. 직원개발은 직원의 욕구사정, 내용의 개발 및 직원개발 시행의 평가로 구성되는 체계적 과정이다.

조직에서 능력과 자격을 갖춘 인력을 선발하는 것도 중요하지만, 능력과 자격을 높이거나 최소한 유지시키는 직원개발이 매우 중요하다. 특히 사회복지기관에서 사회복지사의 지식, 기술 및 태도를 향상시키는 데 기여하는 보수교육과 학습경험은 기관의 궁극적 목적인 사회복지서비스의 품질을 높이는 데 중요한 요소가 된다.

사회복지분야에서는 매년 상당한 양의 조사와 연구가 각종 학회, 연구보고서 및 학술지 논문을 통해 새롭게 발표되고, 클라이언트에게 더 나은 사회복지서비스를 제공할 수 있는 다양한 방법을 제시하고 있다. 따라서 사회복지조직에서는 사회복지사들이 최신 정보에 접할 수 있도록 하여 항상 최선의 정보에 맞추어 기관이 유지되도록 하는 것이 매우 중요하다.

직원개발은 사회복지사가 전문직으로서 가져야 할 태도에 대한 이해를 증진시키며, 사회복지 전문기술 및 방법론의 발전에 뒤떨어지지 않게 해 준다. 예를 들어, 직원개발은 사회복지사의 인간행동과 사회관계에 대한 이해를 높이도록 도움을 줄 수 있다. 직원개발은 신입 직원뿐 아니라 오래 근무하여 경험이 많은 직원에게도 매우 중요하다. 직원들이 새로운 정보 및 지식을 공부할 기회가 없어서, 그 결과 동기부여의 기회가 없게 되면 사회복지실천을 수행하면서 효과성이 떨어지는 경향이 나타난다.

직원개발은 직원들의 지식을 향상시킬 뿐만 아니라 직원들의 상호작용을 활성화시켜 타인에 대한 이해를 깊게 하여 기관 전체의 효과성을 증대시키는 데도 기여한다. 직원들이 직원개발의 과정을 통해 서로 대화하고, 다른 직원들의 감정을 살펴보고, 다른 직원들과 함께 행동하면서 기관에 대한 이해와 더불어 기관이 제공하는 서비스와 기관이 보유하고 있는 자원에 대한 이해가 높아져서, 기관의 서비스 전달을 개선하는 데 도움이 된다. 따라서 직원개발은 기관이 기관 본연의 목적을 달성하는 데도 큰 도움이 된다고 할 수 있다.

직원개발은 또한 사회복지 실천 및 행정을 둘러싼 쟁점 등에 대해 서로 간의 의견 교환을 증진시킴으로써 집단의 응집력을 향상시킬 수 있다. 이러한 쟁점을 둘러싸고 직원들이 프로그램의 목적이나 클라이언트의 특성 등을 이해하는 것이 중요하며, 이러한 주제들이 직원개발교육의 주요 주제가 될 수 있다.

(2) 직원개발의 방법

직원개발은 강의, 보수교육, 사례발표 등 다양한 방법으로 실행할 수 있다. 첫째, 강의는 사회복지기관에서 직원개발에 활용하는 가장 일반적인 방법이다. 기관 직원이나 외부 강사가 사회복지 관련 지식, 태도 및 기술과 관련한 특정 주제에 대해 강의를 한다. 이때 최고관리자와 슈퍼바이저는 직원들이 필요로 하는 주제를 명확하게 파악하는 것이 중요하다. 그렇지 않다면 강의는 직원들의 귀중한 시간을 낭비할 뿐 아니라 기관의 예산을 불필요하게 낭비하는 결과를 초래할 수 있다.

우리나라에서도 20여 년 전부터 외부 강사를 초청하여 강의를 요청하는 사례가 급증해 왔는데, 여기에는 사회복지시설평가가 가장 큰 영향을 미쳤다. 사회복지시설평가제도가 1999년부터 시행되면서 많은 사회복지조직에서는 직원들이 평가제도를 정확하게 이해하여 좋은 평가결과를 얻을 수 있도록 외부 강사를 초청하여 강의를 실시했다. 또한 프로그램 평가에 대한 관심도 커졌는데, 민간복지재단을 시작으로 점차 조직의 시설보다는 사회복지 프로그램의 성과로 평가에 대한 초점이 바뀌게 되어 사회복지조직에서도 프로그램 성과 측정방법 등 기관의 성과를 높이는 데 큰 관심을 가지게 되었다.

사회복지기관에서 관심이 있는 또 다른 중요한 주제는 프로포절 작성법이다. 사회복지공동모금회와 민간복지재단에 이어 정부지원사업에서도 사업을 수행하기 희망하는 사회복지기관은 프로포절을 작성하여 신청하도록 함으로써 대부분의 기관에서는 프로포절 작성을 매우 중요하게 받아들였다. 따라서 직원들의 프로포절 작성 역량을 키우기 위해서 많은 기관들이 프로포절 작성에 대한 강의를 실시하였다.

또한 새로운 사회복지서비스 관련 정책들이 빠르게 도입되면서 정책의 목적과 내용에 대한 강의의 필요성도 증가하고 있다. 대부분의 정책은 사회복지조직에 직접적으로 영향을 미치고 있어서 그 내용을 정확히 이해하는 것이 기관의 목적 달성에 중요하다. 예를 들어, 지역사회서비스투자사업(지역사회서비스혁신사업에서 명칭변경)은 복지서비스를 거의 독점적으로 제공해 왔던 사회복지기관들이 다른 비영리조직 또는 영리기업과 경쟁하여 복지서비스 예산을 확보하도록 만들었다. 따라서 사회복지기관에서는 직원들이 지역사회서비스투자사업의 내용을 정확하게 파악하여 관련 예산을 확보할 수 있도록 하는 것이 기관의 존재 자체에도 영향을 미치는 것으로 인식하게 되었다.

둘째, 최근에 중요하게 대두하고 있는 또 다른 직원개발 방법은 보수교육이다. 강의가 기관 내부에서 진행되는 직원개발인 반면에 보수교육은 기관 외부에서 제공되는 직원개발의 기회이다. 미국사회복지사협회(National Association of Social Workers: NASW)에서는 보수교육(continuing education)을 클라이언트에게 높은 품질의 사회복지서비스를 제공하도록 해 주는 본질적인 활동으로 규정하고 있다. 사회복지사들은 새로운 교육 기회에 지속적으로 참여함으로써 서비스를 더욱 능숙하게 전달할 수 있게 된다. 사회복지사는 보수교육을 통해 사회복지분야의 새로운 지식과 기술을 얻고 익히며, 전문적 태도를 강화하고, 더 나아가 사회복지사의 개인 생활이 변화되는 기회가 되기도 한다.

보수교육에는 공식학습행사, 전문적 회의/구조화된 학습경험, 그리고 개별 전문적 활동이 있다. 공식학습행사는 특정 학습목표를 달성하려는 목적으로 대학에서 강사를 통해 이루어지는 보수교육으로, 대학에서 제공하는 강좌, 워크숍, 세미나 및 직원개발훈련 등을 들 수 있다. 전문적 회의/구조화된 학습경험으로는 사회복지분야의 학술단체, 사회복지기관단체 등에서 주최하는 각종 컨퍼런스와 심포지엄 등을 들 수 있다. 우리나라에서도 다양한 사회복지분야 학회들의 학술대회에 많은 사회복지사들이 적극적으로 참여하고 있다. 마지막으로 자발적인 전문연구활동을 들 수 있는데, 사회복지사들이 직접 논문이나 책을 저술하거나, 전문적 쟁점 또는 프로그램에 대해 학술대회에서 발표하는 등의 활동을 들 수 있다. 또한 사회복지사들이 전문학술지나 전문서적을 읽는 활동, 개별 연구나 공동연구과제 등에 참여하는 활동도 포함된다.

보수교육은 사회복지사가 본인이 원하는 과정을 선택하기 때문에 기본적으로는 보수교육의 방향도 스스로 정하며, 자신의 전문적 발전에 대한 책임을 지는 과정이다. 그러나 보수교육은 사회복지사뿐만 아니라 사회복지기관의 최고 관리자 및 슈퍼바이저들도 직접 연관되어 있다. 이에 따라 NASW에서는 사회복지행정가가 전체 및 개별 사회복지사의 학습 욕구를 매년 체계적으로 평가하는 규정, 학습 욕구를 근거로 하는 사회복지사의 보수교육활동 참여 시간 제공 규정, 보수교육을 희망하는 직원에게 근무시간 조정 규정, 직원의 보수교육비용 지원 규정, 일정 시간 이상 보수교육을 완수한 직원들의 노력을 인정하는 규정 등의 보수교육 규정이 있는지 점검할 것을 제안하였다.

보수교육이 직원개발의 방법으로 사회복지조직의 목적 달성에 핵심적인 요소이지만 직원의 보수교육 참여를 격려하고 촉진하는 규정이 있고, 규정을 실행하는 기관은 많지 않다. 따라서 사회복지기관의 행정가는 사회복지사의 보수교육을 지원하는 기관의 규정을 마련하고, 이를 실행에 옮길 필요가 있다.

또한 사회복지기관의 행정가는 보수교육에 대해 리더십을 발휘해야 하며, 구체적인 실천방법으로 다음과 같은 방법을 들 수 있다.

- 사회복지사의 학습욕구를 사정하고, 보수교육활동에 직원들이 참여하도록 지원하는 등 보수교육에 대한 책임을 맡는 보수교육 담당 위원회를 구성한다.
- 기관 내부 · 외부의 사회복지사 보수교육에 대한 정보를 직원들에게 알린다.

- 직원들 서로가 보수교육에 참여하는지 확인하고, 보수교육에서 얻은 지식과 기술을 서로 나누도록 격려한다.
- 직원의 보수교육 참여 기록을 개별 인사파일에 반영하는 규정을 만든다.
- 직원들이 기관의 조직 수준에서 필요한 보수교육활동에 참여하도록 하고, 참여한 후에 기관에 보수교육 내용을 전달하도록 한다.
- 사회복지사들이 서비스 이용자의 행동을 개선하기 위한 기술을 배우고 향상시킬 수 있는 보수교육훈련을 찾도록 한다.

우리나라에서도 2008년 「사회복지사업법」의 개정에 따라 사회복지법인 및 사회복지시설에 종사하는 사회복지사는 2009년부터 연간 8시간의 보수교육을 의무적으로 받도록 하고 있다. 그러나 사회복지환경이 급변하는 상황에서 연간 8시간의 보수교육이 사회복지사들에게 충분한 것으로 보기 어렵다. 이뿐만 아니라 사회복지사에 대한 보수교육이 형식적이라는 비판도 지속적으로 제기되고 있다.

셋째, 사례발표는 일반적으로 기관 내부 직원들이 자신이 담당하는 사례를 발표하는 것이다. 발표자는 쟁점이 될 수 있는 요소가 있는 사례를 설명하여 직원들에게 토론의 기회를 제공한다. 사례발표는 이미 개입이 종료된 사례 또는 아직 진행 중인 사례를 모두 대상으로 할 수 있다. 개입이 종료된 사례인 경우 실제 개입과정에 대해 설명함으로써 개입전략이 최선이었는지 아니면 또 다른 개입전략이 가능했는지 논의할 수 있다. 진행 중인 사례에 대해서는 토론과 평가를 거쳐 다양한 개입방안에 대해 고려해 보고, 그중 최선의 개입전략을 실행에 옮겨서 최선의 결과를 가져올 가능성을 높일 수 있다.

사례발표는 직원들에게 다양한 학습과정을 제공하게 된다. 사회복지사들의 사례를 통해서 인간에 대한 이해력을 높이고 클라이언트의 문제를 해결할 수 있는 능력을 개선시킬 수 있다. 사회복지사들은 사례발표를 통해 개별 사례계획을 작성하고, 개별 클라이언트에게 맞는 다양한 개입전략을 고려하는 데 도움을 받는다. 정기적으로 사회복지기관에서 실시하는 사례회의는 사례발표의 한 예가 될 수 있는데, 슈퍼바이저를 포함한 여러 직원들이 참여하여 서로의 의견을 교환하고 직원들의 개별 클라이언트에 대한 이해와 개입방법에 대한 지식을 높이는 데 중요한 역할을 할 수 있다.

3) 사회복지사의 소진

사회복지조직의 인적자원관리 부분에서 또 하나 중요한 점은 직원들이 업무상의 스트레스로 소진되는 일을 최소화할 수 있도록 노력하는 것이다. 소진은 감정적으로 어려운 일이 많은 상황에서 사람들과 부딪길 때 생길 수 있는 신체적 · 감정적 · 정신적 탈진 상태라고 정의된다(Johnson & Stone, 1987). 소진의 개념이 시사하는 것처럼 사회복지분야는 주로 사람을 다루고 그 일이 감정적으로 상당히 부담되는 경우가 많아 직원들의 소진에 대한 각별한 대책이 요구된다.

사회복지사의 경우는 지역사회에서 다양한 문제를 가진 서비스 이용자들을 직접 상대하게 되지만 열악한 근무환경과 자원의 부족으로 서비스를 본인이 감정적으로 원하는 만큼 제공할 수 없는 경우가 많아 쉽게 지치고 정서적 탈진을 경험하게 될 가능성이 큰 것으로 보고되고 있다(전석균, 2009). 소진은 스트레스로 인한 신체적인 질병을 발생시킬 수 있을 뿐 아니라 결근, 사고, 이직을 증가시키는 원인이 되기도 한다(Weisberg, 1994). 소진은 직원의 생산성을 떨어뜨리고 조직 전체의 효과성을 저하시키는 주요 원인인 것이다.

(1) 소진의 원인

소진의 원인은 개인적 · 조직적 · 문화적 요인 등의 다양한 요인이 있는 것으로 알려져 있다. 소진의 원인을 각 영역별로 분류해 보면 다음과 같다.

- 개인적 요인: 성격적 요인, 비현실적으로 높은 기대나 목표
- 조직규범요인: 지나치게 관료적 관리체계, 낮은 수준의 환류, 경쟁적인 풍토, 높은 갈등 수준, 낮은 신뢰감, 닫힌 조직문화
- 조직역할요인: 역할 갈등, 명확치 않은 업무, 과도한 업무부담, 자율성이 낮거나

동기유발이 적은 업무

- 슈퍼비전과 사회적 지지요인: 참여적인 의사결정의 부재
- 문화적 요인: 공동체로서의 의식 저하, 일을 통한 자아실현 기대에 대한 좌절, 만연한 경쟁 문화

사회복지조직의 관리자는 사회복지조직이 특히 직원들의 소진에 취약할 수 있다는 점을 유념하고 앞서 제시한 소진의 원인이 될 수 있는 요인들을 인지해 소진을 사전에 예방할 수 있는 방법을 고민하는 자세가 필요하다.

(2) 직무가치와 직무만족

자신의 일에 만족하지 못하는 사람은 일의 능률이 떨어지고 소진되기도 쉽다. 직무만족은 "자신의 일 또는 일과 관련된 경험으로부터 얻을 수 있는 기쁘거나 긍정적인 감정의 상태"(Locke, 1976)로 정의된다. 직무만족에 영향을 미치는 요인은 상당히 다양하지만, 특히 사회복지조직에서는 직무만족과 관련해서 직무가치의 중요성이 강조된다.

사회복지조직의 목적과 사회복지사의 과업 동기는 상대적으로 가치지향적이다. 이러한 사회복지조직과 그 구성원의 속성을 반영할 때 직무가치는 사회복지사의 직무만족과 밀접한 관계를 가진다. 최근에는 직무만족의 개념을 넘어 사회복지조직에서의 조직공정성, 직무몰입 등에 관한 연구도 활발히 이루어지고 있다(예, 강철희, 주명관, 이상철, 2012).

직무만족은 행하고 있는 직무에 대해 개인이 가지고 있는 직무가치와의 비교를 통해서 느끼는 주관적인 감정이다. 즉, 직무만족은 절대적인 개념이라기보다는 직무가치의 성취를 통해 느끼는 상대적인 개념이다. 특히, 사회복지조직은 가치지향적이기 때문에 직무가치의 성취가 직무만족에 주는 영향은 상대적으로 클 수밖에 없는데, 사회복지조직에서 일반적으로 중요하게 여기는 가치는 공평성, 유익성, 자아존중감 등이다.

사회복지조직이 조직구성원들의 직무가치를 잘 파악하고 그러한 가치를 성취할

수 있도록 지원하는 기관일수록 그 구성원의 업무능률도 향상되고 기관의 효과성도 높아진다. 사회복지사의 소진과 관련해서는 직무만족을 높이는 것이 소진을 예방하는 방법이기도 하다는 시사점을 주고 있기도 하다.

3. 슈퍼비전

사회복지사와 같은 전문직은 학교에서 배웠던 지식만으로는 서비스 이용자에게 가장 적절한 서비스를 제공하기가 쉽지 않다. 이에 따라 신입 사회복지사는 사회복지조직에서 지식과 경험이 많은 슈퍼바이저로부터 현장에 적절한 지식, 기술 및 헌신적 태도를 배우는 것이 필요하다. 여기에서는 슈퍼비전의 요소와 슈퍼바이저의 역할, 그리고 슈퍼비전의 과정에 대해서 다룬다.

1) 슈퍼비전의 정의와 기능

사회복지에서 슈퍼비전(supervision)은 19세기부터 교육과 실천의 기본 요소로 자리 잡아 왔다. 슈퍼비전의 중요성은 자선조직협회(charity organization society) 시절부터 인식되었다.

일부 직업에서 초보자는 지식, 기술 및 직업에 대한 헌신적 태도를 전문가 밑에 소속되어 있는 과정, 활동을 통한 학습과정을 통하여 얻게 된다. 예를 들어, 양복재단, 도자기 생산과 같은 일은 이와 같은 과정을 통해 진입하는 것이 일반적이었다. 초보자는 그 일에 능숙한 장인과 함께 시간을 보내고, 어깨 너머로 배우고, 업무와 관련된 일상과 실천에 참여하고, 업무를 탐구함으로써 해당 직업의 구성원이 된다. 슈퍼비전은 이와 같이 장인이 해당 직업의 지식, 기술 및 헌신적 태도까지 초보자를 가르치는 과정에 뿌리를 두고 있다.

사회복지의 슈퍼비전은 사회복지실천과 개별사회복지실천(casework)에서 시작되었는데, 신입 개별사회복지사(caseworker)는 현장에서 일하면서 개별사회복지

실천의 경험이 많은 선임자들로부터 많은 지식과 기술을 배웠다. 슈퍼비전은 사회복지사들이 업무를 효율적 · 효과적으로 수행하기 위해 지식과 기술을 사용하도록 돕는 과정이다. 스키드모어는 슈퍼비전이 슈퍼바이저(supervisor)가 슈퍼비전 대상자(supervisee), 즉 사회복지사와의 관계에서 맡는 기능을 말한다고 하였다. 슈퍼바이저와 슈퍼비전 대상자의 상호작용은 사회복지사의 능력을 개발하려는 의도를 갖고 있다.

2) 슈퍼비전의 요소

카두신(Kadushin, 1992)은 슈퍼비전의 세 가지 요소로 행정적(administrative) 슈퍼비전, 교육적(educational) 슈퍼비전, 지지적(supportive) 슈퍼비전을 제시하였다.

행정적 슈퍼비전은 주로 기관 또는 기관의 규정 및 공적 책임성과 관련되어 있다. 행정적 슈퍼비전에서는 업무를 높은 수준으로 끌어올리고 유지하며, 실천을 규정에 맞게 조정하고, 전체 기관을 효율적이며 원활하게 운영하는 데 관심을 기울인다. 이 과정을 거쳐서 기관의 목적이 사회복지사가 수행하는 과업으로 전환된다. 행정적 슈퍼바이저의 주된 책임은 사회복지사들이 업무를 실행하는 것을 확인하는 것이다. 행정적 슈퍼비전의 주요 기능으로는 신입직원의 선발과 교육, 업무의 기획, 업무 배치, 업무 평가, 관리직과 일반직원의 의사소통, 그리고 행정적 완충 역할이다.

행정적 슈퍼비전에서 핵심 문제는 기관의 규정과 절차가 정확하고 효과적이며 적절하게 실행되는지 확인하는 것으로, 기본 목표는 규정과 절차를 명확하게 지키도록 하는 것이다. 슈퍼바이저는 슈퍼비전 대상자의 업무를 감독하는 권한을 기관으로부터 부여받아서 직원이 기관의 설립 목적을 잊지 않도록 하며, 클라이언트에게 최상의 서비스를 제공하게 만들 책임이 있다.

교육적 슈퍼비전은 임상적 슈퍼비전이라고도 하는데, 슈퍼바이저와 슈퍼비전 대상자 간에 학습 관계를 구축하도록 한다. 이 관계를 통해서 슈퍼비전 대상자는 치료적 기술을 배운다. 교육적 슈퍼비전에서는 개별 사회복지사가 자신의 잠재성을 완전히 실현하도록 교육 개발을 하게 된다. 이를 위해 직원개발, 훈련 및 교육, 개별 프로그램 또는 집단 프로그램에 대한 사례회의 등을 주로 활용한다.

교육적 슈퍼비전의 핵심 문제는 사회복지사가 업무를 수행하는 데 필요한 지식, 태도 및 기술을 잘 모른다거나 부적절한 지식·태도·기술을 갖고 있다는 것이다. 따라서 핵심 목표는 필요한 지식, 태도 및 기술을 배워서 향상시키는 것이다. 이 과업의 과정에는 업무에 대한 검토와 탐구가 반드시 필요하다. 업무를 충분히 이해하지 못한다면 업무를 수행하는 데 필요한 지식, 태도 및 기술도 정확하게 파악하기 어려울 것이다. 슈퍼비전 대상자는 교육적 슈퍼비전을 통해서 클라이언트를 더 잘 이해하고, 클라이언트에 대한 자신의 반응과 응답을 더 잘 인식하게 된다. 또한 클라이언트와 상호작용하는 과정에서 나타나는 역동성을 이해하고, 개입 방법과 개입 결과를 살펴보게 되고, 유사한 상황에서 업무를 수행할 수 있는 다른 방법을 찾도록 도움을 받는다. 슈퍼바이저는 사회복지사가 특정 클라이언트에게 특정한 서비스를 제공하기 위해 알아야 하는 것이 무엇인지 가르친다.

지지적 슈퍼비전은 업무 성과에 방해가 되는 업무 스트레스를 줄여서 업무 성과를 높이는 데 주된 관심을 둔다. 지지적 슈퍼비전을 통해서 조화로운 업무 관계를 유지시키고, 직원의 단결을 고양시키며, 다른 슈퍼비전과 달리 직원의 표현 욕구에 관심을 갖는다. 지지적 슈퍼바이저는 사회복지사가 스트레스를 해소하도록 지원하고 격려하며, 사회복지사에게 안정감을 주도록 한다. 또한 사회복지사와 공감할 수 있도록 하고, 사회복지사의 강점을 확인하여 문제해결을 촉진한다.

지지적 슈퍼비전의 핵심 문제는 사회복지사의 사기와 직업 만족이며, 핵심 목표는 사기와 직업 만족을 개선하는 것이다. 사회복지사들은 다양한 업무 관련 스트레스를 받고 있어서, 이에 대처하도록 도움을 받지 않으면 업무에 심각한 영향을 받게 된다. 결국 사회복지사는 클라이언트에게 만족스럽지 못한 서비스를 제공하는 결과를 낳게 된다. 사회복지사의 소진 문제는 지지적 슈퍼비전이 해결해야 하는 가장 어려운 문제 중의 하나이다.

지지적 슈퍼바이저는 사회복지사에게 스트레스가 될 가능성이 높은 상황을 막고자 한다. 또한 사회복지사의 스트레스를 줄이며, 스트레스를 이겨낼 수 있도록 돕는다. 슈퍼바이저는 사회복지사들이 필요하다고 느낄 때 스스로 다가올 수 있도록 시간적 여유를 주고, 공간적으로도 쉽게 접근할 수 있도록 한다. 슈퍼바이저는 사회복지사에 대한 신뢰를 보여 주고, 사회복지사에게 방향성을 제시한다. 또한 필요한 경우에는 사회복지사의 실패를 용인하고, 사회복지사가 다른 결정을 내리도록 허용하면서도 책임을 공유하며, 과업 달성의 과정에서 사회복지사에게 독립적인 기능과 성공의 기회를 제공한다.

3) 슈퍼바이저의 역할

슈퍼비전은 다양한 기능을 수행하기 때문에 슈퍼바이저의 역할도 다양할 수밖에 없다. 슈퍼바이저의 기관 내 위치를 보면 행정 부서와 서비스 전달 부서 등 여러 부서와 연결되어 있어서 다양한 역할을 수행해야 한다. 루이스 등(Lewis et al., 2006)은 슈퍼바이저의 다양한 역할을 리더(leader), 관리자(manager), 중개자(mediator) 및 멘토(mentor)의 4가지로 요약하였다. 첫째, 슈퍼바이저가 수행해야 할 가장 핵심적인 역할은 조직 리더의 역할이다. 리더로서 슈퍼바이저는 직원에게 동기부여의 방향을 제시할 수 있는 권한과 조직의 목적과 목표를 달성하기 위한 활동과 방향을 제시할 수 있는 권한을 갖고 있다. 리더의 역할을 수행하기 위해서는 관리자, 중개자 및 멘토라는 역할을 수행해야 한다.

둘째, 관리자의 역할이다. 이 역할을 수행하기 위해 슈퍼바이저는 기획, 예산, 조직화, 인적자원의 개발, 프로그램 평가 분야의 지식과 기술을 향상시켜야 한다. 슈퍼바이저는 자신의 성과뿐 아니라 슈퍼비전 대상자의 성과에 대해서도 책임을 져야 한다. 실제로 슈퍼바이저의 성과는 상당 부분 슈퍼비전 대상자의 성과를 통해 측정된다.

관리자의 역할에는 여러 가지 역할이 포함되어 있는데, 브로디(Brody, 2005)의 평가자도 관리자의 역할 중 하나로, 직원의 목표 달성도를 평가하는 역할이다. 이를 위해서 슈퍼바이저는 공식 평가과정을 실시하고, 비공식적으로 직원과 면담한다. 목표를 달성하지 못한 경우 원인이 직원의 문제인지, 업무 환경인지, 아니면 업무 자체인지를 찾아낸다. 또한 기관이 필요로 하는 자원을 찾아내는 보물 사냥꾼의 역할, 그리고 프로그램에 대한 대중의 지지를 끌어내는 대외관계 전문가의 역할도 관리자의 중요한 역할에 포함된다.

셋째, 중개자로서 슈퍼바이저는 사회복지기관의 핵심 전문기술인 행정과 실천이 맞닿는 점에 위치한다. 슈퍼바이저는 서비스를 효율적 · 효과적으로 전달할 수 있도록 행정과 실천을 중개하고 통합하는 책임을 맡는다. 또한 슈퍼바이저가 직원들과 기관 내 타 부서 간의 수평적 상호작용과 상호의존, 그리고 직원들과 기관의 상부 및 하부 단위 간의 수직적 상호작용과 상호의존을 통합하는 기능도 매우 중요하다.

넷째, 직원의 멘토로서 슈퍼바이저는 직원과 지식을 나누고, 서비스 전달을 향상시키기 위해 직원이 전문기술을 발전시키도록 돕고, 직원에게 정서적 지지와 심리적 지지를 제공한다. 슈퍼바이저가 멘토의 교육적 기능을 제대로 수행하기 위해서는 직원이 사용하고 있는 서비스 실천 기술을 제대로 파악해야 한다. 슈퍼바이저는 사회복지사가 성숙도를 높이고 자율성을 증대시키는 것을 목표로 꾸준히 도와야 한다.

브로디는 멘토의 역할과 유사한 슈퍼바이저의 역할을 코치/상담자(coach/

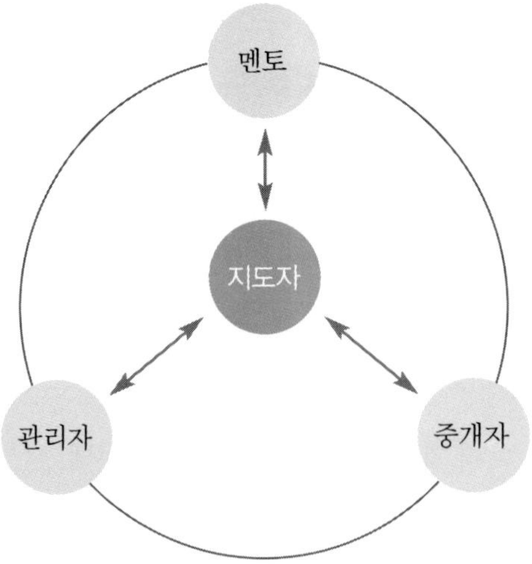

그림 9-2 사회복지기관 슈퍼비전의 모형

출처: Lewis et al.(2007).

counselor)로 보았다. 코치는 직원에게 피드백을 제공하고, 직원들이 성과와 개선을 위한 계획을 스스로 세우도록 격려하고, 직원의 성장을 지지한다.

4) 슈퍼비전의 과정

슈퍼비전은 예비단계(preliminary phase), 시작단계(beginning phase), 업무단계(work phase), 종료단계(endings phase) 및 전이단계(transitions phase)로 구분할 수 있다(Shulman, 1993). 슈퍼비전의 전 과정에서 슈퍼바이저와 사회복지사는 목표를 구체화하고, 성과를 측정하는 기준을 명확하게 하고, 한 단계에서 다음 단계로 이동하기 위해 함께 노력한다.

첫 번째 예비단계는 슈퍼바이저가 슈퍼비전을 준비하는 단계로, 이 단계의 주요 기술은 조율하기이다. 슈퍼바이저는 직원의 입장에서 생각함으로써 예비적 공감대를 형성하기 위해 노력해야 한다.

두 번째 시작단계는 슈퍼바이저와 직원 간에 슈퍼비전에 대한 계약을 맺는 단계이다. 먼저, 슈퍼비전의 목적을 명확하게 하여 슈퍼바이저와 직원이 목적에 대해 합의를 하는 것이 중요하다. 이 과정에서 슈퍼바이저가 어떤 역할을 할 것인지 구체화하여 직원이 슈퍼바이저의 역할에 대해 미리 예상할 수 있어야 한다. 슈퍼바이저는 직원의 생각, 의견, 고민 등을 듣는 데 많은 시간을 투자하는 것이 중요하다.

세 번째 업무단계는 실질적인 슈퍼비전이 진행되는 단계로, 이 단계에서는 관련 기술을 활용하는 것이 필요하다. 정교화 기술(elaborating skills)은 토론 주제가 제시된 후에 사용하는 기술이다. 일반적인 주제(쟁점)에서 구체적인 주제(쟁점)로 진행하며, 질문에 대해 너무 성급하게 일찍 대답하려는 충동을 억누르기 위해 자제하고, 집중해서 듣고 질문하며, 질문의 의미를 끌어내고자 침묵으로 반응하는 등의 다양한 기술이 있다. 감정이입 기술(empathic skills)은 직원이 느끼는 좌절감을 공유하고, 직원이 업무 스트레스에 대응하는 데 유용하다. 또한 감정공유를 통해 자신의 감정을 직원에게 보여 줌으로써 직원이 슈퍼바이저가 냉정한 인간이 아니라는 것을 보게 한다. 이와 관련하여 슈퍼바이저가 자신의 취약함을 보여 주어 적절한 자기 표출의 예를 보여 줄 수 있고 감정을 해소하도록 해 주어 감정이입이 시작되게 할 수 있다. 분노 드러내기도 유용한 기술이 될 수 있다. 분노는 정상적인 감정으로, 억누르게 되면 무관심과 같은 역기능으로 악화될 수 있다.

네 번째 슈퍼비전의 종료 및 전이 단계는 승진, 이직, 퇴직, 예산 삭감에 따른 해고 및 계약기간 만료의 결과로서 발생할 수 있다. 원인이 무엇이든 관심 주제는 부인, 끝내지 못한 일을 서둘러 마치려는 급박함, 더 할 수 있었던 일에 대한 아쉬움 등이다. 슈퍼바이저는 적극적으로 종료에 대응하는 것이 바람직하다. 슈퍼바이저는 긍정적 감정과 부정적 감정을 공유하고, 직원도 자신의 감정을 공유하도록 하며, 직원의 조직에 대한 기여를 칭찬하고, 작별 인사를 한 후에 종결에 도달한다.

요점 정리

- 직무설계는 조직 내에서 직원의 역할이 무엇인지를 명확하고 체계적으로 미리 계획해 놓는 일이다. 이러한 일련의 과정이 체계적으로 일어나기 위해서는 일의 내용을 파악하는 직무분석과 그 내용을 일목요연하게 정리하는 직무기술(job description)이 필요하다.

- 채용은 모집과 선발로 이루어진다. 모집은 조직이 적당한 수의 자격요건을 갖춘 지원자를 확보하는 과정이다. 선발은 지원자의 자격을 검토하고 평가해서 누구를 채용할 것인지를 결정하는 과정이다.

- 직무수행평가의 구체적인 방법으로는, 행동기준평가 방식(BARS), 다면평가 방식, 목표관리 방식, 주요사건 방식 등이 있다.

- 동기부여의 이론에는 내용이론과 과정이론이 있으며, 내용이론은 구체적인 동기부여요인들을 다루고 있고, 과정이론은 욕구, 행동 및 보상이 서로 상호작용하는 과정을 서술한다.

- 매슬로우의 욕구위계론은 인간의 욕구가 생리적 욕구, 안전의 욕구, 소속감 · 사랑 · 사회적 상호작용의 욕구, 자존감과 지위의 욕구, 자아실현의 욕구 순으로 위계가 있으며, 하위의 욕구를 충족시키면 상위의 욕구를 충족시키고자 한다고 설명하였다.

- 허즈버그의 동기부여-위생이론은 업무 만족의 요인을 동기부여요인이라고 하며, 업무 불만족의 요인을 위생요인 또는 유지요인이라고 한다.
- 맥클랜드의 욕구이론은 업무 환경에서 동기부여요인을 성취에 대한 욕구, 권력에 대한 욕구, 연계의 욕구로 나눈다.
- 브룸의 기대이론은 동기부여가 되기 위해서 노력, 성과 및 결과(보상)가 서로 연결되어야 한다는 가설을 세우고, 이 관계를 설명하는 요인으로 가치와 기대, 도구를 제시하였다.
- 소진은 감정적으로 어려운 일이 많은 상황에서 사람들과 부딪길 때 생길 수 있는 신체적 · 감정적 · 정신적 탈진 상태라고 정의된다. 사회복지조직의 인적자원관리 부분에서 중요한 점은 직원들이 업무상의 스트레스로 소진되는 일을 최소화할 수 있도록 노력하는 것이다.
- 직원개발의 방법으로 강의, 보수교육, 사례발표 등을 들 수 있다.
- 슈퍼비전의 세 가지 요소로 행정적 슈퍼비전, 교육적 슈퍼비전, 지지적 슈퍼비전이 있다.
- 슈퍼바이저의 다양한 역할은 리더, 관리자, 중개자 및 멘토의 4가지 역할로 정리될 수 있다.

더 읽어 보기

전석균(2009). 정신보건사회복지사의 슈퍼비전이 직무환경과 소진에 미치는 영향에 대한 연구. 정신보건과 사회사업, 32, 106-34.

Brody, R. (2005). *Effectively managing human service organizations.* Sage.

Lewis, J. A, Packard, T. R., & Lewis, M. D. (2007). *Management of human service programs* (4th ed.). Belmont, CA: Books/Cole.

Sims, R. R. (2002). *Organizational success through effective human resources management.* Westport, CT: Quorum Books.

제10장

재정관리 활동

학습목표

- 예산과정의 4단계를 이해하고 예산의 기능을 설명할 수 있다.
- 예산양식별 특성과 장점, 단점을 이해하고 설명할 수 있다.
- 각 예산양식의 특성과 예산의 기능을 연계하여 설명할 수 있다.
- 사회복지조직의 다양한 재정자원의 종류와 특성을 설명할 수 있다.
- 사회복지조직의 재정관리 절차를 설명할 수 있다.

조직을 운영하기 위해서는 사람, 재정, 운영규칙, 업무절차, 외부의 지지, 클라이언트 등 다양한 요소가 필요하다. 우리는 이를 조직의 자원이라고 한다. 재정관리는 조직의 목표 달성에 필요한 재정자원을 확보, 분배, 관리하는 과정으로서 조직의 성장과 유지와 관련된 중요한 활동이다. 재정관리의 중요성은 사회복지조직에서도 예외가 아니며, 최근 들어 사회복지 재정자원을 둘러싼 경쟁이 심화되는 환경에서 재정관리의 중요성은 더욱 증가하고 있다. 자원을 투입하여 사업을 수행하고,

일정한 산출물을 창출하고, 조직의 목적을 달성하였는지에 대한 정보를 확보하는 것이 재정관리 활동이다.

사회복지조직은 영리기업에 비해 다양한 재정원천을 가지고 있어 더욱 재정관리에 대한 이해가 중요하다. 재정자원의 특성을 이해하고 합리적 계획 수립과 효율적인 자원 활용을 위해서는 재정관리 활동에 대해 학습할 필요가 있다.

1. 재정관리 의미와 예산이론

사회복지조직의 관리 활동에서 인적자원의 관리와 더불어 재정자원의 관리는 매우 중요하다. 조직의 목표를 달성함에 있어서 재정자원의 관리과정은 예산과정에 따라 이루어진다. 예산과정은 재정계획의 수립(예산 편성), 재정계획에 따른 세입·세출활동(예산집행), 세입·세출사항의 자료정리(회계자료의 작성), 결산과 재정활동의 평가(결산 및 회계감사)라는 과정을 거친다. 예산의 목적과 기능에 대한 시각에 따라 다양한 예산편성 양식이 존재하며, 이후의 예산활동의 주안점도 달라진다. 이 절에서는 재정관리의 의미와 예산과정과 관련된 이론을 살펴보고자 한다.

1) 재정관리와 예산과정

(1) 재정관리의 의미

재정관리는 조직의 목표 달성에 필요한 재정자원을 합리적이고 계획적으로 동원하고 배분하여 이를 효율적으로 관리·운영하는 과정을 의미한다(최성재, 남기민, 2006). 조직에서의 재정자원의 배분, 관리(수입과 지출), 결산 활동은 일정하게 문서화된 양식과 공인된 회계기준에 따라 작성되고 관리된다. 재정관리의 시작은 예산안의 편성과 확정이며, 예산집행, 집행 결과에 대한 결산 및 감사로 종결되는 과정을 '예산과정(budgeting)'이라고 한다.

조직의 예산안 및 결산서는 단순한 조직의 재정상태에 대한 수치의 기록물이 아니라 일정 기간 동안 조직의 활동과 노력, 산출, 성과를 전체적으로 파악할 수 있는 청사진과 같다. 예산안의 편성을 통해서 조직이 기획하고 계획하는 운영방향을 파악할 수 있으며, 결산서 및 감사보고서는 조직의 성과를 평가하고, 향후 조직의 계획수립 및 활동계획을 수정하는 의사결정의 기초자료가 된다. 따라서 예산과정은 조직의 전반적인 기획과정이자 종합적인 의사결정 과정의 의미를 갖는다.

(2) 예산과정의 의미

예산과정은 예산편성, 예산심의 및 의결, 예산집행, 결산과 회계감사의 과정을 따른다. 정부의 예산과정도 이러한 과정을 거쳐 확정 · 집행된다. 정부에서 차년도 예산을 편성하면 국회의 예산 심의 및 의결 과정을 거쳐 예산안이 확정되고, 확정된 예산안에 의해 회계연도의 예산이 집행되면, 회계연도 종결 이후 결산과정을 거치게 된다.

대부분의 조직들도 이러한 예산과정을 따른다. 먼저 일정 기간 동안 조직이 수행해야 할 활동을 중심으로 재정계획을 수립하는 예산안을 편성하는 단계가 필요하다. 이후 법적으로 필요한 심의와 의결을 거쳐 예산안을 확정하고, 확정된 재정계획(예산안)에 따라 세입(수입)과 세출(지출)활동을 관리하며,[1] 재정자원의 세입과 세출에 관한 사항에 대한 회계자료를 작성한다. 회계연도가 종결되면 모든 세입 · 세출자료를 바탕으로 결산하고 세입 · 세출이 일정한 기준에 맞게 집행되었는지, 전체적인 재정상황의 문제점 및 개선점을 파악하는 회계감사의 과정을 거치게 된다.

2) 예산편성과 예산양식

예산과정의 첫 단계는 예산편성이며, 예산을 편성하기 위한 일정한 양식을 예산양식(budget form)이라고 한다. 예산양식은 예산과정에서 무엇에 초점을 두는지에

1) 「사회복지법인 및 사회복지시설 재무 · 회계 규칙」 제7조에서는 "1회계연도의 모든 수입을 세입으로 하고, 모든 지출을 세출로 한다."라고 규정하고 있다.

따라서 다양한 양식이 존재하며, 예산양식의 차이는 예산을 편성하는 항목의 강조점의 차이에 기인한다. 예산양식은 정부 예산에 대한 연구를 진행해 온 행정학에서 개발된 것으로서 일반적으로 품목별 예산, 조직별 예산, 기능별 예산 등의 예산양식이 있으며, 실제 예산은 여러 유형의 예산양식을 결합하여 사용한다. 여기에서는 예산양식으로 주로 활용되고 있는 품목별 예산, 성과주의 예산, 기획 예산, 그리고 새로운 대안으로 제시하는 영기준 예산에 대해 살펴본다.

예산의 통제, 관리, 기획 기능을 주요 3대 기능이라고 한다. 자원투입과 사업수행 과정에서 재무적 활동을 통제하는 기능, 자원투입을 통해 조직의 기능과 활동으로 얻어진 산출물을 관리하는 기능, 목적과 결과물을 평가하고 이를 전체 조직운영계획에 반영하는 기획 기능이 예산의 주요 기능이다. 예산양식들은 항목의 산정방법뿐만 아니라 예산집행 과정에서의 통제, 집행관리, 이후의 성과에 대한 강조에 있어서 서로 다른 관점을 보인다. 과거에는 예산의 통제(재무관리)에 초점을 두었다면, 최근에는 점차 사업효과성을 평가하여 이를 예산체계에 반영하는 기획 기능에 초점을 두는 것으로 변화하고 있다.

(1) 품목별 예산

품목별 예산(Line-Item Budget: LIB) 양식은 품목예산 혹은 대상에 따라 예산 항목을 분류하여 작성하는 방식이다. 품목이라는 것은 지출 항목들의 목록으로서 인건비, 임대료, 사무용품비, 회의비, 장비사용료, 복리후생비와 같은 지출 항목에 따라 예산을 작성하게 된다. 품목별 예산을 편성하는 방식은 지출 항목에 따라 예산을 편성하기 때문에 사용하기 간편하고 단순하며, 지출 항목에 따라 예산을 집행하기 때문에 예산을 통제하기가 용이하여 예산집행자의 회계 책임을 명확하게 할 수 있다. 이러한 품목별 예산의 간편성으로 인해 대부분의 조직들은 품목별 편성방식을 따르고 있다.

반면, 품목별 예산은 지출 비용이 조직의 활동과 내용(프로그램 성과)를 보여 주지 못한다는 한계가 있다. 예컨대, 인건비, 사무용품비, 임차료의 지출액을 통해 사회복지조직에서 프로그램을 어떻게 실행했는지를 파악하기는 어렵다.[2] 따라서

표 10-1 품목별 예산양식의 예시 (단위: 원)

항목	예산액	전년도 예산액	증감
인건비	250,000,000	245,000,000	△5,000,000
일반운영비	4,456,000	4,567,000	△111,000
사무관리비	2,900,000	3,100,000	▽200,000
장비사용료	3,200,000	3,000,000	△200,000
여비	900,000	750,000	▽150,000
회의비	2,300,000	2,100,000	△200,000
프로그램사업비	12,000,000	13,000,000	△1,000,000

품목별 예산은 조직의 목적에 필요한 예산편성 근거를 제시하기 어려워 예산편성을 전년도와 대비하여 일정 비율을 증가시키는 점증주의(incrementalism) 특성을 보인다. 품목별 예산의 회계책임에 대한 명확성은 역으로 예산집행 과정에서 발생할 수 있는 예산운영의 신축성을 저해할 수 있다. 실제 사업진행 과정에서는 예산편성 항목대로 예산이 집행되지 않는 상황이 발생하기도 하며, 긴급하게 지출 항목간에 전용이 필요한 상황이 있다. 회계책임의 명확성만 강조하다 보면 필요한 시점에 필요한 사업에 예산을 적절하게 사용하지 못하는 경직적인 예산운영이 나타날 수도 있다.

예산방식은 의사결정과 관련된 것으로 조직의 목표 달성을 위한 주요한 활동에 대한 정보를 제공하는 것이 요구된다. 하지만 품목별 예산은 지출에 대한 '통제'에 초점이 맞추어져 있어 지출 항목이 목표, 성과와 연계되지 못한다는 점에서 많은 비판을 받고 있으며, 새로운 예산양식에 대한 필요성이 제기되어 왔다.

2) 사회복지시설에서 프로그램 운영비로 3억 원을 편성하였다고 할 때, 이 수치만으로 프로그램을 얼마나 어떻게 운영할 것인지에 대한 정보는 제공하지 못한다.

(2) 성과주의 예산

1950~1960년대 주목받았던 성과주의 예산(Performance Budgeting: PB)은 사업을 운영하는 데 필요한 예산을 지출 항목보다는 사업을 수행하여 얻게 되는 '성과'에 초점을 두는 것으로서 산출물에 대한 정보를 제공하지 못하는 품목별 예산의 약점을 보완하기 위한 목적으로 제시된 양식이다. 조직 활동의 효율성을 파악하기 위해서는 조직의 활동(투입자원과 산출물의 인과적 관계)에 대한 정보를 제공하는 예산양식이 요구된다. 조직의 산출물에 대한 평가를 근거로 예산을 편성한다는 점에서 관리지향 예산양식이라고 할 수 있다.

성과주의 예산은 조직에서 수행하는 업무단위량과 단위원가를 파악하여 이를 통해 예산액을 산출하는 간단한 논리를 가진다(업무단위량 × 단위원가 = 예산액). 예산은 업무단위량과 단위원가의 파악을 통해서 파악되는 것으로서 업무단위는 세부 사업의 최종산물, 활동량으로 측정한다. 단위원가의 산출은 업무단위 1단위를 생산하는 데 필요한 비용으로서 직접비와 간접비를 포함하는 것으로 단위원가의 산출을 위해서는 회계학적인 분석 작업이 요구된다.

일반적으로 성과주의 예산을 편성하는 과정에서 업무단위량을 산정하기 위해서는 조직의 기능별, 프로그램별 구분작업이 요구된다. 프로그램의 산출물을 측정하는 과정을 거치게 되는데 기능별, 프로그램별로 성과(산출물)를 구분하여 이를 예

표 10-2 성과주의 예산양식의 예시

성과목표	성과지표	2019	2020	2021	예산(단위: 억 원)		
					2019	2020	증감
전략목표: 기초생활보장							
성과목표 1: 저소득층 생활안정 지원					1,580	1,601	▽21
	기초생활보장 수급자 발굴률	12%	13%	15%			
	수급자 부적격자 조치율	8%	8%	9%			
	저소득층 발굴 및 지원자 수	800명	850명	900명			
성과목표 2: 민간의 참여 확대					24	23	△1
	푸드뱅크 기탁실적	80억 원	80억 원	90억 원			

산편성에 반영한다는 차원에서 성과주의 예산을 기능별 예산 혹은 프로그램 예산으로 부르기도 한다(김영종, 2010; 최성재, 남기민, 2006). 그러나 기능별 예산은 조직의 지출을 기능별(사회복지조직의 경우, 서비스 제공기능과 행정지원 기능, 사업지원 기능 등)로 나누어 이들 기능에 재원이 어느 정도 소요되는지를 파악하는 것이다. 프로그램별 예산은 보다 조직의 활동을 세부 사업단위로 나누어 지출 비용을 배분한다는 점에서, 엄밀히 말하자면 성과주의 예산은 기능별 예산이나 프로그램별 예산과는 다른 것이다. 그럼에도 성과주의 예산에서 말하는 성과는 사회복지조직의 경우 주로 세부 프로그램으로 볼 수 있다는 점에서 프로그램 예산과 성과주의 예산은 같은 것으로 이해할 수 있다(Rapp & Poertner, 1992).

성과주의 예산은 품목별 예산에 비해 조직의 목적과 사업, 활동을 이해하는 정보를 제공하며, 사업별 단위비용을 계산함으로써 예산배분과 예산집행에 있어서 합리성과 신축성을 높일 수 있다는 장점이 있다. 또한 사업별 산출물을 성과로 보고 있어 사업별 모니터링과 실적을 분석하기에 용이하다.

반면, 업무단위(성과단위, 산출물단위)의 선정, 단위원가의 측정이 실제로는 이론적 접근대로 이를 정확히 산정하고 측정하기가 용이하지 않다는 약점을 가지고 있다. 조직 활동의 업무단위를 명확히 규정하고 측정 가능한 형태로 구분하기 어려운 활동과 사업들도 존재하며, 조직 내에는 산출물을 간접적으로 생산하는 기능을 담당하는 하위 부서도 존재한다. 또한 직접적 업무단위를 프로그램의 산출물로 보기 때문에 산출물을 생산하기 위해 필요한 공통 경비를 성관단위별로 어떻게 배분할 것인가의 문제가 발생한다.[3] 이와 같은 약점으로 인해 실제 성과주의 예산제도는 원형 그대로 도입되기보다는 품목별 예산을 보완하는 형태로 도입되는 경우가 많았다.

3) 예를 들어, 노인급식사업, 노인일자리사업, 노인맞춤형돌봄서비스사업을 수행하는 노인복지시설이 있다고 하자. 이 시설에는 사업별 부서 외에도 행정관리부서, 자원봉사관리부서가 존재한다. 사업별 산출물(업무단위), 단위원가를 도출하였다고 해도 행정관리부서, 자원봉사관리부서에서 발생하는 경비의 배분 문제 등 현실적으로 실제 운영하는 데 있어 쉽지 않은 요소들이 있다.

(3) 기획 예산

기획예산제도(Planning-Programming Budgeting System: PPBS)는 장기적인 기획과 세부적인 사업계획, 예산운영을 통합하여 운영하는 예산체계이다. 장기적인 사업계획을 설정하고 이를 실행하기 위한 당해 연도의 세부 사업계획과 사업수행에 필요한 당해 연도의 예산을 통합하여 수립하는 것에 초점을 둔 예산제도이다. 중장기적인 사업기획을 수립하여 성과와 비용을 연도별로 배분하여 해당연도의 사업-예산안을 편성하는 것으로 장기적인 계획과 단기적 예산안을 유기적으로 연결하는 것에 초점을 두고 있다. 프로그램 기획과 예산을 통합한다는 의미에서 프로그램 기획예산이라고도 부른다. 성과주의 예산이 투입과 산출의 효율성을 강조하였다면, 기획 예산은 사업의 목표달성 정도인 효과성을 강조한다는 차이점을 보인다.

명칭에서 드러나듯이, 기획 예산은 목표와 사업, 예산의 유기적 통합과 연계를 통해 예산의 합리적·객관적 편성과 집행을 강조하는 제도이다. 따라서 예산을 집행하는 조직에 자원을 제공하는 재정자원 공급자의 시각에서 볼 때 조직의 명확한 목표와 활동을 파악할 수 있다는 점에서 의사결정에 중요한 정보를 제공할 수 있는 이점이 있다. 또한 다년도 예산전망을 기초로 하여 사업계획을 수립하고, 사업계획과 예산을 연계시킴으로 인해 비용-수익분석, 비용-효과분석과 같은 분석적 접근이 중요하다는 점을 제시하였다(강신택, 2006).

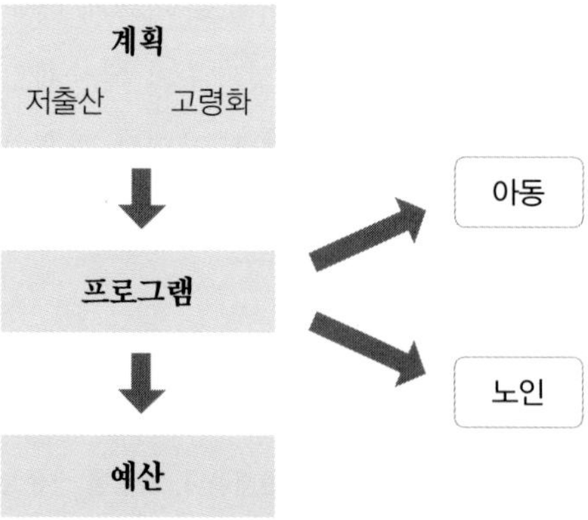

	T	T+1	T+2	T+3	T+4
출산비지원					
아동수당지원					
보육시설확대					
노인일자리사업					
노인건강증진사업					
노인학대예방사업					

그림 10-1 기획 예산의 예시

반면, 목적의 명확화 · 계량화[4]가 항상 가능하지 않다는 점, 사회복지조직을 비롯한 공공서비스를 제공하는 조직에서의 투입-산출-결과 및 목표의 정책분석을 가능하게 하는 인과적 관계를 파악하기 쉽지 않다는 점, 설령 인과적 관계에 따른 정책분석이 가능하다 해도 이를 위한 시간과 비용의 부담이 크다는 점은 기획 예산의 한계로 지적되고 있다.

그럼에도 기획예산제도가 강조한 다년도 기획, 다년도 사업과 예산의 연계, 기존 사업에 대한 평가를 위한 분석기법의 강조와 적용 등의 아이디어는 현재 정부와 사회복지조직의 예산제도에 많은 영향을 미쳤다는 점에서 의미가 있다.

(4) 영기준 예산

영기준 예산(Zero-Base Budgeting: ZBB)은 문자 그대로 예산의 기초를 영(零, zero)에서 출발하여 새롭게 예산을 편성하자는 것이다. 정부 예산안을 비롯하여 대규모 조직의 예산편성은 과거의 예산안을 바탕으로 이루어지는 경우가 많다. 대부분 전년도에 승인된 예산액을 조직의 기초(base)로 보고, 이 기초액에 얼마를 더 추가할 것인지, 신규사업을 추가할 것인지를 결정하는 형태로 예산편성이 이루어진다. 전년도 예산을 그대로 답습함으로써 발생하는 문제점을 시정하기 위해 1977년 미국 연방정부에서 처음 도입되었다(강신택, 2006). 전년도의 예산안을 바탕으로 점증식(전년도 예산 + 증감분)으로 예산이 책정되다 보니 불필요하거나 축소되어야 할 예산들이 그대로 편성되는 경우가 많아 예산의 불합리성과 낭비를 초래하는 문제점이 발생한다. 이에 영기준 예산방식에서는 모든 사업은 기초액이 제로인 상태로, 즉 매년 사업의 재평가를 통해서 예산을 편성한다.

영기준 예산은 다음과 같은 4단계 절차를 거친다.

① 의사결정 단위 확정: 독립적으로 의사결정을 할 수 있는 단위의 확정(예산을 가질 수 있는 최소 단위)

4) 비용-수익분석, 비용-효과분석을 위해서는 사업목표의 명확화 · 계량화가 필수적이다.

② 의사결정 단위별 분석: 단위별로 사업수행에 따른 예산액의 제시

③ 각 대안의 비교 및 우선순위 부여: 의사결정 단위의 대안과 다른 의사결정 단위의 대안 비교, 우선순위 부여

④ 대안에 대한 예산배정 수준 결정: 우선순위에 따라 적합한 대안의 선택(경우에 따라서 특정 의사결정 단위의 대안은 폐기될 수 있음)

영기준 예산은 사업을 제로 관점에서 재검토함으로써 관행적으로 반복되는 불필요한 사업을 폐지하거나 필요한 신규 사업이나 긴요한 사업에 자원을 활용할 수 있다는 점에서 조직의 재정자원을 효율적으로 사용할 수 있다는 이점이 있다. 그러나 영기준에서 제시하는 예산을 처음부터 다시 시작한다는 것은 예산과정에 반영된 정치적 과정의 성격을 무시한 것으로 예산편성과 관련된 조직의 저항과 혼란을 초래할 가능성이 있다는 비판을 받고 있다. 이런 차원에서 윌다브스키(Wildavsky)는 예산개혁의 정치적 함축성을 이해하지 못하는 예산제도라고 비판하며, 전통적 예산편성 방식인 품목별 예산을 지지하고 있다.

3) 예산의 집행과 통제

예산의 집행은 편성, 심의 · 의결된 예산내용을 실행하는 것으로 예산과정의 가장 핵심적 단계라고 할 수 있다. 예산집행 과정에서 상황의 변화에 대응하기 위한 집행의 신축성도 함께 고려해야 할 집행의 요소이다. 그럼에도 예산집행에서 가장 중요한 것은 통제(contorl)로서 재정적 한계를 준수하도록 하는 것이다. 로만(Lohmann)은 예산통제의 9가지 원칙을 다음과 같이 제시하였다(신섭중, 부성래 역, 1992: 266-270).

- 개별화의 원칙: 예산통제는 개별기관 상황에 맞게 실시되어야 한다.
- 강제의 원칙: 예산통제는 명시적인 강제 규정에 근거해야 한다.
- 예외의 원칙: 예외적인 상황에 적용할 수 있는 예외적 규칙이 있어야 한다.

- 보고의 원칙: 정기적으로 재정상황을 보고하도록 하여야 한다.
- 개정의 원칙: 규칙은 일정 기간이 경과하면 개정하여야 한다.
- 효율성의 원칙: 비용과 시간의 최소화하는 통제가 되어야 한다.
- 의미의 원칙: 규칙은 모든 관계인에게 동일한 의미로 이해되어야 한다.
- 환류의 원칙: 예산통제의 모든 활동을 수렴하여 예산체계 개정과 개선의 기초로 활용해야 한다.
- 생산성의 원칙: 예산통제 자체가 목적이 아니며 예산통제는 서비스 생산의 효율성·효과성을 침해하지 않아야 한다.

4) 결산과 회계감사

결산은 한 회계연도에 발생한 모든 수입과 지출을 최종적으로 정산하는 과정이다. 결산과정이 마무리되면 조직은 세입·세출 결산보고서를 작성하고, 결산보고서는 이사회 혹은 총회에 보고하여 승인을 받는다.

회계감사(audit)는 조직의 재정활동과 수입·지출에 대한 관련 기록물의 내용과 사실을 확인하고, 회계보고서 결과 해석 및 재정활동의 적법성과 합리성을 평가하는 활동으로서 전문적인 회계지식이 요구된다. 회계감사는 목적에 따라 규정순응감사와 운영회계감사로, 감사 주체에 따라 내부 감사와 외부 감사로 구분된다.

규정순응감사(compliance audit)는 조직의 재정운영이 적절한 회계절차에 따라 집행되었는지, 보고서가 표준화된 양식에 맞게 작성되었는지, 조직이 따라야 할 각종 재무회계규칙과 관련 규제를 적절하게 따랐는지 등을 모니터링하는 것을 목적으로 한다. 운영회계감사(operational audit)는 예산에서 의도했던 사업의 목표가 달성되었는지, 경제성의 관점에서 시행하는 감사로서 규정순응감사의 약점을 보완하는 감사이다. 규정순응감사에서 관련 규정과 규칙을 따라 예산을 집행하고 관련 보고서를 적절하게 작성하였다 해도 이것이 조직의 성과를 효율적으로 달성하였다는 것을 의미하지는 않는다. 운영회계감사를 통해 사업의 효율성을 평가하고, 평가한 결과를 바탕으로 예산과정 및 조직운영 전반에 대한 정보를 활용하여야 한다.

따라서 사회복지조직의 관리자는 재정관리에 대한 기초적인 지식을 바탕으로 회계감사인과 소통할 수 있을 정도의 능력을 구비하는 것이 요구된다.

2. 사회복지조직 재정관리의 방법과 실제

사회복지환경의 변화에 따라 사회복지조직의 재정자원은 정부보조금 위주에서 개인 · 기업 · 공동모금회 · 복지재단 등 다양한 민간 재정자원으로 확대되고 있다. 재정자원의 원천이 변화되면서 다양한 재정자원의 개발과 관리가 중요해지고 있다. 이 절에서는 사회복지 재정자원의 종류와 실제 재정관리 활동에 대해서 살펴보고자 한다.

1) 재정자원의 원천

예산과정의 출발점은 사회복지조직의 재정자원(재원)의 확보에 달려 있다. 영리기업에서 재원은 주로 고객을 대상으로 판매한 제품이나 서비스 매출액이 주요한 원천이라면 사회복지시설은 상대적으로 다양한 재원 제공자를 가지고 있다는 차이점이 있다. 사회복지시설의 경우 중앙정부, 지방자치단체, 기업, 개인, 공동모금회, 복지재단, 서비스 이용료 등 재원의 출처가 다양하다. 따라서 사회복지시설의 재정관리 활동은 다양한 재정 원천에 대한 정보의 파악과 이해가 핵심적이다.

(1) 정부보조금

사회복지조직의 재정 원천으로 가장 비중이 큰 것은 국가와 지방자치단체로부터의 보조금이다. 「사회복지사업법」상의 사회복지기관이나 시설은 대부분 국가와 지방자치단체로부터 보조금을 지원받아 사업을 수행한다. 사회복지사업의 수행책임은 국가와 지방자치단체에 있으나 민간 사회복지법인이나 시설에게 서비스 제공의 역할을 위탁하며, 사업수행에 필요한 일정한 비용을 제공한다.

공공 사회복지사업은 국가의 책임으로 중앙정부가 수행하는 사업과 국가의 사업을 지방자치단체에 위임하여 지방자치단체가 수행하는 사업, 지방자치단체가 자체 수입으로 수행하는 사업으로 구분된다. 우리나라의 경우 대부분의 지방자치단체의 재정자립도가 낮아 중앙정부로부터의 재원의존도가 높은 편으로서 중앙정부가 일정 비율의 사업예산을 지방자치단체에 보조한다.

중앙정부나 지방자치단체로부터 사업위탁을 받은 경우, 시설운영을 위한 경상보조금은 시설의 보조금 신청을 받아 지방자치단체의 예산편성 과정에 반영되어 사업 위탁기간 동안은 정기적으로 지원받는다. 한편, 정부의 시책이나 긴급한 필요에 의해 복지사업이 시행되는 경우에도 중앙정부의 단독예산이나 중앙정부와 지방자치단체의 혼합예산[국고와 지방비의 매칭(matching)]으로 사업이 시행되는 경우도 있다. 이러한 사업의 경우 참여 기관은 공모를 통해 선정되며, 선정된 참여기관도 보조금을 지원받게 된다. 경상보조금 외의 사업보조금의 경우 관련 부처나 관련 협회, 지방자치단체를 통해 사업의 공고가 이루어지기 때문에 이에 대한 정보 파악 및 관리활동이 사회복지조직에서 점차 중요한 재정자원 관리활동이 되고 있다. 사업보조금의 경우, 공모라는 과정을 거치기 때문에 사업계획서의 작성과 프로그램 개발 및 평가 등 실질적인 사업수행 능력이 수반되어야 되어야 한다.

지방자치단체의 세입구조

지방자치단체의 수입의 종류로는 자체수입, 의존수입 및 지방채가 있다. 자체수입으로는 지방자치단체가 스스로 확보하는 재원인 지방세와 세외수입이 있으며, 의존수입은 중앙정부로부터 지원받는 재원으로서 지방교부세와 보조금이 있다.

우리나라의 경우 지방자치단체 세입에서 의존수입의 비율이 높아 중앙정부의 재정의존도가 높은 편으로서, 특히 복지사무의 경우 지방교부세와 국고보조금으로 집행되는 경우가 많다. 지방교부세는 국가가 재정적 결함이 있는 지방자치단체에 교부하는 금액으로서 지방자치단체의 행정 운영에 필요한 재원을 이전하는 것이다. 보조금은 국가 외의 자가 행하는 사무 또는 업무에 대해서 국가가 이를 조성하거나 재정상의 원조를 위해 교부하는 보조금, 부담금, 기타 상당한 반대급부를 받지 아니하고 교부하는 금액을 의미한다. 지방자치단체가 일정 수준의 자치행정 서비스를 유지하거나 특정 사업을 수행하는 데 필요한 경비의 전부 또는 일부를 교부하는 것을 (국고)보조금이라 한다.

국고보조금은 중앙정부가 필요하다고 인정되는 경우 예산의 범위 내에서 지급하는 것으로, 교부금, 부담금 및 보조금으로 구분된다. 국고보조금은 매년 지방자치단체장이 중앙행정기관의 장에게 신청하여 받는 경상적 재원으로서 지방교부세와 달리 국세의 일정 비율로 정해져 있지 않다는 점에서 차이가 있다. 한편, 지방자치단체의 신청이 없더라도 국가시책 수행상 부득이한 경우에도 보조금을 교부할 수 있다. 국고보조금 사업은 대부분 지방자치단체가 비용의 일부를 지방비에서 부담하는 것을 조건(중앙정부와 지방자치단체의 사업비 매칭)으로 하며, 중앙정부의 재원이다 보니 사업비의 집행에 대한 중앙정부의 통제를 받게 된다.

(2) 민간보조금

사회복지조직의 민간재원에 대한 주요한 제공자는 공동모금회, 기업복지재단이 있다. 이러한 민간재원 공급자들은 자신들이 원하는 사업 취지와 목표에 맞는 사업에 대한 사업제안서(사업계획서)를 요구하는 경우가 많다. 민간보조금 사업은 사업성격에 따라 지원 자금이 대규모인 경우도 많아 재정자원이 부족하여 시설에서 수행하기 어려운 사업이나 설비구입, 운영환경 개선에 필요한 재원을 확보할 수 있다는 측면에서 많은 사회복지시설에게 중요한 의미를 가진다. 민간보조금의 활용도와 기여도는 사회복지시설의 성과를 좌우할 정도로 확대되고 있어 재정자원의 원천으로서의 중요성이 커지고 있다.

민간보조금 사업의 경우에도 매년 정기적으로 시행되는 사업과 비정기적으로 시행되는 사업이 있어 사회복지시설에서 이들 제공자에 대한 정보파악과 관리가 중요하다. 아울러 민간보조금의 경우 재정공급자로서 요구하는 여러 기준을 명확히 맞추어야 하며, 사업 종결 후 평가를 요구하는 경우도 많아 사업수행 인력, 법인 자부담 비용부담능력, 프로그램 수행 및 평가 능력이 동시에 요구되고 있다.

(3) 서비스 이용료

사회적 취약계층을 대상으로 하는 사업의 경우 무료인 서비스가 많으나, 수익자 부담의 원칙에 따라 점차 서비스 이용료를 소득수준에 따라 클라이언트에게 부과하는 사업도 점차 증가하고 있다. 이용자가 직접 지불하기도 하지만, 우리나라는 최근 비용부담자인 정부가 서비스 제공자에게 서비스 이용료를 지불하는 형태의 지불방식도 활용하고 있다. 특히 사회서비스 전자바우처 및 장기요양보험 급여 제공기관의 경우에는 서비스 이용자의 서비스 이용양에 의해 시설의 수입이 결정된다는 측면에서 재정자원의 원천으로서 서비스 이용료의 중요성이 증가하고 있다. 정부보조금이 '공급자 중심 재정지원방식'이라면, 사회서비스 전자바우처 사업의 서비스 이용료는 '이용자 중심 재정지원방식'이라는 점에서 차이가 있다.

(4) 기부금, 모금 등

전통적으로 사회복지조직에서는 후원금이나 기부금 모집을 통해서 정부보조금의 부족한 재원을 보충하는 방식을 사용해 왔다. 특정한 목적(프로그램 수행, 시설 운영)을 위한 보조금과 달리 개인이나 단체, 기업으로부터 일정한 금품(현물 포함)을 지원받는 기부금, 후원금도 사회복지조직의 중요한 재정자원이다. 경우에 따라서는 사회복지법인이나 기관에서 행사나 여러 활동을 통해 적극적으로 금품을 모집하는 모금액도 재정자원의 원천이 된다.

따라서 기부자와 후원자들을 개발하고 이들이 지속적으로 기부 · 후원할 수 있도록 관리하는 활동의 중요성이 점차 중요해지고 있으며, 이는 사회복지조직의 홍보 및 마케팅 활동에 대한 관심이 증가하는 배경이 되고 있다. 재단이나 기업, 개인으로부터 후원금을 모집하기 위해서는 민간보조금과 마찬가지로 재원 공급자인 재단이나 기업, 개인의 성향과 기부 형태를 파악하고 분석하는 사회복지조직의 능력이 중요하다.

2) 사회복지조직의 재정관리의 실제

사회복지조직이 따라야 할 직접적인 회계관리 규정은 「사회복지법인 및 사회복지시설 재무 · 회계 규칙」이 있다. 사회복지조직은 국가나 지방자치단체로부터 보조금을 받아 사업을 운영하는 형태가 다수이며, 재정지원을 하는 근거로 국가나 지방자치단체는 사회복지조직의 재정관리를 규제하고 있다. 민간 사회복지시설에 대한 재정관리의 규제 기준이 바로 「사회복지법인 및 사회복지시설 재무 · 회계 규칙」이다. 이 규칙에서 법인의 업무 전반에 관한 회계(법인회계), 시설의 운영에 관한 회계(시설회계), 법인이 수행하는 수익사업에 관한 회계(수익사업회계)로 구분하고 있다. 사회복지시설을 운영하는 사회복지법인의 경우, 법인회계와 시설회계가 별도로 관리되어야 한다. 사회복지법인과 시설의 회계연도는 정부의 회계연도를 따라 매년 1월 1일부터 동년 12월 31일까지로 정하고 있으며, 1년을 1회계연도라고 한다.

(1) 예산편성

1회계연도의 모든 수입을 세입으로 하고, 모든 지출을 세출로 하며, 예산총계주의 원칙에 의해 세입과 세출은 모두 예산에 계상하여야 한다. 일반적으로 회계연도 개시 2개월 전에 예산편성 작업을 거쳐, 법인의 대표이사 및 시설의 장은 예산을 편성하여 각각 법인 이사회의 의결 및 시설운영위원회(「사회복지사업법」 제36조)에의 보고를 거쳐 확정한다. 다만, 법인이 설치 · 운영하는 시설인 경우에는 시설운영위원회에 보고한 후 법인 이사회의 의결을 거쳐 확정한다.

법인의 대표이사 및 시설의 장은 예산 성립 후에 생긴 사유로 인해 이미 성립된 예산을 수정할 필요가 있을 경우 추가로 필요한 예산을 편성할 수 있다. 추가경정예산은 확정된 날로부터 7일 이내에 시장 · 군수 · 구청장에게 제출하여야 한다.

(2) 예산의 집행(전용과 이월)

법인회계 및 시설회계의 예산은 세출예산이 정한 목적 외에 이를 사용하지 못한다(예산의 목적 외 사용금지). 그러나 일정한 사유에 충족되는 경우에는 예산집행의 신축성을 부여하기 위해 전용과 이월이 가능하다. 전용(轉用)은 예산 항목(관 · 항 · 목) 간의 융통이 가능하도록 집행을 허용하는 것이며, 이월(移越)은 회계연도의 예산을 다음해로 넘겨서 다음 회계연도의 예산으로 집행하는 것이다. 법인의 대표이사 및 시설의 장은 관 · 항 · 목 간의 예산을 전용할 수 있으며, 이사회의 의결 또는 시설운영위원회에의 보고를 반드시 거쳐야 한다.

다음 〈표 10-3〉은 시설회계 세출결산서상의 세출예산 과목의 일부를 제시한 것으로 사무비(관), 인건비(항) 중의 기타후생경비(목)에 지출하기로 된 세출예산을 사업비(관), 운영비(항), 생계비(목)로 사용하는 것이 전용이다.

법인의 대표이사 및 시설의 장은 법인회계와 시설회계의 세출예산 중 경비의 성질상 당해회계연도안에 지출을 마치지 못할 것으로 예측되는 경비와 연도 내에 지

표 10-3 사회복지법인 · 시설 세출과목

과목		
관	항	목
사무비	인건비	급여
		제수당
		퇴직금 및 퇴직적립금
		사회보험부담금
		기타후생경비
	업무추진비	기관운영비
		직책보조비
		회의비
사업비	운영비	생계비
		수용기관경비
		의료비
	○○사업비	의료재활사업비
		사회심리재활사업비
		교육재활사업비

출원인 행위를 하고 불가피한 사유로 연도 내에 지출하지 못한 경비를 이사회의 의결 또는 시설운영위원회에의 보고를 거쳐 다음 연도에 이월하여 사용할 수 있다.

(3) 회계처리

사회복지법인이나 시설의 회계는 단식부기에 의한다. 조직의 재정활동을 기록하는 방식에는 단식부기와 복식부기가 있다. 단식부기는 단순히 현금의 수입과 지출을 기준으로 기록하는 방식이며, 복식부기는 현금뿐만 아니라 재무 활동으로 인한 현금외의 모든 항목을 발생 원인과 결과에 따라 자산, 부채, 자본, 수익, 비용의 항목으로 구분해 차변과 대변의 거래의 내용을 기록하는 방식이다. 단식부기는 현금의 흐름에 따라 기록하기 때문에 간편한 장점이 있지만, 조직의 재정자원의 효율적 파악과 관리가 어렵다는 단점이 있다. 반면, 복식부기는 재정자원을 보다 효율적으로 파악하고 관리할 수 있다는 이점이 있으나, 일정한 회계적 기준을 따라야 한다는 점에서 단식부기에 비해 복잡하다. 사회복지조직의 다수는 수익활동을 하지 않는 경우가 많아 사회복지조직의 회계는 단식부기를 요구하고 있다.

(4) 결산, 감사

법인의 대표이사 및 시설의 장은 세입 · 세출 결산보고서를 작성하여 이사회의 의결 또는 시설운영위원회에의 보고를 거친 후 다음 연도 3월 31일까지 시장 · 군수 · 구청장에게 제출하여야 한다. 법인의 감사는 당해법인과 시설에 대해 매년 1회 이상 감사를 실시하여야 한다. 감사는 감사보고서를 작성하여 당해법인의 이사회에 보고하여야 하며, 재정 상황 또는 업무집행에 관하여 부정 또는 불비한 점이 발견된 때에는 시장 · 군수 · 구청장에게 보고하여야 한다.

요점 정리

- 재정관리는 조직의 목표 달성에 필요한 재정자원을 합리적이고 계획적으로 동원하고 배분하여 이를 효율적으로 관리 · 운영하는 과정으로서, 사회복지 재정자원을 둘러싼 경쟁이 심화되는 환경에서 재정관리의 중요성은 더욱 증가하고 있다.

- 예산과정은 예산편성, 예산심의 및 의결, 예산집행, 결산과 회계감사의 과정을 거친다. 예산과정의 첫 단계는 예산편성이며, 예산을 편성하기 위한 일정한 양식을 예산양식(budget form)이라고 한다.

- 예산양식은 예산과정에서 무엇에 초점을 두는지에 따라서 다양한 양식이 존재하며, 실제 예산은 여러 유형의 예산양식을 결합하여 사용한다.

- 예산의 통제, 관리, 기획을 주요 3대 기능이라고 한다. 자원투입과 사업 수행과정에서 재무적 활동을 통제하는 기능, 자원투입을 통해 조직의 기능과 활동으로 얻어진 산출물을 관리하는 기능, 목적과 결과물을 평가하고 이를 전체 조직운영계획에 반영하는 기획 기능이 예산의 주요 기능이다.

- 품목별 예산(Line-Item Budget: LIB) 양식은 품목 예산 혹은 대상에 따라 예산항목을 분류하여 작성하는 방식이다. 성과주의 예산(Performance Budgeting: PB)은 사업을 운영하는 데 필요한 예산을 지출항목보다는 사업을 수행하여 얻게 되는 '성과'에 초점을 두는 방식이며, 기획예산제도(Planning-Programming Budgeting System: PPBS)는 장기적인 기획과 세부적인 사업계획, 예산운영을 통합하여 운영하는 예산방식이다.

- 품목별 예산은 예산의 통제기능을, 성과주의 예산은 예산의 관리기능을, 기획 예산은 예산의 기획기능을 강조하며, 실제 예산편성은 품목별 예산방식을 위주로 성과와 기획기능을 연계하여 보완적으로 사용하고 있다.

- 품목별 예산의 점증주의적 예산편성에 따른 문제점을 보완하기 위해 사업대안을 제로의 관점에서 평가하여 재정자원의 효율성을 높이려는 영기준예산 방식이 있다.

- 사회복지조직의 재정자원으로는 정부보조금, 민간보조금, 서비스 이용료, 기부금 등 다양한 자원이 있으며, 사회복지조직은 다양한 재원의 특성과 관리방식에 대한 이해가 필요하다.

- 사회복지조직은 사회복지법인 및 사회복지시설 재무 · 회계규칙에 의거한 회계를 따라야 하며, 「사회복지사업법」에서 규정하고 있는 절차를 지켜 예산과정을 이행하여야 한다.

더 읽어 보기

유태균(2020). 거시사회복지실천 입문편: 법, 행정, 재정의 이해. 경기: 공동체.

Lewis, J., Lewis, M., Packard, T., & Souflee, F. Jr. (2001). *Management of Human Service Programs* (3rd ed.). Belmont, CA: Brooks/Cole.

제11장

정보시스템의 개발과 활용

학습목표

- 정보시스템의 목적과 유형에 대해 알아본다.
- 정보시스템과 성과관리, 성과측정 간의 관계에 대해 알아본다.
- 정보시스템의 개발과정에 대해 학습한다.
- 정보시스템과 조직문화에 대해 생각해 본다.
- 사회보장정보시스템(행복e음) 사업에 대해 알아본다.
- 빅데이터의 개념과 의의와 사회복지행정에서의 활용가능성에 대해 알아본다.

사회복지기관의 책무성에 대한 사회적 요구는 사회복지기관들로 하여금 자신들의 활동과 성과를 체계적으로 관리하고 외부에 보고해야 할 필요성을 절감케 하고 있다. 정보기술의 발달은 활동과 성과를 체계적 · 효율적으로 관리하고 보고할 수 있는 다양한 도구와 통로를 제시해 주고 있다. 정보시스템(information system)은 사회복지기관의 활동과 성과에 관한 정보를 수집 · 관리하며, 그 정보를 이용하여 기관 내부 · 외부의 다양한 의사결정을 지원하는 일련의 구조와 과정이다.

정보시스템이라는 용어는 아마도 이제는 누구에게나 친숙한 것일 것이다. 사회복지행정가라면 누구나 그 용어를 알고 있을 것이고, 또 실제로 업무에서 몇 가지 시스템을 활용하고 있을 것이다. 그런데 대부분의 사람들은 정보시스템이라는 용어를 컴퓨터시스템(혹은 컴퓨터 데이터베이스)을 지칭하는 것으로 오해하고 있다. 그래서 정보시스템의 설계와 개발은 컴퓨터 전문가의 일이고 행정가는 그냥 주어진 시스템에 자료를 잘 입력하고 컴퓨터가 출력하는 보고서를 잘 챙기면 되는 것으로 생각하기 쉽다.

바로 이런 오해가 정보기술의 눈부신 발전에도 불구하고 정보시스템이 사회복지기관의 효과적 · 효율적인 운영에 기여하는 바가 상당히 제한적인 대표적인 이유이다. 정보시스템은 컴퓨터가 전부가 아니다. 컴퓨터는 자료를 정리하고 출력하는 기능을 자동화해서 효율적으로 도와주는 도구에 불과하다. 정보시스템의 출발은 기관의 목적과 성과를 어떻게 효과적으로 관리할 것인가라는 필요에서 시작해야 한다. 정보시스템은 서비스 과정이 체계적으로 정립된 후에 그 과정을 지원할 수 있도록 개발될 때 그 효력을 발휘할 수 있다. 서비스 과정이 따로 개발된 정보시스템에 따라 가는 것은 마차를 말 앞에 놓는 격이다.

정보시스템 분야의 대표적인 격언은 "쓰레기를 넣으면, 쓰레기가 나온다(Garbage in, garbage out)."이다. 기관의 운영과 서비스의 관리에 별로 도움이 되지 않는 정보를 자동화하는 것은 시간과 노력, 돈의 낭비이다. 성공적인 정보화는 먼저 기관의 기능과 과정이 얼마나 잘 구축되고 작동하느냐에 달렸다. 바로 이 점이 정보시스템의 개발과 활용에서 사회복지행정가의 역할이 중요한 이유이다. 사회복지행정가가 어떤 정보시스템을 원하고, 그 시스템이 무엇을 해야 하며, 그 시스템은 기관의 운영에 어떤 도움을 줄 것인가를 명확하게 이해하고 컴퓨터전문가에게 요구할 수 있는 역량을 갖출 때, 효과적인 정보시스템의 개발을 기대할 수 있다. 이 장에서는 사회복지행정가가 갖추어야 할 정보시스템의 역량에 초점을 둔다.

먼저, 정보시스템의 유형을 살펴보고, 정보시스템이 어떻게 성과 측정에 활용될 수 있는가를 알아본다. 이어서 정보시스템의 개발과정을 살펴보고, 정보시스템과 조직문화에 대해 알아본다. 마지막으로 현재 중앙정부 차원에서 진행되고 있는 정보시스템의 현황을 간단히 소개한다. 마지막으로 빅데이터의 개념을 알아보고, 사회복지행정에서의 활용 가능성에 대해 논의한다.

1. 정보시스템의 유형

정보시스템은 그 목적에 따라 크게 세 가지 유형, 즉 관리시스템, 의사결정 지원시스템, 성과관리시스템으로 분류될 수 있다(Rapp & Poertner, 1992).

1) 관리시스템

초기 정보시스템은 대부분 기관의 관리와 보고에 초점을 맞춘 관리시스템(housekeeping system)이다. 기관의 인사 관리와 회계 관리를 비롯해서 서비스 이용자의 레코드 관리, 서비스 이용자 수급 관리, 서비스 제공기관 관리 등 서비스 관리와 관련된 사항 등이 관리시스템의 주목적이다. 관리시스템은 또한 기관장이 외부기관에 보고할 필요가 있는 정보(예, 예결산 자료, 서비스 이용 수량 등)를 산출해 내는 기능을 수행한다.

관리시스템은 기관의 상급 행정가나 기관장에게는 도움이 되는 시스템이다. 하지만 이런 유형의 정보시스템의 가장 큰 단점은 실제 서비스를 담당하는 직원들에게는 별로 도움이 되지 않을 수 있다는 것이다. 시스템에 자료를 입력하고 수정하는 일은 서비스를 담당하는 인력들이 하지만, 정작 시스템은 그들에게는 도움이 되는 정보를 별로 제공하지는 않았다. 그러다 보니 별로 의미가 없는 자료의 수집과 입력은 오히려 직원들의 업무를 가중하고, 직무만족도를 저해하며, 정보의 이용은 오히려 줄어들고, 입력한 자료의 질은 떨어지는 결과를 낳는다. 현재 우리나라 지역사회의 많은 복지기관에서 이런 불평을 듣는 이유 중 하나는, 우리가 가지고 있는 많은 정보시스템이 아직 관리시스템 차원에 머물고 있기 때문이기도 하다.

2) 의사결정지원시스템

정보시스템 혹은 관리정보시스템(Management Information System: MIS)의 희망찬 미래는 그런 시스템이 언젠가는 행정가의 의사결정의 일정 부분을 대체하거나 지원하는 역할을 한다는 것이었다. 주로 앞에서 살펴본 합리적인 의사결정 모형에 근거해서 필요한 정보들을 이용해서 일종의 의사결정 모형을 개발하고 그 모형을 전산화함으로써 의사결정의 일정 부분을 '자동화'할 수 있다는 것이다.

하지만 의사결정지원시스템(decision support system)은 아직 그런 희망을 현실화하지 못하고 있다. 특히 사회복지분야에서는 더욱 그렇다. 사회복지분야의 의사결정이 꼭 합리적 의사결정 모형에 맞지 않는 경우도 많고 의사결정 과정에서 고려해야 할 요인들이 너무 다양하여서, 의사결정 지원시스템의 사회복지분야의 도입은 아직은 요원하다고 할 수 있다.

문제해결을 위해서는 사회복지행정가가 정보를 필요로 하는 것은 틀림없다. 하지만 MIS는 사회복지행정가 대신 문제를 해결해 주기보다는 문제해결을 위해 필요한 문제 파악과 성과지표에 대한 정보를 제공하는 역할이 더 중요하다.

3) 성과관리시스템

성과관리시스템(performance guiding system)은 성과를 모니터링함으로써 기관의 전략 성취와 프로그램 목표 달성을 지원하는 시스템이다. 성과관리시스템의 설계는 잘 설정된 목적과 목표와 더불어 기관의 전략기획과 프로그램 기획(개입 가설의 수립과 구체적으로 설정되는 수행과정 기획)에 근거한다.

랩과 포트너(Rapp & Poertner, 1992)는 다음과 같은 성과 향상을 위한 정보 이용의 원칙을 제공한다.

- 조직에서의 정보의 역할은 활동과 행위를 개시하는 것이어야 한다.
- 정보를 수집하는 활동 그 자체가 측정하는 활동에 대한 직원들의 에너지를 창

출해야 한다.

- 정보의 수집과 환류는 명확한 목적과 성과기준, 보상 등과 체계적으로 연관되어 있어야 한다.
- 데이터의 수집과 환류는 ① 바람직한 행동을 조성하고 강화하며, ② 성과와 문제해결의 장애물을 알아보게 하고, ③ 미래의 성과를 위한 목적을 세우는데 도움이 되어야 한다.
- 정보는 직원들이 자신들의 성과를 알 수 있고 개선해야 할 부분에 대한 단서를 제공하는 환류 기능을 수행해야 한다.
- 정보의 환류는 과거를 평가하는 것이라기보다는 실현가능한 성과기준과 보상, 그리고 미래의 평가와 연결되어야 한다.

이처럼 현대 사회복지기관의 정보시스템은 성과관리시스템으로 활용될 때 그 진정한 효력을 발휘할 수 있다. 성과관리시스템은 직원들이 그들의 일을 통해 서비스 이용자의 삶의 질의 향상이라는 궁극적인 목표 달성에 얼마나 기여하고 있는지를 점검할 수 있게 하고, 기관이 더 효과적 · 효율적으로 변화할 수 있도록 하는 중요한 도구이다. 그리고 그것이 사회복지분야에서의 '정보의 힘'이다.

2. 정보시스템과 성과측정(BSC)의 활용[1)]

사회복지기관 성과관리의 목적은 궁극적으로 서비스 이용자, 더 나아가서는 지역사회의 삶의 질 향상이다. 기관의 일이 서비스 이용자의 삶 질 향상에 얼마나 효과적 · 효율적인가를 모니터링하고 개선할 점들에 대한 환류 정보를 제공하는 것이 정보시스템의 기능이다. 사회복지기관의 정보시스템은 성과관리를 지원하는 중요한 도구이다. 그러기 위해서는 정보시스템이 성과관리의 내용과 체계를 잘 반

1) 성과관리와 성과측정에 관한 자세한 사항은 제13장 '사회복지조직의 평가와 혁신' 부분을 참조하라.

영해야 한다. 성과관리에 대한 구체적인 계획이 없는 상태에서는 정보시스템의 적절한 활용을 기대하기 힘들다.

정보시스템이 정보를 수집·분석하며, 환류 기능을 제공하는 방법의 근간은 MBO 방식과 논리모델에서 찾아볼 수 있다.[2] MBO 방식에 의해서 목표, 세부 목표, 활동 목표가 설정되면 그러한 목표들에 대한 자료를 수집하고 분석할 수 있도록 정보시스템이 고안되어야 한다. 논리모델을 반영하는 정보시스템은 투입, 활동, 산출, 중간결과, 최종결과에 대한 자료를 수집하고 지표화해서 모니터링할 수 있어야 한다.

성과관리 체계로 최근에 사회복지 현장에 도입되기 시작한 정보시스템의 한 예는 BSC(Balanced Scorecard) 방식이다.[3] BSC 방식은 기관의 성과에 영향을 주는 다양한 차원에서의 정보를 모니터링한다. 일반적으로 BSC 방식은 다음 4가지 관점에서의 질문에 답하기 위한 정보를 수집한다.

- 기관 이용자를 포함한 지역사회의 다양한 이해관계자들은 기관을 어떻게 평가하고 있는가?
- 기관 내부의 업무는 적절히 수행되고 있는가?
- 기관은 지속적으로 혁신하고 적응하고 있는가?
- 기관은 자원을 적절히 관리하고 있는가?

사회복지기관은 다양한 이해관계자들을 상대한다. 예를 들어 보자. 아동보호전문기관의 주 서비스 이용자는 학대피해 아동과 그 가족이다. 하지만 지역사회 경찰도 아동보호전문기관이 협조해야 하는 이해관계자이다. 지역사회 아동상담센터도 중요한 이해관계자이다. 검찰과 법원도 중요한 파트너일 수 있다. 지역사회의 종

2) MBO와 논리모델에 관한 자세한 사항은 제6장과 제7장을 참조하라.

3) 실제 사회복지기관에서의 BSC 적용사례는 서울시복지재단(2009)의 『성공하는 사회복지시설의 경영실무 도움서 시리즈 II: 조직관리하기』를 참조하라.

합사회복지관, 지역아동센터 등도 아동보호전문기관이 같이 일해 나가야 할 중요한 파트너이다. 이런 다양한 이해관계자들이 아동보호전문기관을 어떻게 평가하고 있는가는 중요한 성과관리요소이다. 가령, 학대피해 가족의 서비스 질의 만족도 조사나 경찰에 대한 업무협조 만족도 조사를 통해 성과지표를 정보시스템에 포함하는 것이 이해관계자의 관점에서 기관의 성과를 평가하는 데 중요할 수 있다. 물론 이런 성과지표와 측정방법은 기관이 가지고 있는 전략기획과 MBO, 그리고 프로그램 논리모델을 통해 도출되어 정보시스템에 반영된다.

기관 내부 업무 성과에 영향을 주는 것들도 중요한 BSC의 측정 분야이다. 프로그램 과정 요소로는 제공된 서비스의 양, 서비스의 질, 진행과정의 전문성 등이 평가될 수 있다. 결과요소로는 설정 목표 달성 정도가 주요한 평가요소이다. 조직구성원의 관점에서는 직원만족도, 팀 내 업무 협력도, 직무역량, 직무가치 등이 포함될 수 있다.

기관 자체도 변화하고 발전해 나가야 한다. 조직 차원에서는 서비스 혁신도(예, 신규 프로그램 수), 인적·물적 자원의 증가(새로운 예산 확보, 후원금의 증가), 비용 감소를 통한 효율화 정도 등이 기관 자체의 혁신을 반영하는 지표이다. 자원 관리 영역에서는 균형 예산의 달성 정도, 외부지원 예산의 증가, 예산의 투명성 등이 중요한 지표다.

BSC는 이러한 다양한 차원의 성과를 다면적·체계적으로 평가한다는 데 장점이 있다. 즉, 어느 한 분야의 개선이 다른 분야에 부정적인 영향을 주지 않도록 하는 다면적인 고려가 성공적인 BSC 적용의 필수적인 요소이다. 가령, 예산을 절감하는 데는 성공했지만 그 여파가 프로그램의 질 저하로 나타난다면 문제가 되는 것이다.

3. 정보시스템의 개발

정보시스템이 원래 의도했던 목적을 달성하기 위해서는 기관 차원에서 체계적인 개발과정을 거칠 필요가 있다. 이 절에서는 몇 개의 중요한 과정에 대해 살펴본다(Lewis, Packard, & Lewis, 2007).

1) 준비와 위원회 구성

준비 단계에서는 새로운 정보시스템의 필요성에 대한 기관 차원에서의 공감대의 형성이 중요하다. 이러한 공감대는 기존 시스템에 대한 문제점의 공유 등을 바탕으로 시작된다. 또 기관 차원에서 새로운 정보시스템의 개발을 지원하겠다는 의지와 약속이 필요하다.

직원들의 공감대를 형성하기 위해서는 위원회를 구성하는 것이 좋은 방법이다. 이때 위원회는 기관의 전체 직원을 대표할 수 있도록 직급별과 직무별로 고르게 구성할 필요가 있다. 위원회는 새로운 정보시스템 개발에 필요한 자원의 규모에 대해 기초 조사를 수행한다. 또한 위원회는 새 정보시스템이 직원들의 업무에 미칠 영향에 대해서도 기초 조사를 수행한다.

2) 기존 시스템의 분석

기관이 기존에 사용하고 있던 시스템이 있었다면 그 시스템에 대한 세밀한 분석이 필요하다. 시스템 분석의 주요 사항은 정보시스템이 기관의 기획 · 운영 · 평가 기능을 얼마나 효과적으로 지원하고 있는가를 평가하는 것이다. 이 과정에서 어떤 종류의 데이터가 필요한지, 데이터는 어디서 생성되는지, 그리고 얼마나 자주 그러한 자료가 수집되고 배포되어야 하는지에 대한 검토가 이루어진다. 이때 위원회가 명심해야 할 사항은 정보시스템의 목적은 기관과 직원들의 성과를 향상함으로써 서비스 이용자와 지역사회의 삶의 질을 향상한다는 점이다.

우리는 흔히 데이터를 많이 수집할수록 좋은 정보시스템이라고 생각한다. 하지만 너무 많은 데이터는 오히려 정보의 과부하를 가져와 의사결정에 도움이 되지 않을 수 있다. 또한 데이터를 입력하는 사람으로서는 별로 쓸모없는 데이터의 입력은 시간과 노력의 낭비에 불과하다. 그런 이유로 데이터 입력에 소홀하게 되고 결과적으로는 데이터의 질이 낮아지는 현상이 나타난다. 이 단계에서의 목적은 정말로 성과관리에 도움이 되는 데이터를 식별해 내는 것이다. 그러기 위해서는 기관의 프로그램 목표와 수행과정을 체계적으로 검토하는 것이 필수적이다.

정보시스템은 직원들과 기관의 이해관계자들이 기관이 목표를 얼마나 잘 성취하고 있는지를 파악할 수 있게 해야 하고, 프로그램에 유용한 정보를 제공할 수 있어야 한다. 필요한 정보는 서비스 이용자의 인적사항 및 특성, 직원들의 과업, 서비스 단위, 중간결과 목표, 최종결과 목표 등에 관한 것들이다. 이러한 작업에는 제7장에서 제시한 논리모델과 프로그램 수행과정 기획의 내용을 검토하는 것이 필수적이다.

기존 시스템의 분석은 새로운 시스템이 필요로 하는 데이터의 유형과 그런 자료를 수집할 방법을 제시해야 한다. 기존 시스템 분석의 결과는 보고서로 만들어져 다른 직원들도 검토할 수 있도록 하는 것도 중요한 과정이다.

3) 시스템의 설계

새 정보시스템의 정보 요구사항을 파악한 후에는 실제로 새 시스템의 설계에 착수하게 된다. 정보시스템의 설계에서는 어떻게 데이터가 이용될 것인가에 대한 고려가 초점이 된다.

정보시스템은 직원들이 사용하기 편리해야 하며, 그와 동시에 기관 행정가들이 기관의 운영 사항이나 프로그램 진척 정도를 모니터링할 수 있도록 설계되어야 한다. 어떤 데이터가 디지털화될 것인지, 또 어떤 데이터는 수작업으로 남길 것인지도 이때 결정된다. 누가 데이터를 입력할 것인지도 결정된다. 이런 결정을 바탕으로 어떤 사례 파일 서식이 필요한지, 월별 혹은 연도별 성과 보고 양식은 어떻게 구성할지가 결정된다. 또한 프로그램의 평가 등을 위해서 어떤 자료들이 필요한지를 결정하고, 그 자료들을 적절한 통계 프로그램 파일 등으로 전환하는 기능도 고려할 필요가 있다. 데이터 입력의 시간 주기, 다른 데이터베이스와의 연계 문제, 개인정보 보호와 관련된 사항들도 이때 검토되고 결정되어야 한다.

정보시스템의 내용에 관한 검토가 끝난 후에는 그러한 기능을 지원할 수 있는 소프트웨어와 하드웨어를 결정하게 된다. 이전 단계에서도 그렇지만, 이때는 컴퓨터 기술에 능통한 자체 직원이나 외부 컨설턴트의 역할이 중요하다. 하지만 명심해야 할 점은 컴퓨터 소프트웨어와 하드웨어에 관한 결정은 정보시스템의 내용과 기능이 기관의 성과관리 원칙에 따라 충분히 검토되고 결정된 후에 이루어져야 한다는 사실이다.

이런 과정을 거쳐 위원회는 정보시스템의 제안에 관한 최종보고서를 작성한다. 최종보고서는 최소한 다음의 주요 사항들을 포함해야 한다.

- 수집해야 할 데이터
- 데이터 수집 및 저장 방법
- 데이터 입력방법(누가 할 것인지를 포함)
- 사례 파일의 서식
- 데이터 분석 결과의 양식
- 소프트웨어
- 하드웨어

최종보고서는 조직의 구성원들에게 배포되어 검토되고 수정해야 할 사항들에 대한 의견을 받는 절차를 밟는다. 이런 과정을 거친 후에 정보시스템의 개발에 착수한다.

4) 시스템 시험운영과 기관의 준비상태 확인

정보시스템의 개발이 완료된 후에는 개발된 시스템의 시험운영을 하게 된다. 이때 시스템의 하드웨어와 소프트웨어의 시험운영과 더불어 직원들에 대한 교육·훈련을 통해 기관이 새 정보시스템에 준비될 수 있도록 하는 것이 중요하다. 정보시스템의 개발에서 직원들에 대한 교육·훈련의 중요성이 간과되는 경우가 많은 데, 그런 경우는 성공적인 정보시스템의 활용을 기대할 수 없다.

직원들에 대한 교육 · 훈련은 단순히 데이터 입력이나 서식에 관한 것에만 해당되는 것이 아니다. 새로운 정보시스템의 도입은 기관의 문화와 업무수행 방식을 변화시킨다. 기관이 그러한 새로운 방식에 얼마나 잘 적응하는가가 정보시스템의 성패를 좌우할 수 있다는 사실을 명심할 필요가 있다.

시스템 시험운영 기간 중에 서식이나 업무수행 절차의 변경 필요성이 명백해지는 경우에는 시스템을 보완해야 한다.

5) 정보시스템의 시행, 평가, 수정 · 보완

시스템의 시험운영과 조직구성원의 교육 · 훈련이 마무리되면 실제로 새로운 정보시스템을 시행할 준비가 됐다. 이때 조직의 누군가가 정보시스템의 시행과정을 모니터링하고 시스템이 원래 의도했던 대로 사용되고 있는지를 점검하는 역할을 해야 한다. 또한 필요한 경우에는 조직구성원들에게 정보시스템의 사용에 대한 정보와 도움을 주는 역할도 담당한다. 점검해야 할 주요 사항들은 다음과 같다.

- 정보시스템은 편리한가?
- 정보시스템으로부터 출력된 정보는 유용한가?
- 직원들은 데이터를 일상 업무에서 활용하고 있는가?
- 행정가나 상급자들은 기관의 프로그램과 활동의 모니터링과 개선 방안의 모색에 정보시스템을 활용하고 있는가?

다음으로 새로운 시스템에 대한 검토와 평가를 통해 수정 · 보완되어야 할 부분들을 찾아내고 업데이트해야 한다. 실제로 정보시스템에 대한 지속적인 모니터링과 업데이트는 상시적이고 지속적인 과정이다. 시스템을 업데이트하는 경우는 그에 대한 직원들의 교육 · 훈련이 이루어져야 함은 물론이다.

4. 정보시스템과 조직문화

정보시스템의 개발과 활용은 기술적인 차원의 변화를 넘어 조직의 문화에 큰 영향을 미친다. 사회복지행정가는 정보시스템이 조직문화에 미치는 영향에 대해 유념할 필요가 있다. 정보시스템의 활용은 조직이 학습조직으로 발전하는 데 기여할 수 있다.

1) 정보시스템 개발과정에서 유의할 사항

정보시스템의 개발은 단순히 새로운 데이터베이스를 설치하는 것이 아니다. 정보시스템의 개발은 조직의 운영방식과 문화를 바꾸는 작업이다. 그런 이유로 정보시스템 개발 작업은 조직구성원들이 공감하고 함께 갈 수 있는 사전 작업이 중요하다. 실제로 직원들은 새로운 정보시스템이 지금까지 자신들이 한 일에 대한 부정적인 평가를 할지 모른다는 불안감, 그리고 불필요한 서류 행정을 증가시킬 수 있다는 우려를 표명하기도 한다. 이러한 불안과 우려를 줄이기 위해서는 직원들을 개발과정에 참여시키는 것이 무엇보다 중요하다. 직원들이 가지고 있는 아이디어와 창의력이 반영될 때 시스템 자체도 향상될 수 있다.

정보시스템 개발에서 중요한 문제는 개발에 필요한 자원의 확보이다. 거창하게 시작된 정보시스템 개발이 중간에 자원 확보가 힘들어 쓸모없는 컴퓨터 덩어리로 전락하는 경우가 종종 있다. 이런 문제를 예방하기 위해서는 정보시스템 개발의 초기단계부터 기관의 최고 의사결정자의 의지와 약속을 확보할 필요가 있다.

정보시스템 개발 문제는 조직 내에서 이념상의 문제를 초래하기도 한다. 직원들은 새로운 정보시스템이 직원들의 자율성과 재량권을 통제하기 위한 관료적 도구라는 인식을 가질 수도 있다. 이러한 인식을 줄이기 위해서는 정보시스템의 목적이 무엇이고 그 데이터가 어떻게 활용될 것인지를 미리 보여 주고 설명하는 자세가 필요하다. 다시 한번 강조하지만, 정보시스템의 목적은 성과관리를 통한 서비스 이용자와 지역사회 삶의 질의 향상이다. 또한 그러한 업무를 기관이 어떻게 수행하고 있는지에 대한 정보를 지역사회 이해관계자들(지역주민, 정부, 민간재단 등)에게 제공하는 것이 목적이다.

개인정보보호에 대한 철저한 대책도 요구된다. 정보시스템에 수록된 정보에 대한 접근이 어떻게 제한되고 그 사용의 한계에 대한 명확한 지침과 기술적인 대책이 마련되어야 한다.

정보시스템 개발의 필요성은 궁극적으로 사회복지기관에 대한 책무성 요구의 증가로 설명될 필요가 있다. 이제 책무성은 단순히 서비스 양과 열정만으로는 입증될 수 없다. 서비스 대상자와 지역사회 삶의 질 향상이라는 기관의 궁극적인 목표를 측정 가능한 지표로 스스로 모니터링하고 외부에 관하여 입증하는 자세가 필요하다. 그런 면에서 정보시스템은 이제 사회복지기관의 필수적인 도구이다.

2) 학습조직과 정보시스템

정보는 조직문화의 중요한 요소이다. 사회복지행정가의 중요한 과제는 직원들이 효과적인 서비스에 있어서 정보관리의 중요성을 이해하도록 하는 것이다.

정보는 서비스 효과성에만 국한되는 것은 아니다. 정보와 지식은 학습조직에도 중요하다. 조직이 환류기능을 통해서 학습해 나가고 그것이 조직 혁신과 발전의 밑거름이 된다는 학습조직의 개념은 현대 조직이론의 중요한 개념이다. 정보시스템은 그러한 정보의 환류를 지원한다. 정보시스템을 통해 기관의 성과를 모니터링하고 그 결과를 통해 서비스를 개선해 나가는 체계는 학습조직의 중요한 구성요소이다.

5. 정부 차원에서의 정보시스템 개발 현황

사회복지 정보시스템 분야의 가장 대표적인 사업은 공공전달체계 분야에서 진행되고 있는 중앙정부의 사회보장정보시스템(행복e음) 사업이다(강혜규, 2011). 공공전달체계에서의 정보시스템 현황은 그 자체로도 중요하지만, 민간전달체계에도 그 영향이 크므로 이 절에서 간단히 살펴본다.

사회보장정보시스템(행복e음)은 "각종 사회복지 급여 및 서비스 지원 대상자의 자격 및 이력에 관한 정보를 통합 관리하고, 지방자치단체의 복지업무 처리를 지원하기 위한 정보시스템"(「사회복지사업법」 제6조의2에 근거)이다. 사회보장정보시스템은 복지수급자 개인별·가구별 통합 데이터베이스를 구축·운영함으로써 복지 지원의 중복 및 누락을 차단하고 수요자 중심의 맞춤형 복지서비스 제공을 목적으로 하고 있다(보건복지부, 2011). 또한 사회보장정보시스템은 종래에 장애인, 노인, 아동 등 복지서비스 대상자별로 구축·운영되고 있던 사회복지시설정보시스템(www.w4c.go.kr)을 정부가 통합적으로 구축하고 관리함으로써 사회복지시설 회계의 투명성 제고와 사회복지시설 업무의 효율성 제고를 목적으로 하고 있다(강혜규, 2011).

1) 사회보장정보시스템의 특징

이 절에서는 사회보장정보시스템의 특징에 대해서 살펴본다(보건복지부, 2011). 사회보장정보시스템의 체계는 다음 [그림 11-1]과 같다.

(1) 유관기관 공적 자료의 연계 구축

기존 시스템에서는 지역이나 사업별로 각각 소득·재산을 조사하여 복지대상자의 이력 관리나 개인별 관리가 불가능했다. 또한 복지대상자 선정을 위해 필요한 소득·재산 등 공적 자료를 시·군·구에서는 확인하기 어려워 부정수급이 발생하는 원인이 되기도 했다. 이러한 문제점을 해결하기 위해 사회보장정보시스템은 타 관계 기관에서의 서비스 제공 이력 정보 등을 연계하여 각 지방자치단체에 제공하도록 고안했다.

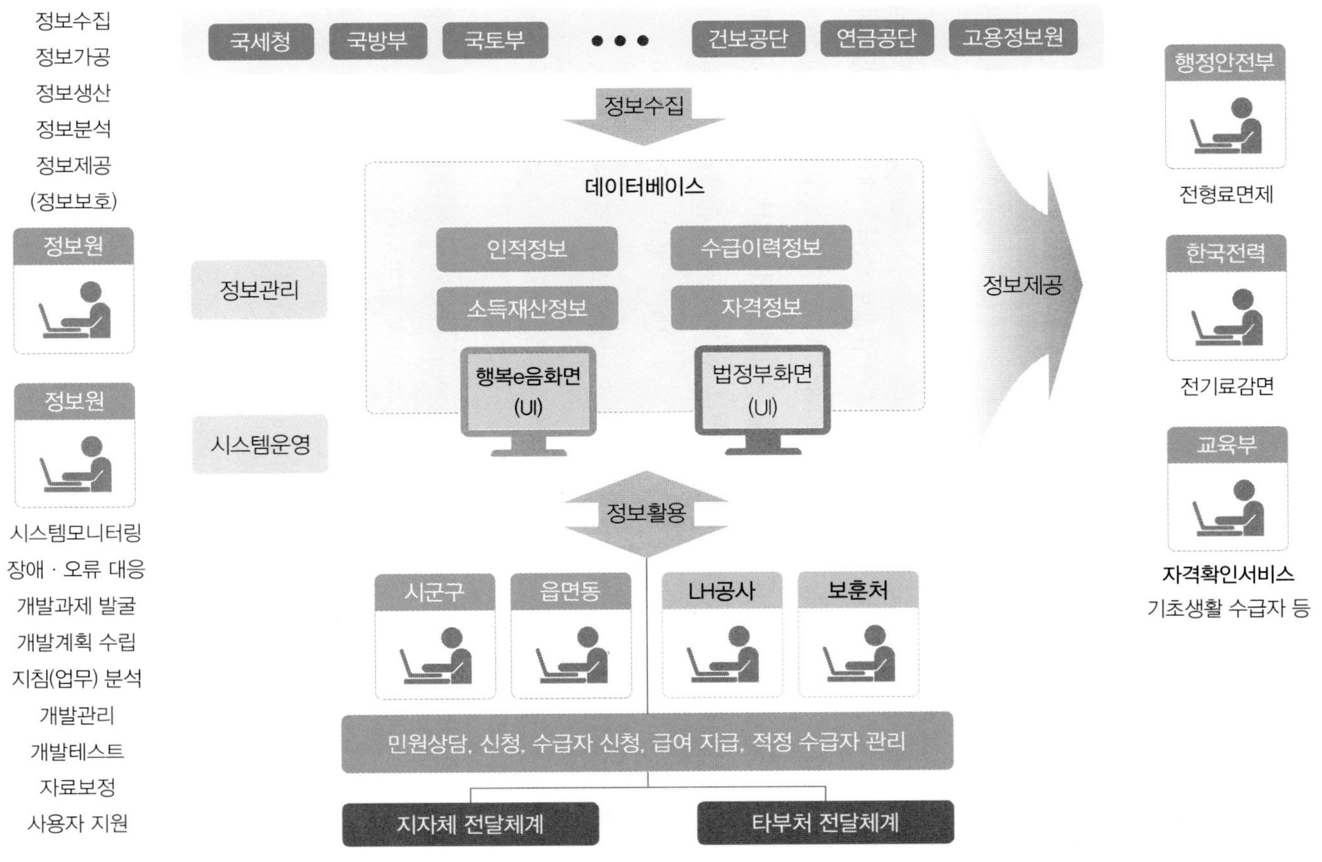

그림 11-1 사회보장정보시스템 구성도

출처: 한국사회보장정보원(http://www.ssis.or.kr/lay1/S1T749C765/contents.do).

(2) 복지수급자 개인별 · 가구별 통합 데이터베이스 구축

사회보장정보시스템은 지방자치단체에서 집행하는 약 120여 개의 복지급여 및 서비스 이력을 개인별 · 가구별로 통합 관리하는 시스템이다. 또한 기존에 시 · 군 · 구별로 복지대상자 정보 및 전산시스템을 각각 따로 관리하던 것을 전국 단일 데이터베이스로 통합했다. 복지수급자 개인별 · 가구별 통합 데이터베이스를 구축 · 운영함으로써 복지지원의 중복 및 누락을 차단하고 수요자 중심의 맞춤형 복지서비스 제공을 목적으로 하고 있다.

(3) 복지업무의 표준화 및 효율화

그동안에는 기초생활, 보육, 기초노령 등 복지사업별로 소득 · 재산 조사 방법이 달랐다. 복지업무의 표준화를 위하여 서비스 대상자 한 명이 여러 개의 서비스를 신청하면 사업별로 별도의 소득 · 재산 조사를 실시해야 했던 업무를 통합하여 1회 조사 후 모든 사업에 공동 활용하도록 하고 있다. 이 과정에서 유사 서식을 통합하여 업무의 효율성을 높이도록 하고 있다. 이를 통해 적어도 지방자치단체 복지담당 공무원들의 소득 · 재산 조사 업무 부담을 줄일 수 있을 것으로 기대되고 있다.

(4) 사례관리 기능의 강화

사회보장정보시스템의 구축을 계기로 시 · 군 · 구 차원에서 서비스 연계팀을 강화함으로써 복지대상자의 복합적인 욕구 해결을 위해 공공서비스뿐 아니라 민간서비스도 연계 제공하는 사례관리체계를 강화하고 있다.

(5) 업무절차의 효율화

사회보장정보시스템은 하나의 정보시스템에서 '상담-서비스 신청-소득 · 재산 조사-서비스 수급 결정-급여관리-변동관리-사후관리'를 일괄 처리함으로써 업무절차의 효율화를 꾀하고 있다. [그림 11-2]는 사회보장정보시스템의 업무절차를 도표로 보여 준다.

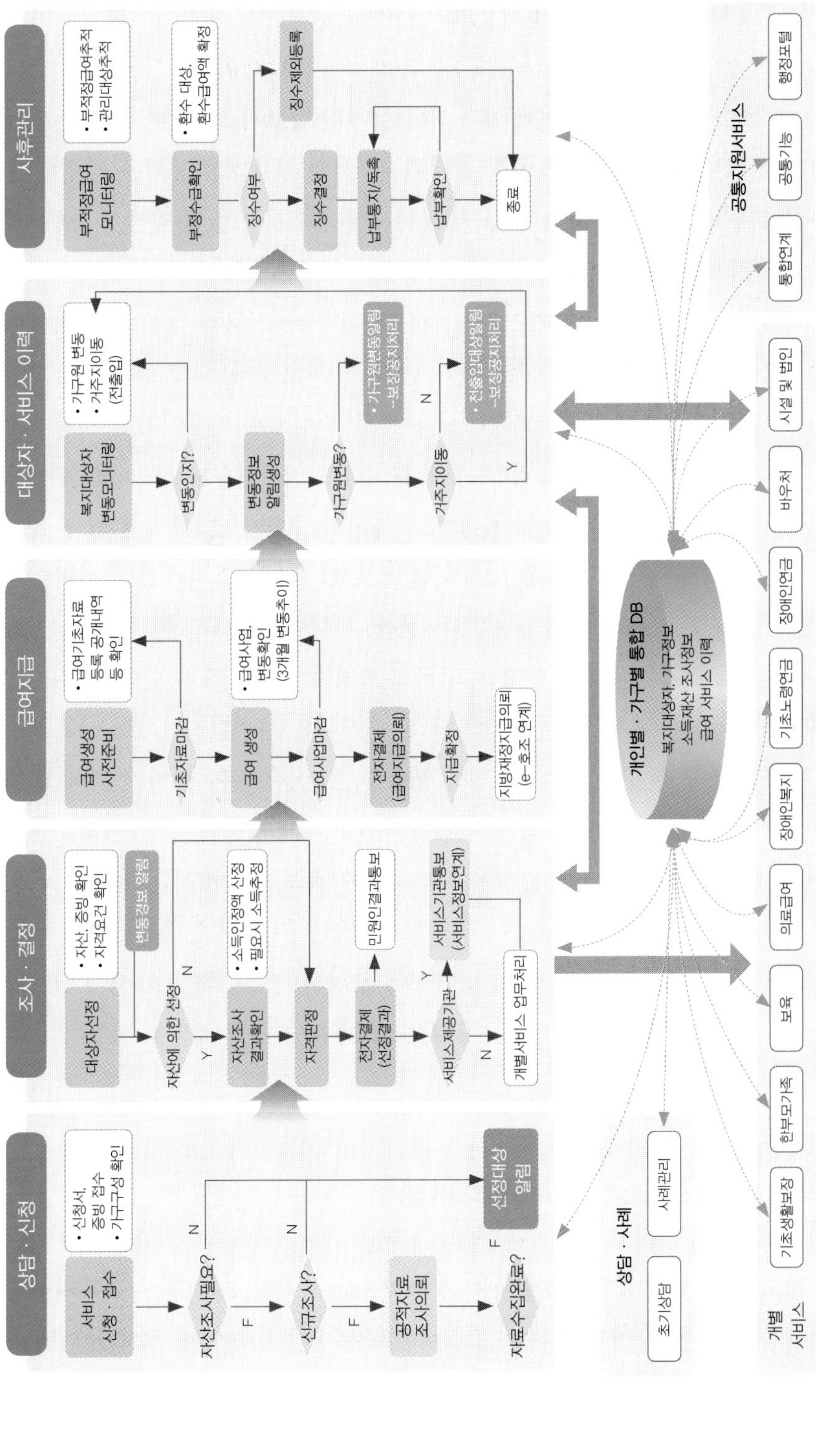

그림 11-2 사회보장정보시스템 업무절차

출처: 보건복지부(2011). 행복e음 민간복지사 교육자료.

2) 사회보장정보시스템의 과제

사회보장정보시스템은 2010년에 개통되어 실시된 정보시스템으로 아직 진화단계에 있다고 할 수 있다. 그동안 공적 전달체계에서의 정보의 공동활용 증대를 통한 업무의 효율화, 업무처리의 신속성, 공공복지행정의 정확성 및 일괄성 증대, 책임성 및 투명성 향상 등은 긍정적인 성과로 꼽힌다(강혜규, 2011).

하지만 아직 해결해야 할 과제도 있는 것으로 판단된다. 강혜규(2011)는 개선과제로 다음과 같은 사항들을 제시하고 있다. 첫째, 사회보장정보시스템의 궁극적인 목적 중 하나는 지금까지 '자산조사, 대상자 선정' 중심으로 이루어졌던 지방자치단체의 복지행정을 '서비스, 지속적인 관리' 활성화로 전환하고자 하는 것이다. 하지만 그러한 변화는 아직 극히 미미한 것으로 보인다. 현장과 밀착되어 있는 읍·면·동 일선 사회복지사의 역할을 명확히 함으로써 지속적인 사례관리 서비스가 현실화될 수 있도록 하는 노력이 필요하다. 둘째, 부서별 업무 및 인력 배치 조정의 필요성이다. 정보시스템은 개편됐지만, 업무의 조정과 그에 필요한 인력 배치는 아직 현재 진행 중이다. 부처 간 협조체계 구축, 신청부터 사후관리까지의 사례관리 운영과정 체계의 구축 및 그에 따른 역할 분담, 정보공유 수준 및 방식 등에 대한 재검토 등이 필요하다. 셋째, 온라인 이용자 서비스체계의 구축이다. 사회보장정보시스템이 궁극적으로 이용자 중심의 서비스를 강화하기 위해서는 웹기반의 온라인 신청시스템의 구축이 필요하다.

이러한 사회보장정보시스템의 한계를 극복하기 위해 시스템 전면 개선이 실시되어, 보다 발전된 형태의 '차세대 사회보장정보시스템'이 2022년 개통될 예정이다.

6. 빅데이터의 활용과 사회복지행정

사회 각 분야에서 빅데이터의 활용이 적극적으로 모색되고 있다. 사회복지행정 분야도 예외는 아니다. 이 절에서는 빅데이터가 무엇이고 왜 필요한지 살펴보고,

빅데이터의 활용 방법에 대해 알아본다.

1) 빅데이터의 개념

빅데이터는 인간 행동의 디지털 부산물이다. 사회복지분야에서의 빅데이터는 사회복지와 관련된 인간 행동이 디지털 형태로 남기는 정보이다. 예를 들면, 복지급여를 받을 때 제공하는 수급자에 대한 정보, 제공되는 급여에 대한 정보, 제공자에 대한 정보 등은 급여와 함께 실시간으로 제공기관의 데이터베이스에 기록된다. 복지정책에 대해 SNS에 남기는 의견이나 질문 등도 복지분야의 동향을 읽을 수 있는 빅데이터로 활용할 수 있다.

빅데이터의 '빅', 즉 '크다'는 단순히 용량이 크다는 뜻만은 아니다. 이때 '빅'은 기존의 데이터와는 매우 다른 형태와 속성을 가진 데이터를 말한다. 기존에 사회복지분야에서 주로 사용한 데이터는 모집단에서 추출된 표본을 대상으로 하는 설문조사 형식의 데이터가 대부분이었다. 하지만 이런 설문조사 자료에 비해 빅데이터는 속도, 데이터 요소 그리고 원천의 다양성이라는 측면에서 완전히 다른 성격의 데이터이다. 속성이 완전히 다른 데이터이기 때문에 원자료를 분석해서 유익한 정보를 만들어 내는 데도 기존의 분석방법과는 다른 형태의 분석방법이 필요하다는 점도 빅데이터의 특성이다.

빅데이터는 표본이 아니라 모집단 자료라는 측면에서도 기존의 데이터와는 확연히 다르다. 복지급여 시스템에 수록된 데이터는 실시간으로 수급 대상자 전체에 대한 자료를 제공한다. 기존에는 이런 정도의 큰 데이터를 효과적으로 처리할 수 있는 능력이 없어 모집단에서 일정 표본을 추출해서 분석했다면, 빅데이터 시대에는 그럴 필요가 없다. 빅데이터의 특징은 어떤 원천 자료든 모든 요소를 실시간으로 포함한다는 점이다.

빅데이터는 보통 다양한 형태의 데이터를 분야를 넘어 연결하거나 결합해서 쓰기도 한다. 구조화된 데이터 외에도 비정형화된 텍스트와 이미지 데이터 등을 결합하기도 한다. 그런 이유로 지금까지 우리가 익숙해 온 데이터의 관리 · 처리 · 보관 · 분석의 전통적인 방식은 빅데이터의 최대 가치를 추출하는 데는 적절하지 않을 수도 있다.

2) 사회복지행정에서 빅데이터 활용의 필요성

사회복지분야는 디지털 혁명에서 뒤떨어져 있는 것이 사실이다(Coulton et al., 2015). 영리분야의 경우는 이미 고객의 구매행태나 취향을 다양한 빅데이터 분석을 활용해서 알아내고 그러한 정보를 마케팅에 활용해 왔다. 영리분야가 빅데이터의 활용에 적극적이었던 것은 그렇게 얻은 정보가 판매를 늘리고 수익을 창출할 수 있다고 믿었기 때문이다. 즉, 기업의 이익 창출이라는 목적에 빅데이터가 도움이 될 것이기 때문에(혹은 그럴 것이라는 믿음 때문에) 적극적으로 활용한 것이다.

일반적으로 사회복지분야의 경우는 빅데이터를 통한 경제적 동기가 별로 없었기 때문에 그 활용이 더디게 온 것일 수도 있다. 하지만 영리분야와 같은 직접적인 경제적 이윤 동기는 없을 수 있으나, 비영리 사회복지분야에서도 빅데이터의 활용을 요구하는 다양한 목소리가 늘고 있다.

사회복지분야에서 빅데이터의 활용이 필요한 첫 번째 이유는 증거기반 실천과 정책에 대한 수요가 늘고 있기 때문이다. 사회복지분야에 대한 정부 지출이 늘어나면서 프로그램의 효과성과 효율성을 입증하라는 사회적 요구가 늘어나고 있지만, 사회복지분야는 프로그램을 효율적으로 평가할 만한 데이터 관리나 분석 기반을 축적해 오지 못한 것이 사실이다. 빅데이터는 평가를 위해 데이터를 따로 수집해야 하는 것이 아니라 기관 정보시스템에 실시간으로 기록되는 프로그램 정보, 프로그램 이용자 정보, 이용자의 상태 변화에 대한 정보 등을 활용해서 실시간 프로그램 모니터링과 평가를 할 수 있다는 점에서 사회복지 프로그램 평가에 새로운 패러다임을 제시할 수 있다.

빅데이터 활용의 필요성은 비영리기관의 운영에서도 발견된다. 데이터에 기반을 둔 의사결정의 중요성은 사회복지기관에서도 늘어나고 있다. 기관 운영에서 자체의 관리정보시스템을 활용한 성과지표의 사용은 이제 사회복지기관에서도 일상적인 일이 되어가고 있다. 앞으로는 기관의 전략적 목표를 어떻게 달성해 나가고 있는가를 입증하는 데에 빅데이터 활용의 필요성이 커질 것이다.

최근 지역사회복지에서 강조되고 있는 개념은 집합적 파급력(collective impact)이다. 사회복지 프로그램의 성과가 그 프로그램의 대상에만 국한되는 것이 아니라 지역사회 전체로 파급되는 현상을 사회적 파급력(social impact)이라고 한다. 어느 한 프로그램이나 기관의 힘만으로는 사회적 파급력을 이룰 수 없다. 사회적 파급력을 이루기 위해서는 지역사회의 여러 분야의 자원들이 상호 협력해서 일해 나가야 한다.

공동의 목표를 위해서 다양한 영역의 기관과 자원들이 상호 협력해서 일을 해 나가 사회적 파급력을 이루는 과정을 집합적 파급력이라고 한다. 집합적 파급력이 일어나기 위한 조건 중 하나는 참여하는 여러 기관이 성과지표를 공유하고 그러한 성과지표를 창출하기 위해 다양한 지역사회 내의 자료들을 공유할 수 있어야 한다.

지역사회 변화의 모습은 어느 한 기관 혹은 프로그램의 자료만으로는 충분하게 제시될 수 없다. 이때 필요로 하는 것은 다양한 영역의 데이터를 결합하는 빅데이터의 활용이다. 집합적 파급력을 추구하는 사회복지사업이 지역에서 늘어나면서 그와 관련된 빅데이터에 대한 수요도 늘어날 것으로 예상된다.

사회복지의 궁극적인 목표는 사회구성원들의 삶의 질의 증진이다. 삶의 질을 증진하기 위해 무엇을 해야 하는가를 알아내기 위해서는 인간 행동에 대한 이해가 필수적이다. 하지만 사회적 환경에서 인간 행동은 너무 다양하고 변수가 많아서 어떨 때는 인간 행동 자체를 예측하거나 이해하는 것이 불가능한 것으로 보일 수 있다. 하지만 빅데이터를 활용한 예측분석(predictive analytics) 방법은 인간 행동을 예측할 수 있게 하고 있다.

빅데이터를 활용한 예측분석은 궁극적으로는 인간 행동의 요소들을 변화시킬 수 있는 개입이나 정책을 제시할 수 있다. 이러한 방식은 휴먼 게놈 프로젝트를 사회적 체계에서 실행하는 방식으로 이해할 수 있다. 휴먼 게놈을 통해 인간의 유전자 코드를 완전히 분석할 수 있다면, 문제가 있는 특정 유전자 코드만 대상으로 해서 개입하는 맞춤형 진료가 가능하다. 마찬가지로 인간의 다양한 사회활동의 기록을 담고 있는 빅데이터를 활용해 예측분석을 할 수 있다면 독특한 사회환경에 처한 개인들의 삶의 질을 향상하기 위한 맞춤형 개입이 가능할 수 있다.

3) 사회복지행정분야에서의 빅데이터 활용

사회복지행정분야에서 서비스 수요자의 이용 경험 패턴과 그러한 패턴이 수요자의 삶의 질에 미치는 영향에 관한 연구의 중요성이 커지고 있다. 최근까지 국내에서 그러한 연구는 대부분 전통적인 설문조사에 근거한 자료 분석을 통하여 이루어져 왔다. 하지만 설문조사의 경우 서비스 이용 경험에 대한 정보는 응답자의 인식과 기억에 의존해야 하는 문제가 중요한 연구방법론상의 한계로 대두되어 왔다.

최근 서비스 사건을 실시간으로 기록하는 데이터베이스의 발전은 사회복지분야의 거의 모든 행정기관과 사회복지기관들이 제공한 서비스 내용과 시점, 수요자 정보 등을 대규모 데이터베이스에 기록하는 것을 가능하게 했다. 국내에서는 건강보험, 국민연금, 고용보험, 산재보험의 4대 사회보험이 데이터베이스화되어 있고, 한국사회보장정보원이 관리하는 사회보장정보시스템은 모든 사회복지서비스의 내용을 데이터베이스화하는 목표로 개발되었다(강혜규, 2011).

사회복지 데이터베이스에 수록된 정보는 모든 국민의 생애주기에 걸친 사회복지서비스의 이력 내용을 실시간으로 수록하고 있다고 할 수 있다. 이러한 빅데이터는 사회과학 연구의 귀중한 자료가 될 수 있으나 아직 국내에서 이러한 자료를 사회복지행정에 활용하는 것은 상당히 미흡하다.

빅데이터의 활용이 국내에서 미진한 이유 중의 하나는 데이터를 소유하고 있는 기관들이 데이터 공유를 거부하고 있기 때문이다. 개인정보 보호에 대한 우려가 아예 귀중한 연구자료를 활용할 수 없게 만들고 있는 셈이다. 개인정보 보호 문제를 해결할 수 있는 제도적·기술적 장치의 도입은 그렇게 어려운 문제가 아니다. 문제는 오히려 개인정보를 핑계 삼아 데이터 사용을 가로막는 행태에 있을 수도 있다. 데이터는 곧 권력이기 때문에 기관으로서는 권력을 나누기 싫은 것일 수 있다. 사회복지분야에서의 빅데이터 개발을 활성화하기 위해서는 제한된 접근성이라는 난관을 넘어야 한다.

현재 우리나라의 사회복지분야에서 빅데이터의 활용이 어려운 것은 사실이지만, 앞으로 빅데이터의 활용이 줄 수 있는 과실은 상당하다. 우선 빅데이터는 사회복지행정에서 갈수록 중요해지는 지역사회복지 욕구 파악 및 계획에 활용될 수 있다. 다양해지고 복잡해지는 사회복지 욕구는 국가 단위에서만이 아니라 소규모 지역단위에서 파악될 필요가 있다. 하지만 기존의 설문조사 방식에 의존하는 소규모 데이터는 표본의 크기가 작아 지역단위까지 활용하는 데 제한적이다. 사회보장정보시스템(행복e음), 건강보험, 국민연금, 장기요양, 고용보험 등 대규모 행정 데이터베이스는 전국민에 대한 기록을 포함하고 있다고 해도 과언이 아니다. 이런 데이터베이스들을 연결해서 빅데이터를 구축할 수 있다면 지역단위 복지 욕구를 실시간으로 파악하는 데 활용할 수 있다.

빅데이터는 한 시점에서 자료를 수집하는 전통적인 횡단적 데이터와는 다르게 실시간으로 연속적으로 데이터가 축적되는 종단적 데이터로서의 특성이 있다. 이러한 종단적 데이터가 지리정보체계(geographic information system) 자료와 결합하면 시공간을 아우르는 입체적인 데이터베이스의 구축이 가능해진다. 이렇게 개발된 빅데이터는 지역단위 복지 욕구의 파악에 큰 도움을 줄 수 있다. 지역단위 복지 욕구 파악은 복지계획에 필수적이며, 복지 자원의 효율성과 효과성을 높이는 중요한 기제인 것을 고려하면, 빅데이터의 중요성을 가늠할 수 있다.

빅데이터는 복지서비스의 미래 예측과 성과평가 연구에도 유용할 수 있다. 빅데이터를 이용해서 생애주기에 따른 종단적 서비스 이용 패턴 연구를 통해 미래 복지서비스의 트렌드를 예측할 수 있다. 서비스 이용 트렌드 예측에서 한 걸음 더 나아가면 서비스 이용 패턴과 서비스 결과를 결합함으로써 서비스의 효율성과 효과성을 연구할 수 있게 된다. 서비스 이용의 차례(sequence)가 서비스의 효과성과 효율성에 어떻게 연관되는지와 같은 분석은 기존의 전통적인 서베이 데이터로는 불가능하다. 빅데이터를 활용해서 서비스 효과성과 효율성 연구의 새로운 지평을 열 수 있을 것으로 보인다.

증거기반 실천에도 빅데이터는 귀중한 자원이 될 수 있다. 데이터정보학(data

science) 방법을 사회복지개입의 증거기반 실천 연구에 적용할 수 있다면 증거기반 실천 연구의 새로운 지평을 열 수 있을 것이다. 각 기관 등에서 보유하고 있는 서비스일지, 상담일지, 사례관리 기록 등의 비정형 텍스트 데이터를 디지털화해서 서비스 개입의 근거와 과정, 결과를 조사할 수 있다. 사회복지행정가가 어떤 근거로 어떤 판단을 하는지에 대한 빅데이터가 구축될 수 있다면 사례에 따른 의사결정흐름도(decision making tree)를 구성하는 데 활용할 수 있다. 이러한 방식은 사회복지행정 영역에서도 인공지능을 적용한 기계학습을 활성화해 새로운 개입방법의 개발을 촉진하는 계기가 될 것이다.

4) 빅데이터 활용의 과제

빅데이터를 활용하기 위해서는 많은 난관을 극복해야 한다. 우선 첫 번째로 우려되는 점은 개인정보 보호이다. 사회복지와 의료 분야의 데이터는 사생활에 매우 민감한 정보들을 수록하고 있다. 사회복지가 다루는 영역은 주로 인간 활동 중에서도 열악하거나 취약한 부분과 관련되는 경우가 많아서 다루는 정보가 특히 민감한 것일 수 있다. 가령, 정신질환 서비스를 받았거나, 아동학대의 피해자라는 정보는 대표적인 민감한 개인정보이다. 의료 기록 등에서도 개인정보의 보호가 무엇보다 중요한 영역이다.

사회복지분야에서 빅데이터를 적극 활용하기 위해서는 개인정보 보호를 위한 법률적 · 기술적 장치가 선행되어야 한다. 개인정보가 보호된 상태에서도 개인이 사용에 동의한 적이 없는 자료를 연구에 사용할 때 따르는 윤리적 문제도 사회복지 영역에서 빅데이터를 사용할 때 해결해야 할 대표적인 문제 중 하나이다.

개인정보 보호와 대칭되는 또 하나의 문제는 데이터를 가지고 있는 많은 기관이 데이터를 공유하기를 꺼린다는 점이다. 데이터를 활용해서 이루어지는 연구와 분석은 모두 집합적 수준에서 이루어지기 때문에 개인정보 보호는 충분히 이루어질 수 있다. 그런데도 데이터를 '소유'하고 있는 기관들은 개인정보 보호를 문제 삼아 데이터를 공유하기를 거부하는 경우가 많다. 데이터에 대한 제한적 접근은 사회복지분야에서 빅데이터 활용을 가로막는 주요한 이유이다.

빅데이터 활용에서 중요한 문제 중의 하나는 데이터의 질이다. 데이터의 타당성과 신뢰성을 어떻게 확보하느냐는 분석을 통해 얼마나 유용한 정보를 제공할 수 있는가의 문제와 직결되어 있다. 모인 데이터는 분석에 활용되기 전에 다양한 데이터 클리닝 기법을 활용해서 정리되어야 한다.

요점 정리

- 기관의 일이 서비스 이용자의 삶 질 향상에 얼마나 효과적 · 효율적인가를 모니터링하고 개선할 점들에 대한 환류 정보를 제공하는 것이 정보시스템의 기능이다.
- 정보시스템의 유형은 크게 관리시스템, 의사결정 지원시스템, 성과관리시스템으로 나눌 수 있다.
- 정보시스템이 정보를 수집 · 분석하며 환류 기능을 제공하는 방법의 근간은 MBO 방식과 논리모델에서 찾아볼 수 있다.
- 성과관리 체계로 최근에 사회복지 현장에 도입되기 시작한 정보시스템의 한 예는 BSC (Balanced Scorecard) 방식이다. BSC 방식은 기관의 성과에 영향을 주는 다양한 차원에서의 정보를 모니터링한다.
- 정보시스템이 원래 의도했던 목적을 달성하기 위해서는 기관 차원에서 체계적인 개발과정을 거칠 필요가 있다. 그 과정은 크게, 준비와 위원회 구성, 기존 시스템의 분석, 시스템의 설계, 시험운영과 준비 상태 확인, 그리고 시행, 평가, 수정 · 보완 등으로 이루어진다.
- 정보시스템의 개발은 조직의 운영방식과 문화를 바꾸는 작업이다. 그런 이유로 정보시스템 개발 작업은 조직구성원들이 공감하고 함께 갈 수 있는 사전 작업이 중요하다.

- 정보시스템을 통해 기관의 성과를 모니터링하고 그 결과를 통해 서비스를 개선해 나가는 체계는 학습조직의 중요한 구성요소이다.
- 최근 사회복지정보시스템 분야의 가장 대표적인 사업은 공공전달체계 분야에서 진행되고 있는 중앙정부의 사회보장정보시스템(행복e음) 사업이다.
- 사회보장정보시스템은 복지수급자 개인별 · 가구별 통합 데이터베이스를 구축 · 운영함으로써 복지지원의 중복 및 누락을 차단하고 수요자 중심의 맞춤형 복지서비스 제공을 목적으로 하고 있다.
- 사회복지분야에서의 빅데이터는 사회복지와 관련된 인간 행동이 디지털 형태로 남기는 정보이다.
- 사회복지행정분야에서도 증거기반 실천 수요의 증가, 의사결정의 효율화, 지역사회 네트워크 데이터의 필요성 증가, 예측분석 수요의 증가 등으로 빅데이터 활용의 필요성이 커지고 있다.
- 빅데이터는 사회복지행정에서 갈수록 중요해지는 지역사회복지 욕구 파악 및 계획에 활용될 수 있으며, 복지서비스의 미래 예측과 성과평가에 활용될 수 있다.
- 사회복지분야에서의 빅데이터 활용이 늘기 위해서는 개인정보 보호를 위한 법률적 · 기술적 장치가 선행되어야 한다.

더 읽어 보기

강혜규(2011). 공공전달체계의 정보화: 사회보장정보시스템의 운영과 전달체계 개선의 기대효과. 2011년 한국사회복지행정학회 춘계 국제학술대회 자료집, 3-43. 한국사회복지행정학회.

보건복지부(2011). 사회보장정보시스템(행복e음) 민간복지사 교육자료. 보건복지부.

서울시복지재단(2009). 성공하는 사회복지시설의 경영실무도움서 시리즈 II: 조직관리하기. 서울시복지재단.

Coulton, C. J., Goerge, R., Putman-Hornstein E., & Hann, Benjamin de. (2015). Harnessing bing data for social good: a grand challenge for social work. Grand Challenge for Social Work Initiative Working Paper No. 11. American Academy of Social Work and Social Welfare.

Lewis, J. A, Packard, T. R., & Lewis, M. D. (2007). *Management of human service programs* (4th ed.). Belmont, CA: Books/Cole.

Rapp, C. A., & Poertner, J. (1992). *Social administration: a client-centered approach.* White Plaines, NY: Longman Publishing Group.

제12장

사회복지 홍보와 마케팅

학습목표

- 홍보의 개념, 홍보의 매체와 방법 등을 이해하고, 사회복지조직에서의 홍보의 중요성을 설명할 수 있다.
- 마케팅의 개념, 마케팅 전략, 마케팅 믹스를 설명할 수 있다.
- 사회복지서비스의 특성과 그에 따른 사회복지조직 마케팅의 특성 및 중요성을 설명할 수 있다.
- 마케팅 전략과 기법들에 대한 이해를 바탕으로 사회복지조직의 마케팅 전략과 기법을 적용하여 설명할 수 있다.

1980년대 미국에서는 영리조직에서 개발된 마케팅과 홍보기법을 비영리조직에 접목하려는 다양한 시도가 있었다. 레이건 정부가 들어서면서 사회복지를 포함한 비영리조직에 대한 연방정부의 예산지원을 대폭 삭감함으로써 이전과는 다른 운영환경에 놓이게 되었다. 비영리조직 간 자원확보를 둘러싼 경쟁이 심화되고, 재정적 안정성을 확보하기 위해서는 기부자들로부터 기관에 대한 신뢰와 우호적 관계를 형성해야만 했으며, 이러한 환경 속에서 비영리조직들은 홍보활동에 관심을 둘

수밖에 없었다. 사회복지조직도 예외는 아니었다. 단순히 사회복지서비스를 제공하는 공적 기관이라는 이유만으로 과거와 같이 외부의 재정자원(기부금 · 후원금)과 인적자원(자원봉사자)을 당연하게 확보하는 것이 어려워지고 조직의 생존을 위한 체계적인 활동이 필요하게 되었다.

사회복지조직은 사회적 지지를 확보하고, 지역사회의 자원을 동원해서 목적을 달성해야 한다. 그러기 위해서는 평소 조직 차원에서 지역사회 주민들에게 긍정적 평판과 신뢰를 형성하고 유지하는 활동이 중요해졌다. 이러한 환경적 변화는 그동안 영리기업의 주된 활동으로 인식되어 왔던 홍보와 마케팅 활동에 대해 사회복지조직에서도 관심을 갖게 된 계기가 되었다. 최근에는 영리기업과는 다른 비영리조직의 홍보와 마케팅 기법들이 연구 · 개발되고 현장에서 널리 활용되고 있다. 이 장에서는 사회복지조직에서 필요한 홍보와 마케팅 활동과 관련된 이론을 살펴보고자 한다.

1. 사회복지 홍보

과거 기업의 활동이라 여겨졌던 홍보와 마케팅 활동이 사회복지조직에서도 그 중요성이 점차 확대되고 있다. 사회복지조직이 외부와 소통하고 신뢰를 유지하는 활동은 사회복지조직의 핵심적인 활동이 되어 가고 있다는 측면에서 홍보와 관련된 기초적인 개념과 홍보방안에 대한 이해가 필요하다.

1) 홍보의 의미와 중요성

홍보(弘報)의 사전적 의미는 일반 대중에게 널리 알린다는 뜻이다. 기업은 홍보활동을 통해 일반 대중으로부터 호감을 얻어 이를 매출로 연결하고자 한다. 일반적으로 기업에서 홍보활동은 일반 대중과 우호적인 관계를 형성한다는 의미에서 홍보를 PR(Public Relations)이라는 용어로 사용한다. 최근에는 정부나 지방자치단체와 같은 공공조직도 기관의 활동과 사업을 공중에게 널리 알리고 호응을 유도하는 홍보를 적극적으로 하고 있다.

디모크와 디모크(Dimock & Dimock, 1979)는 홍보란 공중의 신뢰를 조성하고 조직의 계획이나 기능에 대한 공중의 이해를 증진시키기 위해 수립하는 정책과 행동계획이라고 정의하였다(정무성, 황정은, 2013: 371에서 재인용). 미국홍보협회(Public Relations Society of America, 2012)는 홍보는 조직과 공중 상호 간의 유익한 관계를 형성하는 전략적 커뮤니케이션 과정이라고 정의하고 있다. 홍보는 '공중에게 조직의 비전, 가치, 활동을 일반에게 널리 알리고 조직이 달성하고자 하는 목적에 호응하고 참여하도록 유도하는 조직의 활동'이라고 정의할 수 있다.

조직에 대한 호의적 이미지를 구축하기 위한 커뮤니케이션 과정에 필요한 전략, 기법 및 활동을 포괄하는 개념으로서 '조직과 공중 간의 커뮤니케이션'이 강조된다. 홍보활동에 있어서 중요한 점은 일방적인 정보의 전달과 제공에 그치는 것이 아닌 조직 내부와 외부 환경과의 커뮤니케이션(소통)이다.

홍보와 유사한 개념으로 퍼블리시티(publicity), 광고(advertising) 등의 용어가 사용되고 있다. 퍼블리시티는 홍보의 한 방법으로서 기업이 제공하는 뉴스나 기사를 언론기관에서 공중에게 알릴 필요가 있다고 인정될 경우 언론에서 이를 기사로 보도하는 것을 의미한다. 광고는 광고주의 요구에 의해 유료로 진행되지만, 퍼블리시티는 언론기관의 판단에 의해 무료로 진행되는 점에서 차이가 있다. 또한 광고의 경우 일방적인 정보의 전달이라면, 홍보는 쌍방향의 커뮤니케이션이라는 점에서 차이가 있다. 기업과 조직의 활동이나 사업이 언론매체에 기사화되면 광고 이상의 효과를 볼 수 있다는 점에서 퍼블리시티는 중요한 홍보활동의 하나로 활용되고 있다.

2) 사회복지조직과 홍보

(1) 사회복지조직의 홍보활동 목적

홍보활동은 기업의 경우 기업의 이미지나 신뢰도 제고, 정부의 경우 국정이념과

정책에 대한 정보 제공과 국민의 참여 유도, 그리고 비영리조직의 경우 조직에 대한 신뢰도 및 인지도 향상을 주된 목적으로 한다. 최근 공공기관이나 사회복지조직에서도 연예인을 홍보대사로 위촉하고 TV 광고 등을 통해 자신들의 활동을 알리고 기부 및 후원, 자원봉사 활동에 참여를 유도하는 홍보활동을 전개하는 사례가 늘고 있다.

사회복지조직은 조직구성원뿐만 아니라 지역사회, 지역 주민, 지방자치단체, 중앙정부, 언론, 후원자, 자원봉사자, 기업, 사회복지재단 등 다양한 이해관계자들과 관계를 형성한다. 사회복지조직은 다양한 이해관계자들과 호의적 관계를 형성하여야 한다는 점에서 점차 홍보의 필요성이 증가하고 있다. 지역사회 주민에게 서비스를 제공하고 서비스 제공에 필요한 각종 자원을 지역사회로부터 획득하는 사회복지조직은 특히 지역사회 내의 여러 이해관계인들과 호의적 관계를 유지하는 것이 중요하다. 그럼에도 이전에는 사회복지조직들이 홍보활동에 많은 관심을 두지 않았으며, 단순히 성과나 존재가치를 일방적으로 알리는 수준에서의 홍보활동에 그쳤다.

홍보는 쌍방향의 커뮤니케이션이 핵심이며, 지역사회 내의 복지시설로서 사회복지조직은 지역사회와의 커뮤니케이션 활동을 통해 우호적 관계를 형성하는 노력이 요구된다. 지역사회에 대한 이해를 통해 지역사회의 욕구를 파악하고, 지역사회 내에서 동원 가능한 자원을 분석하고, 지역사회의 환경 변화에 적응하고 새로운 목적과 프로그램을 계획함으로써 지역사회와 좋은 관계를 유지하는 것이 중요하다. 또한 적극적인 홍보를 통해 사회복지기관에 대한 이미지를 우호적으로 유지하고, 자원봉사자 모집 · 기부자 개발, 기관의 프로그램에 대한 정보 제공 등의 효과를 기대할 수 있다(남기민, 전명희, 2001).

(2) 홍보전략의 수립

홍보활동을 효과적으로 수행하기 위한 첫 단계는 기관에 가장 적합한 홍보전략의 수립이다. 홍보전략에는 홍보의 목적, 홍보의 주요 대상, 홍보의 메시지, 홍보의 매체, 홍보 프로그램의 구성 등의 내용들이 포함된다. 홍보의 목적과 주요 대상

집단을 결정하고, 그에 따라 어떠한 메시지를 어떠한 매체를 활용하여 전달할 것인가의 내용을 기획하는 일련의 과정을 거친다. 기관을 알리고 기관 이미지를 제고하기 위한 것인지, 기관에서 하고 있는 프로그램을 알리고 이용하도록 하기 위한 것인지, 후원과 자원봉사자를 개발하기 위한 것인지, 기관의 성과를 알리기 위한 것인지 등 홍보의 목적을 명확히 하여야 한다. 홍보의 목적이 결정되면 그에 따른 주요 홍보 대상집단을 설정하고, 대상집단에게 효과적으로 메시지를 전달하고 소통할 수 있는 홍보매체와 방법을 결정하여야 한다.

사회복지조직의 효과적인 홍보활동의 요건으로 정무성과 황정은(2013: 379)은 다음의 여섯 가지를 제시하고 있다.

- 대상집단과 커뮤니케이션이 이루어져야 한다.
- 커뮤니케이션이 대상집단의 관심을 끌어야 한다.
- 대상집단이 그 메시지를 이해할 수 있어야 한다.
- 메시지가 대상집단의 욕구에 호소력을 가지고 있어야 한다.
- 프로그램이 욕구를 충족시키는 최선의 방법이라는 것을 대상집단에게 설득시켜야 한다.
- 비용효과적이어야 한다.

조직의 홍보담당자는 어떤 메시지를 누구에게 어떠한 방법으로 효과적으로 전달할 것인가에 대한 업무를 담당한다. 홍보담당자는 홍보메시지를 구성하고, 홍보대상자와 홍보채널을 선정하고, 홍보 대상자와 채널을 결정하면 홍보자료를 작성한다. 최근에는 홍보업무를 전문적으로 대행하는 업체들이 많아 대기업이나 대규모 조직의 경우 외부 홍보대행업체에 홍보업무를 맡기는 경우가 많다. 하지만 대부분의 사회복지조직들은 홍보를 전담하는 전문 인력을 채용하는 경우가 거의 없으며, 사회복지사가 홍보 업무를 담당하는 경우가 많아 비전문적인 영역으로 인식되고 있다.

(3) 홍보매체와 홍보 프로그램

홍보를 위한 매체는 다양하다. 매체는 각각 고유한 특성이 있고, 효과도 다르기 때문에 홍보 대상이나 목적에 가장 효과적이라고 판단되는 매체를 선택해야 한다. 전통적인 홍보매체로는 신문, 잡지, 유인물, 책자, 방송(TV와 라디오) 등이 있으며, 최근에는 소셜미디어, 온라인 미디어 등이 새로운 홍보매체로 널리 활용되고 있다. 전통적 홍보매체는 홍보를 위한 시간과 비용 등이 많이 투입되지만, 온라인 홍보는 상대적으로 적은 비용과 시간으로 홍보를 할 수 있다는 장점이 있다. 따라서 재정 및 인적자원이 부족한 사회복지조직에서 온라인 홍보는 매우 효과적인 홍보채널로 활용된다.

소셜미디어의 등장은 조직의 홍보방식을 크게 변화시키고 있으며, 오프라인 홍보보다는 온라인 홍보를 활용한 홍보기법과 프로그램들이 점차 늘어나고 있다.

홍보매체가 결정되면 그 매체를 활용해서 어떤 방식으로 홍보할 것인지 홍보 프로그램을 구성한다. 홍보 프로그램으로 활용 가능한 활동들을 제시하면 다음과 같다(김태욱, 성택암, 2016:11).

- 언론 홍보: 퍼블리시티, 기자간담회, 기자회견, 인터뷰, 기고, 미디어 모니터링 등
- 홍보물 활용 홍보: 소식지, 브로슈어, 카탈로그, 리플릿, 홍보 동영상 등
- 온라인 소셜미디어 홍보: 소셜미디어 활용 홍보, 검색 바이럴 홍보, 온라인 이벤트, UCC, 이메일 홍보, 홈페이지 게시판 관리, 모바일 홍보 등
- 광고: 기관 광고, 키워드 광고, 후원협찬, 각종 기부금품 모집 광고 등
- 교육 · 리쿠르트 홍보: 체험 홍보, 공모전, 견학, 세미나, 취업설명회, 인턴십 제도 등
- 조사 홍보: 여론조사, 연구보고서, 서베이, 설문조사 등
- 공익 홍보: 지역사회 자원봉사, 사회공헌활동, 공익캠페인, 기부 등
- CI(Corporate Identity) 홍보: 기관 사명, 비전, 운영 철학, 로고, 기관 색상, 슬로건 등
- 내부 홍보: 사보, 간담회, 인트라넷, 게시판, 멘토링 등

• 휴먼 홍보: 기관장 홍보, 임직원 활용 홍보, 홍보대사 위촉, 자원봉사단 홍보 등

2. 사회복지 마케팅

영리기업을 대상으로 개발된 마케팅은 판매 촉진 활동이라는 관점을 넘어서 고객과의 장기적인 관계형성을 목적으로 하는 활동으로 확대되어 왔다. 사회복지조직 또한 다양한 이해관계자와의 장기적인 관계를 형성하고 유지하는 것이 중요하다는 점에서 마케팅에 대한 기초적인 이해와 활용이 요구된다. 이 절에서는 마케팅과 관련된 기초 개념과 사회복지조직의 마케팅에 대해서 살펴보고자 한다.

1) 마케팅이란 무엇인가

(1) 마케팅의 개념

마케팅(marketing)이라는 용어는 기업에서 이윤 창출을 위해 사용하는 광고와 판매를 의미하는 것으로 흔히 사용되고 있다. 하지만 광고와 판매는 마케팅의 일부분이며, 마케팅의 개념은 점차 확장되고 있다. 얼마 전까지 마케팅은 주로 영리기업의 전유물처럼 인식되어 왔지만, 최근 들어 공공조직과 비영리조직에서도 마케팅 활동에 대한 논의와 관심이 증대하고 있다. 사회복지조직을 포함한 비영리조직에서 마케팅이 본격적으로 도입되기 시작하였다는 점에서 마케팅에 대한 이해는 필수적이다.

마케팅이라는 용어는 낯선 용어가 아니지만, 그 개념과 본질을 이해하고 사용하는 경우는 많지 않다. 영리기업에서 개발된 마케팅의 개념을 먼저 살펴보자. 미국마케팅협회(1985)는 마케팅을 고객과 조직의 목표를 충족시키기 위한 교환이 일어날 수 있도록 상품, 서비스 및 아이디어의 설계, 가격 결정, 촉진 그리고 유통을 계획하고 실행하는 과정으로 정의하고 있다. 기업은 제품과 가치를 창조하여 그것을 고객의 재화와 교환함으로써 고객의 욕구와 수요를 충족시킨다. 고객이 만족하는

교환이 지속적으로 발생해야만 기업은 시장에서 생존할 수 있다. 기업의 상품이나 서비스 구매 시 기대하는 가치를 충족시키는 고객의 가치가 기업의 수익성이 된다. 교환관계는 일시적인 것은 아니며 장기적인 관계 형성을 전제로 하는 것이 마케팅이다.

마케팅의 핵심은 '수익성 있는 고객관계를 관리하는 과정'이다. 오늘날 마케팅은 판매를 하는 행위라는 오래된 개념에서 벗어나 고객욕구를 충족시키는 새로운 관점에서 이해해야 한다. 기업과 관련하여 좁은 의미로 본다면, '기업이 고객을 위해 가치를 창출하고 강한 고객관계를 구축함으로써 그 대가로 고객들로부터 상응한 가치를 얻는 과정'이 마케팅이다. 마케팅을 넓은 의미에서 정의하면, "개인과 조직들이 자신들이 원하는 것을 가치창출 및 거래 상대방과의 가치교환을 통해 얻기 위해 이루어지는 사회적 · 관리적 과정"(Kotler & Armstring, 안광호 외 역, 2017: 5-6)이다.

코틀러와 암스트링(Kotler & Armstring, 2017)은 기업은 ① 시장과 고객욕구의 이해, ② 고객지향적 마케팅 전략의 설계, ③ 탁월한 고객가치를 전달하기 위한 통합적 마케팅 프로그램의 개발, ④ 수익성 있는 고객관계 구축과 고객만족의 창출, 그리고 ⑤ 이익을 창출하기 위해 고객으로부터 기업가치[1] 획득이라는 5단계의 마케팅 과정을 제시하고 있다. 이들이 제시한 마케팅 과정에 따르면, 시장과 고객에 대한 이해, 마케팅 전략의 효과적인 수립, 마케팅 프로그램의 개발, 고객과의 장기적 관계 형성이 마케팅 활동에 있어서 중요한 요소임을 알 수 있다.

21세기 들어서 시장의 변화는 급격하게 일어나고 있다. 디지털 시대의 IT 기술의 성장은 마케팅에도 커다란 변화를 가져오고 있다. 온라인 마케팅, 소셜미디어 마케팅 등 새로운 마케팅 전략과 기법들이 제시되면서 마케팅 과정은 더욱 확대되고 있다.

(2) 마케팅 전략

일반적으로 마케팅 전략은 고객 및 환경 분석, 시장 세분화와 포지셔닝, 마케팅

1) 마지막 단계에서의 기업가치는 고객충성도와 고객유지의 창출, 고객점유율의 증대로 구현된다.

믹스(marketing mix)의 수립, 서비스 및 가격, 브랜드와 스토리텔링, 판촉 및 광고 전략의 수립이라는 내용으로 구성된다. 환경분석 단계에서 마케팅 전략 수립을 위해 많이 활용되는 분석기법이 SWOT 분석이다. SWOT 분석은 기업 내부의 강점요인(Strength)과 약점요인(Weakness), 기업 외부환경의 기회요인(Opportunity)과 위협요인(Threat)을 분석하는 것이다.

마케팅 전략은 고객가치 창출과 고객관계 구축을 위해 마케팅 활동의 기본 방향을 설정하는 것으로 구체적으로 어떤 고객을 대상으로 할 것인가(시장세분화와 목표시장의 선택), 어떻게 차별화된 마케팅 제공물을 개발할 것인가(차별화와 포지셔닝)를 결정하는 것이다. 다음에서는 마케팅 전략에서 핵심적 요소라 할 수 있는 시장세분화, 시장표적화, 차별화와 포지셔닝에 대해 살펴본다.

① 시장세분화

시장은 매우 다양한 욕구와 그에 따라 제품, 고객들로 구성된다. 기업은 일차적으로 기업이 진출할 분야와 고객의 욕구, 기호, 소비패턴 등을 고려하여 시장을 세분화하여야 한다. 시장세분화(market segmentation)를 위한 기준으로는 지리적 요인(도시, 지방, 국내, 국외 등), 인구통계학적 요인(성별, 연령, 소득수준 등), 심리학적 요인(생활양식, 성격 등), 행동적 요인(취미, 제품이나 서비스에 대한 인식과 태도, 반응, 충성도 등) 등 다양한 기준이 있다.

예를 들어, 의류 시장 내에서도 남성, 여성, 청년, 청소년, 아동, 유아 등 다양한 연령대별 시장이 존재한다. 여성복 시장 내에서도 캐주얼, 정장, 홈웨어, 레포츠 등 다양한 분야가 존재하듯이, 기업이 진출하고자 하는 시장을 세분화하는 것이 마케팅 전략의 첫 단계이다.

② 시장표적화

시장을 복수의 시장으로 세분화하였다면 기업은 세분화된 시장 중에서 자신이 진출할 시장을 결정한다. 목표시장을 명확히 설정하는 것으로서 하나의 혹은 복수의 세분시장이 표적화의 대상이 된다. 표적시장(target market)은 기업이 제공하는 공통된 욕구와 특징을 공유하는 구매자들의 집합이다. 표적시장의 선정에서는 기업의 사업목표와 기업이 보유한 기술과 자원, 세분시장의 규모와 성장 가능성, 표적시장에서의 경쟁력, 표적시장 진출 시 수익성 등에 대해 검토가 필요하다. 기업은 이익을 실현하는 수준에서 가장 큰 고객가치를 창출하고 유지할 수 있는 세분시장을 목표시장으로 선정한다(Kotler & Armstring, 안광호 외 역, 2017: 59).

표적시장의 범위에 따라 기업이 제공하는 제품과 마케팅 전략은 달라진다. 넓은 표적시장을 대상으로 하는 대량마케팅, 좁은 표적시장을 대상으로 하는 미시마케팅, 중간 수준의 시장을 대상으로 하는 세분화마케팅, 틈새마케팅으로 구분된다.[2)]

대량마케팅(mass marketing) 혹은 비차별적 마케팅(undifferentiated marketing) 전략은 세분시장의 차이를 무시하고 하나의 상품으로 전체 시장을 겨냥한다. 세분화마케팅(segmented marketing)은 여러 세분시장을 대상으로 하고 각 세분시장별로 다른 상품을 제안하는 형태이다. 틈새마케팅(niche marketing)은 세분시장 중에서 작은 시장이나 틈새 시장에 집중하는 표적화 전략으로 소규모 기업이나 특별한 욕구를 가진 고객들을 대상으로 하는 기업들이 활용하는 전략이다. 가장 좁은 범위의 표적시장을 대상으로 하는 미시마케팅(micro marketing)은 특정 개인의 선호를 충족시키기 위한 제품이나 마케팅 활동을 수행하는 전략이다. 세분화마케팅이나 틈새마케팅이 개별 고객의 욕구에 맞추어 상품을 차별화하지 않지만, 미시마케팅에서는 개인이 원하는 욕구나 기호에 맞추어 제품을 제공한다.

앞에서 언급한 여성복 시장에서도 여성의 사회진출이 증가함에 따라 수요가 증가하는 여성 정장의류 시장과 경제적 수입이 늘어나면서 레포츠 활동의 증가를 고려해 여성 레포츠 의류 시장을 목표시장으로 설정하는 것이 시장표적화(market targeting)이다.

2) 시판되는 있는 사회복지행정론 교재의 대부분은 대량마케팅, 세분화마케팅, 틈새마케팅, 미시마케팅 기법은 시장세분화의 방법으로서 설명하고 있으나, 코틀러와 암스트링의 2017년 최신 저서 『Principles of Marketing』(16th ed.)에서는 표적시장의 선정의 방법으로 이들 기법을 설명하고 있다. 이에 여기에서도 시장표적화의 기법으로 설명하였다.

③ 차별화와 포지셔닝

표적시장의 선정이 결정되면 기업은 어떠한 차별화된 제품으로 고객에게 다가갈 것인가를 결정한다. 포지셔닝(postioning)은 제품이나 서비스가 소비자들의 인식 속에 경쟁 제품이나 서비스와 비교하여 갖게 되는 상대적인 위치를 의미한다. 고객은 제품과 서비스에 대한 정보의 차이를 보이며 구매 시마다 이들을 평가할 수 없다. 구매 결정을 단순화하기 위해 고객은 제품, 서비스, 브랜드, 기업을 카테고리화하여 인식하는 성향이 있다. 따라서 제품의 구매 결정에 있어서 고객의 인식 속에 어떠한 위치에 자리 잡고 있는가는 매우 중요한 기준이 된다. 따라서 포지셔닝은 기업이 선정한 표적시장의 욕구와 선호를 충족시켜야 한다.

포지셔닝에 있어서 기업은 시장에서 고객에게 제공하는 제공물의 차별화가 수반되어야 한다. 다른 경쟁 기업과는 다른 차별성이 있을 때 해당 기업은 고객의 선택을 받게 된다. 차별화는 제품, 서비스, 유통경로, 이미지, 가격, 품질 등의 다양한 요소가 대상이 된다. 명확한 포지셔닝과 해당 시장에서 경쟁기업과의 차별화를 통해 기업은 경쟁우위(competitive advantage)를 확보할 수 있다.

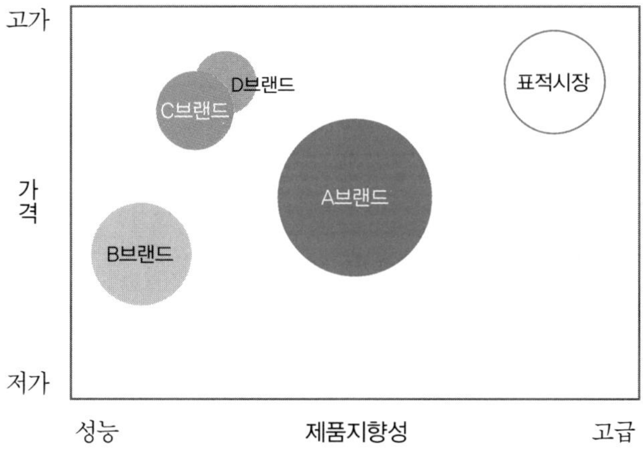

그림 12-1 포지셔닝 맵

현대 마케팅은 고객지향적인 마케팅 전략으로서 시장세분화, 표적시장의 선정, 차별화와 포지셔닝의 단계를 강조하고 있다. 기업의 목표에 따라 시장을 여러 기준에 따라 세분화하고, 세분화된 시장 중에서 해당 기업의 역량을 가장 잘 발휘할 수 있는 표적시장을 선정하여 표적화 전략을 활용한다. 그리고 차별화와 포지셔닝 전략을 결정하여 시장에서의 경쟁우위를 확보하는 과정이 마케팅 전략의 핵심이다.

(3) 마케팅 믹스

마케팅 전략이 수립되면 기업은 마케팅 전략에 근거하여 마케팅 믹스(marketing mix)를 설계한다. 마케팅 믹스는 전략을 실현하는 기법인 전술에 해당된다. 기업이 목표시장의 고객들로부터 가치를 획득하기 위하여 활용하는 마케팅 도구라 할 수 있는 마케팅 믹스는 마케터가 통제할 수 있는 제품(product), 가격(price), 유통(place), 촉진(promotion)으로 구성된다(Kotler & Armstring, 안광호 외 역, 2017: 57). 마케팅 믹스 구성요소의 첫 글자를 따 흔히 4P 전략이라고도 한다. 어떠한 제품을 얼마의 가격으로 어떠한 판매경로를 통해 판매할 것이며, 그리고 어떠한 정보를 제공할 것인지 마케팅 믹스에 의해 하나의 마케팅 프로그램이 구성된다.

- 제품(Product): 기업이 고객의 욕구를 충족시키기 위해 시장에서 제공하는 재화를 의미한다, 제품에는 물질적인 형태의 상품(구매 후의 서비스와 AS 등) 외에도 인적 서비스 등을 모두 포함하는 개념이다.
- 가격(Price): 제품에 대한 대가로 고객이 지불해야 하는 금액을 의미한다. 기업은 고객의 입장에서 고객이 제품이나 서비스에 얼마의 가치를 부여하고 있는지를 파악하여야 한다.
- 유통(Place): 고객이 제품이나 서비스를 이용하게 쉽게 만드는 활동을 의미한다. 제품과 서비스에 대한 물리적 · 심리적 접근성이 용이하도록 판매경로와 판매와 관련된 인적자원을 결정하여야 한다.
- 촉진(Promotion): 고객에게 제품을 알리고 고객이 제품을 구매할 의도를 가지도록 설득하는 활동을 의미한다. 구매욕을 자극하기 위한 광고, 홍보, 판촉 행

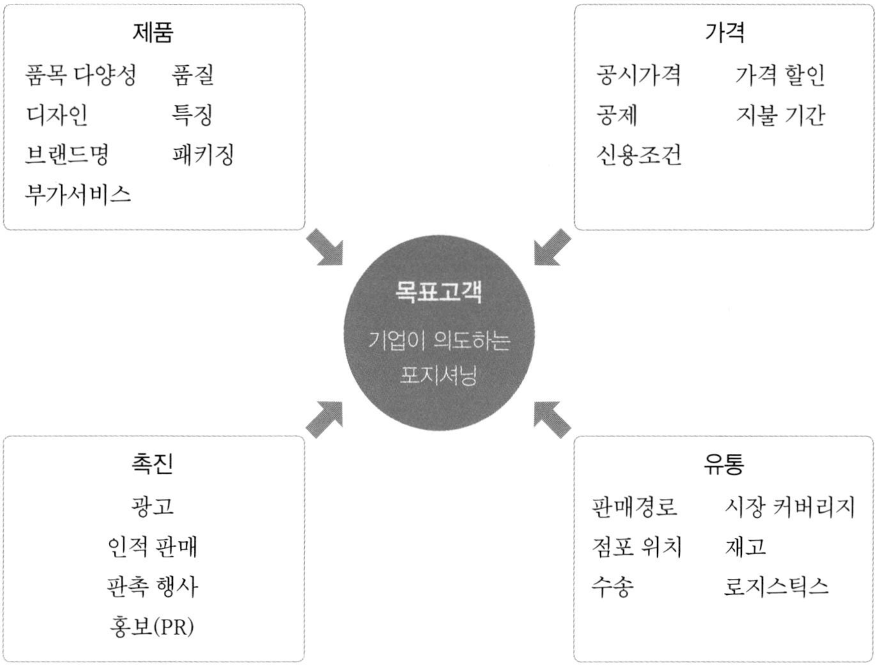

그림 12-2 마케팅 믹스의 4P

출처: Kotler & Armstring, 안광호 외 역(2017: 62).

사, 전시회 참여 등의 활동이 해당된다.

효과적인 마케팅 프로그램은 마케팅 믹스의 요소를 적절하게 결합한 것으로서 표적시장 내에서 차별화와 명확한 포지셔닝을 구축하는 데 있어 중요한 전술적 도구가 된다.

2) 사회복지조직의 마케팅

앞에서 설명한 마케팅 전략과 마케팅 믹스는 주로 영리기업의 제품을 중심으로 발전된 이론들이다. 서비스에도 마케팅 이론들이 유사하게 적용되지만, 제품보다는 서비스의 경우 품질을 정의하고 평가하기가 어렵다는 점에 있어서 차이가 있다.

(1) 서비스의 특성

서비스는 일반 제품과 다른 특성을 가지고 있다. 즉, 서비스는 제품과는 달리 생산과 전달과정에서 특이성이 존재한다. 첫째, 무형성(intangibility)이다. 서비스는 제품처럼 가시적으로 눈에 보이는 것이 아니라 생산된 상태에서 눈이 보이지 않는 무형적인 특성을 보인다. 무형성으로 인해 서비스를 이용하기 전에 서비스를 평가하는 것이 어렵다. 시장에서의 상품은 사용 전과 후에 제품에 대한 평가가 타인과 자신의 경험을 통해 가능하지만, 서비스는 이용 후에 본인만이 평가가 가능하다는 차이점이 있다.

둘째, 다양성(heterogeneity)이다. 제품의 경우, 표준화된 생산방식에 의해 규격화된 상품을 생산하지만, 서비스는 이용자의 개별적인 요구에 따라 다른 형태의 서비스가 생산된다. 즉, 동일한 서비스를 이용한다 해도 서비스 제공자에 따라, 서비스 이용자에 따라 매우 다양한 서비스가 산출되는 경향이 있어 서비스는 표준화가 어렵다.

셋째, 비분리성(inseparability)이다. 서비스는 서비스의 생산과 소비가 분리되지 않는 특성이 있다. 제품의 경우 생산이 되는 시점과 소비자에게 이용되는 시점이 달라 시간적 차이가 발생하나, 서비스는 생산되는 순간 바로 이용자가 소비하는 생산과 소비의 동시성이 발생한다. 서비스가 생산되는 과정에 이용자도 참여하기 때문에 서비스 제공자와 이용자의 상호작용이 중요하며, 상호작용의 질에 따라 서비스의 질도 영향을 받는다.

넷째, 소멸성(perishability)이다. 제품은 생산되어 저장 가능하지만, 서비스는 생산되는 순간 소비되어 저장이 불가능하다. 수요가 안정적일 때 소멸성은 큰 문제가 되지 않지만, 수요가 변동성이 높은 경우 서비스 기업은 어려움을 겪는다.

이러한 서비스의 특성은 사회복지서비스에도 그대로 적용된다. 사회복지서비스는 클라이언트와 사회복지사 간의 상호작용에 의해 생산되는 순간 무형적 서비스 형태로 클라이언트에게 전달되면서 소비된다. 또한 표준화된 서비스 매뉴얼에 의해 서비스를 제공한다 해도 사회복지사와 클라이언트의 상호작용에 따라 생산되는 서비스는 서로 다른 형태를 지니게 된다. 사회복지서비스에 있어서는 사회복지사와 클라이언트의 상호작용에 따라 산출되는 서비스의 질이 달라지는 특성이 더욱 강하게 나타난다.

(2) 사회복지조직 마케팅의 특성

앞에서 살펴본 사회복지서비스의 특성으로 인해 사회복지조직은 영리조직의 제품 마케팅 기법과는 차이를 보이게 되며, 따라서 서비스에 적합한 마케팅 기법을 활용해야 한다. 사회복지조직의 마케팅은 영리조직과 비교하여 다음과 같은 차이를 보인다(정익준, 2005).

- 사회복지조직의 마케팅은 이윤 추구보다는 조직의 목표를 얼마나 효율적 · 효과적으로 달성하느냐에 초점을 둔다.
- 사회복지조직의 마케팅에서 조직이 얻은 이득은 사회의 이득이 되는 경우가 일반적이다.
- 사회복지조직의 마케팅에서 교환되는 것은 비물질적인 것이 대부분이다.
- 사회복지조직이 제공하는 서비스는 다른 서비스(항공, 은행, 통신 서비스)에 비해서 명확하지 못하거나 그 효과를 단기간에 잘 인식하기 어렵다.
- 사회복지조직의 마케팅에서 제공되는 서비스는 인간의 태도나 행동의 변화와 관련된 것으로, 영리 마케팅에서 소비자의 태도 또는 행동을 변화시키는 것보다 더 어렵다.

사회복지조직에서의 마케팅은 제품과 다른 서비스의 특성, 영리조직과 다른 비영리조직 마케팅의 특성을 고려하여 마케팅 활동을 수행하는 것이 중요하다. 무형의 서비스를 통해 사람의 태도와 행동을 변화시켜 클라이언트의 문제를 해결하고 삶의 질을 향상시켜야 하는 사회복지서비스의 특성을 감안해야 한다. 마케팅은 넓은 의미로 고객을 위한 가치를 창출하여 가치를 교환하고, 고객과 장기적 관계를 형성하도록 조직이 수행하는 사회적 · 관리적 활동이라고 정의하였다. 사회복지조직은 복지서비스를 이용하는 클라이언트의 욕구 해결, 삶의 질 향상, 역량의 개발 및 향상이라는 가치를 창출하여 클라이언트에게 제공하기 위한 활동을 효율적으로 수행하고, 사회적으로 필요한 서비스를 제공하는 조직으로서의 존재를 인정받아야 한다. 이런 측면에서 마케팅 활동은 사회복지조직에서도 중요하게 다루어야 할 활동이라고 할 수 있다.

(3) 사회복지 마케팅의 중요성

최근 들어 사회복지조직에서 마케팅의 중요성이 점차로 증가하는 원인으로서 사회복지제도의 변화를 제시할 수 있다. 첫째, 사회복지서비스 이용자 선택권의 강화이다. 과거 복지서비스는 주로 취약계층 대상의 보조금 방식의 사업이 대부분이었지만, 점차 이용자에게 서비스 제공기관과 제공자를 선택할 수 있는 권한을 부여하는 방향으로 변화하고 있다. 바우처(voucher)를 활용한 사회서비스의 증가는 바로 이러한 이용자의 선택권을 강화하기 위한 제도로서 사회복지서비스 영역에 다수 도입되어 있다. 서비스 이용자들에게 서비스를 알리고 이용하도록 이용자와 관계를 형성하고 서비스 가치를 교환하는 고객지향적 마케팅 활동이 점차 중요하게 되었다.

둘째, 이용자 중심의 서비스 마인드의 강조이다. 과거와 같이 공급자 중심의 획일적인 서비스가 아닌 이용자의 욕구에 따른 개별화된 서비스를 제공해야 한다는 요구와 서비스 제공에 있어 서비스 제공자의 서비스 마인드 강화 요구는 마케팅에 대한 관심을 높이게 되었다.

셋째, 사회복지조직의 자원 확보를 위한 경쟁의 증가이다. 사회복지기관의 운영에 있어서 이용자 확보를 둘러싼 경쟁은 기업의 시장에서의 제품 및 서비스 경쟁과 동일하지는 않지만 유사한 모습을 보인다. 시장 경쟁에서 경쟁우위를 확보하기 위한 마케팅 기법들이 서비스 기업뿐만 아니라 공공조직, 사회복지조직에서도 강조되고 있다. 이용자 확보 외에도 후원자 및 자원봉사자의 발굴 및 관리를 위해서는 마케팅 기법의 활용에 대한 관심이 높아지게 되었다.

넷째, 사회복지기관의 사회적 책무성에 대한 사회적 압력 증가이다. 공공서비스를 제공하는 조직들은 서비스 제공을 통해 사회적으로 필요한 역할을 제대로 수행하고 사회적 효과성을 창출해야 하는 사회적 책무성을 요구받는다. 사회복지예산이 정부예산의 1/3을 초과하는 상황에서 사회복지조직에 투입되는 예산 규모는 매우 크다. 따라서 사회복지조직에 투입되는 정부보조금과 각종 지원금의 사용에 있어 효율적인 집행과 성과 달성의 사회적 요구는 점차 증대하였다. 단순히 필요한 일을 하고 있다는 소극적인 차원에서 나아가 사회적으로 필요한 기능을 효율적·효과적으로 수행하고 있음을 알리고 인식시키는 적극적인 차원의 사회복지조직 활동의 필요성은 마케팅에 대한 관심을 증대시키는 배경이다.

(4) 사회복지 마케팅의 적용

① 마케팅 전략의 적용

사회복지조직의 마케팅 전략의 적용을 사회복지조직에서 최근 가장 중요한 자원개발 및 동원활동을 중심으로 설명하고자 한다. 사회복지조직의 우호적 환경 조성을 위한 기관의 홍보활동 및 외부 자원개발 활동인 모금활동을 위해 사회복지기관은 시장세분화, 표적시장의 선정 및 포지셔닝 전략을 활용하여야 한다.

- 시장세분화: 지역사회 내에서도 다양한 비영리단체, 시민단체, 사회복지기관이 지역사회 내의 자원을 두고 자원 확보를 위한 경쟁을 한다. 시장세분화 작업을 통해서 사회복지조직은 기부자 개발과 자원봉사자 확보를 위한 전략적인 접근이 요구된다. 모금 활동에서 지역사회 내의 모든 주민을 대상으로 보기보다는 모금이 가능한 대상집단을 시장으로 보고 모금 대상자를 일정한 기준에 의해 세분화한다. 기업이 시장세분화를 통해서 다양한 고객의 욕구를 분석하고 욕구에 따른 시장 기회를 발견하듯이, 사회복지조직도 모금이나 홍보 대상의 욕구를 세분화하여 분석한다. 기존 후원자 및 기부자, 자원봉사자들의 인구사회학적 요인, 기부(후원)나 자원봉사의 패턴, 대상자들의 심리적인 만족감 요인들을 세분화의 기준으로 활용한다.
- 표적시장의 선정: 시장세분화 작업이 진행되었다면, 기관에서 마케팅 활동을 집

중할 표적시장을 선정한다. 세분화된 대상자들의 욕구는 다양하며, 그러한 다양한 욕구를 기관에서 모두 충족시키기 어렵다는 점에서 기관의 어떠한 가치를 대상자들에게 제안할 것인지를 고민하여야 한다. 표적시장의 선정은 바로 잠재적 후원자나 자원봉사자들이 바라는 것과 기관에서 제공할 수 있는 가치가 부합하는 시장을 선정하는 것이다. 예를 들어, 미혼모의 자활을 돕는 사회복지시설이라면, 여성의 자립과 경제적 평등에 관심이 많은 대상자들을 표적시장으로 삼아야 한다. 따라서 표적시장으로 선정한 시장은 기관의 미션과 비전, 가치와 부합하는 곳이어야 하며, 표적시장의 잠재적 이용자(기부자나 자원봉사자 등)의 특성이 기관의 특성과 부합해야 한다.

표적시장 선정 시 대중마케팅, 세분화마케팅과 틈새마케팅, 미시마케팅 활동 중 어느 활동이 적합한지, 어떠한 활동을 어느 시기에 할 것인지에 대한 고려가 필요하다. 사회적으로 아동학대 문제가 이슈가 되었다고 한다면, 아동보호시설을 운영하고 있는 기관에서 모금활동을 전개하고자 할 경우, 지역사회 내의 유동인구가 많은 지역에서 가두캠페인을 진행하여 기부를 안내하는 홍보물을 일반 지역사회 주민을 대상으로 배포하는 활동을 할 수도 있다. 혹은 아동학대 문제에 관심이 많은 자녀를 양육하고 있는 어머니들의 온라인 커뮤니티는 보다 집중적인 미시마케팅 활동을 전개할 수 있는 표적시장이 된다.

- 포지셔닝: 포지셔닝은 고객의 인식 속에 어떠한 제품으로 인식되고 평가되는지와 관련된 것이다. 기업의 포지셔닝은 기업이 생산하는 제품의 속성, 용도, 소비자의 기호, 소비행동 패턴, 경쟁 제품과의 차별성 등 다양한 요인들이 포지셔닝 기준으로 활용된다. 이러한 포지셔닝 기준들은 모두 기업의 제품을 타 제품과 차별화하는 것이다.

사회복지시설도 지역사회 주민, 이용자, 후원자, 자원봉사자, 지방자치단체 등 다양한 고객을 보유하고 있으며, 이러한 고객을 두고 지역사회 내의 다양한 사회복지시설들은 보이지 않는 경쟁을 하게 된다. 시설에서 제공하는 프로그램이나 서비스 질, 시설의 물리적 환경, 서비스 제공자의 역량, 기관 프로그램의 차별성, 지역사회 내에서의 시설에 대한 이미지 등 다양한 요인들이 이해관계인들의 마음속에 자리 잡게 된다. 지역사회 내에 2곳의 종합사회복지관이 운영된다고 할 때, 이러한 요인들이 이용자, 자원봉사자, 기부자들의 인식 속에서 평가의 기준으로 작용한다. 가령, 지역주민들에게 A 복지관은 직원들이 친절하고 시설 공간이 아늑한 시설이라는 이미지로, B 복지관은 프로그램이나 서비스의 질이 좋고 법인의 역사가 오래되어 신뢰할 수 있는 시설이라는 이미지로 포지셔닝된다. 따라서 사회복지조직도 다른 시설과 어떠한 측면에서 차별성이 있는지를 알리고 이를 적극 활용하는 포지셔닝 전략이 요구된다.

기업의 경우 포시셔닝의 명확화를 위해 기업이나 제품의 브랜드를 어떻게 차별화하고 브랜드 이미지를 구축할 것인가를 고민한다.[3] 최근에는 월드비전, 유니세프, 세이브더칠드런, 초록우산 등 NGO 기관들에서 브랜딩 전략을 사용하여 일반 국민에게 포지셔닝하고 있으나, 아직 일반 사회복지시설에서는 브랜딩 전략 활동까지는 미치지 못하고 있다.

② 마케팅 믹스의 적용

- 제품: 사회복지조직의 제품은 기관에서 제공하는 프로그램과 서비스이다. 클라이언트의 욕구를 충족시키고 문제를 해결하는 프로그램과 서비스를 개발하고 이를 이용자들에게 인식시키는 활동이 중요하다.
- 가격: 사회복지조직에서 제공하는 프로그램이나 서비스를 이용하는 대가로 지불하는 금액을 의미한다. 다수의 사회복지서비스는 이용자의 부담금액이 법정화되어 있어 기관에서 자율적으로 정할 수 있는 부분은 그리 크지 않다.
- 유통: 이용자들이 가장 편하고 쉽게 접근할 수 있도록 서비스 제공 장소와 공간을 구성하는 것이다. 서비스 접근성은 제공 장소라는 물리적 접근성뿐만 아니라, 서비스 이용에서 심리적인 부담을 느끼지 않도록 하는 심리적 접근성도

3) 국내의 모 자동차 TV 광고에서는 차의 성능보다는 '자신의 브랜드를 이용하는 사람들은 성공한 사람'이라는 성공과 자동차라는 브랜딩 전략을 사용한 것이 예라 할 수 있다.

중요하게 고려해야 한다.

- 촉진: 잠재적 서비스 이용자를 발굴하여 서비스를 이용하도록 유도하고, 현재 서비스 이용자들도 지속적으로 이용할 수 있도록 하는 활동이다. 프로그램이나 서비스를 알리는 홍보 외에도 사회복지조직의 부족한 자원(후원금, 자원봉사자 등)을 확보하기 위한 프로모션 활동을 수행한다. 최근 들어 자원확보를 위한 사회복지조직 간의 경쟁이 심화되면서 보다 차별화되고 사람들의 관심을 끌 수 있는 창의적인 프로모션 활동에 대한 관심이 증가하고 있다(앞서 살펴본 홍보활동들은 프로모션에서 사용하는 중요한 기법이 된다).

(3) 새로운 마케팅 기법

최근 들어 빅데이터 분석, 인터넷 활용 기법의 다양화, SNS 이용자의 증가 등 마케팅 환경은 급변하고 있다. 그에 따라 다양한 새로운 마케팅 기법들이 등장하고 있다.

① 온라인 마케팅

디지털 기술의 발전으로 최근 들어 디지털 마케팅 기법이 발전하고 있다. 매장이나 점포와 같은 오프라인 매장에서의 쇼핑보다는 온라인 매장을 통한 쇼핑이 점차 증가하면서 대부분의 기업들은 이제 급성장하고 있는 온라인 쇼핑에 초점을 두고 온라인 마케팅을 활발히 펼치고 있다. 사회복지조직에서도 표적화된 영역의 후원자, 기부자, 이용자와 일대일의 상호작용을 온라인으로 관리하는 활동이 증가하고 있다.

온라인 마케팅은 웹사이트, 온라인 광고 및 홍보, 이메일 마케팅, 동영상, 블로그 등을 활용한 마케팅 방식이다. 특히 이메일 마케팅은 개인에게 직접적인 메일 발송을 통해 광고 및 홍보 활동을 저렴한 비용으로 수행할 수 있다는 점에서 기업뿐만 아니라 비영리조직에서도 널리 활용되고 있다. 하지만 후원과 기부를 요청하는 수많은 이메일이나 문자의 홍수 속에서 기관의 이메일이나 문자가 개인에게 스팸으로 분류되지 않도록 차별화된 메시지를 구성하여야 한다.

② 소셜미디어 마케팅

최근 YouTube나 Facebook 등 소셜미디어의 파급력은 엄청나게 증가하였다. 소셜미디어 이용자들에게 구전효과(word of mouth)를 통해 전파되기 시작하면 시설의 직접적인 마케팅 활동을 넘어서 불특정 다수의 소셜미디어 이용자들을 통한 마케팅 활동이 가능해진다. 일종의 바이럴 마케팅(viral marketing)을 통해서 수많은 사람들에게 기관의 마케팅이 전파될 수 있다.

소셜미디어는 시간과 공간의 큰 제약 없이 마케팅 활동을 필요할 경우에 시행할 수 있으며, 마케팅 활동에 대한 이용자의 즉각적인 반응을 확인할 수 있다는 이점이 있다. 또한 소셜미디어는 콘텐츠의 제작에 비용이 소요되지만, 미디어의 이용은 무료이거나 저가의 비용으로 가능하기 때문에 비용 면에서 전통적인 매체보다는 저렴한 비용으로 실시할 수 있다. 소셜미디어의 큰 장점인 이용자 및 이해관계인들

소셜마케팅

소셜미디어 마케팅과 혼용되어 사용되는 소셜마케팅(social marketing)이 있다. 양자는 서로 다른 개념으로서 구분된다. 소셜마케팅 혹은 사회마케팅이란 특정한 사회문제로부터 도출된 사회적 목표를 달성하기 위해 사회적 아이디어를 개발하고 그것을 대중에 인식시키기 위한 프로그램을 설계 · 실시 · 통제하는 활동을 의미한다(Sargeant, 2009: 정무성, 황정은, 2013: 262에서 재인용). 소셜마케팅은 코틀러와 잘트만(Kotler & Zaltman, 1971)이 처음 제시한 용어로서 기업의 사회적 책임과 소비자주의(consumerism)에 대한 사회적 관심이 커지면서 등장한 개념이다. 기업의 이윤을 극대화하기 위해 제품 판매를 증대시키는 본래의 마케팅에서 더 나아가 공공의 이익과 공중의 자발적인 행동변화를 유도하기 위한 활동을 강조하는 개념이다.

소셜마케팅의 등장으로 인해 비영리적 활동이나 공익적 목적의 마케팅 기법들이 개발되었고, 이러한 소셜마케팅은 비영리조직의 마케팅 활동에 적용되었다. 사회적 책무성을 조직의 존립 기반으로 하는 사회복지조직의 경우 소셜마케팅에서 강조하는 마케팅의 목적과 활동은 새로운 것이 아니라, 사회복지조직에서 시행하는 마케팅이 바로 소셜마케팅이라고 할 수 있다.

과 쌍방향의 소통을 통해 이들의 적극적 참여를 유도할 수 있다면 다른 어떤 매체보다도 효과적이라는 점에서 사회복지시설의 마케팅 수단으로서의 의미가 커지고 있다.

요점 정리

- 홍보는 '공중에게 조직의 비전, 가치, 활동을 일반에게 널리 알리고 조직이 달성하고자 하는 목적에 호응, 참여하도록 유도하는 조직의 활동'이며, 홍보 활동에서 중요한 점은 조직 내부와 외부 환경과의 커뮤니케이션(소통)이다.
- 홍보는 쌍방향의 커뮤니케이션이 핵심이며, 지역사회 내의 복지시설로서 사회복지조직은 지역사회와의 커뮤니케이션 활동을 통해 우호적 관계를 형성하는 노력이 요구되면서 사회복지조직에서 홍보의 중요성은 증가하고 있다.
- 홍보활동을 효과적으로 수행하기 위해서는 적합한 홍보전략의 수립이 중요하며, 홍보전략에는 홍보의 목적, 홍보의 주요 대상, 홍보의 메시지, 홍보의 매체, 홍보 프로그램의 구성 등의 내용들이 포함된다.
- 마케팅은 개인과 조직들이 자신들이 원하는 것을 가치창출 및 거래 상대방과의 가치교환을 통해 얻기 위해 이루어지는 사회적·관리적 과정이며, 마케팅 전략은 고객 및 환경 분석, 시장세분화와 포지셔닝, 마케팅 믹스의 수립, 서비스 및 가격, 브랜드와 스토리텔링, 판촉 및 광고 전략의 수립으로 구성된다.
- 마케팅 전략은 고객가치 창출과 고객관계 구축을 위해 마케팅 활동의 기본 방향을 설정하는 것으로 어떤 고객을 대상으로 할 것인가(시장세분화와 목표시장의 선택), 어떻게 차별화된 마케팅 제공물을 개발할 것인가(차별화와 포지셔닝)를 결정하는 과정이다.
- 마케팅 전략이 수립되면 기업은 마케팅 전략에 근거하여 마케팅 믹스(marketing mix)를 설계하며, 마케팅 믹스는 마케터가 통제할 수 있는 제품(product), 가격(price), 유통(place), 촉진(promotion)으로 구성된다.

- 사회복지조직에서의 마케팅은 제품과 다른 서비스의 특성, 영리조직과 다른 비영리조직 마케팅의 특성을 고려하여 마케팅 활동을 수행하는 것이 중요하다. 사회복지서비스 이용자의 선택권의 강화, 이용자 중심의 서비스 마인드의 강조, 자원 확보를 둘러싼 경쟁의 증가로 인해 사회복지조직에서 마케팅 활용의 필요성은 커지고 있다.
- 최근 들어, 온라인 마케팅, 소셜미디어 마케팅과 같은 새로운 마케팅 기법의 효과성이 입증되면서 새로운 마케팅 기법을 활용하는 사례가 사회복지조직에서도 늘어나고 있다.

더 읽어 보기

Groonberg, K. A. (1993). *Understanding nonprofit funding*. New York: Russell Sage Foundation.

Sargeant, A. (2009). *Marketing Management for Nonprofit Organization*. Oxford University Press.

제13장

사회복지조직의 평가와 혁신

학습목표

- 1998년 「사회복지법」 개정으로 시행되고 있는 사회복지시설 평가에 대해 배운다.
- 사회복지조직 평가의 접근방식으로 성과관리에 대해서 알아본다.
- 품질관리의 방법으로 총체적 품질경영(TQM)에 대해서 알아본다.
- 사회적경제조직의 사회적기업가정신에 대해 배운다.

1. 사회복지시설 평가

우리나라의 사회복지조직은 1998년 「사회복지사업법」 개정으로 사회복지시설 평가가 의무화되면서 평가를 중요한 쟁점으로 받아들이게 되었다. 「사회복지사업법」은 보건복지부 장관 및 시·도지사가 3년마다 1회 이상 사회복지시설에 대한 평가를 실시하도록 하고 있다. 이에 따라 1999년부터 사회복지시설에 대한 평가가 3년 주기로 실시되고 있는데, 1기 평가는 1999년 장애인복지관, 정신요양시설을 대상으로, 2000년 아동복지시설, 노인요양시설, 여성생활시설, 정신지체생활시설, 노숙인시설, 사회복지관을 대상으로, 2001년 노인양로시설, 아동복지시설, 장애인복지시설을 대상으로 진행되었다. 가장 최근에 종료된 7기 평가는 2017년 정신요양시설, 사회복귀시설, 노숙인복지시설, 장애인복지관이, 2018년 노인복지관, 양로시설, 사회복지관, 한부모가족시설이, 2019년에는 아동생활시설, 장애인거주시설, 장애인단기거주시설, 장애인직업재활시설이 대상이었다. 사회복지시설평가 1, 2기는 보건사회연구원이 시행하였으며, 3~6기는 한국사회복지협의회가 시행하였다. 7기 이후에는 한국사회보장정보원이 사회복지시설평가를 시행하고 있다.

사회복지시설의 평가절차를 보면, 자체평가, 현장평가, 이의신청 확인 및 1차 결과분석, 확인평가 및 결과확정, 평가종료로 구성된다([그림 13-1] 참조).

절차	내용	역할
자체평가	• 사회복지시설정보시스템을 통한 해당 시설의 자체평가서 입력(완료)	해당 시설
↓		
현장평가	• 현장평가 7일 전 일정 통보(현장평가위원 → 시설) • 해당 시설 방문하여 현장평가 실시	평가위원
↓		
이의신청 확인 및 1차 결과분석	• 현장평가 이의신청 접수 및 확인 • 평가팀별, 지역별 평가결과 편차 등 분석	한국사회보장정보원
↓		
확인평가 및 결과확정	• 확인평가 대상 선정 • 해당 시설 확인평가 실시	한국사회보장정보원
↓		
평가종료	• 확인평가 결과 취합 및 평가결과 확정 • 평가결과 보고서 작성	한국사회보장정보원

그림 13-1 사회복지시설의 평가절차

출처: 한국사회보장정보원(www.ssis.or.kr).

사회복지시설 평가에서는 시설 및 환경, 재정 및 운영, 인적자원 관리, 프로그램 및 서비스, 이용자의 권리, 지역사회와의 관계 및 이용자 만족도를 포괄적으로 평가하고 있다. 이 중 프로그램에 대한 평가도 프로그램의 효과성 및 효율성에 대한 평가라기보다는 프로그램의 내용 및 진행에 대한 평가로서 투입에 대한 평가에 가깝다.

사회복지조직에 대한 평가는 정부 예산 및 지역주민의 후원금 등을 사용하는 사회복지조직이 책임성과 정당성을 확보할 수 있는 중요한 방법이다. 오랜 기간 사회복지조직은 사회복지서비스를 제공하는 희생적이며 봉사하는 조직으로서 인식되었으며, 그 정당성에 대해 별 의심을 받지 않았다. 그러나 사회복지조직의 수가 크게 늘어나면서 사회복지조직이 사용하는 사회적 자원도 크게 늘어났기 때문에 사회복지조직 및 조직의 서비스에 대한 평가를 통해 책임성과 정당성을 확보하는 것이 불가피하게 되었다.

우리나라에서도 사회복지시설 평가가 시작된 이래 대부분의 사회복지조직에서 평가는 매우 익숙한 주제가 되었을 뿐만 아니라 사회복지공동모금회 및 민간복지재단들이 다양한 프로그램 운영비 지원사업을 통해 프로그램 운영비를 지원하는 조건으로 해당 프로그램에 대한 프로그램 평가를 요구하게 되면서 평가의 중요성은 더욱 크게 대두되었다. 프로그램 평가에서는 프로그램이 계획대로 실시되었는지, 그리고 의도했던 목표를 달성했는지 여부에 초점을 두었다.

1990년대에 들어서 평가에 대한 논의가 본격화된 우리나라에 비해 미국의 사회복지분야에서 평가는 1960년대 중반 이후 존슨 대통령의 위대한 사회(The Great Society)[1] 시기에 시작되었다. 당시 미국 연방정부로부터 재정지원을 받는 사회복지 프로그램이 많았지만 해결하고자 의도했던 사회문제를 제대로 해결하지 못한 것으로 여겨졌다. 이에 따라 정부가 공적 자금을 배분하기 위한 근거로 프로그램의 효과성을 보여 주도록 요구하게 되면서 사회복지 프로그램에 대한 평가가 크게 증가했다.

1) The Great Society는 1960년대 미국의 린든 존슨(Lyndon Johnson) 대통령의 주도하에 실행된 일련의 정책으로, 주된 목표는 빈곤의 근절이었다.

한편, 최근에는 사회복지시설 평가가 입소 정원의 적정성, 종사자의 전문성, 시설의 환경, 서비스 만족도 등 법적 준수사항 및 투입 요소에만 초점을 두어 사회복지조직의 전반적 성과(performance)에 대해서는 아무런 정보를 제공하지 못하고 있다는 비판이 제기되고 있다. 이에 따라 사회복지조직의 평가에서 경영학의 성과관리(performance management) 접근을 활용하려는 시도가 활발해지고 있다.

2. 성과관리

사회복지행정의 평가에서 사회복지조직의 효과성에 대한 관심이 점점 확대되고 있다. 얼마 전까지도 사회복지 효과성에 대한 관심이 사회복지조직의 전반적인 구조나 기능보다는 개별 서비스의 개입방법과 성과(outcome)에 집중되었으나, 최근에는 조직 효과성에 대한 관심이 증가하고 있다. 이는 무엇보다도 사회복지조직 간 경쟁이 심화되었기 때문이라고 할 수 있다.

사회복지조직 간 경쟁의 심화는 조직의 목표를 달성하기 위한 전략을 선택하는 과정에서 많은 주의를 기울이도록 만들었다. 조직의 모든 구성원들은 전략을 효과적으로 실행시키기 위해 자신이 수행해야 하는 업무를 완수하도록 요구받고 있다. 또한 효과성에 더욱 초점을 두어 정확한 대상에게 적절한 방법으로 조직 내 체계 및 과정을 적용하는 데 관심을 기울이도록 요구받고 있다. 전체 조직의 모든 결과물은 조직이 생존하고 발전하기 위해 필요한 결과물을 확보하는 데 지속적으로 연결되어야 한다.

따라서 사회복지행정가들은 사회복지서비스를 효과적·효율적으로 생산하고 전달하는 데 있어서 조직의 구조와 경영이 중요하다는 것을 인식하기 시작했다. 그 결과, 사회복지행정가들의 경영학의 성과관리 접근에 대한 관심이 급격히 높아져서 2010년 한국사회복지행정학회의 춘계학술대회에서는 '사회복지서비스 성과관리의 가능성과 전망'을 주제로 다루기도 하였다.

성과관리에 관심이 있는 사회복지행정가들은 직원들이 열심히 바쁘게 일하는 것만으로 높은 성과를 올릴 수 있는 것은 아니라는 점에 주목하게 되었다. 직원들이 열심히 훈련을 통해 배우고, 자신의 업무에 대해 진정으로 헌신하고, 더 나아가 장시간 열심히 일하는 것만으로 언제나 원했던 결과가 나오는 것은 아니다. 성과관리는 이에 주목하여 성과를 이끌어 내는 데 초점을 둔다. 즉, 조직 내부의 다른 부서와 외부의 소비자들에게 유용한 서비스를 제공하는 성과 달성에 초점을 둔다.

그러나 사회복지조직에서 성과관리를 도입하는 과정에서 가장 어려운 점 중의 하나는 조직목표를 결정할 때 반드시 고려해야 하는 이해관계집단이 기업에 비해 상당히 많다는 것이다. 그리고 다양한 이해관계집단이 사회복지조직의 성과관리 및 측정 체계와 연관된 모든 요인들에 영향을 준다. 따라서 주요 이해관계자들이 중요한 것으로 여기는 것을 정확하게 파악해야 사회복지조직의 성과를 성공적으로 달성할 수 있다. 그러나 문제는 이해관계자들을 체계적으로 확인하고 분석하는 것이 쉽지 않다는 것이다. 특히 매우 복잡하고 때로는 서로 상반되는 이해관계자들의 이해관계를 어떻게 관리할 것인지 아직 명확하지 않으며, 앞으로 해결해야 할 중요한 과제이다.

1) 성과관리의 개념과 특성

성과는 조직의 장기적인 목표를 달성하기 위해 행동을 결정하고 자원을 배분하는 과정에서 투입된 자원에 대한 결과물이라고 할 수 있다. 기업에서 성과관리는 성과를 향상시키기 위한 과정으로, 각 조직이 목표로 정한 성과를 달성하기 위해 전략적 관점에서 계획을 수립하고 한정된 자원을 효율적으로 활용하여 업무를 추진한 후, 조직의 역량과 성과를 정확히 측정하고, 그 결과를 전략의 개선이나 자원배분, 개인의 성과보상에 반영함으로써 조직의 전반적인 효과성과 효율성을 높이고자 하는 과정이다(서울복지재단, 2009).

성과관리(performance management)는 사회복지조직의 평가에서 새로이 주목하고 있는 경영기법으로, 효과적이며 효율적인 방법으로 목표를 지속적으로 달성하고 있는지 확인하기 위한 활동을 말한다.

성과관리는 전체 조직, 부서, 업무 과정, 각종 프로그램, 내부·외부 소비자를 위한 서비스, 임시 프로젝트(기관 이전), 태스크포스(TF), 직원 등에 적용된다. 그러나 성과의 수준은 크게 세 가지로 볼 수 있는데, 조직, 과정 및 개인의 성과이다. 최적의 성과는 이 세 가지 수준 모두에서 일이 조화롭게 수행되면 얻어지게 된다.

조직 수준은 다른 수준의 성과를 위한 필수적인 환경을 마련한다. 이 수준에서 성과가 최적이 아닐 때, 먼저 조직의 문화, 정책, 미션, 목표, 운영 전략을 검토한다. 이 요인들은 과정(process)과 직무(job)라고 정의하는 범주를 말한다. 과정 수준은 실제 업무가 성취되는 수준이며, 이 수준에서 성과가 최적이 아닐 때, 업무 흐름(workflow), 직무 설계, 필요한 투입 및 산출과 같은 요인을 점검한다. 그리고 성과관리과정이 실제로 작동하고 있으며 조직의 목표 달성에 도움이 되는지 알아보기 위해 점검한다. 조직 내에서 개별 직원은 과정에 영향을 미친다. 성과가 최적이 아닐 때 직원의 성과 목표, 지식과 기술, 업무환경, 직원 지원방법, 코칭 그리고 피드백이 과정을 지지하는지 결정한다.

성과관리는 두 가지 면에서 통합되었다고 할 수 있다. 첫째, 수직적으로 부서와 개인의 목표가 통합되어 있다. 둘째, 수평적으로 직원 관리와 개발에 대해 일관성 있게 접근하기 위해 여러 부서에 걸쳐 있는 활동의 다양한 측면을 연결시킨다.

성과관리의 전반적 목표는 조직 및 하위체계가 조직이 원하는 결과를 얻기 위해 최적의 방법으로 함께 일하고 있다는 것을 확인하는 것이다. 성과관리는 조직의 전반적인 결과를 달성하기 위해 결과물 및 모든 하위체계의 배치를 최적화하려 하기 때문에 조직 내 성과관리의 초점이 되는 어떤 대상이든 궁극적으로 전반적인 조직 성과관리에 영향을 미친다고 본다.

모울린(Moullin, 2002)과 데 브루인(de Bruijn, 2002)은 공공부문에서 성과관리의 목표를 다섯 가지로 정리하고 있다.

- 규모, 비용 및 기능 측면에서 합리화
- 보다 효과적인 재정적 책임성의 체계 도입
- 공공기관의 운영 투명성 향상

• 해당 부문의 기술적 근거의 향상과 기능적 원칙, 과정 및 체계의 현대화
• 성과에 기초한 현실적인 보상 규정의 개발

성과관리는 행동과 활동보다는 결과에 초점을 둔다. 슈퍼바이저들이 일반적으로 잘못 생각하는 것 중 하나는 행동과 활동을 결과와 같다고 보는 것이다. 그러나 직원이 매우 바쁘게 일하는 것으로 보여도 조직의 목표에는 전혀 기여하지 못할 수도 있다.

성과관리는 조직의 목표에 조직의 활동과 과정을 맞춘다. 성과관리는 조직목표, 목표를 달성하는 데 필요한 결과물(results), 목표에 대한 효과성 또는 효율성(outcomes)의 지표, 목표를 달성하기 위한 수단(동인, drivers)을 파악한다.

2) 성과관리의 단계

성과평가에서 성과의 감독과 피드백 제공은 별개가 아니라 연중 계속 일어나는 지속적인 과정이다. 성과관리 과정은 순환과정으로, 변화하는 목표에 기초하여 매년 변한다. 순환과정은 기획, 검토 및 사정으로 구성된다. 기획과정을 시작하기 위해 전체 조직구성원의 기대를 검토하며, 이때 성과목표를 개발하고자 협의한다. 조직의 우수성을 지원하기 위해 직원들이 세부적인 목표를 달성하도록 방향을 제시하는 성과계획을 수립한다. 검토(check-in)과정에서는 연중 목적과 목표를 협의하여 코칭과 상호 피드백을 통해 직원들이 결과물(생산품/서비스)을 달성하도록 보장하는 틀을 제공한다. 성과회기의 마지막에는 기대한 목표에 대비하여 성과를 사정하며, 목표를 달성하기 위해 사용한 수단과 보여 준 행동도 함께 사정한다. 이를 바탕으로 다음 성과회기의 새로운 목표를 수립한다.

(1) 기획과정

기획과정에서는 제6장에서 자세히 설명한 바와 같이 기관의 목표, 세부 목표, 그리고 활동을 연결시킬 수 있도록 한다.

① 목표의 수립

목표는 각 부서와 직원들이 성취해야 하는 결과를 정확히 알 수 있도록 수립되어야 한다. 성과목표는 업적을 달성한 미래의 상태라고 할 수 있다. 성과목표는 직원 또는 부서의 업무와 조직의 전체 목표와 미션을 직접 연결시킨다. 조직의 전체 목표와 미션을 달성하는 데 직접 도움이 되도록 각 부서와 직원들이 추구해야 하는 결과물을 구체적으로 제시한다.

성과목표는 성과평가 시 각 부서와 직원들이 달성할 것으로 기대하는 결과물에 대해 상호 합의한 것을 의미한다. 목표를 설정하게 되면 관리자와 직원들은 활동만이 아니라 결과물에 대한 기획도 생각하게 만든다. 성과목표를 개발할 때 직원, 중간관리자, 최고관리자 간의 협력적 과정을 거쳐 정해진 목표는 직원들이 자발적으로 목표에 헌신할 수 있도록 만든다.

② 성과지표의 선정

해당 영역에서 결과물을 성취했는지, 어느 정도나 성취했는지 평가하기 위한 지표를 찾는다. 지표는 수량, 품질, 적시성 또는 비용의 형태로 구체적으로 표시한다. 평가에서 사용할 적절한 지표를 찾는 일은 성과관리 과정에서 가장 어려운 일이다. 지표가 평가 대상(부서, 과정, 직원 등)에 적용되기에 적절한 수준인지, 타당도와 신뢰도가 있는지, 실용적인지를 고려해야 한다.

③ 성과수준의 결정

결과물을 어느 정도 달성했는지 평가하기 위해서 성과수준(performance standard)을 결정한다. 성과수준은 만족스러운 성과로 평가받기 위해 갖추어야 하는 상태를 말한다. 성과수준은 성과 최저선(performance threshold), 최소요건(requirements) 또는 기대(expectation)라고도 할 수 있는데, 예를 들어 기대 이하, 기대 충족, 기대 이상과 같이 표현할 수 있다.

성과수준은 결과물을 달성하기 위한 권한과 자원, 자격과 능력이 있으며 충분한 훈련을 받은 사람이면 누구나 성취할 수 있어야 한다는 점에서 현실적이어야 한다.

성과수준은 직원들이 초과 달성할 수 있으며, 초과 달성해야 한다는 것을 알고 있어야 한다는 점에서 초과 달성할 수 있어야 한다. 성과수준은 기대가 충족되었을 때의 상태를 기술해야 한다. 성과수준은 성과의 수량, 품질, 비용, 효과, 방식 또는 행동의 방법으로 표현되어야 한다. 마지막으로, 성과를 구체적인 방법으로 측정할 수 있어야 한다.

(2) 검토과정

이 과정에서는 지속적 관찰과 피드백을 실행한다. 피드백은 결과물을 달성하고 있는 정도에 대한 정보로서, 피드백이 유용하려면 시의적절하고 활용할 수 있어야 한다. 피드백을 통해서 성과를 개선하거나 강화하기 위한 핵심 활동을 제시하는 것이 이상적이다.

관찰과 피드백이 효과적이면 다음과 같은 결과를 기대할 수 있다.

- 관리자와 직원 간의 의사소통을 강화할 수 있다.
- 성과목표를 달성하고 수준을 충족시키도록 도울 수 있다.
- 직원의 업무에 대한 동기와 조직에 대한 헌신을 강화할 수 있다.
- 직원의 자존감을 유지하고 향상시킬 수 있다.
- 직원에게 지지를 제공할 수 있다.

(3) 성과사정과정

성과사정(performance appraisal/review)은 성과관리 과정의 마지막 단계로서 관리자가 지금까지의 성과에 대해 직원들과 의견을 나누고, 직무만족도를 평가하며, 앞으로의 성과에 대한 계획을 세우도록 해준다.

성과사정은 각 부서와 직원들이 기여한 정도를 정리하는 것이다. 예상 결과물, 성과수준, 결과물의 달성 정도, 성과를 보여 주는 예, 성과를 개선하기 위한 제언, 그리고 제언의 구체적 실행방법 등을 담는다.

성과사정은 직원들에게 다음과 같은 영향을 준다.

- 업무에 대해 긍정적으로 느끼도록 한다.
- 조직이 직원의 구체적인 기여를 인정한다는 것을 느끼도록 한다.
- 구체적이며 건설적인 피드백의 혜택을 받도록 한다.
- 일을 잘하고 발전하도록 동기를 부여받게 한다.
- 성과사정과정에 참여자로서 개입하도록 한다.

3) 성과지표의 선택

(1) 성과 영역

성과 측정의 첫 번째 기준은 조직의 영역이다. 조직에서 성과를 측정할 수 있는 영역으로는 미션, 과정, 하위체계 및 개인의 4가지 영역이 있다.

미션은 조직의 궁극적 목적이다. 조직의 미션은 일반적으로 전략적 기획과정에서 수립하며, 일반적으로 이용자들에게 특정 산출 또는 서비스를 제공하는 것이다. 이러한 서비스를 성과의 단위로 정하여 결과물을 파악한다.

과정은 서비스를 생산하는 단계이다. 품질을 향상시키고 조직을 재구조화하려는 경우, 과정 성과 영역에 초점을 두는 경우가 많다. 과정은 조직 내 여러 하위체계에 걸쳐 있는 것이 일반적이다. 또한 조직 내에서는 여러 과정이 있는 경우가 대부분이다. 과정영역의 성과관리는 문제가 조직 내 어디에서 발생했는지, 또는 전략 기획에서 정한 목표를 달성하기 위해 어디를 개선하는 것이 필요한지 등의 질문에서 시작한다. 과정을 파악하기 위해 이용자 욕구, 프로그램 구조와 개발, 예산 구조, 재무기획, 관리 등을 조사한다.

하위체계 성과영역은 내부 환경과 직접 연결되어 있고, 외부 환경과 연결되는 경우도 많은 조직 내부의 성과 하위체계를 말한다.

개인 성과영역은 성과수준을 사용하여 결과물과 목표를 달성하고자 하는 개인에 초점을 맞춘다. 성과평가과정에서 결과물과 목표를 비교한다.

(2) 측정 결과물

측정 결과물로는 체계 산출(system outputs)을 찾는다. 조직은 매우 복잡하고 역동적인 과정으로 구성되어 있으며, 외부 환경과 다양한 자원과 정보를 지속적으로 교환한다. 따라서 조직 수준의 성과관리는 매우 복잡할 수 있다.

성과물(outcomes)은 체계 및 하위체계의 핵심 산출과 연관되어 있는 효과성 또는 효율성의 척도이다. 동인(drivers)은 체계, 하위체계, 과정 또는 개인의 능력과 역량을 효과적 · 효율적으로 유지 또는 향상시키는 성과 요소이다. 동인과 성과물은 함께 살펴봐야 하는데, 동인에만 초점을 두면 동인(예, 교육훈련)이 언제나 성과물(예, 판매량)을 만들어 내는 것으로 오해를 불러일으킬 수 있다. 반면, 성과물에만 초점을 두면 장기 성과물에 부정적일 수 있는 단기 행동(예, 대량해고)을 선택할 수 있다.

동일한 지표라도 상황에 따라 성과물 지표 또는 동인 지표가 될 수 있다. 이용자 만족도는 돌봄서비스 예산이라는 조직 성과물의 동인 지표가 될 수도 있고, 동시에 서비스 제공부서로서는 성과물 지표가 될 수 있다.

3. 품질관리

품질관리(quality management)는 활동과 산출의 양이 아니라 품질 측면의 평가에 기초한 조직의 발달을 의미한다. 품질관리는 제조업에서 시작하여, 서비스업 그리고 공공 서비스까지 확대되었는데, 사회서비스분야에서는 1970년대 초 미국의 사회적 돌봄(social care)에 대한 품질관리가 처음 관심을 받게 되었다.

품질관리는 두 가지 중요한 가정을 전제한다. 첫째, 품질목표를 달성하는 데 있어서 인력이 핵심이다. 따라서 직원들 간 의사소통의 개선을 강조하고, 적극적인 교육과 훈련 프로그램을 통해 인적자원을 향상시켜 조직 내 개인들의 잠재능력을 최대한 끌어내고자 한다. 둘째, 직원들은 조직의 목적을 달성하고자 활력 넘치며 지적으로 일하여 기여하기를 바란다(Connor, 1997).

총체적 품질경영(Total Quality Management: TQM)은 품질관리의 중요성을 강조하는 조직운영의 기법으로, 1990년대 미국의 행정과 경영에서 가장 두드러진 접근이라고 할 수 있다. TQM은 품질관리의 개념을 넘어서 조직 전반에 걸친 품질 위주의 관리운영이라는 개념으로 확대되고 있다. 2000년대에는 TQM이 기업조직뿐만 아니라 정부조직 및 사회복지서비스조직에서도 응용되고 있다. 이는 거의 모든 조직에서 목표의 달성 정도로만 조직의 생산성과 성과수준을 측정하던 시각에 변화가 있다는 것을 의미한다. 이로 인해 조직의 평가기준도 목표 달성 정도 외에 서비스의 질, 조직 전반의 품질 경영수준을 함께 사용하고 있다.

1) 총체적 품질경영의 개념과 특성

TQM은 서비스의 질을 중요시하면서 이를 조직운영 전반에 관리기법으로서 반영하는 접근방법으로, 전체적인 품질을 개선하기 위해 조직 내 다양한 부서 간 협력의 문화를 구축하는 데 초점을 둔다. 마틴(Martin, 1993)은 TQM을 재료와 서비스를 개선하고자 양적 방법과 인적자원을 조직에 적용하는 것으로 조직 내 모든 과정이며, 현재와 미래에 소비자 욕구가 충족되는 정도라고 정의하였다.

TQM은 목표 중심의 관리에서 나타나는 문제를 극복할 수 있는 대안이 될 수도 있다는 기대를 받기도 하였다. TQM은 품질에 대한 관심을 단순한 품질개선이나 품질관리의 차원을 넘어, 조직문화로서 혹은 조직운영의 철학으로서 품질에 대한 중요성을 강조하면서 조직운영 전반에 반영하고자 한다. TQM은 고객만족과 조직과정에 대한 체계적 통제를 통하여 질을 강조하게 되면, 조직이 더 높은 수준의 산출물을 만들어 낼 수 있다고 전제한다(최재성, 1997).

미국연방품질연구소(Federal Quality Institute, 1991)는 TQM의 기본원칙을 고객만족, 지속적 개선, 그리고 물품과 서비스를 생산하는 데 관여하는 각 개인의 책임이라고 정의하였다. 따라서 TQM은 품질을 고객의 시각에서 보기 때문에 조직에서는 고객이 원하는 품질을 결정하고, 그 품질을 생산품에 구현하는 방법을 찾을 필요가 있다.

TQM은 또한 의사소통을 강조하기 때문에 직원들은 정보와 아이디어를 나누도록 하며, 내부 경쟁이 품질을 저하시킨다고 보기 때문에 팀워크를 강조한다. 또한 직원의 역량강화를 요구하며, 직원들이 언제나 상사의 의견을 확인하지 않고서도 결정을 내릴 권한을 부여하도록 강조한다.

TQM은 장기적이며 끝이 없는 과정으로, 뛰어난 품질을 달성하기 위해 필요한 변화를 만드는 데는 시간이 걸린다. 반면, 과정을 제도화하지 않으면 뛰어난 품질이 순식간에 사라진다고 본다.

조직에서 TQM을 채택하기 위해서는 조직문화를 변환시켜 품질문화를 구축하는 것이 필수적이다. 여기에는 직원 참여가 주요 요소인데, 이는 기계적이며 통제적인 방법으로 직원들을 훈련하는 것을 넘어서서 새로운 업무처리 방법으로 인력을 교육시키는 것을 의미한다. 직원들은 단순한 기계조작자 또는 명령수행자가 아니라 가치생산자로서 자신의 업무를 바라보도록 배워야 한다. 또한 직원들은 품질에 우선순위를 두어, 최고가 아닌 결과를 받아들이지 않는 태도를 가질 필요가 있다.

보우만(Bowman, 1994)은 TQM에서 전체 조직은 서로 결합되어 있는 과정이며, 관리의 대상은 직원이 아니라 제도라고 보았다. 그러나 TQM을 도입하여 사용하는 대부분의 조직들은 개별 직원의 등급을 통해 성과를 관리하고 있는데, 이는 TQM의 원칙과 배치되는 방법이라고 할 수 있다. 이와 같이 인력을 등급화하게 되면 관리자와 직원 간의 긴장, 직원의 방어적 특성 및 회피와 같은 부정적 현상을 초래하게 될 가능성이 높다.

2) 총체적 품질경영과 사회복지조직

TQM은 비영리 사회서비스분야에서도 관심을 끌면서 공공과 민간의 사회서비스조직을 조직화하고 운영하는 접근방법으로 긍정적인 평가를 받고 있다. 마틴(1993)은 사회복지행정가들이 TQM에 대해 적극적인 관심을 갖는 이유로 다음의 4가지를 제시하고 있다. 첫째, 사회복지조직은 클라이언트, 일반 주민, 후원자로부터 신뢰를 상실하는 품질의 위기를 경험하고 있다. 둘째, 양질의 서비스는 기관이 이용 고객을 확보할 수 있도록 해 준다. 셋째, 양질의 서비스가 추가 비용을 필요로 하는 것은 아니다. 넷째, 품질경영은 전통적인 사회복지의 가치와 일맥상통한다.

그러나 TQM을 사회복지서비스에 적용시킬 때 나타날 수 있는 위험도 있다. 맨티사리(Mäntysaari, 1998) 그 위험을 다음과 같이 제시하였다. 첫째, 품질과 밀접하게 관련되어 있는 욕구를 분석할 때 발생할 수 있는 위험이 있다. 품질 측정과정에서는 욕구(needs)와 욕망(wants)의 차이를 충분히 고려하지 않는다. TQM에서 품질의 기준을 결정하는 것은 소비자이다. 이는 매우 민주적이며 정당한 것으로 보이지만, 민주주의와 공정성의 측면에서는 비판받을 여지가 있다. '소비자 우선'이라는 사고방식은 신자유주의적 세계관을 바탕으로 하고 있으며, 이 세계관에서는 자본주의 시장경제가 어디에든 있고, 모든 사람에게 좋은 체계라고 본다. 그러나 품질의 개선은 예상하지 못한 위험한 결과를 낳을 수 있는데, 주관적 욕구의 충족이 기본적 욕구의 충족만큼, 때로는 기본적 욕구의 충족보다 더 중요하다고 본다. 결과적으로 어떤 사회에서는 품질관리가 기본 서비스를 줄이는 것을 돕는 방법이 될 수 있다.

둘째, 사회복지의 가장 근본적 가치 중의 하나인 공정성(justice)에 대한 위협이다. 모든 클라이언트는 동일한 근거에 입각한 판정을 받아서 동일한 방법으로 사회복지서비스를 제공받는다. 클라이언트를 평등하게 대하고, 공정한 결정을 내리는 것은 서비스 전체의 공정성을 유지하는 데 중요하다. 클라이언트에 대한 공정한 대우는 클라이언트가 급여를 받을 자격이 있다는 것을 의미한다.

경영학의 품질은 많은 경우 순수한 소비자 관점이라는 특성을 갖고 있다. 그러나 사회복지서비스에서는 공정성의 측면을 배제하고 클라이언트의 선택이 제한되어 있거나 전혀 없는 상황에서 품질의 문제를 살펴보는 것이 불가능하다. 돈이 없는 실업자에게는 선택이 많지 않으며, 오히려 적절한 재정적 지원을 받을 수 있는지 여부가 서비스 품질에서 가장 중요한 측면이다.

소비자주의와 사회적 공정성 간의 차이는 사회서비스의 품질을 논의할 때 반드시 고려되어야 한다. 경영 분야의 TQM에서는 소비자 견해가 본질적으로 중요하지만, 사회적 공정성이 매우 중요한 사회서비스의 품질 관리에서조차 소비자 견해가 가장 중요한 기준이 되는 것은 문제가 될 수 있다. 직원의 친절, 사무실의 안락한 환경과 같은 기능적 품질도 중요하겠지만, 서비스 전달의 공평성과 정확성과 같은 사회적 공정성에 비해서는 아무래도 중요성이 떨어진다.

셋째, TQM 방법에 내재되어 있는 위험이 있다. 품질 관리는 미리 정해 놓은 품질 기준을 실제로 충족하고, 일단 그 기준에 도달하면 가능한 한 일관성 있게 유지하는 것을 의미한다. 이 목적을 위해 사용하는 TQM을 사회서비스에 적용하면 문제가 발생할 수 있다. 첫 번째 문제는 품질의 편차이다. TQM은 품질 수준의 편차를 최소화·표준화하고자 한다. 품질의 지속적인 개선도 중요하지만 품질 편차의 감소도 목표이다. 그러나 개별 상황에 맞게 제공해야 하는 사회서비스를 지나치게 표준화하면 기능성이라는 측면을 상실할 위험을 감수해야 한다. 사회복지실천에서 클라이언트와 사회복지사는 무의식적인 방법을 사용하면서 때로 예상하지 못했던 완전한 성취감을 느끼기도 한다. 이런 경험은 편차를 줄여서 오는 것이 아니라 오히려 여러 가지 다른 방법을 계속적으로 추구하고 실험하면서 나타난다. 그러나 최고의 경험과정을 표준화하면 품질을 개선하는 것이 아니라 품질을 악화시키게 될 가능성이 높다. 두 번째 문제는 클라이언트 관점이다. TQM의 철학과 사회복지서비스의 전통적 가치관 간의 유사성이 분명한 것처럼 보이는 영역이 소비자(또는 이용자) 관점에 대한 강조이다. TQM에서 서비스 품질을 결정하는 것은 소비자이다. 따라서 TQM은 소비자의 관점과 의견에 대해 정보를 수집하는 소비자 설문조사 등에 대해 관심을 갖는다. 사회서비스에서도 이용자(소비자) 만족도 설문조사가 있지만 이에 대한 반대도 만만치 않다. 일반적으로 만족도 설문조사는 너무 단순하여 사회서비스를 둘러싼 복잡한 환경에서 품질 발전에 도움이 되지 않는다. 대부분의 이용자 만족도 설문조사에서 대체로 75% 정도의 이용자들이 서비스 품질에 대해 만족하는 것으로 나타나고 있다. 또한 이용자들이 서비스 공급자들에게 영향을 미칠 수 있는 실질적인 가능성은 매우 낮다. 기업의 소비자와 달리 사회서비스 이용자들이 언제나 서비스 공급자를 선택할 수 있는 것은 아니다. 서비스 공급자를 실질적으로 선택할 수 있으려면 이용자가 선택 능력이 있어야 하지만, 사회서비스 이용자들 중에는 유아, 지적장애인, 치매노인과 같이 서비스 공급자를 선택할 수 없는 사람들이 있다. 유아의 경우 실제 이용자는 부모라고 할 수 있지만 대부분의 부모는 보육시설의 실제 서비스 상황에 대해 잘 모른다. 세 번째 문제는 예방의 문제이다. 사회복지서비스에서 품질관리는 예방적 조치보다는 치료적 행동과 주로 관련되어 있다. 품질관리는 예방적 조치와 같은 구조적 · 사회적 차원의 품질보다 한 명의 이용자에 대한 서비스의 품질을 훨씬 더 강조한다.

4. 변화와 조직 혁신

사회복지조직은 변화하는 사회환경에 따라 지속적으로 변화하고 혁신해야 한다. 여기에서는 변화하는 사회환경에 대해 살펴보고, 환경 변화에 대응하는 대안으로서 사회적경제조직에 대해서 살펴본다. 또한 환경 변화 속에서 사회복지행정가가 고려해야 할 특성으로 사회적기업가 정신의 개념과 관련 쟁점에 대해 탐구한다.

1) 사회복지조직의 환경 변화와 사회복지행정가

모든 사회복지조직에서 변화는 계속될 수밖에 없으며, 지속적으로 변하는 사회적 · 경제적 · 정치적 환경에 맞춰야만 한다. 최근 사회복지조직의 가장 중요한 변화 중 하나는 4차 산업혁명이며, 그로 인한 AI(인공지능)와 로봇 등 기술의 본격적인 등장은 인간의 능력을 강화하고 확대하여 사회복지서비스 분야에도 상당한 변화를 가져오고 있다. 4차 산업혁명은 사회복지서비스를 제공하는 조직이 소셜미디어, 보조기 기술, 웨어러블 기술, IOT, 온라인 서비스, 가상현실 등 새로운 기술을 이용할 수 있게 만들고 있다. 이에 따라 사회복지서비스를 필요로 하는 서비스 이용자들을 돕는 방식도 변화시키고 있는데, 온라인 상담, 화상회의, 웹 기반 개입 프로그램, 온라인 사회연계망, 휴대전화 앱 등 새로운 방식의 서비스 제공이 늘어날 것으로 예상된다. 한편으로 사회복지전문가들은 익숙하지 않은 새로운 방식을 받아들여야 하는 부담이 증가하겠지만, 다른 한편으로는 사회복지전문가의 서비스 제공능력을 향상시킬 수 있는 기회 역시 증가할 수 있을 것이다. 미국사회복지사협회(NASW)에서는 사회복지사가 대안방식의 서비스를 제공하는 데 사용된 기술의 변화에 대해 지속적으로 배워야 한다고 제안한다.

사회복지조직을 둘러싼 환경의 변화는 불가피하며 사회복지조직은 그 변화에 잘 적응하도록 해야 한다. 사회복지행정가는 환경 변화와 관련해 두 가지에 초점을 두어야 한다. 첫째, 사회복지기관의 실천 방식과 정책을 바꾸고자 하는 직원들을 지지해야 한다. 둘째, 행정가는 기관 전반에 걸쳐 변화를 주도하고 실행하는 것을 지원하는 분위기를 만드는 데 핵심적인 역할을 수행해야 한다(Perlmutter, 2000).

변화를 관리하는 전략으로 펄머터(Perlmutter, 2000)는 정치적 전략과 전문적 전략을 제시한다. 정치적 전략이라고 할 수 있는 권력 정치 관점은 행정적인 이해에 중요한데, 조직 내의 행위자들의 자기 이해를 분명히 하고, 전체 조직의 이해와 연결시키는 것이다. 직원은 기관의 서비스와 변화하는 잠재적인 욕구 간의 조화에 대해 중요한 정보제공자이기 때문에 변화의 과정에 참여시키는 것이 중요하다. 전문적 전략은 환경의 변화로 인해 서비스를 전달하는 방식에서 지속적으로 전문적 유연성을 요구한다는 사실과 관련되어 있다. 새로운 전문적 접근과 방법에 대한 정보를 끊임없이 수집하는 한편, 이용자의 욕구 변화와 관련된 데이터도 지속적으로 수집해야 한다.

2) 사회복지조직으로서 사회적경제조직의 대두

사회복지환경의 변화로 인해 사회복지행정가는 사회적경제조직에서 사회복지조직의 발전 가능성을 보게 되었다. 특히 사회서비스 영역에서의 급격한 변화는 사회복지조직이 기존의 비영리조직에서 벗어나 비영리조직에 기업영역을 결합시킬 수 있는 방법을 모색하면서 자연스럽게 사회적경제조직에 관심을 갖게 되었다. 이미 사회복지분야에서도 돌봄서비스 제공기관 및 장애인직업재활시설을 중심으로 고용노동부의 사회적기업으로 인증을 받은 기관들이 다수 있다. 뿐만 아니라 지역아동센터가 사회적협동조합으로 인증을 받는 등 사회적경제조직이 사회복지분야에 성큼 들어서게 되었다.

문재인 정부는 2020년 12월 '사회서비스분야 사회적경제 활성화 방안'을 발표하였는데, 사회적경제를 통해 사회서비스를 강화하겠다는 것이다. 정부는 사회적경제를 사회적 가치를 추구하기 위해 여러 사람들이 힘을 합쳐 수행하는 민간의 경제활동이라고 정의하면서, 사회적경제조직에 사회적기업, 소셜벤처, 협동조합, 마을기업, 자활기업 등을 포함시켰다. 또한 사회적경제조직은 민간조직이면서도 공동체적 가치를 지향하고 지역사회에서 필요한 서비스 발굴과 자원 활용이 용이하다는 장점을 갖고 있다고 하였다(관계부처합동, 2020. 12. 28.).

또한 사회적경제조직이 사회서비스분야에 성공적으로 진출할 수 있도록 6개 분야를 제시하였다. 첫째, 도시형 돌봄분야에서는 노인돌봄사업 추진 시 사회적경제조직 컨소시엄을 활용하여 조직 또는 서비스를 연계하고, 이를 바탕으로 주거 · 복지 · 건강 · 의료 서비스 통합 제공을 추진한다. 둘째, 농촌형 돌봄분야에서는 농협이 지방자치단체와 협력하여 시설 접근성이 부족한 면 · 도서지역 등 돌봄 취약 지역 및 인구 소멸 지역을 대상으로 지역맞춤형 돌봄서비스 제공을 추진한다. 셋째, 건강 · 의료 서비스분야에서는 의료복지사회적협동조합의 참여를 적극 유도하고, 이를 통해 지역주민을 위한 맞춤형 건강관리서비스 제공을 추진한다. 넷째, 가사지원 서비스분야는 새로운 사회서비스 영역으로 개발하여 사회적경제조직 참여 사업 모델을 확산시킨다. 다섯째, 아동돌봄분야에서는 지역사회 참여를 활성화하고, 어린이집 · 지역아동센터 등 기존 돌봄 제공기관이 사회적경제조직으로 전환하도록 지원한다. 여섯째, 장애인돌봄 분야에서도 발달장애인 자조모임 활성화 및 사회적경제조직 전환 유도, 사회적협동조합의 장애인 활동지원서비스 제공기관 진입을 통해 수요자 중심의 서비스 제공을 강화한다.

정부 정책의 변화와 함께 다양한 영역에서 사회복지서비스를 제공하는 사회적경제조직이 늘고 있다. 한 예로, 사회적협동조합 도우누리는 2001년 서울 광진지역자활센터에서 노인요양서비스를 제공하기 시작했다가 2006년 늘푸른돌봄센터를 설립한 후 전체 직원 140명 중 108명이 조합원으로 참여하여 보건복지부 인증 1호 사회적협동조합으로 전환했다. 늘푸른돌봄센테에는 이미 직원대표회의가 운영위원회에 참여하는 등 민주적 의사 결정 구조를 갖춘 직원 중심의 조직이어서 협동조합 전환 과정에서 문제가 없었다. 사회적협동조합이 되면서 나타난 가장 큰 변화는 직원들의 태도가 달라졌다는 것이다. "직원들이 사회적협동조합에서 일한다는 데 자부심"을 갖는다. 직원들이 "출자금도 내고 학습도 같이 하고 자기 회사라는 생각"을 하게 된다. 결과적으로 "직원들의 만족도가 오르고, 이용자들에게 더 좋은 서비스를 제공할 수 있다."(프레시안, 2013. 10. 06.)는 긍정적 성과를 거두고 있다.

또 다른 사례로, 베어베터는 기업으로 시작하여 사회적 경제조직의 특성을 보여 주고 있다. 베어베터는 2012년 5월 주식회사 제이앤조이로 출발하여 11월에는 총 인원 51명 중 46명을 발달장애인으로 채용한 장애인표준사업장으로 인증을 받았으며, 2014년에는 사회적기업으로 인증을 받았다. 현재는 200명이 넘는 직원의 80% 이상이 발달장애인인 사회적기업이다.

3) 사회적기업가정신

(1) 사회적경제조직과 사회적기업가정신

우리나라에서 사회적경제조직이 급속하게 성장하면서 사회적경제조직을 이끌어 갈 인력을 양성할 필요성이 점차 강화되고 있다. 사회적경제조직의 핵심 인력이 갖춰야 할 가장 중요한 요소는 사회적기업가정신이다. 라이트(Light, 2006)는 사회적기업가정신(social entrepreneurship)을 사회 변화를 실현시키려는 실용적이며 재무적인 혁신으로 폭넓게 정의하였다. 사회적기업가정신은 건전한 경영 전략과 기술을 활용하여 실행하는 사회 변화에 대한 혁신적인 생각들로 구성된다. 사회적기업가는 정부, 비영리조직 및 기업에 심각한 사회문제를 제기하면서 기존 유형에서 벗어난 사고를 통해 대규모의 지속가능한 변화를 추구하는 개인, 집단, 네트워크, 조직 또는 조직의 연합체라고 할 수 있다.

사회복지행정분야에서는 사회복지조직이 사회적경제조직의 형태를 갖게 될 가능성이 점점 늘어나고 있으며, 그에 따라 사회복지행정가들은 사회복지실천과 경영의 결합인 사회적기업가정신에 많은 관심을 보이고 있다.

대부분 복지재단의 지원금은 사회복지조직의 일반운영비가 아닌 조직에서 운영하는 구체적 프로그램에 지출하도록 되어 있는 것이 일반적이다. 따라서 비영리기관의 입장에서는 구체적인 프로그램에 연계되지 않아서 별 제약이 없는 수입이 있다면 기관을 혁신적으로 운영하는 데 큰 도움이 된다. 따라서 사회복지행정가들은 기관의 전체 예산 중에서 제약이 없는 수입을 확보하려는 욕구를 갖게 되는데, 이 욕구는 사회적기업가정신에 관심을 갖게 되는 큰 요인 중 하나가 될 수 있다. 다시 말해, 지출 내역에 제한이 많은 정부 보조금이나 사회복지공동모금회를 포함한 복지재단의 지원금 외에 제약이 없는 예산의 비중이 더 높은 기관에서는 사회복지행정가가 클라이언트의 진정한 욕구를 충족시킬 수 있는 프로그램으로 판단하면서도 예산을 확보하지 못한 프로그램을 개발할 기회가 더 많다고 할 수 있다. 예를 들어, 기관장이 클라이언트들에게 약물남용치료가 필요하다고 결정을 내리면 기관장의 의무는 그 치료서비스가 기관의 비전에 맞는지 판단을 내리고 서비스에 대한 수요를 충족시키고자 시도하는 것이다. 정부 보조금이나 복지재단의 지원금이 부족할 때, 기관장은 기관 내에서 유료서비스를 개발하거나 직접 관련이 없는 사업 아이디어라도 개발하여 수입을 만들어 내야 할 필요를 느낀다. 이러한 유형의 기업적 아이디어가 바로 사회적기업가정신의 정수라고 할 수 있다.

(2) 사회적기업가정신과 사회복지전문직

사회적경제조직이 영리기업과 달리 사회적 목적을 달성하고자 하더라도 이윤을 추구하는 과정에서 사회복지의 가치와 일치하지 않는 경우가 발생할 수 있다. 따라서 사회적경제조직에 관심을 갖는 사회복지전문가는 이 부분에 대해 충분한 고려를 할 필요가 있다.

① 윤리적 쟁점

사회적경제조직을 운영하고자 하는 사회복지전문가는 무엇보다도 사회복지실천에 영향을 미치는 윤리적 문제에 관심을 기울여야 한다. 사회복지사는 윤리와 가치가 중요한 전문직이기 때문에 사회복지사는 사회복지사 윤리강령을 준수해야 하며, 특히 다음과 같은 몇 가지 측면에 대해 관심을 기울일 필요가 있다.

첫째, 클라이언트에 대한 헌신이다. 사회복지에서 기업가 역할을 수행하는 사회복지전문가는 클라이언트에 대한 헌신과 외부 이해관계자에 대한 헌신 간에 균형을 유지하려고 노력해야 한다. 사회복지행정가가 서비스에 대한 시장 수요를 제대로 조사하지 못하여 미래의 수입을 잘못 예측했다고 가정하자. 클라이언트들은 단기적으로는 서비스를 잘 받을 수도 있겠지만 장기적으로는 잘못된 예산 추정으로 인해 그 사회적경제조직이 문을 닫게 되면 아예 서비스를 못 받게 되는 상당한 윤리적 문제를 야기할 수도 있다. 사회복지행정가가 내부 및 외부의 여러 이해관계자들에게 져야 하는 책임을 피할 방법은 없다. 사회적경제조직에서는 이러한 윤리적 문제를 완화시키기 위해 사회복지전문가의 클라이언트에 대한 헌신을 정기적으로 모니터링하기 위한 위원회를 설립하는 것도 좋은 방법이 될 수 있을 것이다. 이 문제를 제대로 고려하지 않는다면 사회적경제조직 역할의 '사회적' 측면을 제대로 유지하지 못할 수 있다.

둘째, 사회적경제조직의 사회복지사가 부딪히게 되는 윤리적 딜레마는 서비스에 대한 요금이다. 사회복지사가 청빈한 삶을 살겠다는 선서를 한 것은 아니기 때문에 사회복지사가 혁신적인 실천에 참여하여 영리기업에서 일하는 기업가처럼 활동하면 그에 맞는 적절한 보상을 받을 수도 있다. 더 나아가 오히려 사회복지사가 높은 수준의 급여를 받게 되면 더 유능한 사람들을 사회복지실천현장으로 유입시킬 수 있을 뿐만 아니라, 현재 낮은 수준의 급여로 일하는 사회복지사들의 사기도 높일 수도 있을 것이다. 그러나 사회복지사들은 서비스 요금을 지불할 수 있는 클라이언트뿐만 아니라 서비스 요금을 지불할 수 없는 클라이언트들에게도 서비스를 제공할 책임이 있다.

본질적으로 사회복지사는 모든 클라이언트를 공평하게 대해야 한다. 돌봄서비스가 다양화되면서 동일한 돌봄서비스라고 하더라도 노인장기요양보험의 서비스인지 아니면 저소득층 노인을 대상으로 하는 노인돌봄사업인지에 따라 이용단가에 차이가 있다. 이 경우에 이용단가가 낮은 돌봄서비스를 받는 클라이언트에게도 이용단가가 높은 서비스를 받는 클라이언트에게 제공하는 서비스와 동일한 서비스를 제공하는 것이 사회복지사가 취해야 할 행동이다.

② 새로운 실천 영역

사회적경제조직에서 영리활동이 증가하면서 사회복지행정가들이 기업의 경영 원칙을 받아들일 필요가 높아지게 된다. 사회적기업가들이 이해해야 하는 가장 기본적인 경영원칙은 고전경제학의 수요와 공급 법칙이다. 그러나 사회복지전문가들은 자신들이 판단하기에 클라이언트들이 필요한 서비스를 제공하는 프로그램을 만드는 경우도 적지 않다. 따라서 프로그램은 실제 수요와 관계없이 공급 부문 자체의 필요에 따라 수년 동안 지속되기도 한다.

사회복지행정가들 중에 자신들이 제공하는 서비스에 대해 진정한 시장 수요가 있는지 판단하고, 시장 조사를 자주 실시하는 행정가는 많지 않다. 성공적인 사회적기업가는 소비자들이 무엇을 원하는지 자세히 듣고, 소비자들의 구체적인 수요에 맞는 최적의 프로그램으로 대응한다.

사회적경제조직이 재정적으로 안정되고, 수익을 남겨서 이용할 수 있게 되면 성장하게 된다. 이는 전통적인 사회복지조직에서는 흔히 볼 수 없는 현상이다. 그렇게 되면 사회복지사는 더 이상 특정 서비스에 대한 예산만을 확보하고자 할 필요가 없이 사회적경제조직의 수익을 활용하여 원하는 서비스를 실현시킬 수 있다.

사회적경제조직의 사회복지행정가가 관심을 갖고 눈여겨 볼 필요가 있는 실천 영역은 미국에서 나타나고 있는 벤처 자선(venture philanthropy)이다. 비영리부문의 벤처 자선은 영리기업의 벤처 캐피탈이라고 할 수 있는데, 벤처 자선의 예로는 Google.Org를 들 수 있다. 저맥과 싱(Germak & Singh, 2010)에 따르면, 벤처 자선사업가들은 사회복지 프로그램에 단순히 자금을 제공하기보다는 비영리단체의 경영능력을 향상시키기 위해 지원금을 제공한다. 일반적으로 벤처 지원금은 5~7년간 지속되는데, 그동안 벤처 자선사업가는 지원금 수혜단체와 파트너십 관계를 맺고 참여하여, 경영에 대한 조언을 하고, 그 벤처에 투자파트너 상태로 남아 있게 된다. 본질적으로 전통적인 기부와 벤처 자선을 다르게 만드는 점은 벤처 자선의 기부자가 투자자의 역할을 수행한다는 것이다. 투자자로서 벤처 자선사업가는 경영 전문성을 양성하는 데 관심을 갖고 궁극적으로 비영리기관(또는 사회적경제조직)이 계속적인 벤처 투자 없이도 운영을 지속할 수 있고, 장래에 계획대로 투자에 대한 사회적 수익을 달성할 수 있도록 한다.

사회복지행정가는 실천에 있어서 기업과 동일한 노력을 기울여야 할 뿐 아니라 기업과 유사하게 위험부담을 감수할 필요가 있다. 사회복지사가 사회복지사 윤리와 일치하는 서비스 결과를 얻고자 한다면 현장에서 형성되는 새로운 공공 행정의 흐름을 잘 알아야 한다. 현재 현장에 형성되어 있는 흐름은 전략적 기획, 시장조사, 그리고 소비자 수요에 대한 예민한 반응과 같은 경영영역의 실천을 적용하는 것이다. 사회복지사가 서비스를 제공할 때 고려해야 하는 핵심 개념은 클라이언트 욕구(need)와 클라이언트 수요(demand)이다. 기업이 성공하기 위해서 시장의 수요를 정확하게 이해하는 것이 매우 중요한 것처럼 사회서비스에서도 시장의 수요를 조사하여 정확히 이해할 필요가 있다. 클라이언트가 진정으로 원하는 것은 무엇인가? 사회복지사가 클라이언트가 원하는 것을 결정하는 것이 진정으로 필요한 것인가? 어떤 면에서는 클라이언트가 필요한 것을 알려 주는 제도들이 클라이언트의 자기결정권을 방해할 수도 있다. 그런 관점에서는 사회복지조직이 정부의 보조금 또는 지출 항목이 지정된 복지재단 지원금에 전적으로 의존하는 데에서 벗어나야 사회복지조직이 진정한 시장 수요에 반응할 수 있으며, 실제로 소비자들이 지불할 의사가 있는 서비스를 개발할 수 있을 것이다.

사회복지사는 사회서비스가 갖고 있는 노동집약적 특성, 그리고 이용자 중심의 가치 특성 등 사회복지조직의 특성을 잘 이해하고 그에 대응할 수 있는 능력을 갖추고 있다. 그러나 사회복지사들이 사회복지윤리와 일치하는 서비스 성과를 달성하려면 새로운 사회복지행정의 흐름, 즉 경영 기술에 대해 잘 알아야 한다. 사회복지전문직은 새로운 환경에 적합한 행정방법을 개발할 필요가 있다. 그렇게 할 수 있다면 사회복지전문직은 사회복지행정에 대한 새로운 도전을 오히려 사회복지행정이 발전할 수 있는 계기로 만들 수 있을 것이다.

요점 정리

- 성과관리는 성과를 향상시키기 위한 과정으로, 각 조직이 목표로 정한 성과를 달성하기 위해 전략적 관점에서 계획을 수립하고 한정된 자원을 효율적으로 활용하여 업무를 추진한 후, 조직의 역량과 성과를 정확히 측정하고, 그 결과를 전략의 개선이나 자원배분, 개인의 성과보상에 반영함으로써 조직 전반의 효과성과 효율성을 높이고자 하는 과정이다.

- 성과관리과정은 기획, 검토, 사정의 순환과정이다. 기획과정에서는 전체 조직구성원의 기대를 반영하여 성과목표를 개발하고 직원들에게 방향을 제시하는 성과계획을 수립한다. 검토과정에서는 연중 목적과 목표를 토의하여 코칭과 상호 피드백을 통해 직원들이 결과물(생산품, 서비스)을 달성하도록 보장하는 틀을 제공한다. 마지막에는 목표에 대비하여 성과를 사정하며, 목표를 달성하기 위해 사용한 수단과 보여 준 행동도 함께 사정한다.

- 총체적 품질경영(TQM)은 품질관리의 중요성을 강조하는 조직운영의 기법으로, 서비스의 질을 중요시하여 이를 조직운영 전반에 관리기법으로서 반영하는 접근방법이다.

- 사회적기업가정신(social entrepreneurship)은 사회 변화를 실현시키려는 실용적이며 재무적인 혁신이며, 건전한 경영 전략과 기술을 활용하여 실행하는 사회 변화에 대한 혁신적인 생각이다. 사회적기업가는 기존 유형에서 벗어난 사고를 통해 대규모의 지속가능한 변화를 추구하는 개인, 집단, 네트워크, 조직 또는 조직의 연합체이다.

더 읽어 보기

관계부처합동(2020. 12. 28.). 사회서비스분야 사회적경제 활성화 방안.

서울시복지재단(2009). 성공하는 사회복지시설의 경영실무도움서 시리즈 Ⅲ: 전략수립과 성과관리하기. 서울복지재단.

이봉주, 김기덕(2008). 사회복지 프로그램 기획의 이해와 적용. 서울: 신정.

이인재(2009). 한국 사회적기업의 쟁점과 전망. 동향과 전망, 75, 109-141.

Germak, A. J., & K. K. Singh, (2010). Social entrepreneurship: Changing the way social workers do business. *Administration in Social Work, 34*, 79-95.

Light, P. C. (2006). Reshaping social entrepreneurship. *Stanford Social Innovation Review, 4*(3), 47-51.

Mäntysaari, M. (1998). The risks of using TQM philosophy in developing the quality of social welfare services. *Scandinavian Journal of Social Welfare, 7*, 9-16.

Martin, L. (19930. *Total Quality Management in Human Service Organizations*. SAGE Pub.

Savas, E. S. (1987). *Privatization: the key to better government.* Chantham: Chatham House Publishers, Inc.

참고문헌

강신택(2006). **재무행정론**. 서울: 박영사.

강철희, 주명관, 이상철(2012). 사회복지사의 조직공정성인식, 조직신뢰, 조직냉소주의와 조직몰입의 통합적 관계에 관한 연구: 일 가치감 효과에 대한 결합 분석. **한국사회복지학, 64**(1), 31-52.

강혜규(2011). 공공전달체계의 정보화: 사회복지통합관리망의 운영과 전달체계 개선의 기대효과. **2011년 한국사회복지행정학회 춘계 국제학술대회 자료집**, 3-43. 세종: 한국사회복지행정학회.

고경환, 김보경, 강지원(2011). **복지경영의 이론적 논의와 과제**. 세종: 한국보건사회연구원.

관계부처합동(2020. 12. 28.). 사회서비스분야 사회적경제 활성화 방안.

김영종(2010). **사회복지행정(3판)**. 서울: 학지사.

김영종, 홍현미라, 이현주, 이혜원, 이민영, 진재문(2008). **사회복지 네트워킹의 이해와 적용**. 서울: 학지사.

김태욱, 성택암(2016). **사회복지홍보**. 서울: 커뮤니케이션스.

남기민, 전명희(2001). 사회복지관의 PR 현황과 활성화 방안. **한국사회복지행정학, 5**, 115-144.

박영기, 정영윤(2007). 리더십 효과성 모형 연구: 상황적 리더십 모형에 대한 비판적 고찰과 대안의 모색. **공공행정연구, 8**(2), 83-102.

배귀희, 민소정(2006). **21세기 새로운 거버넌스를 위한 리더십 연구**. 서울: 한국행정연구원.

백종만, 이봉주, 이선우(2012). **사회복지행정론** (p. 86). 서울: 나남.

보건복지부(2011). **사회복지통합관리망(행복e음) 민간복지사 교육자료**. 세종: 보건복지부.

서울시복지재단(2009a). **성공하는 사회복지시설의 경영실무도움서 시리즈 II: 조직관리하기**. 서울: 서울시복지재단.

서울시복지재단(2009b). **성공하는 사회복지시설의 경영실무도움서 시리즈 III: 전략수립과 성과관리하기**. 서울: 서울시복지재단.

소순창, 홍진이(2004). 신공공관리(NPM)적 측면에서 본 행정개혁: 한국, 일본 그리고 영국의 비교분석. 한국지방자치학회보, 16(1), 319-342.

신복기, 박경일, 이명현, 윤기혁, 권진아(2019). 사회복지행정론(4판). 경기: 공동체.

오단이(2013). 사회적경제 조직의 리더십에 관한 탐색적 사례연구: 사회적기업 사례를 중심으로. 한국사회복지행정학, 15(4), 285-311.

오석홍(2018). 조직이론(10판). 서울: 박영사.

유태균(2020). 거시사회복지실천 입문편: 법, 행정, 재정의 이해. 경기: 공동체.

이봉주, 김기덕(2008). 사회복지 프로그램 기획의 이해와 적용. 서울: 신정.

이봉주, 김용득, 김문근(2008). 사회복지서비스와 공급체계: 쟁점과 대안. 서울: EM커뮤니티.

이봉주, 황경란(2011). 복지와 경영의 융합: 공급자 중심 복지에서 수요자 중심 복지로. 서상목, 양옥경 편. 그들이 아닌 우리를 위한 복지(pp. 69-109). 서울: 학지사.

이인재(2009). 한국 사회적 기업의 쟁점과 전망. 동향과 전망, 75, 109-141.

임도빈(2010). 관료제 개혁에 적용한 신공공관리론, 무엇이 문제인가. 한국사회와 행정연구, 21(1), 1-27.

임창희(2006). 경영학원론. 서울: 학현사.

장종익(2019). 사회적경제 개념에 관한 고찰: 비영리섹터 개념과의 비교를 중심으로. 사회적기업연구, 12(3), 35-61.

전석균(2009). 정신보건사회복지사의 슈퍼비전이 직무환경과 소진에 미치는 영향에 대한 연구. 정신보건과 사회사업, 32, 106-34.

정무성, 황정은(2013). 사회복지마케팅. 서울: 신정.

정홍원 외(2014). 복지전달체계 효율성 및 효과성 제고 방안. 한국보건사회연구원

조성한(2000). 경영혁신의 허와 실: 이론적 모순과 비합리적 과정. 한국정책학회보, 9(1), 5-27.

최성재, 남기민(2000). 사회복지행정론. 서울: 나남출판.

최성재, 남기민(2016). 사회복지행정론(3판). 서울: 나남.

최세경, 현선해(2011). 제도적 동형화와 조직정당성: 자원의존이론과 제도이론의 결합. 대한경영학회지, 24(2), 1029-1050.

최재성(1997). 총체적 품질경영기법(TQM)의 적용가능성에 관한 고찰: 사회복지조직 관리 및 평가를 위한 새로운 패러다임. 연세사회복지연구, 4권, 233-258.

황성철, 정무성, 강철희, 최재성(2020). 사회복지행정론(4판). 경기: 정민사.

Austin, D. M. (2000). Social Work and Social Welfare Administration: a historical perspective. In R. J. Patti (Ed.), *The handbook of social welfare management.* Thousand Oaks, CA: Sage.

Blake, R. R, & Mouton, J. S. (1964). The managerial Grid. Houston: Gulf.

Bowman, J. (1994). At last, an alternative to performance appraisal: total quality management. *Public Administration Review, 54*(2), 129-136.

Brody, R. (2005). *Effectively managing human service organizations*. Sage.

Burns, J. M. (1978). *Leadership.* New York: Harper Collins.

Clark, D. (1996). Open government in Britain: Discourse and practice. *Public Money & Management, 16*(1), 23-30.

Cohen, D. M., March, J. G., & Oldsen, J. D. (1972). A garbage can model of organizational choice. *Administrative Science Quarterly*, *17*, 1-25.

Connor, P. (1997). Total Quality Management: A Selective Commentary on Its Human Dimensions with Special Reference to its Downside. *Public Administration Review,* 57(6), 501-510.

Coulshed, V., & Mullender, A. (2006). *Management in Social Work*. Basingstoke: Palgrave.

Coulton, C. J., Goerge, R., Putman-Hornstein E., & Hann, Benjamin de. (2015). Harnessing bing data for social good: a grand challenge for social work. Grand Challenge for Social Work Initiative Working Paper No. 11. American Academy of Social Work and Social Welfare.

De Bruijn, H. (2002). *Managing Performance in the Public Sector*. London: Routledge.

DiMaggio, P., & Powell, W. (1983). The iron cage revisited: Institutional isomorphism and collective rationality in organizational fields. *American Sociological Review, 48,* 147-160.

Doyle, M. E., & Smith, M. K. (2001). "Shared leadership". the encyclopedia of informal education, http://www.infed.org/leadership/shared_leadership.htm

Dunn, P. C. (1995). Volunteer Management. In R. L. Edwards and J. G. Hopps (Eds.), *Encyclopedia of Social Work*(Vol. 19, pp. 2483-2490). New York: National Association of Social Work.

Federal Quality Institute (1991). How to get started implementing Total Quality Management. Washington, D.C.: U.S. Office of Personnel Management, Federal Quality Institute.

Fiedler, F. E. (1967). *A Theory of Leadership Effectiveness*. McGraw-Hill.

Foster, M. R. (1998). Effective Job Analysis Methods. In S. E. Condrey(Ed). *Handbook of Human Resource Management in Government*. San Francisco: Jossey-Bass.

Gardner, J. (1989). *On leadership*. New York: Free Press.

Gastil, J. (1997). A definition and illustration of democratic leadership. https://doi.org/10.1177/001872679404700805

Germak, A. J., & K. K. Singh, (2010). Social entrepreneurship: Changing the way social workers do business. *Administration in Social Work, 34,* 79-95.

Gilbert, N., & Terrell, P. (2002). *Dimensions of social welfare policy*. Boston, MA: Allyn & Bacon.

Groonberg, K. A. (1993). *Understanding nonprofit funding.* New York: Russell Sage Foundation.

Gulick, L., & Urwick, L. (1966). *Papers on the Society of Administration.* New York: John Wiley.

Hall, R. H. (1991). *Organizations: Structures, Process, and Outcomes*. Englewood Cliff, NJ: Prentice Hall.

Hansenfeld, Y. (1992). Theoretical approaches to perspectives in human service organizations, In Y. Hansenfeld (Ed.), *Human Service as Complex Organizations.* Newbury Park, CA: Sage.

Hansenfeld, Y. (2015). *Classics of Organization Theory* (8th ed.). Cengage Learning.

Hardcastle, D. A., Powers, R. R., & Wenocur, S. (2004). *Community practice: theories and skills for social workers*. New York: Oxford University Press.

Hasenfeld, Y. (2010). *Human services as complex organizations*. Thousand Oaks, CA: Sage Publications, Inc.

Hersey, P. & Blanchard, K. H. (1988). *Management of organizational behavior* (5th ed). Englewood Cliffs, NJ: Prentice-Hall.

Hersey, P., Blanchard, K. H., & Johnson, D. (2013). *Management of Organizational Behavior* (9th ed.). Pearson.

Hogan, R. J., Curphy, G. J., & Hogan, J. (1994). What we know about personality: Leadership and effectiveness. *American Psychologist, 49,* 493-504.

Johnson, C. E. *Meeting the Ethical Challenges of Leadership: casting light or shadow.*

Thousand Oaks: Sage.

Johnson, M., & Stone, G. L. (1986). Social workers and burnout: a psychological description. *Social Service Research, 10*(1), 67-80.

Kadushin, A. (1992). *Supervision in Social Work* (3rd ed.). New York: Columbia University Press.

Kettner, P. M., Moroney, R. M., & Martin, L. L. (2008). *Designing and managing programs: an effectiveness-based approach* (3rd ed.). Thousand Oaks, CA: Sage Publications, Inc.

Kettner, P., Moroney, R., & Martin, L. (1999). *Designing and managing programs: an effectiveness-based approach*. Thousands Oaks, CA: Sage Publications, Inc.

Kirst-Ashman, K. K. (2013). *Introduction to Social Work & Social welfare* (4th ed.). Belmont, CA: Brooks/Cole.

Kotler, P., & Armstrong, G. (2017). *Principles of marketing*. 안광호, 유창조, 전승호 역. **Kotler의 마케팅원리**. 서울: 시그마프레스.

Lewis, J. A, Packard, T. R., & Lewis, M. D. (2007). *Management of human service programs* (4th ed.). Belmont, CA: Books/Cole.

Lewis, J., Lewis, M., Packard, T., & Souflee, F. Jr. (2001). *Management of Human service Programs* (3rd ed.). Belmont, CA: Brooks/Cole.

Light, P. C. (2006). Reshaping social entrepreneurship. *Stanford Social Innovation Review, 4*(3), 47-51.

Locke, E. A. (1976). The nature and causes of job satisfaction. In M. D. Dunnette (Ed.), *Handbook of Industrial and Organizational Psychology, 1*, 1297-1343.

Lohmann, R. A. (1980). *Breaking Even: Financial Management in Human Service Organizations*. 신섭중, 부성래 역(1992). **사회복지기관의 재무관리**. 서울: 대학출판사.

Mann, R. D. (1959). A review of the relationship between personality and performance in small groups. *Psychological Bulletin, 56,* 241-270.

Mäntysaari, M. (1998). The risks of using TQM philosophy in developing the quality of social welfare services. *Scandinavian Journal of Social Welfare* 7, 9-16.

March, J. G. (2010). *Primer on decision making: how decisions happen*. New York, NY: Simon & Schuster.

Martin, L. (1993). *Total Quality Management in Human Service Organizations*. SAGE Pub.

McClelland, D. C. (1965). Toward a theory of motive acquisition. *American Psychologist,*

20(5), 321-333.

McGregor, D. M. (1989). "The human side of enterprise." in Readings in Managerial Psychology eds by H. J. Leavitt, L. R. Pondy, D. M. Boje. 4th ed. Chicago, IL: University of Chicago Press.

Meyer, J., & Scott, W. R. (1983). *Organizational Environments: Ritual and Rationality*. London: Sage.

Millar, K. (1998). Evaluating employee performance. In R. Edwards, J. Yankey, & M. Altpeter (Eds.), *Skills for effective management of nonprofit organizations*(pp. 219-243).

Moore, S. (1992). Case management and the integration of services: how service delivery systems shape case management. *Social Work, 37*(5), 418-423.

Moullin, M. (2002). Delivering Excellence in Health and Social Care. Buckingham: Open University Press.

Moxley, D. P. (1989). *The practice of case management*. Thousand Oaks, CA: Sage Publications.

NASW(National Association of Social Workers). (2017). NASW, ASWB, CSWE, & CSWA Standards for Technology in Social Work Practice.

Oliver, C. (1997). Sustainable competitive advantage: combining institutional and resource based views. *Strategic Management Journal, 18,* 697-713.

Osborne, D., & Gaebler, T. (1992). *Reinventing Government*. New York: Penguin Press.

Patti, R. J. (1983). *Social Welfare Adminstration: managing Social Programs in a Development Context*. Englewood Cliffs, NJ: Prentice Hall.

Patti, R. J. (2000). *The handbook of human services management*. Thousand Oaks, CA: Sage Publications, Inc.

Perlmutter, F. D. (2000). *Initiating and implementing change*. In Patti(2000).

Pfeffer, J., & Salancik, R. (2003). *The External Control of Organizations: A Resource Dependence Perspective*. New York: Harper & Row.

Poertner, J., & Rapp, C. A. (2007). *Textbook of social administration: the consumer-centered approach*. Binghamton, NY: The Haworth Press.

Rapp, C. A., & Poertner, J. (1992). *Social administration: a client-centered approach*. Allyn & Bacon.

Rubin, A. (1992). Case management. In S. M. Rose (Ed.), *Case management and social work practice* (pp. 5-20). New York: Longman.

Salamon, L. M. (1987). Of market failure, voluntary failure, and third-party government: toward a theory of government-nonprofit relations in the modern welfare state. *Nonprofit and Voluntary Sector Quarterly, 16*, 29-49.

Salamon, L. M. (2000). *America's nonprofit sector: a primer* (2nd ed.). 이형진 역(2000). NPO란 무엇인가. 서울: 아르케.

Salamon, L. M., Sokolowski, S. W., & List, R. (2003). *Global civil society: an overview*. Baltimore: Center fo Civil Society Studies, The Johns Hopkins University.

Sargeant, A. (2009). *Marketing Management for Nonprofit Organization*. Oxford University Press.

Savas, E. S. (1987). *Privatization: the key to better government*. Chatham: Chatham House.

Selznick, P. (1996). Institutionalism: old and new. *Administrative Science Quarterly*, 270-277.

Shafritz, J. M., Ott, J. S., & Jang, Y. S. (2015). *Classics of organization theory*. Cengage Learning.

Shulman, L. (1993). *Interactional Supervision*. National Association of Social Workers Press.

Simon, H. A. (1982). *Models of bounded rationality*. Cambridge, MA: MIT Press.

Sims, R. R. (2002). *Organizational success through effective human resources management*. Westport, CT: Quorum Books.

Skidmore, R. A. (1995). *Social work administration: dynamic management and human relationships* (3rd ed.). Needham Heights, MA: Allyn & Bacon.

Spencer, S. (1959). *The administration method in social work education*. New York: CSWE.

Stein, H. (1970). Social work administration. In A. S. Harry (Ed.), *Social work administration: a resource book*. New York: CSWE.

Stogdill, R. M. (1948). Personal factors associated with leadership: A survey of the literature. *The Journal of Psychology, 25*(1), 35-71.

Trecker, B. (1971). *Social work administration: principles and practices*. New York: Association Press.

Vroom, V. H. (1995). Work and Motivation. S.F., CA: Jossey-Bass Inc.

Weisberg, J. (1994). Measuring workers' burnout and intention to leave. *International Journal of Manpower, 15*(1), 4-14.

Yukl, G. (2013). *Leadership in Organizations* (8th ed.). Boston: Pearson Education, Inc.

찾아보기

인명

내용

저자 소개

이봉주(Lee, Bong Joo)

서울대학교 사회복지학과 학사

Norfolk State University School of Social Work MSW

University of Chicago School of Social Service Administration 박사

전 한국사회복지학회 회장

한국사회복지행정학회 회장

한국아동복지학회 회장

현 서울대학교 사회복지학과 교수

한국사회복지교육협의회 회장

> 주요 저서

사회복지개론(공저, 나남, 2015), 사회복지프로그램 기획의 이해와 적용(공저, 신정, 2008), 사회복지서비스와 공급체계: 쟁점과 대안(공저, EM커뮤니티, 2008)

이선우(Lee, Sunwoo)

서울대학교 사회복지학과 학사

서울대학교 대학원 사회복지학과 석사

University of California, Berkeley 사회복지학 박사

전 (재)중앙자활센터 원장

한국사회복지연구회 회장

현 인제대학교 사회복지학과 교수

국무총리실 장애인정책조정위원회 위원

한국장애인고용공단 비상임이사

한국마이크로크레딧 신나는조합 이사장

> 주요 저 · 역서

장애인복지론(저, 공동체, 2021), 사회문제론(공저, 공동체, 2020), 사회복지조사방법론(공역, 센게이지러닝, 2016), 사회복지행정론(공저, 나남, 2012)

신창환(Shin, Changhwan)

서울대학교 사회교육학과 학사

서울대학교 행정대학원 행정학 석사

서울대학교 대학원 사회복지학 박사

현 경북대학교 사회복지학부 부교수

한국사회복지행정학회 이사

한국사회복지정책학회 이사

> 주요 저서

개인과 공동체를 위한 복지(경북대학교출판부, 2018), 사회서비스 제공기관의 조직요인과 성과(집문당, 2016)

사회복지총서

사회복지행정론
Social Welfare Administration

2022년 2월 15일 1판 1쇄 인쇄
2022년 2월 20일 1판 1쇄 발행

지은이 • 이봉주 · 이선우 · 신창환
펴낸이 • 김진환
펴낸곳 • ㈜학지사
04031 서울특별시 마포구 양화로 15길 20 마인드월드빌딩
대표전화 • 02-330-5114 팩스 • 02-324-2345
등록번호 • 제313-2006-000265호

홈페이지 • http://www.hakjisa.co.kr
페이스북 • https://www.facebook.com/hakjisabook

ISBN 978-89-997-2574-6 93330

정가 19,000원